北京大学中国古文献研究中心集刊

第二十六辑

北京大学中国古文献研究中心 编

编委会（以姓氏笔画为序）
王　岚　　刘玉才　　安平秋
李宗焜　　杨　忠　　杨海峥
吴国武　　漆永祥　　廖可斌

图书在版编目(CIP)数据

北京大学中国古文献研究中心集刊.第二十六辑/北京大学中国古文献研究中心编.—北京：北京大学出版社，2023.5
ISBN 978-7-301-33982-4

Ⅰ.①北… Ⅱ.①北… Ⅲ.①古文献学—研究—中国—丛刊 Ⅳ.①G256.1-55

中国国家版本馆CIP数据核字(2023)第091460号

书　　　名	北京大学中国古文献研究中心集刊　第二十六辑 BEIJING DAXUE ZHONGGUO GUWENXIAN YANJIU ZHONGXIN JIKAN DI-ERSHILIU JI
著作责任者	北京大学中国古文献研究中心　编
责任编辑	王　应
标准书号	ISBN 978-7-301-33982-4
出版发行	北京大学出版社
地　　　址	北京市海淀区成府路205号　100871
网　　　址	http://www.pup.cn　　新浪微博：@北京大学出版社
电子信箱	dianjiwenhua@163.com
电　　　话	邮购部 010-62752015　发行部 010-62750672　编辑部 010-62756449
印　刷　者	北京虎彩文化传播有限公司
经　销　者	新华书店 787毫米×1092毫米　16开本　23.25印张　1插页　429千字 2023年5月第1版　2023年5月第1次印刷
定　　　价	80.00元

未经许可，不得以任何方式复制或抄袭本书之部分或全部内容。
版权所有，侵权必究
举报电话：010-62752024　电子信箱：fd@pup.pku.edu.cn
图书如有印装质量问题，请与出版部联系，电话：010-62756370

《张寿碑》整碑还原图（白色字体为现存残碑，绿色字体为凿空部分，蓝色字体为举孝廉残碑，黄色字体部分现不得见）

《张寿碑》整碑还原图

由于没有此碑整拓，究竟是否跟原碑一致，不敢确言。《张寿碑》原貌大致当如是。

李富孙的《周易》研究

张 亿*

【内容提要】 清代考据学家李富孙精通《周易》，先后撰有《李氏易解剩义》《易经异文释》《周易集解校异》三部《易》学著作。三部著作的撰写先后关系，展现了李富孙家法与小学融通的《易》学路径。其中，《李氏易解剩义》成书早，内容全，体例精，是清代辑佚派《易》学的代表性著作；《易经异文释》既是系统批判吸收惠栋以来的《周易》异文研究成果的集大成之作，又是自觉采用段玉裁校勘理念的出新之作；《周易集解校异》全面校勘了当时《周易集解》的重要版本，又保存了影宋抄本、惠栋评注本的异文信息。

【关键词】 李富孙　周易　宋翔凤　家法

李富孙（1764—1844），字既方，别字芗子，浙江嘉兴人。嘉庆六年（1801）拔贡生，清代中期学者。生于嘉兴文学世家，学有本源，与伯兄超孙、从弟遇孙有"后三李"之目。幼承家学，长游四方，问学于卢文弨、钱大昕、王昶、孙星衍等著名学者，又执贽于阮元门下。有文集《校经庼文稿》行于世，《清史稿·儒林传》有传。李富孙长于《周易》，先后著有《李氏易解剩义》《易经异文释》《周易集解校异》。

民国以来，学界对李富孙《易》学关注不多。近年，随着《周易》简帛文献整理与研究的深入，《易经异文释》逐渐受到关注。笔者管见，侯乃峰《〈周易〉文字汇校集释》[①]、丁四新《楚竹简与汉帛书周易校注》[②]、杨军《周易经传校异》[③]等重在考释《周易》异文的著作大量参考了《易经异文释》，至于单篇论文中引用《易经异文释》的更不胜枚举。林忠军等著《清代易学史》，设有"李富孙的《易》学训诂"，重点讨论李富孙《易经异文释》在小学训诂方面的成就[④]。吴辛丑点校《易经异文释》《李氏易解剩义》，并撰《论李富孙〈易经异文释〉的训诂价

---

* 本文作者为北京大学中国语言文学系博士生。
① 侯乃峰《〈周易〉文字汇校集释》，台北：台湾古籍出版有限公司，2009年。
② 丁四新《楚竹简与汉帛书周易校注》，上海：上海古籍出版社，2011年。
③ 杨军《周易经传校异》，北京：中华书局，2018年。
④ 林忠军等《清代易学史》，济南：齐鲁书社，2018年，第618—631页。

值与当代意义》,对《易经异文释》的材料、体例、解释对象以及学术价值与当代意义作了全面分析①。陈俊谕《乾嘉时期的〈周易集解〉研究》分析了《易经异文释》《〈周易集解〉校异》对《周易》以及《周易集解》文本考订的情况,并总结了二书的学术贡献②。目前来看,学界对李富孙的关注,主要体现在对《易经异文释》本身的参考利用上,对李富孙《周易》研究的整体性仍然重视得不够。因此,李富孙《周易》研究在清代学术史上的意义仍有挖掘的余地。笔者借助李富孙自撰《校经廎自订年谱》,通考其三部《易》学著作,对李富孙的学《易》经历、《易》学观点、《易》学路径、学术贡献等作深入考察,以见其在清代《易》学史上的地位。

一 李富孙的学《易》经历

李富孙学《易》时间颇早,《校经廎自订年谱》载:"(乾隆)四十一年(1776)丙申十三岁,偕伯兄读书寸碧山堂,时余读《周易》。"③李富孙学《易》,或许与当时分经试士的科考政策有关。所谓分经试士,即将乡、会试的中额按《易经》《诗经》《书经》《春秋》和《礼记》分配,考生只在五经内认考一经④。李氏兄弟,超孙学《诗经》,遇孙学《尚书》,可避免兄弟三人在有限的名额内竞争。此时李富孙年龄尚幼,又致意于举业,在《易》学上未必有多少建树。李富孙深入学《易》,当在其从祖李集还乡之后。《校经廎文稿》有《重校卢刻〈易解〉书后》:

> 先从祖敬堂先生深于《易》,讲明汉学。尝手示资州《易解》曰:"汉儒之说,厪存此书。"予日覃究,观其所采诸家说,象谊兼咳,天人并阐,真得圣人幽赜之旨。以视河洛先后天之说,不免穿凿缪妄。因依先生评点,披校此编。⑤

李集,字敬堂,号六忍老人,乾隆二十八年进士。乾隆四十七年致仕归乡,居家课读子弟。李集深于《易》学,"穷经三十年,所著多,独得《易》辟"⑥,著有《周易愿学编》。他推荐李富孙读《周易集解》,提示汉学门径。李富孙依李集《周易集解》评点研读该书,逐渐认识到《易》学分汉儒之说和宋儒"河洛先后天之

---

① 吴辛丑、曹小燕《论李富孙〈易经异文释〉的训诂价值与当代意义》,《周易研究》2021年第1期,第28—34页。
② 陈俊谕《乾嘉时期的〈周易集解〉研究》,北京大学2022年博士学位论文,第59—73页。
③ 〔清〕李富孙《校经廎自订年谱》,《乾嘉名儒年谱》11,北京:北京图书馆出版社,2008年,第363页。
④ 李世愉、胡平《中国科举制度通史·清代卷》,上海:上海人民出版社,2017年,第372页。
⑤ 〔清〕李富孙《校经廎文稿》卷十七,校经廎刻本,《续修四库全书》第1489册,上海:上海古籍出版社,2002年,第512页。
⑥ 余霖《梅里备志》,《中国地方志集成》,上海:上海书店出版社,1992年,第129页。

目 录

李富孙的《周易》研究 …………………………………… 张　亿（1）
汉简草字中的同形不别现象举例 ………………………… 李洪财（15）

汉张寿碑下碑的发现及其学术价值考论 …………… 陈福盛　刘心明（32）
《汉注》辨正
　　——读朱希祖《汉十二世著纪考》 …………………… 梁　涛（42）
孙承泽《明内廷规制考》《春明梦余录》《天府广记》三书源流考
　………………………………………………………… 杨俊涛（50）
遮蔽下的雅礼：《四库全书总目》著录书帕本新论 ……… 李驳綮（58）
赵氏小山堂藏书源流考述 ………………………………… 杨　瑞（77）
稀见清人周锡瓒、周世敬父子藏书史料探微 …………… 徐书林（90）
鱼尾图解 …………………………………………… 黄　威　罗　双（111）

王逸《正部论》考辨 ……………………………………… 李　贺（132）
《朱文公家礼正衡》版本源流说略 ………………………… 顾永新（145）
《维摩诘所说大乘经》入"龙藏"始末新考 ………………… 詹嘉玲（152）

《全宋诗》杂考（八）……………………… 《全宋诗》补正项目组（172）
芦川词补笺 ………………………………………………… 楼　培（189）
李昂英集版本考 …………………………………………… 张鹤天（212）
陆深文集版本略考 ………………………………………… 廖可斌（230）
《徐文长佚草》两种版本以及重新整理的再思考 ………… 李利军（252）
王渔洋《诗问》的版本与流传 ……………………………… 张宇超（266）
王一元《词家玉律》稿本发覆 ……………………………… 王琳夫（276）
张惠言手稿《应酬诗》辑考 ………………………… 徐新武　裘　石（286）
《王静安手录词曲书目》稿本初探 ………………………… 梁　帅（297）

《燕行録》诸家释解汉语字词例析续（50条）……………… 漆永祥（318）

《番戏杂记》：近代西洋魔术登陆中国的最早记录 …… 袁贝贝　李万营（357）

征稿启事 ……………………………………………………………（369）

说",而后者不免"穿凿缪妄"。可以说,李集是李富孙《易》学的启蒙教师,奠定了富孙推崇汉儒之学的学术基调。

入汉儒《易》学之门的同时,李富孙还广泛阅读古今《易》学著作。《李氏易解剩义自序》云:"予自癸卯岁读书于愿学斋,从祖敬堂先生教富孙读《易》,因纵观万善堂所藏《易》解,不下百种。"① 万善堂为嘉兴李氏家族藏书之所,先祖李良年藏书皆归万善堂,李富孙于乾隆四十八年、四十九年读书其中②。在纵览古今《易》学著作之后,李富孙更认识到宋人图说之学的虚妄。

至乾隆五十五年③,李富孙作《李氏易解剩义序》,认为:"自宋以后,多惑于图说,而《易》为方术之书,于圣人寡过之义,去之远矣……盖《易》学有三派:有汉儒之学,郑、虞、荀、陆诸家,精矣;有晋、唐之学,王弼、孔颖达诸家,即北宋之胡瑗、石介、东坡、伊川,犹是支流余裔;至宋陈、邵之学出,本道家之术,创为图说,转相授受,举羲、文、周、孔之所未及、汉以后诸儒之所未言者,附会穿凿,以自神其说。"④ 辨宋人图说之虚妄是清人一贯的观点,而此时李富孙正辑《李氏易解剩义》,博览《易》学著作百余种,固非束书不观、口传耳剽者可比。《李氏易解剩义》的成书,代表李富孙《易》学观点的成熟。

嘉庆六年(1801)、八年,李富孙由阮元送入诂经精舍学习。诂经精舍每月有课试,"问以十三经、三史疑义,旁及小学、天部、地理、算法、词章,各听搜讨书传条对"⑤。李富孙在此作《易消息解》,博引汉儒之说,论证《易》消息"固本于伏羲十言之教,而三圣之所观象而系辞者"。文末言:"故汉荀、虞诸儒皆云消卦、息卦,自晋以来,宗尚王注,扫而空之。观诸卦之言消息而知汉学为不可废矣。"⑥ 亦是推崇汉儒《易》学之论。

二 李富孙的《易》学著作

李富孙先后著有《李氏易解剩义》《易经异文释》《周易集解校异》三部《易》学著作。三书旨趣各异,而通观三书,又能展现李富孙家法、小学融通的《易》学路径。

---

① 〔清〕李富孙《李氏易解剩义自序》,〔清〕李富孙著,吴辛丑导读《〈易经异文释〉导读》,北京:华龄出版社,2021年,第169页。
② 〔清〕李富孙《校经庼文稿》卷十八《书津逮秘书目后》,第529页。
③ 《读画斋丛书》本《李氏易解剩义序》末题"乾隆五十有五年",种学斋刻本序文末题"乾隆五十有七年",序文全同,二本时间必有一误,兹取五十有五年说。
④ 〔清〕李富孙《李氏易解剩义自序》,《易经异文释》导读,第169页。
⑤ 〔清〕张鉴《雷塘庵主弟子记》卷二,清道光琅嬛仙馆刻本,《续修四库全书》第557册,上海:上海古籍出版社,2002年,第2页。
⑥ 〔清〕李富孙《校经庼文稿》卷十《易消息解》,第443页。

《李氏易解剩义》是李富孙第一部《易》学著作，成于乾隆六十年（1795）。其撰著旨趣见本书自序：

> 然其《周易集解》于三十六家之说，尚多未采，其遗文剩义，间见于陆氏《释文》、《易》、《书》、《诗》、三《礼》、《春秋》、《尔雅义疏》，及《史记集解》、《后汉书注》、《隋》《唐书》，李善《文选注》、《初学记》、《北堂书抄》、《太平御览》、唐宋人《易》说等书，犹可搜辑。①

李鼎祚《周易集解》是清人研究汉儒《易》学最重要的资料，而古书中仍有不见于《周易集解》的汉儒《易》说。有见于此，李富孙广为搜采，补《集解》之缺，并按今本《周易》顺序，先举经传文，在经传文中以双行小字提示各家异文、异读，并交代取材来源，并依据时间先后顺序，列举各家《易》说。对此，卢文弨云："命意高而用力勤，又加之以谨严，述之之功远倍于作。"②

徐芹庭将李富孙《李氏易解剩义》归入"辑佚派之《易》学"著作。汉儒《易》学之辑佚，始于南宋王应麟辑《周易郑康成注》，明人姚士粦又辑陆绩、京氏、干宝《易》注，至清代则由惠栋《郑氏周易》、余萧客《周易钩沉》肇始，至黄奭《黄氏逸书考》为集大成③。《李氏易解剩义》成于乾隆六十年，通观清人汉《易》辑佚书的成书年代，仅有惠栋、余萧客二家成于李富孙之前，而李富孙所辑本为补《周易集解》所未及，又较二家为详备。兹以《周易钩沉》与《李氏易解剩义》中《屯》卦六二为例，略作说明。

《周易钩沉》：

> 班如：谓相牵不进也。（《子夏传》影宋本疏二）④

《李氏易解剩义》：

> 六二 屯如邅如，乘（《子夏传》音绳。《释文》）马班（郑本作般。同上）如。匪寇婚媾（郑作冓。同上）。女子贞不字，十年乃字。
>
> 《子夏传》曰："如，辞也。"（《释文》）○马融曰："邅如，难行不进之貌。"（同上）郑玄曰："马牝牡曰乘。"（同上）○《子夏传》曰："般如者，谓相牵不进也。"（《正义》《释文》）○马融曰："班，班旋不进也。"（《正义》）○王肃曰："班如，槃桓不进也。"（《文选注》五十五）○马融曰："重婚曰媾。"（《正义》《释文》）○郑玄曰："冓犹会也。"（同上）○陆绩曰："媾本作冓。"（《音训》）

---

① 《李氏易解剩义自序》，《〈易经异文释〉导读》，第170页。
② 〔清〕卢文弨《李既方补李鼎祚周易集解》，《抱经堂文集》卷三，清乾隆六十年刻本。
③ 徐芹庭《中国易经学史》，北京：中国书店，2008年，第927页。
④ 〔清〕余萧客《古经解钩沉》卷二上，影印文渊阁《四库全书》本，上海：上海古籍出版社，第194册，第9页。

"字,爱也。时通则道亨,合正匹也。"(《京易》注)。①

余萧客《周易钩沉》仅列"班如"一条,而《李氏易解剩义》博采群书,广列《子夏传》、马融、王肃、陆绩诸说,较余萧客详备得多。此外,《李氏易解剩义》的体例也颇为精审,先列六二经文,在经文中交代各家异读,再依据经文先后顺序,列举各家对如、邅如、班、媾诸字的训解。各家训解又以时间先后为序。如此以经文、异文、诸儒训解贯穿其中,条例井然,资料翔实。

《易经异文释》成书于道光元年(1821)②,书前无自序,其撰写旨趣可参《七经异文释自序》:

> 弟子各守师说,人殊其谊,亦经异其文。兹非有意乖违,其家法授受然也。……传经者率本六书意谊,或从古文,或从假借,或以声近,或用省文,加以南北殊语、轻重差别,故有字随读变、义因文异。……(富孙)循诵之暇,悉为缀缉,诠绎其义,兼采后儒之说,旁通曲证,使天下穷经者不至以古经之异文反訾为分歧缪误。而诸儒之家法同异,与夫古谊之仅存于今者,庶几博综条贯,廓所传习。③

李富孙认为,经书异文的产生主要有两个途径,一是早期经学传授的师说、家法不同,二是语言文字在使用中产生变化。因此,"异文释"主要做两个工作,一是疏通经书异文,二是阐明诸儒家法同异。

与《李氏易解剩义》钩稽汉儒训解的辑佚功夫不同的,《易经异文释》是要疏通汉儒《易》说与《周易》异文的关系。这需要深厚的小学功底。嘉庆五年(1800),李富孙受学于精通小学的阮元,又入诂经精舍学习,在小学方面乃得深造。在撰写《易经异文释》的同时,李富孙又作《说文辨字正俗》,据《说文》考订当世用字正俗、假借情况。检《说文辨字正俗》,其中有不少用字的讨论与《易经异文释》相近。如《说文辨字正俗·攴部》下敕字:

> 敕,诫也。《力部》曰:"勑,劳也。""飭,致坚也,读若敕。"按:《易》"先王以明罚勑法。"《释文》:"勑,耻力反,此俗字。《字林》作勅。"《汉·艺文志》引作"飭法"。《释诂·音义》云:"敕,本又作飭。"《说文》《字林》来旁作力,是劳来之字(下云:来,本又作勑,或作赉),束旁作攴,是音丑力反。飭与敕义略相近。郑《易注》云:"勑犹理也。"亦与飭义同。自后汉误用勑为

---

① 〔清〕李富孙著,吴辛丑导读《〈易经异文释〉导读》,第176页。
② 李富孙《校经廎自订年谱》于道光元年(1821)下云"刻《周易异文释》"。吴辛丑认为,《易经异文释》在李富孙生前没有刊行,至王先谦编《皇清经解续编》始刊刻收入。今国家图书馆、北京大学图书馆藏有李富孙《七经异文释》,书名页题"仪征阮芸台夫子鉴定","校经廎藏版",半页十行,行二十一字,第一册、第二册即《易经异文释》。
③ 〔清〕李富孙《校经廎文稿》卷十一《七经异文释自序》,第451页。

敕字(见顾氏《金石文字记》),又或作勅,而徐广、颜师古、张参等皆承其缪,莫能谠正。张氏弨曰:敕初讹作勅,再讹作勑,则为洛代切之别一字矣。①

此处李富孙讨论敕、勅、飭、勑四字之关系,又见于《易经异文释》"先王以明罚飭法"条:

《释文》云……《汉·艺文志》引……。案:《说文》云……《释诂》曰:……《(释诂)释文》……。《五帝本纪》"信飭百官",徐广曰:"飭,古勑字。"《汉·高后纪》:"匡飭天下。"师古曰:"飭读与勑同。"据许书……**沿袭既久,莫能订正**。……顾氏曰……《五经文字》云……,张氏弨曰……②

无论是引用材料还是行文思路,二者基本一致。可见,撰写《说文辨字正俗》时的小学积累,对他撰写《易经异文释》多有助益。

《周易集解校异》成书过程较为复杂,据种学斋刻本《李氏易解剩义》书后嘉庆庚午(嘉庆十五年,1810)跋"资州之书……予悉为校正"之语,则李富孙在嘉庆十五年前后开始校《周易集解》,而《周易集解校异》最后刊刻成书,则到了道光十年(1830)。其自序云:

近雅雨堂刊本,为元和惠氏栋所校,虽扑尘扫叶,非为无补,第往往据见于别本者改易经文。然资州之为是书,博采众家,异同并列,未尝专主一说。况诸家师承各异,讵可以私肊突改旧传之本?仪征阮官保师谓其所改并自著《易述》多有似是而非者。盖古书当仍其旧,一加窜改,便失其真。且其所据郑、虞本,并从《释文》,然亦有不尽从郑、虞,体例复参错不一。③

李富孙认为,惠栋所校雅雨堂本《周易集解》存在据别本改易经文的弊病。虽然李鼎祚《周易集解》存在推崇汉《易》象数之学而排斥魏晋义理的倾向,但是,《周易集解》博采诸家《易》说,所载经文自有传承渊源,与汉儒《周易》某一家的传本毕竟不同。惠栋据《经典释文》所载汉儒《周易》异文擅改《周易集解》,虽然意在求汉代《易》学之古,却反失《周易集解》本身之真。此外,惠栋据郑玄、虞翻之本私改《周易集解》,时而又不从郑玄、虞翻之本,体例上存在不一致。而《周易集解》又并非单采某一家经说,自然也不能据某一家的异文私改《周易集解》的文本。有鉴于此,李富孙以明代朱睦㮮本为底本,参校毛本、胡震亨

---

① 〔清〕李富孙《说文辨字正俗》卷三,校经顾刻本,董莲池主编《〈说文解字〉研究文献集成·古代卷》,第8册,北京:作家出版社,2007年,第381页。
② 〔清〕李富孙《易经异文释》卷二,《续修四库全书》第27册,第674页。
③ 〔清〕李富孙《周易集解校异》,道光十年(1830)刻本,自序页。

本、影宋抄本、惠栋评注本、雅雨堂本,并参考《周易注疏》《周易义海撮要》《汉上易传》诸书,对《周易集解》的文本作全面校勘。

此外,《周易集解校异》所用影宋抄本、惠栋评注本颇有文献学价值。影宋抄本,即毛氏汲古阁据宋本影抄《周易集解》,全书十卷,每页十六行,行十八字。此抄本为黄丕烈、陈鳣、陆心源收藏。今存《周易集解》宋本只有藏于德国柏林国立图书馆的嘉定刻本残本,而影宋抄本又不知所终。李富孙《周易集解校异》全面著录了影宋抄本的异文信息,是了解影宋抄本具体异文信息的重要参考①。惠栋评注本为李富孙从黄丕烈处借得的江声过录惠栋《周易集解》校本,"扑尘扫叶,多所谠正,间有注意发明诸家之说,并录《释文》于各经文下"②。惠栋所校雅雨堂本《周易集解》是清代《周易集解》的重要版本,虽然被指责有妄改之弊,但是几乎影响了之后所有《周易集解》版本。陈俊谕发现,惠评本对《周易集解》的改动,大部分能与雅雨堂本《周易集解》校改相符,也存在惠评本校改而雅雨堂本不从、雅雨堂本校改而惠评本未言及的情况③。虽然惠评本所据底本未必是惠栋校雅雨堂本的工作底本,但是惠评本展现了惠栋校《周易集解》的复杂细节。

综上所述,《李氏易解剩义》重点在研究汉儒家法;《易经异文释》则重视汉儒《易》说与异文疏通证明,体现了家法与小学的融通;《周易集解校异》虽然为校勘《周易集解》而作,却也是建立在对汉儒家法以及《周易集解》文本有深刻了解的基础上。从《李氏易解剩义》到《易经异文释》,再到《周易集解校异》,三书成书的先后顺序很好地体现了李富孙注重家法与小学融通的《易》学路径。

三 《易经异文释》的集成与出新

上文论及,李富孙先后撰有《李氏易解剩义》《易经异文释》和《周易集解校异》。以上三书,以《易经异文释》的学术价值为最高。目前,学界对《易经异文释》的关注主要体现在对书中具体条目的参考和利用上,少有深入清代学术史脉络讨论其学术地位与价值者。笔者认为,该书是《周易》异文研究的总结之作,又是受当时文本校勘理论启发的出新之作,是清代《周易》异文研究的集大成式著作。

康乾时期,随着考据学的发展与繁荣,涌现了大量《周易》文本的考订之作。李富孙撰《易经异文释》是建立在广泛吸收前贤时人考订成果的基础上。

---

① 影宋本《周易集解》的收藏情况,可参高树伟、张鸿鸣《德国柏林国立图书馆藏宋本〈周易集解〉新考》,载于《版本目录学研究》第十二辑,北京:国家图书馆出版社,2021年,第119—139页。
② 〔清〕李富孙《校经廎文稿》卷十七《重校卢刻〈易解〉书后》,第512页。
③ 陈俊谕《乾嘉时期的〈周易集解〉研究》,第70页。

通检全书，《易经异文释》共征引颜之推以下共 40 家《周易》及异文研究成果。《易经异文释》征引诸家，并不直引书名，而是在首次征引处言"某氏某某曰"，之后则径言"某氏曰"。如征引晁说之《古周易》（出自吕祖谦《古易音训》），见于卷一《乾卦》"夕惕若厉"条：

　　《说文·夕部》引作"若夤"，云"敬惕也"。（晁氏说之古《易》引同。）①

之后的《坤》卦"由辩之不早辩也"条，则云："晁氏云：'辩，古文变字。'"②由书中所称诸家姓氏出现频次，可以发现《易经异文释》主要征引的是晁说之以及清代考据诸家学术成果，可见下表统计（表1）。

表 1 　《易经异文释》征引各家数量统计（5 次以上者）

征引名氏	征引条数
惠栋	103
段玉裁	80
晁说之	35
钱大昕	29
顾炎武	13
惠士奇	10
卢文弨	10
何楷	5
钱坫	5

　　比勘《易经异文释》所见诸家说法与各家著作，则诸家的学术成果又分别来自以下著作（表2）。

表 2 　《易经异文释》征引书统计

征引名氏	条数	书目	条数
惠栋	103	九经古义	68
		周易述	28
		集解本评注	4
		周易本义辨证	2
		未详	1

---

① 李富孙《易经异文释》卷一，第 661 页。
② 同上书，第 663 页。

续表

征引名氏	条数	书目	条数
段玉裁	80	说文解字注	80
晁说之	35	古易音训	35
钱大昕	29	潜研堂文集	10
		廿二史考异	7
		十驾斋养新录	6
		潜研堂金石跋尾	6
顾炎武	18	唐韵正	8
		金石文字记	6
		易音	3
		日知录	1
惠士奇	10	礼说	10
卢文弨	10	经典释文考证	10
何楷	5	古周易订诂	5
钱坫	5	十经文字通正书	4
		说文解字斠诠	1

此外在清代学者中,《易经异文释》还征引桂馥《说文解字义证》3次,江永《乡党图考》《古韵标准》各1次,高士奇《天禄识余》1次,何焯《义门读书记》1次,李光地《周易观象》1次,王引之《经义述闻》1次,邵晋涵《尔雅正义》1次,程瑶田《释草小记》1次,阮元《七经孟子考文序》1次,钮树玉《说文新附考》1次。

从《易经异文释》的征引情况来看,李富孙对惠栋、段玉裁之说最为重视。按照乾嘉时期的学术分派,惠栋是吴派鼻祖,重视汉学家法,段玉裁是皖派柱石,为小学巨擘。因此,从《易经异文释》对二人学术成果的征引来看,也说明上文所论《易经异文释》重视家法与小学融通的学术路径。可贵的是,面对学术大家惠栋、段玉裁,李富孙并未盲从,而是实事求是地吸收与批评。因此,《易经异文释》在广泛吸收前人学术成果的同时,也多有创获。

李富孙征引惠栋成果者,如《需》卦"需于沙"条:

《释文》云:"沙,郑作沚。(旧本作沚,误。)"何氏《订诂》引孟喜本"沙"下有"衍"字。案:《说文》沙重文沴,云:"谭长说沙或从心。"今郑作沚,正从谭说。《诗·兔罝》疏引郑《易》注云:"沚,接水者。"今本直作沙,亦字之讹。(惠氏曰:"沚当据古文《易》。"惠氏士奇曰:汉人多识字,唐人略识字,今人不识字。是作沚、作沙,皆后人不识沙字。)《穆天子传》云:"天子东征……渴于沙衍。"注云:"沙衍,水中有沙者。"依此,《象传》衍字属上读,则爻当亦有衍字。①

此说见于惠栋《九经古义》:

> 沚当作沙,与沙同。《说文》云:"沙,水散石也。从水从少。水少沙见。谭长说沙或作沙,从止。"《穆天子传》云:"天子东征,南绝于沙衍。辛丑,天子渴于沙衍,求饮未至。(郭璞云:沙衍,水中有沙者。)"水少沙见,故《象》云"需于沙衍",或以衍属下句读,非也。②

又,惠栋《周易述》云:"沙,古文沙。《说文》:沙,沙或字。谭长说:沙或从止。当据古文《易》也。"③可见,《易经异文释》整段的观点,都从《九经古义》和《周易述》而来。

但是,《易经异文释》对惠栋亦多有批评,主要体现在两个方面。

一、批评惠栋改《周易》与《周易集解》过于武断。如《乾》卦《文言》"不成乎名":

> 《释文》作"不成名",云"一本作'不成乎名'"。案:……惠氏校李氏《集解》作"不易世不成名"。明朱睦㮮依宋本并有"乎"字。惠氏所校每多改易旧本,未可尽据。虞翻《系辞》注二语无"乎"字,然虞所称《易》文,往往有删语助字。④

《释文》出"不成名",并注"一本有乎字",说明唐时《周易》即存在"不成乎名"与"不成名"两种版本。虞翻《系辞》注引作"不易世,不成名",这或是虞翻所见本无"乎"字,抑或是虞翻注经时删去在实际意义上不那么重要的语助词。但是,校《周易集解》是要恢复唐人李鼎祚《周易集解》的原貌,而不是恢复《周易》古本的原貌。因此,《周易集解》中的《周易》经文有无乎字,应当从《周易集解》的传世版本去判断。惠栋据《释文》删去《周易集解》的乎字,一方面没有考虑虞翻注删去语助词的可能,另一方面对李鼎祚《周易集解》的文本层次理解不清。

二、批评惠栋不明假借之旨。如《大壮》卦"羝羊触藩,羸其角"条:

> 《释文》云:"羸,王肃作纍,郑、虞作纍,蜀才作累,张作虆……"案:《说文》云:"羸,瘦也。""纍,缀得理也。一曰大索也。""纍,增也。"《诗》"葛藟

---

① 〔清〕李富孙《易经异文释》卷一,第667页。
② 〔清〕惠栋《九经古义》卷一,乾隆中潮阳县署刻本,第二页。
③ 〔清〕惠栋著,郑万耕点校《周易述》,中华书局,2007年,第20页。
④ 〔清〕李富孙《易经异文释》卷一,第661页。

纍之",《释文》"纍,字又作虆"……是谓系纍其角而不能进。以羸为纍,此同音通假……缧、虆,别体字。累即絫之俗变,今又用为纍字。(《孟子》"系累"、《仲尼弟子列传》"累绁"同。)惠氏曰:"《说文》纍,别一义与马训同,则羸当为纍。或古文以羸为纍,所未详也。"(富孙案:惠氏未悟六书之假借,故云未详。《左传》杜注曰:"古字声同,皆相假借。")①

马融训羸为大索,与《说文》纍之别一义同。惠栋认为,此处"羸当为纍",或者古文以羸为纍。惠栋采取了两种处理经文的方式,一种是改羸为纍,与马融训合;一种是以羸为纍之古文,但以羸为纍之说未详。李富孙据《说文》《释文》区分了羸、纍、絫、虆诸字之关系,并且认为"以羸为纍",乃是音近相通。羸字古音属来纽歌部,纍属来纽微部,歌微通转。

李富孙征引段玉裁观点者,如卷六"成天下之亹亹"条:

徐铉《新修字义》云:"亹,字书所无。《易》'亹亹'当作娓。"案:《释诂》曰:"亹亹,勉也。"《释文》云:"字或作娓。"(《广韵》云:"亹,俗。")《说文》无亹字。《诗》"亹亹文王",崔灵恩集注本作"娓娓"。故徐谓《易》亦当作"娓"。然陆氏所见本已皆作"亹",则其字之讹变久矣。钱氏曰:"亹者,斖之省,隶变为亹。先郑读斖为徽,徽训美,同训亦必同音。"(钮氏树玉曰:"据《玉篇》,亹为斖之俗字,知亹、斖并斖之俗字。斖音近文,俗又加文也。《夏本纪》'亹亹穆穆',《司马相如传》作'旼旼'。娓字音义并不合。")段氏曰:"《诗》《易》用亹亹字,学者每不解其何以会意、形声,徐铉等乃妄云当作娓。近惠定宇从之,校李氏《易解》及自为《易述》皆作娓娓。抑思毛、郑释《诗》皆云'勉勉',康成注《易》亦云没没。斖之古音读如门,勉、没皆叠韵字。然则亹为斖之讹体,斖为勉之假借,古音古义于今未泯,不当以妄说擅改。"②

"成天下之亹亹"一句,徐铉所见本"亹亹"作"亹亹"。而"亹"字字书所无,《诗》"亹亹文王",崔灵恩集注本作"娓娓",因此徐铉认为《周易》之"亹"亦当作"娓"。惠栋校《周易集解》,径改"亹"为"娓"。李富孙引用钱大昕、钮树玉、段玉裁诸家观点,说明"斖"字可省作"亹",隶变作"亹",因此"斖""亹""亹"三字实为一字。郑玄《周易》注训"亹亹"为"没没",《诗经》"亹亹文王",毛传、郑笺皆训作"勉勉",这是因为"斖"古音读如门,勉、没叠韵。此处《异文释》大段引用段玉裁《说文解字注》批评惠栋之语,说明李富孙批评惠栋擅改经文、不明假借,是受段玉裁的启发。

---

① 〔清〕李富孙《易经异文释》卷三,第683页。
② 〔清〕李富孙《易经异文释》卷五,第703页。

与对惠栋学术批判吸收的态度相比，李富孙对段玉裁则更为尊服。但李富孙也不迷信段氏权威，在段氏观点之外，时有新见。如《小畜》"舆说辐"条：

《说文·车部》引作"舆脱輹"，云："輹，车轴缚也。"《释文》云："辐本亦作輹，音服。"《集解》引虞作"车说辐"。……案：《释文》"輹"下引马云："车下缚也。"郑云："伏菟。"《说文》曰："轐，车伏兔也。"是与輹为二物。《考工记》郑司农注："轐，伏兔也。"疏云："伏兔，汉时名，今人谓之车屐是也。"《释名》云："輹似人展，伏菟在轴上，似之。"又曰："輹伏于轴上。"《易》疏引郑注云："谓舆下缚木，与轴相连钩心之木。"是以轐、輹为一……段氏曰："《说文》轐、輹迥然二物。戴东原氏以轐、輹实一字，其下有革以缚于轴。按，马说与许合，其非轐明矣。"（富孙又案：《说文》："䩞，车伏兔下革也。""读若冈。"盖伏兔本在舆底，以叉衔轴，则舆不动。其形似展，伏兔下有革以缚之。《广雅》："䩞，伏兔也。"据许书，伏兔名轐，缚轴为輹，其革名䩞，故䩞字厕于轐与轴輹之间。是许分析言之，其实即为一事，故诸家多统言之……段氏必析为二，不知其所缚者即伏兔，皆袭旧说而未悟也。）①

据《说文》，辐是轮辐，轐名伏兔，輹为缚轴，三者判然有别。据《释文》郑玄说、《子夏传》，则輹为伏兔。段玉裁根据《说文》，虽然说明了"伏兔名轐，车轴之缚名輹，迥然二物"②，但是却无法解释为何郑玄训輹为伏兔。李富孙认为，《说文》"伏兔名轐，缚轴为輹，其革名䩞"乃是分析言之，实际上轐、輹在具体车的部位上基本一致，因此郑玄训輹为伏兔，乃是"统言之"。"析言""统言"本是段玉裁《说文解字注》的常用术语，但是段玉裁在此处并未有意识地使用"析言""统言"，李富孙服膺段注，借用这对概念，巧妙地弥合了《说文》与汉儒训诂之间的差别。马宗霍《说文解字引经考》也赞同李富孙，认为："《说文》为字书，故字必有别。诸家解经，故统称不分耳。"③

此外，《易经异文释》涉及具体异文的校勘问题，其校勘理念也多受段玉裁校的启发。段玉裁认为，经书在流传中会产生多个版本，注疏者以所见本为据立说，后人为省两读，将经、注、疏合刻出版，则一书之中存在着复杂的历史版本层次，也因此造成文义上的矛盾。因此，校勘经书，需要先区分注疏者所据版本（以贾还贾，以孔还孔），再定其是非（先定底本之是非）④。段玉裁是阮元《十三经注疏校勘记》的主事者，这一校勘理念也因此整体上在《十三经注疏校

---

① 〔清〕李富孙《易经异文释》卷一，第668—669页。
② 〔清〕段玉裁《说文解字注》，上海：上海古籍出版社，1988年，第724页。
③ 马宗霍《说文解字引经考》，北京：中华书局，2013年，第81页。
④ 〔清〕段玉裁著，钟敬华点校《经韵楼集》卷十二《与诸同志书论校书之难》，上海：上海古籍出版社，2007年，第331—337页。

勘记》内若干单经校勘记（如《毛诗注疏校勘记》）中得到了贯彻①。但是，由于《十三经注疏校勘记》各经分校者不同，对这一校勘理念的贯彻程度也有不同。就《周易注疏校勘记》而言，主要是罗列各校本文本异同，很少对文本作是非判断，遑论区分文本层次、判定异文是非了②。未能采用段玉裁的校勘理念，是《周易注疏校勘记》的遗憾。李富孙《易经异文释》则在校勘上自觉运用了段玉裁"先定底本之是非"的校勘理念，因此产生了不少精彩的按语。如《比》卦"邑人不诫"条，《周易注疏校勘记》在此仅校各本异同："岳本、闽、监、毛本同。石经初刻作戒，后改。"③李富孙《易经异文释》云：

> 唐石经初刻诫作戒。（《系辞》"小惩而大诫"石经初刻同。）案：《说文》云："诫，敕也。""戒，警也……以戒不虞。"据虞义，弼注似作戒字。（《泰》虞注作戒。）石经后改作诫，当从《正义》本。④

"邑人不诫"唐石经初刻作戒，后改作诫。李富孙敏锐地发现，《说文解字》训诫为敕，训戒为警，又云"以戒不虞"，而王弼注亦云"邑人无虞"，与《说文解字》用字与意义均合，因此推定王弼原本作戒。《正义》云"所以已邑之人，不须防诫"，因此《正义》本作诫，石经由戒改诫，或是受《正义》本影响。在此，李富孙据《说文解字》和王弼注区分了王弼原本，又据《正义》区分了《正义》本，并推断石经改戒为诫，乃是受《正义》本影响。《易经异文释》这条校记文本层次清晰，眼光独到，校语精审，颇为可取。与李富孙《易经异文释》先后出现的校《易》成果中涉及"邑人不诫"的尚有王瓛《周易校字》，兹录于此：

> 《集解》从虞作戒。案：古文省，后乃加言，为诫也。今本《泰》四"不戒以孚"，尚与《集解》文合，从之。《系传》同。⑤

雅雨堂本《周易集解》下引虞翻云："坤为邑，师、震为人。师时坤虚无君，使师二上居五中，故'不戒，吉'也。"《周易校字》认为《周易集解》作戒，乃是从虞翻之义，《周易》经文当作戒。实际上，明代朱睦㮮本《周易集解》均作诫，作戒之本为后改。王瓛仅仅以雅雨堂本《周易集解》立论，并不区分《周易》文本层次，反而陷入了上文所论《周易集解》文本层次的陷阱中。虽然校勘结果与李富孙相同，但是精审程度上则大打折扣。值得一提的是，今出土的上博楚竹书和马王堆帛书本《周易》均作"戒"。

---

① 〔清〕阮元编，刘玉才整理《十三经注疏校勘记》整理前言，北京：北京大学出版社，2015年，第1册，第10页。
② 〔清〕阮元编，张学谦整理《周易注疏校勘记》整理说明，《十三经注疏校勘记》，第57页。
③ 〔清〕阮元编，张学谦整理《周易注疏校勘记》，《十三经注疏校勘记》，第105页。
④ 〔清〕李富孙《易经异文释》卷一，第668页。
⑤ 〔清〕王瓛《学易五种·周易校字》五之一，《续修四库全书》第28册，第174页。

《易经异文释》甚至李富孙本人,自清代至民国时期,鲜有学者关注。而随着《周易》简帛的出土,如何处理出土简帛中的《周易》异文,成为学界关注的重要问题。李富孙《易经异文释》是处理《周易》异文的专书,广泛搜集《周易》异文,又吸收了清代《易》学和小学的重要成果,因此成为学界借以考释出土《周易》异文的重要参考。昔之所轻,为今之所重,学界对李富孙以及《易经异文释》关注程度的变化,对如何从学术史角度正确认识评价学者的学术贡献,也具有启发意义。

汉简草字中的同形不别现象举例[*]

李洪财^{**}

【内容提要】 汉简材料丰富，书写情况复杂，其中有很多文字同形相混无法区别。本文归纳汉简草字中的同形相混规律，总结出二十八例，基本囊括了汉简草字中主要的同形不别现象，为汉简文字的研读与今后的整理提供重要参考。

【关键词】 汉简草字　同形不别　误释

汉简文字已经脱离了古文字形体系统，但是受古文字形体影响，很多字形仍然保留着古文字形体特征。隶变后，由于字形结构和笔顺的变化，一些以前在古文字中形体相近的字，到了汉简中变得同形而难以区别，还有些文字部件在书写过程中也逐渐俗变同形，难以区别，这种现象在后世的手抄文献中还有不少。汉简文字处在古文字与今文字的过渡阶段，其同形现象有着特殊变化轨迹，很多规律、现象也是后世文字同形变化的源头。同时，汉简文字同形现象的总结归纳对汉简材料的整理与利用有重要指导作用。

为了与完全成熟的草书相区别，本文把与规整隶书有别且书写草率的汉简文字统称为草字。本文所说的同形是指文字使用过程中出现的混同现象，即两字或两部件形体完全一样，没有任何区别特征。它不仅包括完整字的同形，也包括局部草化的部首、部件同形。这种同形大多是文字在日常使用过程中缺少规范造成的。但同形的两个字或两个部件，并不是所有字形中都同形，比如出和土，汉简中常同形不别，但标准草书"出"字上部写成竖折，与"土"字相别。也不是说同形的两个字始终没有区别，有些字在后来的演变过程中逐渐形成区别特征。下面以举例和辨析的方式对汉简文字的同形现象作归纳总结。

举例简文以《中国简牍集成》（文中简作《集成》）^①为底本，特殊情况会在文

---

* 本文为国家社科基金一般项目"汉代简牍草书整理与研究"（项目号：17BZS126）阶段成果，"古文字与中华文明传承发展工程"项目"汉代简牍草书整理研究及数据库建设"（项目号：G3446）阶段成果。

** 本文作者为湖南大学岳麓书院"古文字与中华文明传承发展工程"协同攻关创新平台副教授。

① 中国简牍集成编辑委员会《中国简牍集成》，兰州：敦煌文艺出版社，2001—2005年。

中说明。所举简文根据需要截取，为了便于结合文例对照同形的两个字，在简文中同形字后附原简图片，文中不再逐一说明。

一　朿、来草字同形不别

【同形例】

　　朿▨积卅八日请▨（居 39·27）①

　　第十七部茭万朿▨十所（此为第一栏）（居新 EPT51·91）

　　凡出茭五千二百朿▨（肩 73EJT2:26A）

　　东方来▨客胡通到（敦 2215）

　　不坚守降之，及从塞徼外来▨绛而贼杀之，皆要斩。（敦 983）

　　十月癸巳卒以来▨（居 435·5）

　　▨府卒史丁卿传马二匹往来▨五日积十四▨（肩 73EJT10:160）

　　汉简中的朿、来草字如上，这两个字形在汉简中很难发现区别特征。朿、来两字形近，很容易相混同形。如果书写速度较快，笔画之间形成连带后，两形十分容易混淆。这种情况在后世的俗字中十分常见，比如"勑"本从来，后俗写作"勅"，这种俗变就源于书写不规范造成的朿、来两形相混。由于汉简中朿、来同形相混，如果不注意结合文例区别，很容易在释读过程中出现误释，如：

　　甲戌日，五人作。率人五十五朿▨，日得二百七十五朿▨（敦 1399）

　　这支简中的两个"朿"写法、形体明显有区别。单看字形，第一个"朿"更像是"来"。简文说五人劳作，每人五十五朿，每天得二百七十五朿，看来两字都是"朿"。如果不结合文义，这个"朿"恐怕就会被误认为"来"②。所以在释文整理中，既要重视字形的辨析，还要重视结合具体的文例。比如：

【误释例】

　　▨□人守君朿▨传舍敢▨（居 244·18）

---

① 按：在举例说明过程中所揭示的汉简释文和文字图片，皆出自正式公布的原始图册，释文后皆按照简牍学界通行的简称加简号的办法标出处。如"肩"指《肩水金关汉简》，"居"指《居延汉简》，"居新"指《居延新简——甲渠候官》，"尹"指《尹湾汉墓竹简》，"武医"指《武威汉代医简》，"敦"指《敦煌汉简》。

② 按：这里两个"朿"如此区别书写，应该是为避免雷同故意变化字形。

以上简文所附图片选自史语所最新整理本①,此简《居延汉简甲乙编》(下文简作《甲乙编》)②图版被改描过,陆锡兴《汉代简牍草字编》将此字放在"束"字头下,重新摹本作❐③,与原简字形也有些差距。从简文内容来看,此简中所谓的"束"应该有问题,"来传舍"要比"束传舍"顺畅得多,所以此形应该是"来"。史语所最新整理本将此字改为"来"。

二 朱、未草字同形不别

【同形例】

蒙宜成里朱❐昌,年廿五☐(肩 73EJT4:4)
田卒淮阳郡固始步昌里上造朱❐宽,年廿五。(肩 73EJT9:83)
☐里小女聊珠❐年☐(肩 73EJT9:132)
☐☐食,实未❐得家☐(敦 1104A)
未❐得正月奉用钱六百。(居 40·19)

如上所举例,汉简中"朱"常写作"未"形,"未"有时也写作"朱"形,混淆不别。而且,"朱"在作偏旁部件时也常写作"未",如上举肩 73EJT9:132"珠"字。由于没有注意朱、未同形,释文整理中容易出现混淆误释的情况,如:

【误释例】

未❐☐寿病死,寿妻索君见为(居 157·7)

这支简中所谓的"未",《甲乙编》、《居延汉简释文合校》(以下简作《合校》)④、《集成》等各处释文都相同,未见有提出异议。从文义看,所谓的"未"应该是用作姓氏的"朱"。史语所最新释文即改作"朱",并将未释字补作"昭"。"朱昭寿"为人名。

三 男、功草字同形不别

【同形例】

☐☐☐麻审☐☐党子男❐级所奏记辞,唯(居新 EPF22·661)

---

① 按:本文所说的"史语所最新释文"或"最新整理本"指《居延汉简(壹—肆)》,"中央研究院"历史语言研究所 2014—2017 年。
② 中国社会科学院考古研究所《居延汉简甲乙编》,北京:中华书局,1980 年。
③ 陆锡兴《汉代简牍草字编》,上海:上海书画出版社,1989 年,第 118 页。
④ 谢桂华、李均明、朱国炤《居延汉简释文合校》,北京:文物出版社,1987 年。

神爵二年十月廿六日,广汉县廿郑里男■子节宽惠(敦1707A)
居延安乐里男■子王收年廿王□□者□(肩73EJT10：340)
功■墨(居82·12A)
以卒巍=之功■俟茅土□(敦174)

从以上所举简文与所附字形可以看出,汉简中草写的"男"常与草写的"功"同形不别。释文整理中,因为没有注意到男、功同形情况而将两字混淆误释,如：

【误释例】

维念桓功■,室家未定,博卿以为忧,□□即善上愿也(敦162)

以上释文取自《敦煌马圈湾汉简集释》①,其中的"功",原整理者就误释作"男",后来《集成》改正作"功"。

四 甘、曰草字同形不别

【同形例】

甘■露三年八月壬子朔乙□,(居283·7)
甘■露四年二月己酉朔丙辰(肩73EJT10：121A)
六月戊午,府下制书曰■：(敦497)
□敢言之,府书曰■前(居新ETP51·544)
士吏冯匡呼永曰■：(居新ETF22·194)

甘、曰在秦简中字形就比较接近。例如,岳麓简中有"甘"写作■,曰写作■②,两形无任何区别。汉简中甘、曰草写仍同形不别,如上所举各字形,"甘"形与"曰"形中间两横,都草写作类似点画的短促笔画,找不到任何区别。曰,金文中常写作■,汉碑中作■(曹全碑),汉碑中字形上方的缺口应该是保留古文字中"曰"的区别特征。但是在上举汉简草字中,这种区别完全消失了。

五 色、包草字同形不别

【同形例】

骊靬万岁里公乘儿仓年卅长七尺二寸黑色■(居334·33)

---

① 张德芳《敦煌马圈湾汉简集释》,兰州：敦煌文化出版社,2013年。
② 方勇《秦简牍文字编》,福州：福建人民出版社,2012年,第135页。

为人中状,黄色⬚,(肩73EJT1:1)
齐郡临菑西通里大夫侯寿年五十长七尺二寸黑色⬚□(肩73EJT9:28)
长五尺七寸黑色⬚(居37·32)
为公包⬚卿从取槖一直八十不吝持槖□赏□□(敦503A)
候史包⬚在所　　　(居108·19)

汉简中"色"字出现非常多,常用作颜色之义。汉简中的"包"字比较少见,基本出现在人名中。这两个字的汉简草字完全没有区别。色、包两字在秦简中有较大区别,比如睡虎地秦简中的包写作⬚(封诊式48),色写作⬚(日书甲17)。到了汉简中两字逐渐相混不别。而且因为同形,如果文例缺失就很难确定释字,比如:

自有舍入里五门东入舍居延□
□包⬚
张长君舍禄福广汉□　(居340·33)

"包",史语所释文改作"色",实际无论作"包"还是作"色"都有可能。因为没有办法确定前面残去的内容。作人名、作"颜色"都有可能。

六　入、人草字同形不别

【同形例】

□幼,到九月入⬚钱五百,除钱到春毕已。(居163·16)
□兼一椟书到出入⬚如律令　□(肩73EJT6:14B)
即日平旦入⬚关张掖大守卒史□(肩73EJT1:34)
十二月庚申居延守令千人⬚属移过所如律令(肩73EJT10:313A)

汉简中入、人在隶书中也常常不区别,但还能看到可区别的字形。而在草字中入、人基本同形不别,如上举诸简的"入"与"人"形没有任何区别特征。这些字都要靠简文内容判断是人还是入,但当文例不完整时,就会给释文整理带来麻烦,比如:

【误释例】

□谨移檄买□荄钱直钱簿一编□□燧长外人⬚取□□□(居401·7B)

此简墨迹漫漶,部分字迹已难辨别。以往释文中,简中的"人",《甲乙编》《合校》皆作"人"。从常见的简文对比来看,此处作"人"正确。外人是汉简中十分常见的人名，而"入取"连用在汉简中较少见。

七　史、丈草字同形不别

【同形例】

　　　仓曹吕<u>史</u>▇召官☐（居新 EPT65·370）
　　　☐候宏移甲渠候官令<u>史</u>▇遣士吏猛等（居新 EPT52·416A）
　　　备行不在五<u>丈</u>▇上必坐☐（敦 2187B）

上举字形对比可知，汉简的"史"草形与"丈"同形不别。史，汉简中还写作▇（肩肆 T37:863），皇象《急就章》作▇，这种字形被后世章草所继承，故与"丈"同形的字形逐渐被淘汰。两字同形也只见于汉简。另外，"丈"字在汉简中除了上举敦 2187B 那种形体外，很多还写作▇（居 4·4A）形，这种形体主要是受汉简中流俗的"宀"写法影响。

八　舒、邮草字同形不别

【同形例】

　　　☐己丑朔，第二亭长舒▇受代田仓监只（居 557·5A）
　　　☐二隧长王舒▇妻☐受司马嘉平。（居 308·24）
　　　温常利　　　路舒▇（居新 EPT56·119）
　　　☐丙寅第二亭长舒▇受☐　（居 555·11）
　　　邮▇书课（居 110·19）
　　　一檄会水北界邮▇印诣居延都尉☐（肩 73EJT2:23 下栏最后一行）

舒，《说文》："从舍从予。"上举汉简中的"舒"已经基本讹变不从予了。汉简中的"邮"草写如上。对照可以看出，两字都已经俗变同形，无法区别。因此在释文整理中只能通过辞例来判断是何字。

九　钦、钱草字同形不别

【同形例】

　　　候长当迎钦▇。闲者，诸吏不思（敦 6B）

臣愚以为，钦[图]将兵北（敦 66）

臣谨写钦[图]檄，记传责之。（敦 83）

守先到，臣再拜。钦[图]到，知审，以状闻。（敦 132）

•元寿六月受库钱[图]财物出入簿（居 286•28）

取横钱[图]千（居 56.5）

入毋忧隧长胡赐钱[图]九百（居 455.1A）

上举简文中的"钦"全部都用作人名。《敦煌马圈湾汉简集释》指出"钦"为郭钦。并引《西域传》"唯戊己校尉郭钦别将兵，后至焉耆。焉耆兵未还，钦击杀其老弱，引兵还。莽封钦为剼胡子"为证。故上举简文中的"钦"释字无误。汉简中的"钱"字形如上，简文都比较单一，基本都用作"钱财"之"钱"。对比可知两者无任何区别。不过汉简中"钱"的草字省简不一，字形多变，其实还有很多字形，常常需要依据文例来释字。

十　叚、段草字同形不别

【同形例】

　　叚[图]司马爰汤　　马二匹（居 560•18）

　　☐段[图]等。檄到，燧遣☐（居 238•24）

汉简中"叚"字出现不多，字形如居 560•18。这个字形史语所释文作"假"，但原简字形并没有"亻"，释文不可从。汉简中的"叚"主要出现在人名当中。从上举两形可以看出两者同形不别。汉简中"假"草写作[图]（敦 102）、[图]（居 88•12）、[图]（居新 EPF22•470）等形，所从"叚"基本与"段"同形。叚、段发展到后世，一直处在形近相混当中，曾良《俗字及古籍文字通例研究》中就收集了很多文献中叚、段不别的例子①。现在看来，两者相混可以溯源到汉简中。另外，汉简中段、殷两字常常相混，比如居 238•24 的"段"，旧释作"殷"，这两个字在汉简释读中也要注意区别。

---

① 曾良《俗字及古籍文字通例研究》，南昌：百花洲文艺出版社，2006 年，第 64—66 页。

十一　牵、辜草字同形不别

【同形例】

搜索部界中□亡人所依匿处。爰书相牵☒（居 255·27）

・肩水候官吏相牵☒证任☒（居 504·11）

制书曰：安众候刘崇与相张绍等谋反，已伏辜☒。（敦 497）

戍卒南阳郡舞阴辜☒里李☒（肩 73EJT8:41）

牵、辜两字在汉简出现次数不多，两形如无文例限定也没有任何区别。虽然两字缺少草书的牵连特征，但两字的简率形体与后世的章草字形非常接近。如"牵"的章草写作☒（皇象），"辜"的章草写作☒（皇象），两章草字形如果不仔细区分，也很难看出差别。

十二　旁、庑草字同形不别

【同形例】

一封遣杜陵左尉印诣居延封破□□旁☒封十月丙寅起（居 505·39）

买鄣卒□威袤一领直七百五十约至春钱毕已。旁☒人杜君隽。（居 26·1）

正月丙辰穷庑☒隧长偃取　　卩（居 145·20）

☒胡庑☒欲五百车取□安足擒哉若计善（居新 EPT6·17）

汉简中旁、庑草字如上，两字的草形基本相同，无法区别。以上是两字同形的情况，实际两字本有区别。汉简中比较常见的"庑"草字写法如下简中字形：

十月廿八日胡庑☒犯塞略得吏（居新 EPF16·37）

不过这种字形也有一例同形的情况，简文如下：

□田在三坞隧，旁☒城①。使家孙自田之，当归，繇人力少，唯君哀（居新 EPT65·319）

---

① 按：居延新简 EPF22.577 中有"遮庑城"，若此城与三坞隧相邻，那么这里的旁城也有可能就是庑城。

这枚简的释文采自《居延新简集释》，标点为本文后加。其中的"旁"字形与上举"虏"字草书完全一致。从文例上看两者释字都没问题，但是不同的两个字草形完全一致。

十三　出、土草字同形不别

【同形例】

　　□越塞出▣，不□□（居485·42）

　　□者，八里有水出▣，远者□（居232·7）

从上举例可以看出，汉简中的"出"与"土"草形无别，都写作"土"形。出，皇象《急就章》草书作▣，标准的汉简草书应该是这种写法，其上部写成竖横，以此与"土"区别。但是汉简中失去区别特征的"出"草形，反倒多于有区别特征的草形。这也说明汉简草字中出、土的同形并不是书写不慎造成的，应该是当时书写中的常见写法。而章草中有区别的"出"形，应该是经过优化选择。

十四　告、吉草字同形不别

【同形例】

　　□印在所，千人宪行丞事，敢告▣（居新ESC·59）

　　私属吉▣，元年十一月食麦二斛七斗。（敦330）

汉简中告、吉的草字写法如上，无任何区别特征。告，在汉碑中写作▣（曹全碑），与"吉"字有一些区别。但在汉简中，即使是隶书的"告"也有写作"吉"形的，如敦1448中"告"写作▣，与"吉"同形。可见告、吉两字相混同形不仅是在草字中，隶书中也有这种情况。

十五　乃、弓草字同形不别

【同形例】

　　□敢厚自赏来往者数乃▣起居毋恙谨（居140·4B）

　　至五月甲子罢食食起应乃▣遂成出就事与遂成所持刀（居19·33A）

　　也乃▣翁张居非前张□□（居新EPF22·524）

　　□塞□□藉充弓▣□□（居430·3）

☐☐甲子察得弓【字】若直实里令如负命以往行故毋☐（居271·4B）

弓【字】一椟丸一矢十二☐（居87·12）

小篆中，弓作弓，乃作乃，这两形区分就不是特别明显。在汉简中两形隶变后的字形仍保留篆书的字形特点，所以很容易相混同形。以上所举字形是找不到任何区别特征的情况。实际两字的结体在汉简中已经形成明显特征，即上方有一撇画者为"乃"，没有的就是"弓"。两者区别如下：

乃	【字】居561·4、【字】居新EPT65·41A、【字】居新EPF22·2
弓	【字】居430·3、【字】居271·4B、【字】肩73EJT1:11、【字】肩73EJT1:25

弓、乃两字虽然有相混同形的情况，但是只有"乃"省简一撇画与"弓"同形，却没有"弓"加上一笔讹混成"乃"的情况，也就是说两字相混同形是单向的，不是双向的。

十六 矣、吴草字同形不别

【同形例】

为寒近衣裘，强饭食，幸自熹，以卒巍巍之功，俟【字】茅土（敦174）

久视堂堂之地，不可得，久履道此绝矣【字】。（敦1368）

·月尽矣【字】（居新EPT56·151第二栏）

贵取橐佗，谨奉告矣【字】。孟春闻李出所久居☐☐（敦235）

昌劾辅火误误【字】守乏，即诬箭言昌。（居新EPT56·175）

食粟三石三斗三升少八月己卯吴【字】余取邛居新T59.24

君教问登山隧长吴【字】良安所☐良☐①驿北来。（肩贰T23:885A）

《说文》中，吴从矢，矣从矢。在小篆以前的文字中，两者的差别比较大。隶变后，两字差距缩小。尤其是汉简偏旁部件中口、厶不别，所以汉简中吴、矣的草形常相混同形。从上举的例子中可以看到，汉简中有时"吴"写作"矣"形，有时"矣"写作"吴"形，字形基本没有区别。

---

① 按：此简中两未释字原简作【字】、【字】，原整理者作"愿"，字形文义皆不合，暂缺释。

十七 界、累草字同形不别

【同形例】

付界▣亭卒同(居505·23A)

从迹尽界▣,还谓忠曰:为候长取酒(居264·40)

汉简中的"界"草写如上,汉简中的"累"有如下两形:

中营右骑士累▣山里亓褒　左前☒(肩73EJT3:7)

累▣峻不得到出,(东51B)

不难看出,上举简中的"界"与"累"基本同形,无法找到区别特征。后世草书才逐渐发展出区别特征,如"累"的后世章草作▣(赵孟頫),与上举东牌楼草字基本一致,"界"的后世章草写作▣(赵孟頫)。这两个章草字形也很接近,但下部已经作了区别。

十八 卮、危草字同形不别

【同形例】

赤卮▣一 毋出入(敦1891)

卮▣一。瓯一。盆二。(居220·18)

暴深人民素恶,共奴尚隐匿深山危▣谷,(敦73)

二日乙未危▣白□□□(敦1968B)

汉简中卮、危两字所见不多,从上举简文文义可以确定各自释字,互相对比来看,两字也找不到任何区别特征。

十九 鱼、角在偏旁中同形不别

【同形例】

令鲜▣明。令丞以下当(居新EPF22·153A)

☒□薪下,务以谨善鲜▣明　(居新EPT52·459)

☒敢言之遣葆氏池大昌里鲍▣顺等□□☒(肩73EJT8:78)

自言:责甲渠燧长鲍▢小叔,负谭食粟三石。(居新 EPT51·70)

汉简中"鱼"作偏旁的字如上。汉简中从"角"的草字如解作▢(居新 EPT52·462)、鱍作▢(肩 73EJT7:51)等。与上面从"鱼"形的字对比,即可知两形相同不别。鱼、角在偏旁中同形也给释读带来麻烦,比如:

【误释例】

槃死张者约张两柱折端□□槃死觡▢者约觡▢柱燕张　槃死燕者约柱膚觡▢(肩 73EJT6:69)

这段释文中出现的"觡"《说文》未收,这个字后世字书中也不多见,仅在《康熙字典》角部,查到转引《搜真玉镜》的简短直音注释。可见这个字比较生僻,而且产生应该比较晚。《说文》中有"鲛",且汉简草写鱼、角作偏旁时同形不别,则此"觡"当从《说文》释作"鲛"。

二十　⺮、艹在偏旁中同形不别

【同形例】

田在敦德鱼离邑东,循不及候,母病笃▢。(敦 230A)

☑丑命加笞▢八百要斩(肩 73EJT1:93)

高望隧长贾苍▢(敦 1889)

☑五尺直四百五十苇▢筲▢(居新 EPT59·284)

⺮、艹两形在古文字阶段区别是很明显的,弯曲口朝上的为艹,朝下的为⺮。但是隶变后,弯曲变直,书写速度加快,古文字那种区别方法在书写过程中逐渐模糊。⺮、艹不别现象在汉简中非常普遍,通过以上所列字形不难看出,汉简中无论什么情况,即便是从⺮、从艹字同时出现在一简中(居新 EPT59·284),⺮、艹两形都不加任何区别。后世手抄文献中这种现象也非常普遍,其源头可追溯到汉简当中。⺮、艹同形相混虽然是非常普遍的现象,但我们发现在释文整理中,因为没有注意到这种情况,导致出现了不少不合理的释录现象。例如:

【误释例】

第三十七隧卒苏赏,三月旦病两胑蒳▢急,少愈。(居 4·4B)

五凤元年七月丁巳朔戊午,厌胡隧长萱▢敢言之。(敦 1642)

☑□助河南伐慈其󠄀箕（居新 EPT52・312）

檄到令卒伐慈其󠄀箕治簿更着务令调利毋令到不办（居新 EPF22・291）

以上是我们照录《集成》中的释文，其中"䇞"可以直接释作"箕"，完全没有必要刻意释写从"艹"。史语所释文即改作"箕"。还有敦1642简的"䇞"，《敦煌汉简释文》作"管"应该是正确的。居延新简中所谓的"其"，其实就是地名"慈箕"之"箕"字，也不应该释作"其"。《敦》释文将敦1448简中的"笱"也误释作从"艹"之字。此外，在其他释文整理中，常看到把"籍"整理作"藉"，也不太合适。如此多的相同问题，绝不仅仅因为疏忽，主要原因还是没有充分认识俗写特点和草字同形现象。

二十一　台、吕在偏旁中同形不别

【同形例】

☑郡治󠄀牛官怀　（肩 73EJT9:33）

始󠄀建国三年八月二十八日（居 506.14）

吕󠄀政主（居 420・4）

田卒平干国张榆里晋襄吕󠄀儋，年卌二。（肩 73EJT1:5）

汉简中的口、厶常混淆不别，尤其在偏旁部件中，两者基本同形不别。比如上举"治""始"所从"厶"形，皆与"口"形完全相同。

二十二　予、阝（邑）在偏旁中同形不别

【同形例】

戍卒梁国杼󠄀秋东平里士伍丁延年卅四（肩 73EJT5:39）

弘农郡陕县杨舒󠄀里孟毋伤（肩 73EJT2:35）

魏郡武始野󠄀氏亭长厨人里大夫朱武（肩 73EJT7:9）

汉简中"予"基本都草化作"阝"形，如上所举的几个从"予"字形，已经完全看不出"予"形痕迹。汉简中从"阝（邑）"字如郡作󠄀（肩 73EJT4:15）、都（居新 EPF22・127），邮作󠄀（肩 73EJT5:8A），与上面从"予"的字对比可知，阝（邑）、予两形在草写偏旁中完全不别。

二十三　朿、来在偏旁中同形不别

【同形例】

　　为(畏)狸狌(狌)得。围树以棘[图]。(尹 116)

　　同隧卒同郡县棘[图]里吴☐(肩 73EJT1∶50)

"朿"与"来"由于形体相近,在书写过程中很容易混同。这两个形体在汉简草字中很难区别。来,汉简草字作[图](敦 175)、[图](居 111·4B),与上举诸字所从"朿"形相比,找不出任何区别特征。另外,"朿"的草字形发展出不少俗字形,如,"枣"在汉简中又写作[图](武医 80A)、[图](武医 65),这两种字形写法完全是草书楷化后俗变的结果。后世俗字中这类字形十分常见,秦公《碑别字新编》、黄征《敦煌俗字典》中收录很多这种俗字,而汉简草字是这些字形的源头所在。

二十四　生、主在偏旁中同形不别

【同形例】

　　☐赵忘生[图],　　　(居新 EPT53·197)

　　汉强谓士吏安生[图],候行中,随书到,(居新 EPT56·65A)

汉简中"生"字草写如上。汉简中的"往",《说文》中本为"从彳㞷声",汉碑中写作[图](曹全碑),已经讹变从"主"。"往"在汉简的草字写法如:

　　☐长广移肩水金关往[图]来毋苛留止如律令　　☐(肩 73EJT9∶35)

同样写法的"往"还有很多,如[图](尹 117)、[图](敦 113),所从"主"皆与"生"形不别。

二十五　象、彔在偏旁中同形不别

象、彔两形很相似,上部完全相同,主要差别是下部。但在书写过程中下部这种形常相混,导致两字同形,例如下表是从象的橡、从彔的禄汉简草字字形:

掾	[图]居新 EPT59·87、[图]居新 EPF22·334B、[图]居新 EPT65·44B
禄	[图]居新 EPT59·208、[图]居新 EPT59·205、[图]居新 EPT43·46

上表的这两字在汉简中出现的次数比较多,右侧的彖、泉两形写法基本没什么太大区别。后世从彖、泉字的草书同样相混。比如后世"缘"草书作[图](智永),"绿"草书作[图](赵孟頫),如果没有文例光靠字形无法区别。

二十六　殳、攵在偏旁中同形不别

【同形例】

从殳字	殿	杀(殺)	殴	段
	[图]敦830	[图]居补·L3	[图]居新 EPT51·275	[图]肩 73EJT10:216
从攵字	教	改	政	故
	[图]居新 EPF22·151C、D	[图]东 70A	[图]居 420·4	[图]肩 73EJT3:55

从上表列举的从殳、攵的字可以明显看出,殳、攵在偏旁中没有任何区别特征。其实不仅是在汉简草字中,就是在后世的草书中也同样不区别。比如章草的"段"写作[图](皇象),"杀"写作[图](皇象),其中的殳就和攵形没有任何区别。

二十七　交、文在偏旁中同形不别

【同形例】

□方相车一乘骊驳(駮)[图]牡马一匹齿八字子惠(肩 73EJT10:262)

校[图]尉、令史、司马、候、丞人二万,(敦 1300)

今调如牒。书到,付相与校[图]计。　　（居新 EPT65·50A）

汉简中的"文"草写作[图](敦 2033B)、[图](居 76·51)。汉简中从"交"的字比较常见,如上举诸形。不难看出,这些本从"交"的字,在草写中基本都与

"文"同形不别。

二十八　木、牛、扌在偏旁中同形不别

【同形例】

　　君与主官谭等格 [图] 射各十余发，虏复从塞（居新 EPF16·47）
　　□□□□□复使根 [图] 、强来曰：（居新 EPT51·2）
　　立缴枭杞 [图] 弦一。（敦 1673）
　　□□方相一，乘骊牝 [图] 马一匹，齿十四岁　□（肩 73EJT9:46）
　　□方相车一乘骊驳牝 [图] 马一匹齿八字子惠（肩 73EJT10:262）
　　牛二黑劳，犅齿十二岁，絜八尺，其一黑，犅 [图] 齿□（肩 73EJT8:70）
　　乘騩牡 [图] 马一匹，轺车一，两弩一，（肩 73EJT1:6）
　　恩以负粟君钱，故不从取器物 [图] 。又恩子男钦，（居新 EPF22·14）
　　横叩头，养报君，前者见横得持 [图] 可凯（敦 231）
　　出穈子一斗，　贷鄣卒张抹 [图] ，十月二日。（居 4·12）

如上举例，汉简中的木、牛常常草写作"扌"形，无任何区别。不仅同形，有时还相混，如：

　　□南阳郡杜 [图] 衍安里公乘张赍，年廿六。　（居新 EPT52·240）
　　□轺车一乘騩牡 [图] 马一匹齿九岁　□（肩 73EJT8:68）
　　□□年卅　乘方相一乘骊牡 [图] 马一匹□（肩 73EJT8:76）

杜，本从"木"，在居新 EPT52·240 中讹作从"扌"。这种字形和后世手抄文献中"木"的竖画下末尾处，顺势带出的勾画不一样，从这支简的草化程度看，还没达到那种顺势带出勾画的书写程度。上面例子中，牛、木、扌无论是哪个形末尾都没有这种情况。所以上举居延新简中"杜"的"木"形讹写作了"扌"。后世手抄文献中木、扌也是同形不别，其源头应该在汉简。另外，上举肩简中两个"牡"，所从的"牛"讹写作了"木"，这种同形情况是汉简草字中特有的现象，其他文献中很少见到。在释文整理中，因对牛、木、扌同形相混的情况缺乏足够认识，故出现了一些错误，如：

【误释例】

　　牛一，黑，捞 [图] 舍 [图] 耳，左剽，齿八岁，絜八□□（敦 1166）

这是照录的《集成》释文。捞舍，《集成》注曰："取弃也，意为将牛耳割一阙

口。"非。这支简的释读问题已有学者纠正。其中的拷,实际就是㸚。其中的"舍",应改释作"牸"①。如果注意汉简中牛、扌不别的现象,其实这个错误很容易察觉。

杨 ▨ 州刺史(尹 YM6D3A 第二栏第六行)

"扬州"的"扬",按照现在的地名书写习惯应该写作从扌的"扬",但上面这支简《集成》和原整理释文都释写作"杨",不知道是不是以前扬州都写作"杨州"。如果这样的话,那么扬雄的"扬"也要改作"杨"了。

　　以上所举基本反映了汉简文字中的同形现象,当然也肯定还有遗漏,但遗漏的例子恐怕也不会十分普遍。本文所说的汉简草字的同形,实际不仅限于草字,很多是整个汉简文字的现象。从这些同形的例子可以看出一个共同的释文整理问题:在释文整理中如果不知道这些同形现象,就很容易造成误释。知道了这些同形现象的常识之后,才能通过文例仔细推究,确定释字。在归纳以上诸例的过程中,可以看到以往释文中也确实出现了不少因为没有注意区别同形字导致的误释情况。这既说明以往释文疏于对此现象的归纳和认识,也说明本文对释文整理与研读的作用。

　　汉简材料数量较大,书写情况也比较复杂。对于特殊的书写现象应该逐步归纳积累,这对正确的解读和利用汉简,以及今后的汉简整理,都有重要的作用。

---

① 邬文玲《居延汉简释文补遗》,《金塔居延遗址与丝绸之路历史文化研究》,兰州:甘肃教育出版社,2014 年,第 95 页。

汉张寿碑下碑的发现及其学术价值考论

陈福盛　刘心明[*]

【内容提要】《张寿碑》乃汉碑珍品,宋时碑体尚完整,元代曾发生断折,后得到修复,明代再次断裂,上截改作碑趺,现藏山东省成武县博物馆,下截不知所终,向来以为亡佚。据查考,近年公布的《举孝廉等字残碑》,即"张寿下碑"的一部分。"张寿下碑"残石拓片的发现具有重要的学术价值,其中保留了汉代"孔"字特殊的写法,能够为解决上博简诗论的作者问题提供有力的佐证。

【关键词】　张寿碑　汉碑全集　举孝廉等字残碑　隶释　上博简诗论

《张寿碑》全称《汉故竹邑侯相张君之碑》,立于东汉建宁元年(168)。现存残石乃《张寿碑》之上截,本文姑称之为"张寿上碑"(图1),陈列在山东省成武县博物馆。"张寿上碑"乃汉碑珍品,历来受到学者的重视。从宋代欧阳修、赵明诚、洪适,到清代顾炎武、朱彝尊、王昶、钱大昕、翁方纲、阮元、吴熙载、杨守敬等皆对其推崇有加。近现代学者如康有为、梁启超、章太炎、陆维钊、高亨、程千帆、赵超、辛德勇、赵平安等在研究石刻文献、汉代文史及汉隶书法时亦多有引用。而《张寿碑》之下截(以下称"张寿下碑"),在宋代以后就未见著录,向来以为已经亡佚。近年来,在某些出版物上公布的《举孝廉等字残碑》拓片(图2),经笔者考证,当是"张寿下碑"的一部分。"张寿下碑"残石拓片的发现,为我们重新还原《张寿碑》整碑提供了重要参照,也为推测碑体断裂的原因和时间,解释前人论述中出现的诸多疑点,提供了资料。同时,由于其内容所独具的文献价值,还能为解决当下某些重要学术问题提供更加客观准确的原始材料,值得重视。

---

[*] 陈福盛,山东大学儒学高等研究院2018级中国古典文献学博士研究生。刘心明,山东大学儒学高等研究院教授,博士生导师。

汉张寿碑下碑的发现及其学术价值考论　33

图 1　现成武县博物馆藏《张寿上碑》残石。

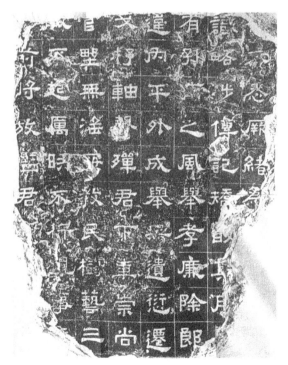

图 2　《举孝廉等字残碑》拓片

一 《举孝廉等字残碑》的公布及其与《张寿碑》的关系

2006年,徐玉立主编的《汉碑全集》出版,以其所收汉碑之全,引起学界广泛关注①。其中既有流传甚广的名碑拓本,如《张迁碑》《乙瑛碑》《曹全碑》等,又有各地馆藏及民间收藏的稀见石刻珍品,尤其收录了近几十年来新出土的汉代石刻,为汉碑研究者提供了很多新材料②。《汉碑全集》第六册收录《举孝廉等字残碑》,并作说明:"拓本高四十四厘米,宽三十三厘米,隶书,存字八行,行字不等,有界格。碑不知所在。"③细览此拓片,感觉其书法特点及碑体形制与"张寿上碑"颇为接近,初步判断二者应该有关系④。

笔者取《举孝廉等字残碑》中清晰而连续的文句与南宋洪适《隶释》一书中所收《张寿碑》全文相校⑤,一一吻合。由此可知,《举孝廉等字残碑》应该就是《张寿碑》下截的一部分。《张寿碑》全文虽也见于明代梅鼎祚《东汉文纪》、清代严可均《全上古三代秦汉三国六朝文》、今人高文主编《汉碑集释》、徐玉立主编《汉碑全集》等书,但都源(146—168)自《隶释》,而《隶释》乃据原碑(或拓片)过录,文字比勘自当以《隶释》为据。

另从单字书写风格、行款形制等角度检验,也可以印证上述结论。从单字书写风格来看,《举孝廉等字残碑》碑文虽有剥落,但多数笔画清晰可辨。其中"不""君""其""之""孝""无""官""民""树""三""贼""视""将"等字,"张寿上碑"中亦有出现。笔者将拓片中相对清晰的文字裁剪出来(图3),一一比对,可以看出单字的笔画、整体字形亦绝相类。就行款形制而言,据《汉碑全集》提供的尺寸推算,《举孝廉等字残碑》界格高约4.4厘米、宽约4.13厘米,"张寿上碑"界格高约4.5厘米、宽约4.3厘米,大致相当。将二碑拓片清晰处分别剪裁,调整到同一大小,横竖对应,若合符节(图4)。就行款而言,《举孝廉等字残碑》所存残字对应着原碑前八行,第一行四字,第二行九字,第三行到第六行,每行各十字,第七行九字,第八行五字。这进一步有力地证实《举孝廉等字残碑》即为"张寿下碑"的部分残石。通过以上考证,《举孝廉等字残碑》即是"张寿下碑"的一部分,应无疑问。

---

① 徐玉立主编《汉碑全集》,郑州:河南美术出版社,2006年。
② 刘灿章《大汉雄风 千古流芳——〈汉碑全集〉编后感言》,《中原文物》2006年第5期,第91—93页。
③ 徐玉立主编《汉碑全集》第6册,第2142页。
④ 徐玉立、李强主编《汉碑残石五十品》一书也收录《举孝廉等字残碑》,所载与《汉碑全集》大略相同,另有赏评:"从此碑的书写风格与石刻模式来看应为东汉桓帝以后的碑刻。"此判断与《张寿碑》所立时间(168)相近。郑州:河南美术出版社,2007年,第189页。
⑤ 〔宋〕洪适《隶释》卷七,中国国家图书馆藏王云鹭明万历十六年(1588)刻本,第18—20页。

汉张寿碑下碑的发现及其学术价值考论　35

释读	不	君	孝	民	树	三	它
张寿上碑							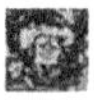
举孝廉碑	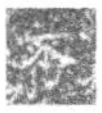						

图3　"张寿上碑"与《举孝廉等字残碑》部分单字字形笔画比对

图4-1　竖向对比图

上为"张寿上碑"之一部分，下为《举孝廉等字残碑》之一部分。

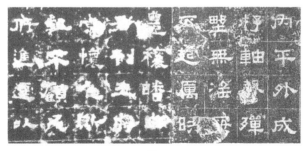

图4-2　横向对比图

左为"张寿上碑"之一部分，右为《举孝廉等字残碑》之一部分。

结合《隶释》记载与现存"张寿上碑"及新发现的"张寿下碑"拓片,可以推测出完整的《张寿碑》当为十六行,满行三十八字,据此笔者特制整碑还原图,以略见其全貌(见书前彩页)。

二 《张寿碑》碑体断裂原因及时间再探

关于《张寿碑》流传、残缺的记载和讨论,历代并不少见。"张寿下碑"的发现,能够为我们考察《张寿碑》碑体毁坏的原因和时间提供新的重要线索。

就笔者目前掌握的资料而言,现存关于《张寿碑》的最早记载,当为北宋欧阳修所撰《集古录》。书中简单概述了碑文内容,称:"其大略可见者如此,其余残缺,或在或亡,亦班班可读尔。"[1]可见当时碑文已有剥落,但残损较轻,结合前后语境,便可通读无碍。后赵明诚《金石录》[2]、郑樵《通志·金石略》[3]中亦有著录,较为简略,仅列碑名、碑主、所在地及立碑时间而已。洪适所撰《隶释》用楷书录其全文,又引《集古录目》说是碑不著书撰人名氏[4],引《天下碑录》说碑在成武县城内墓南[5]。洪适既能誊录全文,说明南宋时《张寿碑》碑体依旧完整,碑文尚清晰可读,与欧阳修所言大致相类。

明代文献中对《张寿碑》的记载不多。清初孙承泽《庚子销夏记》记载:"(《张寿碑》)仅载《集古录》,他书俱不载,近日好古如杨升庵诸君亦未见也。碑文简质,字法古雅,具见汉人风格。"[6]孙氏所言"仅载《集古录》",并不准确。但由此可见《张寿碑》在明代流传并不广泛,至于碑体是否完整,从孙氏言语中不得而知。稍后,顾炎武在《金石文字记》中交代了《张寿碑》碑体被毁的原因及所见残碑情况:"土人截为后人碑趺,止存二百余字。"[7]此乃目前所见对碑体断裂后"张寿残碑"最早的记录。顾氏认为《张寿碑》被人有意截断,改做碑趺。

清代金石学兴盛,学者多以考据见长,关于《张寿碑》的记载亦逐渐增多。

---

[1] 〔宋〕欧阳修《集古录》卷三,〔宋〕欧阳修著,李逸安点校《欧阳修全集》卷一百三十六,北京:中华书局,2001年,第2120页。
[2] 〔宋〕赵明诚撰,金文明校证《金石录校证》,桂林:广西师范大学出版社,2005年,第9页。
[3] 〔宋〕郑樵撰,王树民点校《通志二十略》,北京:中华书局,1995年,第1849页。
[4] 〔宋〕洪适《隶释》卷二十三,第15页。
[5] 同上书,卷二十七,第6页。
[6] 〔清〕孙承泽撰,白云波、古玉清点校《庚子销夏记》卷五,杭州:浙江人民美术出版社,2019年,第116页。
[7] 〔清〕顾炎武《金石文字记》卷一,黄珅、严佐之、刘永翔主编《顾炎武全集》第5册,上海:上海古籍出版社,2011年,第232页。

朱彝尊《曝书亭集》①、翁方纲《两汉金石记》皆有著录②,然多沿袭顾氏"土人断为碑趺"之说,并没有指出碑体毁坏的具体时间,亦只字未提"张寿下碑"。褚峻摹图、牛运震补说的《金石经眼录》中,摹有残碑图并配以文字说明:"(张寿碑)仅存上半,不知何时辱为碑趺。万历间,城武县令复起,陷置孔子庙戟门东壁。"③为我们提供了碑体毁坏相对明确的时间下限。据此可知,迟至明万历时《张寿碑》就已经断裂,并改做碑趺。钱大昕在《潜研堂金石文跋尾》中明确指出:"明时人断为碑趺。"④王昶《金石萃编》亦引用此说⑤。《山左金石志》对《张寿碑》的形制和流传有更加明晰的说法:

> 八分书,碑高二尺二寸,广二尺五寸,在城武县学。碑为明人截作碑趺,只存上段,每行十四字,中间凹处又毁四十字,视洪武所见仅三之一矣⑥,本在学官戟门壁间。乾隆五十六年,知县林绍龙建亭重嵌,就碑凹处题记之。⑦

乾隆五十六年(1791),城武县令林绍龙在碑体凹陷处刻题跋,叙此碑访得经过,重新嵌入文庙廊壁之中。新中国成立以后,政府重视文物保护工作,"张寿上碑"被转移至山东省成武县文物管理所,后并入成武县博物馆。笔者有幸一睹实物,并获得原石高清图片,现存残石中部凹陷处已经完全脱落呈中空状态,林氏题跋已不复存在。

综上可知,《张寿碑》在明代遭人为毁坏,上截被改造成碑趺,下截不知所终,是清代金石学家的共识。然笔者实地探访后发现"张寿上碑"原石左侧有两行楷书题跋:"……之遗迹因盗仆折恐没于尘邑人……/……本路诸军奥鲁总管管内……"⑧"奥鲁"为元代官职,故此题跋当为元时所刻。由此可知,《张寿碑》在元代曾因墓室被盗,碑体倾倒,发生断折,乡人恐其没于尘埃之中,故又重新修复。此发现使得《张寿碑》断裂时间及原因变得更加复杂。而明人为何又会将一方品相较好的汉碑改造成后人碑趺?诸多问题,无法回避。

---

① 〔清〕朱彝尊《曝书亭集》卷四十七,影印文渊阁《四库全书》第1318册,第190页。
② 〔清〕翁方纲《两汉金石记》卷十二,影印清乾隆五十四年(1789)北平翁方纲南昌使院刻本,《续修四库全书》第892册,上海:上海古籍出版社,1995年,第439—440页。
③ 〔清〕褚峻摹图,牛运震补说《金石经眼录》,影印文渊阁《四库全书》第684册,第738页。
④ 〔清〕钱大昕《潜研堂金石文跋尾》卷一,陈文和主编《嘉定钱大昕全集》,南京:江苏古籍出版社,1997年,第6册,第18页。
⑤ 〔清〕王昶《金石萃编》卷十二,清嘉庆十年(1805)刻同治钱宝传等补修本,第11—14页。
⑥ 统览《张寿碑》断裂并改为碑趺的有关记载,与"洪武"年号有关者仅此处,因疑"武"乃"氏"之讹。
⑦ 〔清〕毕沅、阮元《山左金石志》卷八,清嘉庆二年(1797)仪征阮氏小琅嬛仙馆刻本,第5页。
⑧ 关于此元人题跋,刘海宇亦曾提及,详见其著作《山东汉代碑刻研究》,济南:齐鲁书社,2015年,第165页。

据元人题跋,《张寿碑》曾"因盗仆折",所谓"仆折",即"倾倒折断",并非"碎裂",故而修复相对容易。由此推知,明代当有修复较为完善的《张寿碑》存世,后又经历了二次损毁,以至于仅有被改作碑趺的上碑流传。据新发现的"张寿下碑"即《举孝廉等字残碑》推测,地震很可能是造成《张寿碑》二次损毁的重要原因。

《举孝廉等字残碑》拓片所示残石四周参差不齐,极不规整,可知碑体断裂应非人力所为。且据现存资料来看,《张寿碑》多数碑文至今仍然清晰可辨。如果碑体完整,明人应该不会轻易损坏截取。较为合理的推断当是受某些不可抗因素影响,碑体断裂,上截相对完整,当地人就地取材,改为碑趺。下截四分五裂,破碎不堪,难以利用,被人遗弃。而此外力,最有可能的是地震。明时城武县隶属兖州府,据统计,洪武至万历年间,兖州府共发生地震二十九次①。其中较严重的有两次,一次发生在弘治十五年(1502)九月,"南京、徐州、大名、顺德、济南、东昌、兖州同日地震,坏城垣、民舍"②。另一次发生在嘉靖三十四年(1555)十二月,"山西、陕西、河南同时地震……或地裂泉涌,中有鱼物,或城郭房屋,陷入地中,或平地突成山阜,或一日数震,或累日震不止。河渭大泛,华岳、终南山鸣,河清数日,官吏、军民压死八十三万有奇"③。此次地震之惨烈,古今罕见。震中虽在陕西,然而波及范围极广,兖州府境州县同时地震④。《张寿碑》的断裂或许就发生在其中的一次地震中。

至于明代人为何将一方品相较好的汉碑改造成碑趺,笔者通过实地考察,得到了相对合理的解答。成武县地处黄淮平原,石料自古以来便是稀缺资源。县博物馆所藏《许黄墓志铭》《许项墓志铭》《王君墓志铭》《张茂墓志铭》制式不一,但均体型较小,不甚规整,皆依石料原有形状稍加打磨制作而成。其中《许黄墓志铭》最具代表性,碑呈方柱体型,四面环刻,乃目前国内仅见。之所以将铭文环刻在柱体四周,很可能就是为了充分利用石料。有鉴于此,明代人将《张寿碑》残石就地取材,改造成碑趺就可以理解了,而"张寿下碑"正是因为破碎不堪,难以利用,才会被人遗弃,以至于湮没无闻。

---

① 李庆勇《明代山东地震地域分布分析》,《聊城大学学报(社会科学版)》2018年第6期,第9—10页。
② 〔清〕张廷玉等撰《明史》卷三十《五行志》,北京:中华书局,1974年,第497页。
③ 同上书,第500页。
④ 〔清〕觉罗普尔泰、陈顾联纂《(乾隆)兖州府志·灾祥志》卷三十,《中国地方志集成·山东府县志辑》,南京:凤凰出版社,2004年,第71册,第643页。

三 《张寿碑》价值新论

《张寿碑》具有很高的艺术和文献价值，现存"张寿上碑"已然受到学者的普遍重视，"张寿下碑"的发现必然会引起学界更多关注。因此，有必要对《张寿碑》的价值和利用情况进行系统的梳理和阐发，为下碑的开发研究提供参考和借鉴。

就艺术价值而言，《张寿碑》在书法史上具有举足轻重的地位。牛运震评价《张寿碑》："大体与《白石神君碑》绝相似，方整廉谨，凝若列圭，汉之末造也，然其骎骎开曹魏以来隶法不浅矣。"① 翁方纲在牛氏说法基础上更进一步认为《张寿碑》："碑字淳古，与《孔彪碑》相类，牛氏拟以《白石神君碑》，谓开魏隶之法，然是碑隶法实在《白石神君碑》之上也。"② 后期汉隶即八分书的整体风格平画宽结，背分取势，挑、顿、波、磔对比强烈，字体内敛而笔画外张。魏晋隶书与汉隶最大区别在于笔画向外扩张之势减少，字形趋于方正，为楷书的形成奠定了基础。《张寿碑》以其独具之特色，丰富了汉隶书法的艺术风格，开拓魏晋新隶书即楷书之先路，有承前启后的开创之功，确为不可多得的艺术珍品。

就文献价值而言，主要体现在史料和语料两个方面。碑主张寿名不见经传，相关史书亦不见记载。据碑文可知，张寿少习家学，举孝廉入仕，先除郎中，后任给事谒者，再迁竹邑侯相③，颇有政声，因治功曹周怜之过，反为督邮周紘排挤，致仕归里。由于声名在外，官府多番以礼相邀，复为豫州从事，后被征召至司徒府任属官，建宁元年（168）五月卒，享年八十。这些关于张寿生平的记载，足可填补史籍之空白。张寿在竹邑侯相任上，遭逢江杨叛乱，百姓役赋加重，他采取积极措施，应对乱局，安抚民心，为维护地方稳定做出了重要贡献。碑文所谓江杨剧贼，当为汉安元年（142）至本初元年（146）徐州广陵郡、扬州九江郡一带反复为患的民间暴动④。《后汉书·孝顺孝冲孝质帝纪》本初元

---

① 〔清〕褚峻摹图、牛运震补说《金石图》，影印清乾隆十年（1745）精刻拓印本，《四库全书存目丛书·史部》第278册，济南：齐鲁书社，1996年，第771页。
② 〔清〕翁方纲《两汉金石记》卷十二，第440页。
③ 据《后汉书·孝明八王列传》，永初六年（112），封汉明帝刘庄第三子彭城靖王刘恭之子刘阿奴为竹邑侯。据《汉书·地理志》，竹邑侯国原为竹县，汉初高祖改秦泗水郡为沛郡，竹县乃沛郡三十七县之一。王莽篡汉，改称笃亭。东汉建武二十年（44），光武帝刘秀封其子刘辅为沛王，改笃亭为竹邑侯国，故治在今安徽省濉溪县赵集孤山一带。
④ 汉碑中"扬州""扬雄"字皆从"木"，从"扌"系后人所改。清人王念孙《读书杂志·汉隶拾遗》（江苏古籍出版社，1985年，第999—1000页）有详细考证。东汉时广陵郡，大致位于今扬州市一带；九江郡，大致位于今合肥市一带。

年二月庚辰诏曰:"九江、广陵二郡数离寇害,残夷最甚。"①碑文记载正可与此相参证。碑文中提及的相关史实,亦为后世学者研究汉代社会、政治、经济等提供了重要材料②。

就语料价值而言,《张寿碑》保存了当时汉字的书写特点和语法习惯,为后世研究汉字字形及汉语语法演变提供了重要资料。洪适曾在《隶释》中专门对《张寿碑》的用字进行研究,指出:

> 前史多以"牟"为"蟊",《海庙碑》尝借"侔"字。此碑又借"蛑"用之,字书亦通用也。碑以"啬"为"穑","蕃"为"藩","骆驿"为"络绎","颐"为"旻","怫"为"弗","䀹"为"眈","黎"为"黎","悉"即"悉"字。③

明张自烈所编《正字通》④、清陈寿祺所撰《鲁诗遗说考》均将《张寿碑》中"啬"字之写法视为"啬"字字形演变史中的重要一环⑤,并以此为据,证明早期"稼穑"原本作"稼啬"。清桂馥《说文解字义证》引《张寿碑》中"储侍非法,悉无所留"句,以证后世有积储、储备之义的"待"字,在汉代仍常作"侍"⑥。清陈立《公羊义疏》引《张寿碑》中"常怀色斯,舍无宿储,遂用高逝"句,来证明汉代人常将"色斯"联用,表"色然惊骇貌"⑦。章太炎在阐释《尚书·多士》时据《张寿碑》将"弼"写作"䛐",推断"弗"亦可作"䛐",东晋古文以"䛐"为"弗",因此读"弗"如"弼",用《张寿碑》中的字形解释了"弗"字两读的原因⑧。今人辛德勇在《〈燕然山铭〉的真面目》一文中引《张寿碑》《王子乔碑》等以证东汉"铭"辞中除了通行的四言韵语外,三言韵语也较为常见。

新发现的"张寿下碑"为我们全面了解和重新审视《张寿碑》提供了可能和新的契机。然而"张寿下碑"的价值远不止于此。它的出现,还为解决当下的学术争论提供了重要佐证。21世纪初,围绕着"上博简诗论"的作者问题,学界展开了热烈的讨论。以李学勤、裘锡圭为代表的老一辈学者认为"诗论"的作者当为子夏,而马承源、濮茅左、李零等上博简整理者认为当为孔子。引发争论的焦点在于对"𠀀"字的释读⑨。朱渊清在《读简偶识》中引《隶辨》所载《张寿

---

① 〔南朝宋〕范晔《后汉书》卷六《孝顺孝冲孝质帝纪》,北京:中华书局,1965年,第281页。
② 参见孙鸿燕《秦汉时期郡县属吏辟除问题研究》,《秦汉研究》,2007年;郭浩《汉代地方财政研究》,济南:山东大学出版社,2011年;尤佳《东汉列侯爵位制度》,昆明:云南大学出版社,2015年。
③ 〔宋〕洪适《隶释》卷七,第20页。
④ 〔明〕张自烈《正字通》卷二,清康熙二十四年(1685)清畏堂刻本。
⑤ 〔清〕陈寿祺《鲁诗遗说考》卷二,清刻《左海续集》本。
⑥ 〔清〕桂馥《说文解字义证》卷二十四,清同治刻本。
⑦ 〔清〕陈立《公羊义疏》卷七十四,《皇清经解续编》本。
⑧ 章念驰编《章太炎全集演讲集》下,上海:上海人民出版社,2015年,第781页。
⑨ 参见徐正英《上博简〈诗论〉作者复议》,《中州学刊》2004年第6期,第76—81页。该文对此有详细论述。

碑》"有孔甫之风"和《衡立碑》"仪问孔芬",指出汉代"孔"字尚有与上博简中相类似的写法,并以此作为"诗论"作者确为孔子的重要证据①。朱氏的结论是成立的,只是当时所依据的文献资料并不坚实。《衡立碑》原碑失传已久②,"有孔甫之风"句所在的"张寿下碑",如上文所述,自明代起就已"亡佚"。因此,朱氏只能根据《隶辨》对上二碑的转引来证成己说。可是《隶辨》成书于清代,材料多源自《隶释》,几经传抄翻刻,讹误渐多,在不见原石的前提下,其可靠性是有所减弱的③。因此,"张寿下碑"的发现,"孔"字写法从此有了确凿的文献依据,朱氏的结论就更有说服力了。而此仅为"张寿下碑"价值之一隅,其他价值尚需深入挖掘。

四 结语

近年来,石刻文献成为学界研究的热点。汉碑以其悠久的历史、独特的文献和艺术价值,更是成为关注的焦点。然而,传世汉碑数量众多,且风格各异,几乎每一通碑文都有特殊之处。因此,对汉碑的研究,除宏观上作整体观照,还要从微观上对每一方汉碑进行深入细致的考索研读,如此,方能使石上留存千年之文字焕发新的生机。本文就是这方面的一种尝试。至于"张寿下碑"的原石现存何处、所见拓片的制作时间等问题,尚待进一步追索。

---

① 朱渊清《读简偶识》,上海大学古代文明研究中心、清华大学思想文化研究所编《上博馆藏战国楚竹书研究》,上海:上海书店出版社,2002年,第403—404页。
② 《山左金石志》卷八言"汶上尚有《衡立碑》,为方同族,屡饬县官,访之未得"。《汉碑全集》中亦未见著录。
③ 〔清〕顾蔼吉《隶辨》,清乾隆八年(1143)黄晟据康熙五十七年(1718)项氏玉渊堂刻本重刻。《自序》云:"锐志精思,采摭汉碑所有字,以为解经之助。有不备者,求之《汉隶字源》。"又云:"《字源》乃多错谬。舩船再再,体或不分。血皿朋多,形常莫别。悉从《隶释》《隶续》,详碑定字,指摘无余。"而笔者所见两个版本《隶释》,一为明万历十六年(1588)刻本,一为中华书局影清洪氏晦木斋翻刻汪日秀重刻本,"有孔甫之风"句中"孔"字写法并不一致。

《汉注》辨正
——读朱希祖《汉十二世著纪考》

梁　涛*

【内容提要】 在《汉书》颜注及其所引如淳等注中，常见引《汉注》一书。自宋人王应麟以来，多以此《汉注》即《汉著记》，近人朱希祖又推测为注释或杂史体制。但细按诸家所引《汉注》，其内容多属仪注、职官、祠祀、祥瑞等，又重见文献常与卫宏《汉旧仪》（又称《汉仪》《汉仪注》等）合，而《汉注》之"注"无论是解作"仪注"或"注释"，其来源均与卫宏书关系紧密。因此，《汉注》一书，与起居注之《汉著记》及注释之旧注均相差较远，其性质盖为仪注类书籍，或即卫宏书之异称。现今《汉旧仪》的各种辑本也许可以进一步充实。

【关键词】　《汉注》　《汉著记》　卫宏《汉旧仪》　《汉十二世著纪考》

《汉注》一名，集中见于《汉书》颜师古注及其所引如淳、晋灼、臣瓒注中，且不曾著录于早期书目，故而此书的关注度不高，亦不甚明晰其归属。南宋王应麟《玉海·艺文》"记注类"之"《汉著记》"条下，曾引《后汉书·邓后纪》"汉之旧典，世有注记"，在其下所作的注释中，王氏引用《汉书·兒宽传》臣瓒注及《宣帝纪》师古注所引之《汉注》进行阐释①。按《汉书·艺文志》"春秋"类："《汉著记》百九十卷"，颜师古注云："若今之起居注。"②近人朱希祖考证"著记"又可作"著纪""注记"，主张《汉著记》一书"为天人相应之史，决非起居注专详人事可比"③。对此，已有几位学者提出不同的看法，基本证明了颜师古等人说法的可靠性，此处不再赘论④。

---

*　本文作者为中国人民大学国学院中国古代史专业2020级硕士研究生。

①　〔宋〕王应麟撰，武秀成、赵庶洋校证《玉海艺文校证（修订本）》卷十四《记注》，南京：凤凰出版社，2017年，第666—667页。

②　《汉书》卷三十《艺文志》，北京：中华书局，1962年，第1714、1715页。

③　朱希祖《汉十二世著纪考》，氏著《中国史学通论 史论论议》，北京：中华书局，2012年，第69、78页。原载《国立北京大学国学季刊》第2卷第3号，1930年。

④　详参陈一梅《汉魏六朝起居注考略》，《中国史研究》1996年第4期，第128—129页；乔治忠、刘文英《中国古代"起居注"记史体制的形成》，《史学史研究》2010年第2期，第9—10页。

至于王应麟等学者将《汉注》视为汉代的"记注"类文献,或即起居注性质的《汉著记》,此说长期居于主流。如朱文提到"或又曰,颜师古注《汉书》,谓《汉著记》若今之起居注,疑师古亲见其书,否则师古何以漫相比拟?观师古所注,有引《汉注》二事,疑《汉注》即《汉著纪》"①。此外,清人顾櫰三《补后汉书艺文志》"正史类"亦列有"《汉注》"一书,前为"《汉帝年纪》",后为"应奉《汉书后序》十二卷",盖以此书为汉史②。但朱先生认为,颜师古、晋灼、臣瓒等注《汉书》,有引《汉注》者,并非《汉注记》之省文,"窃谓《汉注》一书,盖为《汉书》旧注",与应劭《风俗通义》所引"《汉书》旧注""《汉旧注》"等同。又说:"晋灼、臣瓒及师古所引《汉注》,盖为《旧汉注》③之省称。其文皆为注释体制,似非史文;即或为史,盖亦后汉或魏晋人所作,属于杂史,与汉伏无忌《古今注》同类。"④今按朱说以《汉注》非《汉著记》盖是,至于是否为"注释体制"或"杂史",尚有值得斟酌之处。

一 《汉旧注》与《汉旧仪》

关于应劭《风俗通义》所引是否为《汉书》旧注的问题,今日可得之《风俗通义》相关引文共有两条,备录如下:

> 《风俗通义·声音》:筑,谨按:《汉书旧注》:"筑,吹鞭也。筑者,忧也,言其节忧威仪。"筊,谨按:《汉书注》:"筊,箫也,言其声音筊筊,名自定也。"⑤
>
> 《史记·高祖本纪》:其以沛为朕汤沐邑。([集解]《风俗通义》曰:"《汉书注》,沛人语初发声皆言'其',其者,楚言也。高祖始登帝位,教令言'其',后以为常耳。")⑥

王利器先生说:《风俗通义》"此条引《汉书旧注》,下条引《汉书注》,又《史记·高纪》集解引《风俗通》……此三者当即一书,盖皆《汉旧注》之误也,作'《汉书

---

① 朱希祖《汉十二世著纪考》,《中国史学通论 史馆论议》,第78页。按:师古注引不止两条,详下文。
② 〔清〕顾櫰三《补后汉书艺文志》卷四"正史类",《二十五史补编》第二册,重印开明书店原版,北京:中华书局,1955年,第2176页中、下。
③ 按:疑当作《汉旧注》。
④ 以上详参朱希祖《汉十二世著纪考》,《中国史学通论 史馆论议》,第79页。
⑤ 王利器校注《风俗通义校注》卷六《声音》,北京:中华书局,2010年,第312—313页。
⑥ 《史记》卷八《高祖本纪》,北京:中华书局,2014年,第489、490页。按:"汉书注",北京文学古籍刊行社1955年影印南宋绍兴初覆北宋刊南宋前中期递修本《史记集解》、国家图书馆藏南宋绍兴淮南路转运司刻宋元明初递修本《史记集解》(索书号:08654)、《中华再造善本》2004年影印南宋淳熙三年(1176)张杅刊八年耿秉重修本《史记集解索隐》等,"书"作"旧"。作"旧"是,笔者另有札记论述。

旧注》'者,误衍'书'字,作《汉书注》者,'书'又'旧'之误耳。《宋书·乐志》引《汉旧①注》云:'筑号曰吹鞭云云。'即其明证;《汉旧注》盖即《汉旧仪》,仪注义同,非注解之注也。卫宏撰《汉旧仪》四卷,《旧唐书·经籍志》作《汉书仪》,'书'即'旧'字形讹,《新唐书·艺文志》作《汉书旧仪》,'书'又'旧'之讹羨,其致误之由,正与《风俗通》相似。"②王说对文字的订正很正确,所举例证尤相发明。至于《汉旧注》的"注"是"仪注"还是"注解",有学者尚持不同观点,详下。

东汉光武帝前后人卫宏撰写的《汉旧仪》,有自注,盖本名《汉仪》,又称《汉官旧仪》、《汉旧仪注》、《汉旧注》、《汉仪注》、卫宏《仪注》等,而研究者认为正是因为《汉旧仪》有自注而生成的《汉旧仪注》这一书名,是产生《汉旧注》《汉仪注》等异称的过渡环节③。此处从《风俗通义》所引书名《汉旧注》,引文性质应为仪注(《史记集解》所引可能是注释),以及在应劭以前的此类书籍,除职官类的佚名撰、应劭注《汉官》,王隆撰、胡广注《小学汉官篇》以及蔡质撰《汉官典职仪式选用》外④,只有卫宏撰、自注《汉旧仪》来看,基本可以确定王说"《汉旧注》盖即《汉旧仪》"的可靠性。由此可知,《风俗通义》所引《汉旧注》,乃是一部"仪注类"或"职官类"书籍⑤,并非应劭以前的《汉书》注释之书。

---

① 按:《宋书·乐志》见《宋书》卷十九:"葭,杜挚《笳赋》云:'李伯阳入西戎所造。'《汉旧注》曰:'筑,号曰吹鞭。'《晋先蚕仪注》:'车驾住,吹小筑;发,吹大筑。'筑即葭也。"(北京:中华书局,1974年,第558页,标点有改动。)"《汉旧注》,《校注》引文误作"汉书注",此据改。

② 《风俗通义校注》卷六《声音》,第313页。

③ 详参张欣《〈汉旧仪注〉及相关问题考辨》,《史学史研究》2017年第3期,第90—101页。按:关于《汉旧仪》书名的变化,《风俗通义》已经引作"《汉旧注》",此外,曹魏如淳引作《汉仪注》,而《汉旧仪注》等复杂的称呼其实要晚。因此,由《汉仪》到《汉仪注》《汉旧仪》《汉旧注》(三者实际先后难分)的名称演变的合理性应纳入考虑。此外,《汉旧仪》和《汉官仪》的关系也比较复杂,如《续汉书·百官志》"太尉掾史属"司马彪本注曰:"《汉旧注》东西曹掾比四百石,余掾比三百石,属比二百石……贼曹主盗贼事。决曹主罪法事。"《后汉书·王霸传》注亦引《汉旧仪》:"决曹,主罪法事。"然《铫期传》注引作《汉官仪》曰:东西曹掾比四百石,余掾比三百石。贼曹,主盗贼之事。"而南宋徐天麟《西汉会要》则引《汉仪注》,东西曹掾比四百石,余掾比三百石,属比二百石"。如果不是应劭袭用《汉旧仪》(同源可能性不大,文字基本雷同),那李贤注在同一篇引卫宏,会称《汉旧仪》为《汉官仪》吗?这类同一佚文见于《汉旧仪》和《汉官仪》名下的情况比较常见,下文也还会出现。(上引见《后汉书》,北京:中华书局,1965年,第3558—3559、734、731页;《西汉会要》卷二一"职官一""丞相掾史"条,影印《丛书集成初编》第173册,北京:中华书局,2011年,第333页。)

④ 详参〔清〕姚振宗《隋书经籍志考证》卷十七《史部七·职官类》,《二十五史补编》第四册,第5310页下—5312页中。按:姚氏《考证》,蔡质书列于应劭《汉官仪》后,然质为蔡邕叔父,其书成盖早于劭。

⑤ 按:《汉旧仪》,《隋书·经籍志》等入"仪注篇",《直斋书录解题》"以其载官制为多"入"职官类",《永乐大典》所载即题《汉官旧仪》,又诸佚文有署《汉仪仪》下者,故颇疑《汉旧仪》又称《汉官仪》,与应劭书相混。然问题牵涉较广,当另撰文梳理。(上引见《隋书》卷三十三,北京:中华书局,1973年,第969页;〔宋〕陈振孙撰,徐小蛮、顾美华点校《直斋书录解题》卷六,上海:上海古籍出版社,2015年,第171—172页。)

二 《汉注》与《汉旧仪》

"晋灼、臣瓒及师古所引《汉注》"是否为《汉书》旧注？以下先开列《史记》、《汉书》注所引之《汉注》一书①，依注文作者的时代先后排列，有曹魏如淳、西晋晋灼、西晋臣瓒、唐颜师古四家②，如下：

《汉书·张释之传》：以赀为骑郎。（如淳曰："《汉注》赀五百万得为常侍郎。"）

《张汤传》：调茂陵尉，治方中。（如淳曰："《汉注》陵方中用地一顷，深十二丈。"）

《冯奉世传》：功次补天水司马。（如淳曰："《汉注》边郡置都尉及千人、司马，皆不治民也。"）③

《史记·封禅书》：作畤栎阳而祀白帝。（［集解］晋灼曰："《汉注》在陇西西县人先祠山下，形如种韭畦，畦各一土封。"［索隐］《汉旧仪》云："祭人先于陇西西县人先山，山上皆有土人，山下有畤，埒如菜畦，畤中各有一土封，故云畦畤。"）④

《汉书·高后纪》：立孝惠后宫子强为淮阳王。（晋灼曰："《汉注》名长。"）

《宣帝纪》：神爵集雍。（晋灼曰："《汉注》大如鹦爵，黄喉，白颈，黑背，腹斑文也。"）

《宣帝纪》：九真献奇兽。（晋灼曰："《汉注》驹形，麟色，牛角，仁而爱人。"）

《刘向传》：冠石立于泰山。（晋灼曰："《汉注》冠石，山名。"）

《金安上传》：使侍幸绿车载送卫尉舍。（晋灼曰："《汉注》绿车名皇孙车，太子有子乘以从。"）

《张敞传》：且当以柱后惠文弹治之耳。（晋灼曰："《汉注》法冠也，一号柱后惠文，以缅裹铁柱卷。秦制执法服，今御史服之，谓之解廌，一角。今冠两角，以解廌为名耳。"）

《宣元六王传》：又瓠山石转立。（晋灼曰："《汉注》作报山。山胁石一

---

① 按：顾櫰三《补后汉书艺文志》卷四"正史类"，《汉注》条下罗列《汉书》各篇注所引佚文。（《二十五史补编》第二册，第2176页中、下。）今重检数据库，所得与之相同，备引如下文。
② 详参颜师古《汉书叙例》及王先谦《补注》所引各家。《汉书补注》，影印清光绪二十六年（1900）虚受堂刊本，北京：中华书局，1983年，第15页。
③ 《汉书》卷五十、卷五十九、卷七十九，第2307、2637—2638、3302页。
④ 《史记》卷二十八，第1642页。

枚,转侧起立,高九尺六寸,旁行一丈,广四尺也。")①

《儿宽传》:功次补廷尉文学卒史。(臣瓒曰:"《汉注》卒史秩百石。")

《盖宽饶传》:左迁为卫司马。(臣瓒曰:"《汉注》有卫屯司马。")②

《高祖纪》:(汉)二年冬十月,项羽使九江王布杀义帝于郴。(师古曰:"说者或以为《史记·本纪》及《汉注》云衡山、临江王杀之江中,谓《汉书》言黥布杀之为错。然今据《史记·黥布传》四月阴令九江王等行击义帝,其八月布使将追杀之郴,又与《汉书·项羽》《英布传》相合,是则衡山、临江与布同受羽命,而杀之者布也。非班氏之错。")

《武帝纪》:(太始四年)夏四月,幸不其,祠神人于交门宫,若有乡坐拜者。(师古曰:"如有神之景象向祠坐而拜也。《汉注》云神并见,且白且黑,且大且小,乡坐三拜。")

《宣帝纪》:黄龙元年春正月,行幸甘泉,郊泰畤。(师古曰:"《汉注》云此年二月黄龙见广汉郡,故改年。")

《平帝纪》:(元始五年)冬十二月丙午,帝崩于未央宫。(师古曰:"《汉注》云帝春秋益壮,以母卫大后故怨不悦。莽自知益疏,篡杀之谋由是生,因到腊日上椒酒,置药酒中。故翟义移书云'莽鸩弑孝平皇帝'。")③

其中如淳所引三条《汉注》,有关材料比较丰富,推断是卫宏《汉旧仪》。分析如下:第一条,《史记·张释之列传》裴注引"如淳曰:《汉仪注》訾五百万得为常侍郎"④。第二条,《续汉书·礼仪志》刘昭注引"《汉旧仪》略载前汉诸帝寿陵曰:天子即位明年,将作大匠营陵地,用地七顷,方中用地一顷,深十三丈"⑤。第三条,卫宏《汉官旧仪》云:"边郡太守各将万骑,行障塞烽火追虏。……置部都

---

① 《汉书》卷三、卷八、卷八、卷三十六、卷六十八、卷七十六、卷八十,第96、258、259—260、1961、2963—2964、3226、3325—3326页。按:《汉书·刘向传》注"冠石山名",点校本原作"冠山石名",商务印书馆《百衲本二十四史》影印旧称景祐监本云:"晋灼曰:'《汉注》冠石,山名。'臣瓒曰:'冠石山下有石自立,三石为足,一石在上,故曰冠石也。'"("冠石山下",点校本作"冠山下"。)两本文义各自可通,但《汉书》正文作"冠石",故此据改。

② 《汉书》卷五十八、卷七十七,第2628、3243页。

③ 《汉书》卷一上、卷六、卷八、卷十二,第32—33、207、273、360页。

④ 《史记》卷一百二,第3329页。按:《北堂书钞·设官部》引"应劭《汉官》",亦云"赀满五万为常侍郎。张释之以赀为常侍,盖谓此官也"。周天游先生据如淳注,疑《书钞》原引"五"下脱"百"字。《太平御览·职官部》与《书钞》引同(文字稍异),但出自"陶氏《职官要录》"。按:《职官要录》为南朝梁陶藻撰,又称陶彦藻、陶勉,《通典·职官》"陶藻《职官要录》以汉三署郎故事通为尚书郎,循名失实,遗误后代。"(详参姚振宗《隋书经籍志考证》,《二十五史补编》第四册,第5315页中、下。)则陶书亦述汉事,盖与应劭等均是相袭祖述前人之书。(上引见〔隋〕虞世南辑《北堂书钞》卷五十八,影印清光绪十四年〔1888〕南海孔氏刊本,北京:中国书店,1989年,第193页下;〔清〕孙星衍校集《汉仪》卷上,周天游点校《汉官六种》,北京:中华书局,1990年,第139页,周说见书勘记第109条;〔宋〕李昉等撰《太平御览》卷二百二十四,复制重印上海涵芬楼影印宋本,北京:中华书局,1960年,第1066页下。)

⑤ 《后汉书》,第3144页;孙星衍校集《汉旧仪补遗》卷下,《汉官六种》,第106页。

尉、千人、司马、候、农都尉，皆不治民，不给卫士。"①如淳引卫宏书，一般作《汉仪注》，这里称《汉注》很少见，但从内容上可以认定这些引文的性质是广义的仪注，又基本可以从其他文献的引用中找到对应叙述。至于书名《汉注》，或许是《汉仪注》偶尔的省称，如"卫宏《仪注》"的省略法，只是后者的归属十分明确。当然还不能排除《汉注》之"注"即"仪注"，即如淳引《汉仪》又作《汉注》。综合以上几点，推测如淳所引《汉注》，大概更符合卫宏的《汉旧仪》，因此不是出自注释《汉书》的文献。

此外，晋灼、臣瓒以及颜师古所引的《汉注》，由于重见材料很有限，要明确认定三者所引《汉注》究竟是谁的作品，目前而言，恐难论断。就所引内容来说，晋灼注有祠祀、王侯名字、祥瑞、征应、仪注；臣瓒注有职官；师古注有历史记述、祥瑞、祠祀。其中尤以师古注所引第一条和第四条，使人怀疑与仪注类书籍相差较远，而第一条《汉注》与《史记》"本纪"并列引用印象最深。但正如前文《风俗通义》引《汉旧注》，有"沛人语初发声皆言'其'，其者，楚言也。高祖始登帝位，教令言'其'，后以为常耳"这类记事性材料，在《汉旧仪》之类的仪注类书籍的"注释"中，不能排除存在以上类似历史记述。而祠祀、祥瑞、征应这三类，与仪注、职官更是常见于《汉旧仪》等书，这一些类别占据以上引文的绝大部分，大概也能反映出《汉注》的一般情况吧。

虽然晋灼等所引的《汉注》，重见文献很少，但也有一两条指向《汉旧仪》。其中，如上引文中《史记·封禅书》裴注所引，司马贞引用《汉旧仪》对其做了具体解释，即使不能确定二者存在的具体关系，但它们之间的密切关联则是十分明显的。而《汉书·宣帝纪》颜注所引，《册府元龟·帝王部》"黄龙元年"条下引作"《汉仪注》云：'此年二月，黄龙见广汉郡，故改元。'尽六年"②。此与前文第一例"赀五百万得为常侍郎"，同样是《汉注》与《汉仪注》间的一字之差。二者可能都是卫宏《汉仪》一书衍生的异名，或者《汉注》是《汉仪注》的省略称谓。此外，从如淳到颜师古等人均称引《汉注》，则《汉注》一名或通行较广，但此书却又完全不见于各类目录。因此，颇疑《汉注》也是作为卫宏书的一种异称而存在，与《汉仪注》《汉旧仪》等本可通用，故而多有引称，有时又随意变换。

基于以上的讨论，可见晋灼、臣瓒以及颜师古所引之《汉注》，大概也不是

---

① 〔清〕纪昀等辑《汉官旧仪》卷下（自《永乐大典》出），《汉官六种》，第48页。按：此条内容，《续汉书·百官志》刘昭注作《汉官仪》，而《汉书·高帝纪》如淳注作《汉仪注》，《史记·项羽本纪》裴注引同，《文献通考·职官考》亦引作《汉旧仪》。（《后汉书》，第3624页；《汉书》卷一上，第37—38页；《史记》卷七，第412页；（宋）马端临《文献通考》卷六十三，影印《万有文库》十通本，北京：中华书局，1986年，第569页中。引文各有详略，参互可得实情，文繁不具引，详参原书。）

② 〔宋〕王钦若等编《册府元龟》卷十五《帝王部·年号》，影印明崇祯刻本，北京：中华书局，1960年，第170页上。按：此条《汉官六种》所收各本均无，且孙星衍等似亦未曾从《册府元龟》中辑佚。盖《册府元龟》所引即《汉书》注，故此处偶尔失检异文。

一部注释体制的书,而颇与仪注类文献相近。至于具体指实,则受制于材料的有限,如上引《册府元龟》尚不能排除衍文的可能性。但是,一部书的书名毕竟又在很大程度上展现了重要信息,三者引称的《汉注》,还是让我们十分怀疑它与卫宏《汉旧仪》存在的关系。同时,还有不少疑点值得继续探究,如存在一些不类仪注性质的内容,又师古注所引《汉注》集中出现在"帝纪"篇中,且就书名《汉注》而言,也存在《汉著记》称《汉注》的例子[1]。也就是说,我们尤难排除颜师古所引《汉注》与《汉著记》之间的关系。首先,我们其实不能确定究竟什么内容才会是《汉著记》专有的;其次,书名在小范围内仍存在波动性;此外,就是颜师古给《汉著记》的注释。但是,就今天的文献所见,没有《汉著记》在汉魏六朝传承的印迹,故而,颜注说"若今之起居注"的凭据,来自《汉书》内部所载的《汉著记》,或《别录》《七略》以来有关"著记"的叙述,这种可能性更大[2]。

三 《汉注》与《古今注》

《汉注》的性质归类可否与伏无忌《古今注》等一样属"杂史"? 应该说,"仪注"与"杂史"毕竟有分别,但伏侯《古今注》的确有仪注、职官等内容,因此伏书与《汉注》涉及的内容在性质上有相同处。如章宗源说:"刘昭《续汉书志》注多引伏侯《古今注》,《礼仪志》载光武、明、章、和、殇、安、顺、冲、质诸帝山陵,《祭祀志》载后汉灾异,《郡国志》载户口垦田之数,亦自光武迄质帝,又记后汉官制数事。又《后汉书》注、《初学记·服食部》《鸟部》、《御览·咎征部》《器物部》亦各引数事。"而茆泮林辑本,即分帝号、陵寝、祭祀、汉制、天文、郡国、灾异、瑞应诸节,又《后汉书·伏湛传》称其"采集古今,删著事要,号曰《伏侯注》",虽然今辑本所见汉以前事只有孔子生、秦钱、赵高献鹿马等几条。可见伏书要远比仪注类文献庞杂,故《隋志》入"杂史",《新唐志》入子部"杂家"[3]。但就内容上来说,的确与仪注类有性质相同的部分,也与以上各家所引的《汉注》有重出。

---

[1] 按:此只得一例,《续汉书·五行志》"(延光)四年三月戊午朔,日有蚀之",注引《马融集》云,是时融为许令,自县上书曰:"臣伏见日蚀之占,自昔典籍'十月之交',《春秋》传记、《汉注》所载,史官占候,群臣密对,陛下所观览,左右所讽诵,可谓详悉备矣。"(《后汉书》,第3365—3366页。)此处《汉注》与《春秋》传记并举,而与"史官占候"等相别,又与《汉书·五行志》所引《汉著记》内容相合,盖即《汉注记》之省文。

[2] 关于此点,朱希祖先生已有论述,虽然他认为颜师古对《汉著记》的注释并不正确。详参前引文,《中国史学通论 史馆论议》,第79页。

[3] 上引诸家,详参姚振宗《隋书经籍志考证》卷十三《史部三·杂史类》,《二十五史补编》第四册,第5273页下—5274页上。茆泮林辑本见《丛书集成初编》第175册,北京:中华书局,2011年。

四　结论

　　《汉注》一书，虽然基本上只见于如淳、晋灼、臣瓒及颜师古等人的《汉书》注释之中，以往学者关注较少，但也存在《汉注》为《汉著记》或《汉书》之注释以及杂史等不同说法。考察各家引用的内容，虽各有差异，在性质上也可细分，但基本不出仪注类书籍的范畴。因此，《汉注》既与起居注之《汉著记》相差较远，也与注释《汉书》之作不侔，而与卫宏《汉旧仪》之间存在重见文献。又其书名亦与《汉旧仪》之另称《汉仪注》等关系紧密，故而可以考虑《汉注》或许是《汉旧仪》的另一长期隐没的异称。而伏无忌《古今注》等杂史，由于涉及的内容多有仪注、职官等，因此以往诸说中"杂史"与《汉注》的定位最相比拟。

　　自四库馆臣、孙星衍等人为《汉旧仪》辑佚，及其他仪注类书籍之辑本，似尚未曾致意于《汉注》[①]。但通过以上考辨，我们也许可以对《汉注》以及附于其下的各类材料多加审视。

[①] 《汉旧仪》及其他汉代仪注和职官类书籍的清人辑本，详参孙启治、陈建华编《古佚书辑本目录（附考证）》，北京：中华书局，1997年，第181—183页。

孙承泽《明内廷规制考》《春明梦余录》《天府广记》三书源流考

杨俊涛[*]

【内容提要】 据史料记载,《明内廷规制考》与《春明梦余录》均为记述明代典章制度与北京建制沿革的重要史志文献。从内容上看,《明内廷规制考》与《春明梦余录》卷六至卷十三内容高度重合,两书当存在抄录关系。经考证,《明内廷规制考》成书于崇祯十六年至明亡之间,早于《春明梦余录》,是《春明梦余录》的抄录来源之一。结合两书相异部分与《西垣笔记》《北游录》等文献,可考《明内廷规制考》作者为孙承泽,且该书之佚名为孙氏刻意为之。另外,由于《春明梦余录》与孙氏另一著作《天府广记》的著录方式相同,且《明内廷规制考》与《天府广记》内容恰好相错,可知三书之间存在先后抄录的关系,且抄录内容的选择应是孙氏有意为之。

【关键词】《明内廷规制考》《春明梦余录》《天府广记》 孙承泽《明制女官考》

《明内廷规制考》3卷,是记述明代京师阙殿额名、朝制章服、卤簿御乐、讲筵书籍、朝仪戒谕、宫官内官等内廷典章制度的重要宫廷文献,祖本已佚,今存嘉庆年间张海鹏《借月山房汇钞》刻本[①]。该书"不著编辑姓名","大而内外朝仪,细而门阙扁额,胪举无遗"[②]。孙承泽《春明梦余录》是记述明代典章制度、建置形胜、职官品秩、掌故风物等的重要史志文献。该书70卷[③],今存清代宋宾王抄本20册[④]、光绪七年(1881)南海孔氏岳雪楼重校刻本25册、清光绪八年刊本24册、光绪九年广东古香斋鉴赏袖珍本24册[⑤]与广州惜分阴馆重刻古

---

[*] 本文作者为中央民族大学历史文化学院中国史专业博士研究生。
[①] 〔清〕张之洞编撰,范希曾补正,孙文泱增订《增订书目答问补正》,北京:中华书局,2011年,第206页。
[②] 王灿炽《燕都古籍考》,北京:京华出版社,1995年,第268页。
[③] 郗志群主编《北京史百年论著资料索引》,北京:北京燕山出版社,2000年,第565页。
[④] 宋宾王校并跋,今藏于中国国家图书馆。
[⑤] 〔清〕孙承泽《春明梦余录》,扬州:江苏广陵古籍刻印社影印,1990年,第1页。

香斋本 24 册①。孙承泽另有《天府广记》44 卷②，书中"天府"指京畿之地。《天府广记》是记载明代京师人物官署、诗赋艺文、险隘分野、漕渠水利、风习治所等地情的"大型的都邑志书"③。该书有 5 种旧抄本④、1962 年北京出版社点校铅印本⑤与 1982 年北京古籍出版社重印本⑥。由于《明内廷规制考》尚未引起学界重视，因此本文拟结合《春明梦余录》《天府广记》等文献对该书作者、成书年代与著录方式进行系统考证。

一　作者考

关于《明内廷规制考》的作者，前人陈东原曾依据"黄百家《明制女官考》，实即《规制考》中之一节"⑦，怀疑《明内廷规制考》为黄宗羲之子黄百家所作。经笔者对照，《明制女官考》⑧与《明内廷规制考》卷三"宫官"条虽内容相似，但经细致校勘，便可发现两书存在诸多差异，非为抄录或包含关系。例如，《明内廷规制考》中记"司言"下属女史四人，"司闱"二人，"典乐"四人，"掌乐"四人，"典饰"四人，"司衣""司酝"与"司苑"下属女史二人，"司珍"与"司彩"下属女史六人。而《明制女官考》记"司言"下属女史二人，"司闱"六人，"典乐"二人，"掌乐"二人，"典饰"二人，"司衣""司酝"与"司苑"下属女史四人，"司珍"与"司彩"下属女史四人⑨。由于两书对诸多官职的人数记载存在明显不同，因此两书应无涉。

另外，关于女官六局二十四司职事的记载，《明内廷规制考》与《明制女官考》的记述也存在差异。例如，《明内廷规制考》记"司籍"掌"经籍教授笔札几案之事"，"司宝"掌"宝符契图籍"；而《明制女官考》记"司籍"掌"经籍图书笔札几案之事"⑩，"司宝"掌"宝玺符契"⑪。很明显，两书对"图书""图籍"归于何官

---

① 王灿炽《北京史地风物书录》，北京：北京出版社，1985 年，第 2 页。
② 〔清〕孙承泽《天府广记》，四库全书存目丛书编纂委员会编：《四库全书存目丛书·史部》第 249 册，济南：齐鲁书社，1996 年，第 1 页。
③ 王灿炽《燕都古籍考》，第 266 页。
④ 分别藏于中国国家图书馆与北京大学图书馆。
⑤ 王灿炽《北京地方历史文献述略》，《文献》1981 年第 2 期，第 138 页。
⑥ 王灿炽《北京史地风物书录》，第 2 页。
⑦ 陈东原《中国妇女生活史》，北京：商务印书馆，2015 年，第 165 页。
⑧ 《明制女官考》有康熙三十四年（1695）《檀几丛书》本与 1914 年《香艳丛书》本。由于 1914 年《香艳丛书》本《明制女官考》"司宝"条下同时存在"女史二人、女史四人"的错误记载，故本文主要选取成书年代更早，内容无错漏的康熙三十四年《檀几丛书》本《明制女官考》进行讨论。
⑨ 〔清〕黄百家《明制女官考》，《丛书集成续编》史部，第 40 册，上海：上海书店，1994 年，第 747 页。
⑩ 〔清〕黄百家《明制女官考》，《丛书集成续编》史部，第 40 册，第 747 页。
⑪ 〔清〕黄百家《明制女官考》，虫天子辑，《香艳丛书》第 11 集，上海：中国图书公司，1914 年，第 13 页。

管辖的记载存有出入。其次，两书在遣词用语方面亦存在差异，例如《明内廷规制考》记"司仗"掌"羽舆仗卫之事"，而《明制女官考》记"司仗"掌"凡朝贺，帅女官擎执仪仗"。如此种种，不一而足。若《明制女官考》为《明内廷规制考》中一节，则黄百家不必以两种表述方式描绘女官职事。种种迹象表明，两书非同一作者。

关于《明内廷规制考》的作者，《借月山房汇钞》《丛书集成新编》《燕都古籍考》等书籍均载"佚名"。但值得注意的是，《明内廷规制考》卷二"朝制"条下引用了《西垣笔记》的6段内容①。据《钦定续文献通考》卷八十的记载，《西垣笔记》为孙承泽所著②。再结合清初文化高压环境下，孙承泽"辑崇祯事若干卷，不轻示人，又著《春明梦余录》若干卷，并秘之"③，"撰《四朝人物传》，其帙繁，秘甚"④的私家秘密著述行为，可知旁人难以得见孙承泽私人笔记《西垣笔记》⑤，遑论引用、抄录。加之孙承泽为明末清初历史人物，曾先后在明宫廷、大顺政权与清廷任职⑥，当难有人比孙氏更熟悉明代宫廷典章制度。综上，《明内廷规制考》应由孙承泽本人所著。

至于《明内廷规制考》佚名的原因，或可从谈迁的记述中看出端倪。清初，谈迁与友人吴伟业等交游，记述了吴伟业向孙承泽恳求借阅孙氏所著《四朝人物传》一事："太史悬年余，始借若干首，戒勿泄，特示余曰：君第录之，愿勿著其姓氏于人也"⑦。据此可见，孙承泽不仅秘密著录前朝遗事，还刻意隐去自己姓名，并交代亲近友人勿著其名。以此推及《明内廷规制考》，可想见该书之"佚名"应为孙承泽有意为之。

二 成书年代考

经对比，《明内廷规制考》与《春明梦余录》两书内容高度重合，且有诸多字词、段落完全相同。王灿炽先生《燕都古籍考》中亦认为两书内容"几乎完全一致"⑧。因此，两书之间当为抄录关系。据爬梳，两书内容虽基本一致，但也存在相异内容。例如《明内廷规制考》卷二"朝制"条末句较《春明梦余录》缺少

---

① 《明内廷规制考》，《丛书集成初编》本，北京：中华书局，1991年，第34—35页。
② 〔清〕嵇璜、曹仁虎等《钦定续文献通考》，《影印文渊阁四库全书》第628册，上海：上海古籍出版社，2003年，第277页。
③ 〔清〕谈迁撰，汪北平点校《北游录·纪邮》，北京：中华书局，1960年，第55页。
④ 同上书，第117页。
⑤ 〔清〕孙承泽《春明梦余录》，扬州：江苏广陵古籍刻印社，1990年，第160页。
⑥ 阎崇年《清代史坛大家孙承泽》，《故宫博物院院刊》1983年第1期，第35页。
⑦ 〔清〕谈迁撰，汪北平点校《北游录》，第117页。
⑧ 王灿炽《燕都古籍考》，第269页。

"此深得建国亲侯之意"①;与此相对,《明内廷规制考》卷二"东宫亲王讲读"条末比《春明梦余录》多出"(掾吏)之书又不及诸待诏"②,等等。因此有必要探讨两书的先后顺序。前人曾以《明内廷规制考》将崇祯帝称为"上"而判定该书的成书年代大致在明末③。实际上,该书亦称朱棣为"上",例如卷三"宫人杂事"条记有"永乐末年,上有疾"④。可见该书中,明朝各帝均可称为"上"。"上"并非特指在位君主,故该解释有待考究。

《明内廷规制考》所记明代内廷典章制度起于洪武,迄于"崇祯十六年五月"⑤。因此该书成书时间当在崇祯十六年(1643)五月之后。另据该书卷二"东宫亲王讲读"条末段中"然宋朝立学时有考较,本朝唯以中官领之"⑥与《春明梦余录》卷十一"武英殿"条"然宋朝立学时有考较,至明唯以中官领之"⑦,可知此处"本朝"指代明朝。因此,《明内廷规制考》成书年代应为崇祯十六年五月至明亡之间。据孙承泽在《庚子销夏记》中自述"庚子四月之朔……重订所著《梦余录》"⑧,可知孙承泽在顺治十七年(1660)四月完成《春明梦余录》的修订工作。因此,《明内廷规制考》的成书时间早于《春明梦余录》。这意味着孙承泽《春明梦余录》基本抄录了《明内廷规制考》的主要内容。另外,由于孙承泽著述时经常抄录《皇明典礼志》《大明会典》《续文献通考》等前人文献,因此《春明梦余录》抄录《明内廷规制考》自然在情理之中。

若从两书内容之正误推导时间顺序,亦可佐证《明内廷规制考》成书时间更早。经对比,《明内廷规制考》虽在卷数、内容上远少于《春明梦余录》,但其内容更准确,而《春明梦余录》常存错讹。《春明梦余录》中最典型的错讹便是关于"八间殿"的记载:"承运殿之两庑为左右二殿。自八间殿之后,前中后三宫各九间。"⑨笔者遍寻明清史料,均未发现"八间殿"的记载。巧合的是,《皇明典礼志》卷十九⑩、《礼部志稿》卷六十三⑪、《明史》卷六十八⑫、《六典通考》卷二

---

① 《春明梦余录》,影印《文津阁四库全书》,第287册,北京:商务印书馆,2005年,第538页。
② 《明内廷规制考》,《丛书集成初编》本,第48页。
③ 梁继红《明代皇史宬门额题字考》,《中国档案研究》2018年第1期,第88页。
④ 《明内廷规制考》,《丛书集成初编》本,第63页。
⑤ 同上书,第64页。
⑥ 同上书,第48页。
⑦ 〔清〕孙承泽《春明梦余录》,第97页。
⑧ 〔清〕孙承泽撰,白云波、古玉清点校《庚子销夏记》卷一,杭州:浙江人民美术出版社,2019年,第1页。
⑨ 〔清〕孙承泽《春明梦余录》,第56页。
⑩ 〔明〕郭正域《皇明典礼志》,《四库全书存目丛书》,史部第270册,第710页。
⑪ 〔明〕林尧俞等编《礼部志稿》,影印《文渊阁四库全书》,第598册,第60页。
⑫ 〔清〕张廷玉等编《明史》,北京:中华书局,1974年,第1670页。

十五①、《日下旧闻考》卷三十三②、《(光绪)顺天府志》③等传世文献在记述此条时,均载"承运殿两庑为左右二殿。自存心、承运周回两庑,至承运门为屋百三十八间,殿后为前中后三宫各九间"。可见《春明梦余录》所谓"八间殿"并不存在,其误在于遗漏了"存心、承运周回两庑,至承运门为屋百三十"十余字,以致"八间"与"殿后"连为一体,形成所谓"八间殿"的错误记载。因此,《春明梦余录》关于该部分的记载应为抄录,非为初著,更未经过细致考订。

关于孙承泽遗漏此处十余字的原因,或可从最早记载该句的明万历四十一年(1613)刘汝康刻本《皇明典礼志》中找到答案。据观察,此处所漏词句之首尾恰好对应《皇明典礼志》卷十九第 7 页 b 面第一列与第二列的相邻位置④。这意味着孙承泽抄录此条时出现了错行。与《春明梦余录》相同,成书于1673年的孙氏另一著作《天府广记》也存有此误⑤,可见孙氏晚年长期不知"八间殿"之误。但在前著《明内廷规制考》中,此句却记载完整。因此,《明内廷规制考》的成书时间当早于《春明梦余录》与《天府广记》。

除"八间殿"之误外,孙氏《春明梦余录》《天府广记》中还有"其制:山川二坛"⑥之误。据《明内廷规制考》与《(光绪)顺天府志》等文献,此处应记为"其制:社稷、山川二坛"⑦。从史源学的角度考量,正常情况下历史文献的抄录当是"先对后错"情形为多,即成书年代越早的文献,其合理性与正确性应越高,然而在文献流传与抄录的过程中,错漏与瑕疵因抄录者的失误而逐渐显现。尤其在未经核对的情况下,错漏与瑕疵自然愈来愈多。与此相对,假设文献抄录过程中"先错后对",即前著有误,后著正确,若不考虑其他文献,便意味着抄者发现了前著的错误,并在后著中加以改正,但此种情况难以解释为何抄者不顺便将前著的错误进行修正。因此,"先对后错"相对符合常理。也就是说,若从"正误顺序"的角度对抄录过程进行合理推测,可侧面印证孙氏先著《明内廷规制考》,中著《春明梦余录》,后著《天府广记》的前论。

综上,孙承泽早年著《明内廷规制考》内容无误,但晚年著《春明梦余录》时,须抄录前作《明内廷规制考》,在此抄录过程中出现纰漏与错误记载,以致后来又著《天府广记》时,将《春明梦余录》的多处错误进行了二次记载。据此也可说明最晚成书的《天府广记》不是抄录最早的《明内廷规制考》,而是抄录

---

① 〔清〕阎镇珩《六典通考》,《续修四库全书》,第 758 册,第 326 页。
② 〔清〕于敏中等编《日下旧闻考》,北京:北京古籍出版社,1983 年,第 494 页。
③ 〔清〕周家楣、缪荃孙等编《(光绪)顺天府志》,北京:北京古籍出版社,1987 年,第 57 页。
④ 〔明〕郭正域《皇明典礼志》,《四库全书存目丛书》,史部第 270 册,第 710 页。
⑤ 〔清〕孙承泽《天府广记》,北京:北京古籍出版社,1984 年,第 56 页。
⑥ 同上。
⑦ 〔清〕周家楣、缪荃孙等编《(光绪)顺天府志》,第 58 页。

中间的《春明梦余录》。因此"八间殿"与"其制：山川二坛"①也成为孙承泽晚年著作中独有的错误记载。

三 著录方式考

在《天府广记》卷首，孙承泽自述"都门八十岁老人孙承泽纂"②，因此《天府广记》的成书时间当是1672年③，晚于《春明梦余录》约13年。经对比，《春明梦余录》与《天府广记》大部内容相同或相似，许多词句完全一致，因此两书也存在明显的抄录关系。两书虽同为孙承泽所撰，但存在较为明显的体例差异与内容增减，以致《四库全书总目》将《春明梦余录》列于"子部·杂家类"④，而将《天府广记》列于"史部·地理类"⑤。

考查两书内容，《天府广记》卷十即为《春明梦余录》卷二十三至卷二十八之整合；孙承泽不仅合此六卷为一卷，也将此六卷中卷二十七"光禄寺"⑥和卷二十八"中书科"⑦的先后顺序调换；另外，孙承泽还对戎政府、翰林院、詹事府等诸多官署的先后顺序进行重新调整，并从《春明梦余录》卷十五中将"山川坛"与"先农坛"分列于《天府广记》卷七⑧与卷八⑨；将《春明梦余录》卷十四"天坛"条扩充为《天府广记》卷六"郊坛"条⑩；另增《天府广记》卷二"府县治"条、卷三"学宫"条、卷二二"宝源局"条、卷三十三"人物一"、卷三十四"人物二"⑪、卷三十八"寺庙"、卷四十一"赋"、卷四十二"诗（一）"⑫、卷四十三"诗（二）"⑬和卷四十四"诗（三）"⑭等内容，同时删去"崇祯朝的事迹、奏疏和比较碍眼的文字"⑮。书中类似的调整、增删还有很多。经孙氏辑修，《天府广记》最终完稿。据此可知，孙承泽将《春明梦余录》诸卷压缩归并，增删内容，调整次序，改变体

---

① 〔清〕孙承泽《春明梦余录》，第56页。
② 〔清〕孙承泽《天府广记》，第1页。
③ 王灿炽《燕都古籍考》，第265页。
④ 《春明梦余录》，影印《文津阁四库全书》，第287册，第509页。
⑤ 〔清〕纪昀等编《钦定四库全书总目》，北京：中华书局，1997年，第1043页。
⑥ 〔清〕孙承泽《春明梦余录》，第293页。
⑦ 同上书，第298页。
⑧ 〔清〕孙承泽《天府广记》，《续修四库全书》，第729册，上海：上海古籍出版社，1995年，第590页。
⑨ 〔清〕孙承泽《天府广记》，《四库全书存目丛书》，史部第248册，第508页。
⑩ 〔清〕孙承泽《天府广记》，第58页。
⑪ 刘淼《孙承泽及其著述》，《中国典籍与文化》，1995年第4期，第87页。
⑫ 〔清〕孙承泽《天府广记》，《续修四库全书》，第730册，第241页。
⑬ 同上书，第269页。
⑭ 〔清〕孙承泽《天府广记》，第723页。
⑮ 同上书，《出版说明》第2页。

例，从而著成《天府广记》。

　　事实上，《春明梦余录》的著录方式与《天府广记》相同。经勘查，《春明梦余录》卷六至卷十三中的《附载宫殿额名考》①、文华殿②、文华傍室③、仁智殿④、文渊阁⑤、皇史宬⑥、宫官⑦、内官监⑧等条分别对应《明内廷规制考》的宫殿额名⑨、讲筵⑩、东宫亲王讲读⑪、中宫朝仪⑫、书籍⑬、国史⑭、宫官⑮、内官品职⑯等条。另有《春明梦余录》的"武英殿"条⑰被列于《明内廷规制考》卷二"东宫亲王讲读"条末，《春明梦余录》卷七"正殿"与卷八"殿门"合并，缩减为《明内廷规制考》卷二"朝制"条⑱。据此可知，孙承泽在《明内廷规制考》的基础上增删内容，调整次序，改变体例，从而著成《春明梦余录》。因此，从著录手法的角度分析，三书之间存在较为明显的抄录与辑修关系。

　　值得注意的是，孙承泽著《天府广记》44卷时，从《春明梦余录》70卷中辑出大部，但所辑内容恰好避开《明内廷规制考》内容（即《春明梦余录》卷六至卷十三），以致《明内廷规制考》所载为《天府广记》所无，《天府广记》所载亦为《明内廷规制考》所无。从常理推断，此种错开现象为巧合的可能性较小，应是孙承泽有意为之，旁人难以做到。据此可侧面佐证《明内廷规制考》作者为孙氏本人。综上，《明内廷规制考》与《天府广记》虽未完全涵盖《春明梦余录》全部内容，但从三书的记述内容、侧重点和著录方式等角度分析，三书作者同为孙

---

①　〔清〕孙承泽《春明梦余录》，第39页。
②　同上书，第82页。
③　同上书，第95页。
④　同上书，第97页。
⑤　同上书，第100页。
⑥　同上书，第106页。
⑦　同上书，第56页。
⑧　王灿炽先生记载孙承泽将《春明梦余录》中"宫官"与"内官监"条目移入《天府广记》"礼部"条下，但事实并非如此。例如，《春明梦余录》卷六"内官监"条目内容"内官监通掌内史……悉内地中"与《天府广记》卷一五"礼部上"所载"内官监监官不覆奏……尤严"内容并不相同。"内官监"条并未移入《天府广记》，"宫官"条亦未移入。经查，此两条在《明内廷规制考》中，除标题"内官监"更为"内官品职"外，两条内容未变。
⑨　《明内廷规制考》，《丛书集成初编》本，第7页。
⑩　同上书，第42页。
⑪　同上书，第45页。
⑫　同上书，第57页。
⑬　同上书，第48页。
⑭　同上书，第50页。
⑮　同上书，第60页。
⑯　同上书，第66页。
⑰　〔清〕孙承泽《春明梦余录》，第97页。
⑱　《明内廷规制考》，《丛书集成初编》本，第31页。

承泽。从抄录顺序上看,《春明梦余录》抄录了《明内廷规制考》,随后《天府广记》抄录了未见于《明内廷规制考》的《春明梦余录》部分内容。

四　余论

孙承泽在明末利用职务之便,著成《明内廷规制考》。后来,孙氏从清廷致仕,以暮年在《明内廷规制考》3卷的基础上著成《春明梦余录》70卷。十三年后,孙氏又从《春明梦余录》中辑出未见于《明内廷规制考》的部分内容,并增补适当内容,从而定稿《天府广记》44卷。

据《明内廷规制考》末段"有长白昌龄及楝亭曹氏藏书印记"[①]等记载,《明内廷规制考》成书后被曹寅[②]与其甥富察·昌龄[③]收藏,继而又被藏书家孙从添、张海鹏之父与张海鹏收藏,最终经张海鹏刻印,得入《借月山房汇钞》而流传于世。但因孙承泽刻意不著姓名,并在其有生之年秘密庋藏,以致该书在众多文献中被记为作者"佚名",实乃文献流传一大憾事。

---

① 《明内廷规制考》,《丛书集成新编》,第29册,社会科学类,台北:新文丰出版股份有限公司,1985年,第268页。
② 曹寅(1658—1712),清代著名文学家、藏书家。字子清、幼清,一字楝亭,号荔轩、雪樵。汉军正白旗人,世居沈阳,官至江宁织造。因在家门外种植楝树数株,建一小亭,名为"楝亭",以为藏书赏画之处。
③ 富察·昌龄,满洲镶白旗人,富察氏,通"傅察""敷槎",亦被人尊称"傅察太史昌龄"(昭梿《啸亭杂录·昌龄藏书》),字晋蕺,一字葷斋。清代著名藏书家,生卒年待考,雍正元年(1723)进士,累官至翰林院侍讲学士(李文藻《南涧文集·琉璃厂书肆记》)。康雍乾时期大臣富察·傅鼐之长子,曹寅外甥,曹雪芹姑父。祖上有军功,世居长白,故称"长白昌龄"。其收藏之书多盖"长白敷槎氏葷斋昌龄图书"印章。江宁曹氏败落后,昌龄大量收购舅舅曹寅藏书。

遮蔽下的雅礼:《四库全书总目》著录书帕本新论

李驳絫[*]

【内容提要】 书帕本是一种馈赠用的礼品书。《四库全书总目》共著录23种明代书帕本,提要对其多有批评。受四库馆臣影响,后世学者和藏书家对书帕本亦多持否定态度。本文借助《四库全书总目》中著录的书帕本,尤其是存世的原刻本,具体考察此类书籍的内容、版刻诸方面,据以讨论馆臣著录和评判书帕本的标准及其得失,并提出新的看法,以期对前人的认识作出力所能及的补正。研究得出馆臣对书帕本的评判标准缺乏一致性,并且在贬明和考据学风气的影响下,轻视明人刻书,致使对书帕本的评价时有偏颇。除却馆臣评论的遮蔽,从书籍史的角度来看,书帕本作为一种雅礼,亦具有重要的社会文化价值。

【关键词】《四库全书总目》 明代 书帕本 官刻本 书籍史

一 引言

明代官员凡初官上任、外官任满入觐或奉使出差回京,常刻书一部,以一书一帕为礼,馈送京中上司、同僚等,此乃当时官场之礼仪风尚。从现有史料来看,"书帕本"一词最早出现于《四库全书总目》(简称《总目》)中,《总目》在《黄楼集》一书的提要中写道:"盖明代朝觐官入都,例以重货赂津要。其余朝官,则刊书一部,佐以一帕致馈,谓之'书帕',其书即谓之'书帕本'。"[①]换言之,"书帕本"是明代官员馈送"书帕"[②]时所附之书。就此而言,"书帕本"是因其功

---

[*] 本文作者为复旦大学历史学系博士研究生。
[①] 〔清〕永瑢等《四库全书总目》,北京:中华书局,1965年,第1537页。
[②] "书帕"之"帕",据明代史料所记,指手帕。例如明蔡清与陆宪长书:"附奉小书数册,手帕二方。""帕"与"巾"有所区别,《字诂·巾》解释曰:"古巾用以拭手,故佩于身,以便作事。又覆物者亦谓之巾。其著于首者曰帻。后世覆物谓之帕,著首谓之巾。"《西京杂记》言:"秘阁图书,皆表以牙签,覆以锦帕。"手帕又是寓意颇佳的礼物,元代孔齐《至正直记》载:"本朝凡遇生辰及岁旦、冬至朝,咸以手帕奉贺,更相交易,云一丝当一岁,祝其长年也。"明陈仁锡《无梦园初集》载:"赵司成类庵过鲁文恪(转下页)

用而得名,并非特指具有某种版本特色的书籍,其一旦脱离具体的情境,词与物的指称关系便不能明确对应。因此,"书帕本"并非严格意义上的版本命名,也不能代表一种版本类型①。以书为礼的风气在后世依然延续,就目前所见史料来看,"书帕本"多指明代的礼品书,这一名称在清代是否沿用,则有待发现新的史料进行更深入的研究。

有学者认为,明代民间用来送礼的书也属于"书帕本"②。如此一来,"书帕本"所涵盖的范围更加宽泛,官刻、家刻皆可作为"书帕本"。需指明的是,本文所采用的"书帕本"概念,限定在明代在任官员利用公费或捐俸所刻、在官场上通行的礼品书的范围内,与《总目》著录"书帕本"所涵盖的范围几近相同,以此类书籍为考察对象③。

学界目前对书帕本关注较少,只有为数不多的几篇文章对其进行专门探讨④。

(接上页)公邸,持二帕为西涯寿。"明代日用类书中亦载有聘仪"鸾凤盟书、护书寿帕"。可见,帕既可单独作为礼物赠送,又可覆于书上,与书籍一起赠送,称作"书帕"。以上分别参自:〔明〕蔡清著,张吉昌、廖渊泉点校《蔡文庄公集》,北京:商务印书馆,2018年,第40页;〔清〕黄生撰、〔清〕黄承吉按,田耕渔考识《字诂》考识》,成都:巴蜀书社,2011年,第42页;《西京杂记》条转引自〔宋〕郭知达编,陈广忠校点《九家集注杜诗》下册,合肥:安徽大学出版社,2020年,第1275页;〔元〕孔齐撰,庄敏、顾新点校《至正直记》,上海:上海古籍出版社,1987年,第153页;〔明〕陈仁锡《无梦园初集》卷二十一《寿刘天和年伯母序》,明崇祯六年(1633)张一鸣刻本;〔明〕朱鼎臣《新刻邺架新裁万宝全书》卷七《四礼门》,《明代通俗日用类书集刊》第11册,重庆:西南师范大学出版社,北京:东方出版社,2011年,第51页。

① 参见张升《以书为礼:明代士大夫的书籍之交》,《北京师范大学学报(社会科学版)》2017年第5期,第102—113页。在名称上,"书帕本"极易与另一版本术语"巾箱本"相混淆,二者所指并非一物。宋戴埴《鼠璞》载:"今之刊印小册谓巾箱本,起于南齐衡阳王钧手写《五经》置巾箱中。"《文献学大辞典》解释为:"巾箱,古代装头巾或书卷用的小箱子。版型特小之书,言其可装在巾箱中,故名。"有学者认为,"巾箱"之"巾"最早指的是用于书写的缣帛,虽然巾箱中亦可置放形积较小的贵重物品,但更多用来盛放书籍。因此,"巾箱本"是指开本较小、便于放入巾箱中随身携带的抄本或刻本。以上分别参自:〔宋〕戴埴《鼠璞·巾箱本》,《丛书集成新编》第12册,第416页;赵国璋、潘树广《文献学大辞典》,扬州:广陵书社,2005年,第70页;陆华、李业才《"巾箱"考略》,《南北桥》2011年第7期,第1—2页。

② 张升《以书为礼:明代士大夫的书籍之交》,《北京师范大学学报(社会科学版)》2017年第5期,第102—113页。

③ 因文章论题及篇幅的限制,本文"书帕本"概念的外延与《总目》所涵盖的范围几乎等同,即《总目》著录的23种"书帕本"版本,与这些"书帕本"内容相同但《总目》未著录的其他传本则超出了本文的考察范围,须留待日后作进一步研究(例如《牧鉴》,既有原本——明嘉靖三十四年(1555)李仲僎刻本,又有传本——明隆庆六年(1572)康诰刻本,二者除刊刻时间、刊刻者、序跋部有差异外,内容版刻皆同,亦同是在任官员"捐俸"所刻,若按照《总目》评判的标准(详见后文),亦当称之为"书帕本")。

④ 有关书帕本研究的专文有:王国强《从〈金瓶梅词话〉看明代的书帕本》,《图书馆研究与工作》1987年第4期;曹之《"书帕本"考辨》,《图书情报知识》1989年第1期,第53—54页;王国强《关于"书帕本"的补充材料》,《郑州大学学报(哲学社会科学版)》1990年第5期,第124页;李忠明《"书帕"含义的演变与〈金瓶梅词话〉的成书年代》,《南京师大学报(社会科学版)》1993年第2期,第61—63页;贺根民《"书帕"考辨》,《邯郸学院学报》2009年第1期,第45—46页;郭孟良《书帕略说》,《寻根》2010年第2期,第58—62页;王劲《论明代书帕的功能及对士风的影响》,《文史知识》2020年第2期,第54—59页。

其中曹之根据《总目》著录的20种（实为23种）书帕本总结出其特点：乱题书名、著者不明、体例参差、东拼西凑、校勘不精、刊刻拙劣。这一总结也代表了多数学者对书帕本的认识。另外，明中后期，有部分官员借送"书帕"之名，公行贿赂，"书帕"成为贿赂的代名词。因而，学界对书帕本的认识还常与明中后期官场的贪污腐败相联系。可见，前人多关注书帕本编刻不佳、用途不正的一面，评判多是负面的，很少有人从书籍史的角度相对客观地看待这一书籍文化。

因前人对书帕本的研究多参考《总目》所撰提要，较少利用原书比照，导致人们对书帕本的印象还停留在清人的认识层面。因此，重新考察原书甚至原刻本，可以在一定程度上去除清人评判对书帕本价值的遮蔽，更新我们对书帕本的认知。《总目》著录书帕本共23种，其中可查到原刻本存世的有14种①。就目前的条件，笔者能见到和翻阅过的只有11部②。借助部分原刻本，笔者将具体考察此类刻本的内容及版刻特征等，与《总目》臧否之处进行对照，检视《总目》著录和评判书帕本的标准，并探讨《总目》著录、评判书帕本标准的得失，为学界认识和研究书帕本提供一些参考。

二 《四库全书总目》著录书帕本的特点

结合《总目》所撰23种书帕本的提要和笔者目前可见的书帕本原刻本（包括影印本），以及其他传本的序跋等相关史料信息，本节将从内容编集、版刻特征、编刻人员、经费来源及刻书目的诸项，对《总目》著录书帕本的特点进行考察。

（一）内容编集

因研究条件及文章篇幅所限，笔者在考察了编撰体例、校勘等方面各具典

---

① 《总目》共著录23种书帕本，其中《丹铅余录》《续录》《摘录》《总录》4部书，《总目》著录时相续排列，总括起来写出提要，因之可归为1种看待，简称《丹铅录》。因此，23种书帕本实为26部书。笔者依据《总目》著录版本，检索海内外古籍目录，以及全国古籍普查登记基本数据库和各大图书馆实际馆藏，考辨23种书帕本之存佚，其中有原本存世者14种：《宋史偶识》《治河总考》《医垒元戎》《书学会编》《丹铅录》《牧鉴》《历代小史》《群书摘草》《廉平录》《中都四子集》《记纂渊海》《唐文鉴》《蜀藻幽胜集》《三忠集》；无原本有其他传本者5种：《素王记事》《石鼓书院志》《三事忠告》《鲁斋心法》《性理钞》；既无原本又无传本者4种：《黄粱遗迹志》《黄楼集》《群公小简》《四家诗选》。另，据笔者统计，除《三事忠告》《素王记事》二书未能判定《总目》所著录版本的具体时间外，其余书帕本中刊刻时间最早者为《书学会编》（天顺六年〈1462〉刻本），最晚者为《四家诗选》（崇祯元年〈1628〉刻本），余则皆以嘉靖、万历年间刻本为主。故按照学界公认时间划分，本文所讨论书帕本时间范围限定在明代中后期。

② 详见表1。

型性的 8 部书帕本(《宋史偶识》《治河总考》《牧鉴》《群书摘草》《廉平录》《中都四子集》《唐文鉴》《蜀藻幽胜集》)的基础上,选取与《总目》评价较为相符的《宋史偶识》和与《总目》评价不甚相符的《中都四子集》,以此二书为例,说明《总目》著录书帕本的内容编集情况。

1.《宋史偶识》

《总目》评曰:"其书乃读《宋史》时随笔摘录,又他书所见可以参考者附之。间加评断,亦甚寥寥。盖当时强授梨枣,以充书帕之本,非有意于著述也。"①今据上海图书馆藏明天启六年(1626)自刻本《读宋史偶识》三卷核之②。

全书共摘录《宋史》史事 325 条,附他史 29 条,评断 25 条。分为上、中、下三卷。现以上卷为例,考察其内容。

是书上卷共摘录《宋史》史事 113 条,主要摘自列传。首先,从摘录《宋史》的次序来看,该卷内容大体按照《宋史》卷次排列,但又有不少内容次第混乱,盖随读随录,最后未依照《宋史》卷次订正其书。其次,从摘录《宋史》的内容来看,因编者为官(详见后文),故其所摘史事多为体现官员政绩或为官之道的内容。该卷附他书史事 18 条,仅占全卷约 16%。据核查,这些史事摘自《默记》《藏书》《五朝名臣言行录》《三朝名臣言行录》《史传三编》《沈氏弋说》等书,俱为《宋史》所不载。编者将所摘他书史事附于正文之后,作为补充,如于寇准事后附《五朝名臣言行录》中寇准事迹。或有他人事迹,内容毫不相干,亦随附其后,如于韩琦事后又附富弼、范仲淹、范纯仁事迹。该卷作者评断共 15 条,内容亦十分简短。或述其摘录史事之由,或为所摘史事作简要评论,或抒发读史感想。

总之,据考察上卷内容来看,是书主要摘自《宋史》列传,将《宋史》卷次重新罗列,时而有序,时而无序。所摘内容依作者兴趣而定,又附以他史,但所占比重较小。作者评断为其读史心得,但数量有限,内容亦十分简短。四库馆臣称其"盖当时强授梨枣,以充书帕之本,非有意于著述也"③,所言不差。

2.《中都四子集》

《总目》云:"其书刊版颇拙,校雠亦略,又于古注之后时时妄有附益,殆类续貂,遂全失古本之面目,书帕本之最下者也。"④现据国家图书馆藏明万历七

---

① 〔清〕永瑢等《四库全书总目》,第 417 页。
② 关于书名载录的差异,张学谦《〈四库全书总目〉史部存目提要订补》按曰:"《四库采进书目》之《浙江省第六次呈送书目》《两江第一次书目》《浙江采集遗书总录简目》皆题作'读宋史偶识'。《四库全书存目丛书》所收为明天启六年自刻本,卷端亦题作'读宋史偶识',则《总目》著录书名亦当有'读'字。"参见张学谦《〈四库全书总目〉史部存目提要订补》,《图书馆杂志》2013 年第 5 期,第 100—103 页。
③ 〔清〕永瑢等《四库全书总目》,第 417 页。
④ 同上书,第 1136 页。

年(1579)《中立四子集》①六十四卷进行考察。

《中立四子集》本(简称"四子本")《老子》用河上公注,今以《四部丛刊》景宋本《老子河上公注》二卷比对。相较而言,四子本河上公注改动颇多。一、对原注有过多的解释发挥。如"道",四子本注为"夫道者,一元之至理,有经术政教之道,有自然长生之道"②;景宋本"道可道",注为"谓经术政教之道也"③。二、对原注有删减。如"故常无欲以观其妙",四子本注为"妙,要也。人常无欲则可以观道之要妙"④;景宋本注为"妙,要也。人常能无欲则可以观道之要。要,谓一也。一出,布明道赞,叙明是非"⑤。三、四子本对原注有补充。如"修之于家……其德乃丰",于原注后补"国本作邦,孔颖达疏《老子》云'修之邦',盖汉避讳,改作国"⑥。由此可见,四子本《老子》依据编刻者个人视角,对河上公注多有新解、删减和补充,虽失原注之真,却不乏个人之理解。

四子本《庄子》用郭象注、陆德明音义,今以《续古逸丛书》景宋大字本(简称"景宋本")郭象注《南华真经》进行比对。相较之,四子本完整保留郭象注,但对陆德明音义有较多删节。如"汤之问棘也是已"⑦,景宋本音义为"棘,李云汤时贤人,又云是棘子,崔云齐谐之徒,识冥灵大椿者名也。简文云,一曰汤广大也,棘狭小也"⑧,四子本则删减为"棘,汤时贤人"⑨。另外,四子本于郭注后有少量补充和纠正。如"天之苍苍……亦若是则已矣",于郭注"今观天之苍苍,竟未知便是天之正色耶!天之为远而无极耶!鹏之自上以视地,亦若人之自此视天,则止而图南矣。言鹏不知道里之远近,趣足以自胜而逝"后补"大鹏之飞九万里,则其下视生物相吹之气,亦如今观天之色苍苍而已,言其远之甚也"⑩;再如"之二虫又何知",郭注"二虫谓鹏蜩也。对大于小,所以均异趣也。夫趣之所以异,岂知异而异哉?皆不知所以然而自然耳"后补"二虫指蜩与学

---

① 《中都四子集》又名《中立四子集》,朱东光、李太和序跋皆称《中都四子集》,而版心题"中立四子集","中立"即"中都"也。《明一统志》卷七"洪武三年,改中立府,定为中都,七年改为凤阳府",可为证。参见〔明〕李贤《明一统志》卷七,《景印文渊阁四库全书》第 472 册,台北:台湾商务印书馆,1986 年,第 182 页。
② 〔明〕朱东光《中立四子集》第 1 册,明万历七年朱东光刻本。
③ 〔汉〕河上公注《老子河上公注》,四部丛刊景宋本。
④ 〔明〕朱东光《中立四子集》第 1 册,明万历七年朱东光刻本。
⑤ 〔汉〕河上公注《老子河上公注》,四部丛刊景宋本。
⑥ 〔明〕朱东光《中立四子集》第 1 册,明万历七年朱东光刻本。
⑦ 〔明〕朱东光《中立四子集》第 2 册,明万历七年朱东光刻本。
⑧ 〔晋〕郭象注《庄子》卷一《逍遥游》,《续古逸丛书》景宋大字本。
⑨ 〔明〕朱东光《中立四子集》第 2 册,明万历七年朱东光刻本。
⑩ 同上。

鸠也"①。纵观四子本《庄子》,删除部分音义和过于烦琐的注释,以刻书者经世的立场看,亦可理解;于郭注之难解处补注,使之易解,于郭注之解错处,使其还真,亦是四子本的贡献。

《总目》称:四子本《管子》用房玄龄注及刘绩增注,四子本《淮南子》为汉许慎记上、高诱注释。因笔者未得见四子本所采二书之原注本,故无法将四子本与原注本进行详细比对。而郭丽《〈中都四子〉本〈管子〉考论》及岛田翰《中都四子集·淮南子》二文对四子本《管子》和《淮南子》均有深入研究,兹将二先生的研究结论引入文中,以成笔者考察《中都四子集》之完璧。

郭丽认为四子本保留了二十余条浙刻本没有的注解,可为解读《管子》和考察《管子》注释的传播源流提供帮助,因此,《总目》对其评价甚低,其实未必尽然②。岛田翰认为"兹本以《原道训》刘绩补注误为高注……斯本于《提要》则虽斥之为书帕本之最下,然注本完足,古香蔼然,远在茅坤诸本之上矣"③。

经笔者和其他学者对《中都四子集》的考察研究可以看出,四子本并非如《总目》所言之谬。从其内容来看,《老子》一书虽对原注多有改动,但亦融入编刻者个人新的见解;《庄子》一书虽将陆德明音义大量删减,但较完整地保留了郭象注释,并对其进行补充和纠正;《管子》亦有其所长,保留了他本没有的注解,可供学界解读及考察注释的传播源流之用;《淮南子》则亦为刘绩补注,其注完足,不失古本之真。通观全书,《总目》夸大其丑,不见其美,斥其为"书帕本之最下者",实在有失公允。

(二) 版刻特征

笔者将目前可见的 11 部书帕本原刻本(含影印本)的版本及其版式特征和字体版刻情况汇总如下(表1):

表 1 《总目》著录 11 部书帕本原刻本(含影印本)版刻特征汇总表

书名	版本	版式特征	字体版刻
宋史偶识	上海图书馆藏明天启六年(1626)自刻本	每半页九行,行二十字,左右双边,白口,单黑鱼尾。	方体字;字体工整,版刻清晰美观。

---

① 〔明〕朱东光《中立四子集》第 2 册,明万历七年朱东光刻本。
② 郭丽《〈管子〉文献学研究》,青岛:中国海洋大学出版社,2007 年,第 110—119 页。
③ 〔日〕岛田翰撰,杜泽逊、王晓娟点校《古文旧书考》,上海:上海古籍出版社,2014 年,第 314 页。

续表

书名	版本	版式特征	字体版刻
治河总考	上海图书馆藏明刻本①	每半页十行,行十九字至二十三字不等,双行小字注,四周双边,黑口,三鱼尾。	字体时而歪斜,时而工整,大小不一,笔画粗细不匀,似非一人所刻,且刻工水平参差不齐,间有墨丁,整体而言版刻不甚精美。
书学会编	《原国立北平图书馆甲库善本丛书》影印明天顺六年(1462)黄氏刻本	每半页十三行,行二十三字,四周双边,黑口,双鱼尾。	字体较为端正,版刻较密,不甚美观。
丹铅总录	国家图书馆藏明嘉靖三十三年(1554)梁佐刻本	每半页十一行,行二十四字,四周双边,白口,单黑鱼尾。	方体字;字体工整,版刻清晰美观。
牧鉴	国家图书馆藏明嘉靖三十四年(1555)李仲僎刻本	每半页十行,行二十字,四周单边,白口,双鱼尾。	方体字;字体工整,版刻清晰美观。
历代小史	国家图书馆藏明刻本	每半页十一行,行二十六字,白口,四周双边。	扁方体字;字体较为工整,版刻较美观。
群书摘草	《四库全书存目丛书》影印重庆图书馆藏明万历刻本	每半页八行,行十八字,四周单边,单白鱼尾。	方体字;字体工整,版刻清晰美观。
廉平录	《四库全书存目丛书》影印南京图书馆藏明万历十六年(1588)谭耀刻本	每半页九行,行十九字,四周双边,白口,单黑鱼尾。	写刻体;字体工整,版刻清晰美观。

---

① 《治河总考》一书据《中国古籍总目》著录,现存明正德十一年(1516)刻本,藏于上海图书馆、天一阁博物馆,《四库全书存目丛书》据上图藏本影印。据《天一阁博物馆藏古籍善本书目》所记,天一阁藏本版式与上图藏本相同,亦同为1册。《四库全书总目》称《治河总考》载历代治河之事,终于明嘉靖十七年(1538),故刻本当晚于嘉靖十七年。然《中国古籍总目》著录明正德十一年刻本远早于嘉靖十七年。翻检上图藏本,仅存卷三、卷四。卷三以时间为序汇编元、明两代治河之事;卷四为附录,摘录《禹贡》《史记·河渠书》《汉书·沟洫志》等内容。卷三中见"明嘉靖陆年"字样,卷四卷末载:"国家有祥瑞,太史收遗迹,青编自垂光。正德丙子八月中秋日,赐进士中宪大夫山东按察司副使,奉敕整饬直隶曹濮等处兵备兼理河道,前江西道监察御史新安吴漳书此以纪岁月云。"正德丙子年即正德十一年。从卷三"嘉靖"条可知,此刊本定非明正德十一年刊刻,而是嘉靖六年以后刻本无疑。卷末落款当属《治河总考》所摘他书原文之落款,而非刻书题识。天一阁藏本笔者未能亲睹,故暂将版本时间断作明刻本,以俟后来者核定。

续表

书名	版本	版式特征	字体版刻
中都四子集	国家图书馆藏明万历七年(1579)刻本	每半页十行,行二十一字,注用双行小字,四周双边,单黑鱼尾。	写刻体;字体工整,版刻清晰美观。
唐文鉴	《四库全书存目丛书补编》影印南京图书馆藏明正德六年(1511)孙佐刻本	每半页十行,行二十一字,注用双行小字,四周双边,双黑鱼尾。	字迹不甚工整,字体大小不一,笔画粗细不均,版刻不甚精美。
蜀藻幽胜集	1985年四川巴蜀书社影印重庆市图书馆藏明刻本	每半页九行,行十九字,四周单边,单黑鱼尾。	方体字;字体工整,版刻清晰美观。

由表1所示的11部书帕本的版刻特征来看,版式疏朗,字体工整,版刻清晰美观的有《宋史偶识》《丹铅总录》《牧鉴》《群书摘草》《廉平录》《中都四子集》《蜀藻幽胜集》;字体比较工整,但版刻较密,不甚美观的是《书学会编》和《历代小史》;字体不甚工整,刊刻不甚精美的是《治河总考》和《唐文鉴》。

(三) 编刻人员

结合《总目》所撰书帕本的提要,并翻检现存原刻本或其他传本的序跋题识,现将23种书帕本的编撰者、主持刻书者和参与校刻者的信息列表如下(表2):

表2 《总目》著录书帕本编刻者信息汇总表

书名	编撰者*	主持刻书者	参与校刻者
宋史偶识	项梦原	项梦原	虎林友人贾于铁长孺校
素王记事	黄濬	河南开封府知府黄濬	浙江严州府通判傅汝楫校正
黄粱遗迹志	杨四知	巡按直隶御史杨四知	
治河总考	车玺、陈铭	山东兖州府同知陈铭	
石鼓书院志	周诏	衡州府知府周诏	别驾汪玩校刻
三事忠告	〔元〕张养浩	河南府知府李骥	

续表

书名	编撰者	主持刻书者	参与校刻者
鲁斋心法	〔元〕许衡	怀庆府知府韩士奇	
性理钞	杨道会	王道显	同安王道显当世父校
医垒元戎	〔元〕王好古	监察御史东莱桂亭綦才	两淮运司屠本畯重刊 两淮运副严昌世校正
书学会编	黄瑜	肇庆府知府黄瑜	
丹铅录	杨慎	福建按察司佥事梁佐	上杭赵文同率师生督刻 梁佐校刊
牧鉴	杨昱	福建汀州府同知李仲僎	同郡门人邓向荣订 后学康诰校（庠生）
历代小史	李栻	中丞赵公、军门赵爷	
群书摘草	王国宾	王国宾（监榷杭州北新关）	会友革承祐订伪 门人包辇删次 侄王同寅参校
廉平录	傅履礼、高为表	巡按直隶等处监察御史谭耀	岐山杨绍程、邵阳刘应龙裁定 长芦督转运盐使司运使李棻校阅
中都四子集	朱东光、张登云	朱东光（官分巡淮徐道）	临川朱东光辑订 宁阳张登云参补 休宁吴子玉翻校
记纂渊海	〔宋〕潘自牧	大名府知府王嘉宾	大名府知府王嘉宾补遗；奉政大夫同知王之辅，承德郎通判蔡呈奇、王三锡，文林郎推官顾尔行编次；知州邱东昌，元城县知县窦杰，南乐县知县吴定，清丰县知县尹应元，内黄县知县孙继先，魏县知县原一魁，濬县知县任养心，滑县知县刘师鲁，东明县知县徐学礼，长垣县知县边有猷校正；府学训导吴腾龙，魏县教谕吴嶙同校
黄楼集	鲁点、胡廷宴	胡廷宴	

续表

书名	编撰者	主持刻书者	参与校刻者
群公小简	不著编辑者名氏	周信	
唐文鉴	贺泰	建阳府知府孙佐	福庠陈教授龙,择学识优者李镕、周朝仕二生,类次滕之
蜀藻幽胜集	傅振商	傅振商	东吴钱龙锡稚文删订,东粤韩日缵绪仲删订,闽中张瑞图无画删订,东吴丁绍轼文远删订
三忠集	郭惟贤	湖广巡抚郭惟贤	
四家诗选	傅振商	南京兵部侍郎傅振商	

* 编撰者姓名前未注明朝代者,一律为明代。

由表2可见:一、《总目》著录书帕本的编撰者除不著编辑者名氏(《群公小简》)外,其余可分为明代官员和历代名儒名宦[①];二、23种书帕本皆由明代行政官员主持刊刻[②];三、其参与校刻者大致可分为5类:主刻官之副官[③]、教官和庠生[④]、主刻官之友[⑤]、主刻官门人[⑥]和主刻官亲属[⑦]。

[①] 明代官员:河南开封府知府黄漕(《素王记事》)、巡按直隶御史杨四知(《黄粱遗迹志》)、衡州府知府周诏(《石鼓书院志》)、湖广左布政使杨道会(《性理钞》)、肇庆府知府黄瑜(《书学会编》)、河南道监察御史李栻(《历代小史》)、分巡淮徐道朱东光与凤阳府知府张登云(《中都四子集》)、湖广巡抚郭惟贤(《三忠集》)、南京兵部侍郎傅振商(《四家诗选》)、河南按察司金事车玺和山东兖州府同知陈铭(《治河总考》)、长芦盐运司知事傅履礼和沧州学正高为表(《廉平录》)。历代名儒名宦:潘自牧(《记纂渊海》)、张养浩(《三事忠告》)、许衡(《鲁斋心法》)、王好古(《医垒元戎》)、杨慎(《丹铅录》)、杨昱(《牧鉴》)。

[②] 其中未注明官职者或因原刻本及其他传本未题,或是《总目》未载,现将其可检出的官职按于下:项梦原,明浙江秀水人,字希宪,万历四十七年(1619)进士,仕至刑部郎中(瞿冕良《中国古籍版刻辞典》,济南:齐鲁书社,1999年,第408页);王道显,字纯甫,同安县人,万历十一年(1583)进士,浙江副使(杜信孚《明代版刻综录》第1册,扬州:江苏广陵古籍刻印社,1983年,第19页);胡廷宜,漳浦人,进士,万历间(1573—1620)任分巡左江(〔清〕金鉷《(雍正)广西通志》卷五十三,《景印文渊阁四库全书》第566册,第538页);周信,《(乾隆)福州府志》卷三十九"成化十四年(1478)戊戌曾彦榜"载"周信,字汝诚,广西金事,福清"(〔清〕鲁曾煜《(乾隆)福州府志》卷三九,清乾隆十九年刊本)。又,据《总目》称"后有成化二十年(1484)周信跋",当即此人(〔清〕永瑢等《四库全书总目》,第1743页);傅振商,明河南汝阳人,字君雨,万历三十五年(1607)进士,曾任右副都御史,巡抚南赣,迁南京兵部右侍郎,崇祯时进兵部尚书(〔清〕永瑢等《四库全书总目》,第1743页)。

[③] 《石鼓书院志》别驾汪玩校刻;《医垒元戎》为两淮运司屠本畯重刊,两淮运副严昌世校正;《廉平录》为长芦督转运盐使司运使李燕校阅。

[④] 《丹铅总录》为上杭赵文同率师生刻;《牧鉴》为后学康诰校,《记纂渊海》为府学训导吴腾龙、魏县教谕吴嶙同校;《唐文鉴》为福庠教授陈龙择学识优者李镕、周朝仕滕之。

[⑤] 《宋史偶识》为友人贾于铁校,《群书摘草》为会友革承祐订伪。

[⑥] 《牧鉴》为同郡门人邓向荣订,《群书摘草》为门人包翚删次。

[⑦] 《群书摘草》为王国宾之侄王同寅参校。

（四）经费来源及刻书目的

经过对《总目》著录书帕本现存原刻本或其他传本序跋及相关史料的搜集，其中有少量内容述及官员刊刻"书帕本"的经费来源。又通过对序跋的分析，可以看出官员刊刻"书帕本"的目的，故此处讨论的"刻书目的"特指刻本中自题刻书目的，非实际刻书目的。现对刻书经费来源及刻本中自题刻书目的分别予以说明。

1. 刻书经费来源

据目前可搜集到的史料显示，《总目》著录书帕本的刻书经费来源可分为两种：一为捐俸，一为官府公费。

（1）捐俸。《牧鉴》李仲僎序称："特捐俸锓之。"①《总目》所撰《群公小简》提要载："又称捐俸命工，仍旧本重刊。"②《丹铅总录》梁佐序云："捐俸以梓。"③《记纂渊海》陈文燧序称："越峰诸公捐俸梓。"④

（2）官府公费。《医垒元戎》綦才序云："岁壬辰，奉命按两淮鹾司，丞屠君本畯以故所订正《医垒元戎》书手荐余，余受而卒业。一日丞拜手前曰：往关中王水部绍先左迁鹾分司，故事，官新莅，一切共具费可数十金，王素介，不受，迄今稽藏中。既欲锲前书，可取更费。余曰：唯！是且得彰王君清操，无事他计矣！乃遂出前书付剞劂。"⑤

2. 刻本中自题刻书目的

据现存《总目》著录书帕本的序跋题识，其中提及其刻书目的的主要有3种：

（1）刊布流传。《石鼓书院志》周诏序称："予阅其中纪载繁芜，淆乱无次，览者病焉，病斯湮息无传矣。因属东涯编次而将翻刻之。"⑥《牧鉴》李仲僎序云："是集藏之二十余年，不容终晦，余因请梓之。"⑦《鲁斋心法》韩士奇序称："酷爱之，惜弗传。"⑧

---

① 〔明〕杨昱《牧鉴》，明嘉靖三十四年李仲僎刻本。
② 〔清〕永瑢等《四库全书总目》，第1743页。
③ 〔明〕杨慎《丹铅总录》，明嘉靖三十三年梁佐刻本。
④ 〔宋〕潘自牧《记纂渊海》，《景印文渊阁四库全书》第930册，第4页。
⑤ 王重民《中国善本书提要》，上海：上海古籍出版社，1983年，第262页。
⑥ 〔明〕李安仁《石鼓书院志》，《续修四库全书》第720册，上海：上海古籍出版社，1995年，第630页。
⑦ 〔明〕杨昱《牧鉴》，明嘉靖三十四年李仲僎刻本。
⑧ 〔元〕许衡《鲁斋心法》，《四库全书存目丛书》第6册，济南：齐鲁书社，1995年，第28页。

遮蔽下的雅礼:《四库全书总目》著录书帕本新论　　69

(2) 嘉惠后学。《性理钞》王道显序云:"乃校而梓之郡斋,以惠后学。"①
(3) 刻书自娱。《蜀藻幽胜集》卷前傅振商题曰:"绣梓自足一披玩。"②

三　《四库全书总目》著录和评判书帕本的标准、得失及再认识

(一)《总目》著录和评判书帕本的标准

《总目》对其著录的 23 种书帕本,分别予以评价,现将其评价分类归纳为 5 个方面,分别为:官刻或捐俸刻本、内容、体例、校勘和版刻,列表如下(表 3):

表 3　《总目》著录书帕本之评价分类汇总表

书名	评价	评价分类
四家诗选	盖崇祯元年为南京兵部侍郎时所刻,亦书帕本也。	官刻本/捐俸刻本
黄楼集	其仓卒不暇自刊者,则因旧官所刊,稍改面目而用之。	
性理钞	然去取多未得当。	内容
黄粱遗迹志	殊寥寥无可采录。	
牧鉴	所征引甚略,大抵随意摭拾,无关体要。	
鲁斋心法	乱其次第,窜入其中。非全书之外别有此书也。	
素王记事	其书则摭拾《阙里志》为之,亦茫然无绪。盖当时书帕之本,本不以著书为事也。	
群书摘草	每种各摘数段,无所持择。	
宋史偶识	其书乃读《宋史》时随笔摘录,又他书所见可以参考者附之。间加评断,亦甚寥寥。盖当时强授梨枣,以充书帕之本,非有意于著述也。	
蜀藻幽胜集	振商此集,采掇十一,分为二十五类,去取颇无条理。盖当时书帕之本,不足以言别裁也。	
三忠集	其大篇关一时兴亡得丧者,多不见采。于三贤事状文章俱无可证核。惟贤一代名臣,此编则未为精善。	
中都四子集	又于古注之后时时妄有附益,殆类续貂,遂全失古本之面目。书帕本之最下者。	
唐文鉴	是编杂采唐文,所见殊为陋。	
三事忠告	盖明人书帕之本,好立新名,而不计其合于古义否也。	

---

① 转引自李国庆编《明代刊工姓名全录》下册,上海:上海古籍出版社,2014 年,第 2967 页。
② 〔明〕傅振商《蜀藻幽胜录》,成都:巴蜀书社,1985 年影印明刻本。

续表

书　名	评价	评价分类
治河总考	体例参差。	体例
石鼓书院志	殊无义例。	体例
素王记事	然不列名于书首,而缀于书后,体例丛脞,殊不可晓。	体例
医垒元戎	体例颇为参差,盖书帕之本,往往移易其旧式。	体例
群公小简	其标题颠舛,固不足深诘矣。	体例
书学会编	无一字之考证,而伪脱至不可读。	校勘
石鼓书院志	潦草漏略。	校勘
中都四子集	校雠亦略。	校勘
丹铅录	然书帕之本,校雠草率,讹字如林。	校勘
历代小史	中间时代颠倒,漫无端绪,盖当时书帕之本,以校刊付之吏胥也。	校勘
记纂渊海	盖明人书帕之本,称校称补,率随意填刻姓名,不足为凭,亦不足为异。	校勘
治河总考	刊刻拙陋。	版刻
中都四子集	其书刊版颇拙。	版刻
群公小简	潦草刊版,苟应故事。	版刻

根据表3,《总目》对书帕本的评判标准可归纳为:以官刻或捐俸刻书为限,首重内容编选,次重校勘质量,再重体例是否完备,最后关注版刻质量。通过对《总目》评价的分类汇总可知,《总目》将书帕本评为:内容不佳、体例参差、校勘不精、版刻拙陋。

(二)《总目》著录和评判书帕本标准的得失

结合《总目》著录书帕本的特点和评判标准的研究结论,此处分析《总目》著录和评判书帕本标准的得失。

1. 以官刻或捐俸刻书为限

关于"官刻本"的定义,《文献学大辞典》载:"泛指官府雕刻印行的书籍。……官刻本一般以其机关名称称之,其中又可分为中央机关刻本和地方机关刻本。"[1]《中国大百科全书》载:"中国清代及清代以前历代出公帑或由某种国家机构、

---

[1] 赵国璋、潘树广《文献学大辞典》,第690页。

单位主持雕印的书本。"① 可知，官刻本是或为公费所刻，或由中央机关、地方机关主持雕印的书本。根据前文对《总目》著录书帕本的编刻人员及刻书经费来源的考察来看，其皆由明代行政官员主持刻印，既有官府公费所刻，又有官员捐俸所刻。将捐俸所刻与官刻相提并论，是因明代官员所捐之俸，多为官场灰色收入，几与官费无异（详见后文）。由此观之，《总目》似将官员所刻之书作为官刻录入的标准，此标准有一定的合理性。

2. 内容编选

从表3来看，《总目》的评价首重内容质量。《总目》对部分书之评价与原刻本的质量基本相符，其评价客观公允，如《宋史偶识》；《总目》对有些书的评价则有失公允，如《中都四子集》。抛去背后复杂的原因，《总目》评判的标准时而公允，时而偏颇。或因撰写提要的人员不同而各异，未经最后的统稿所致。

3. 校勘质量

根据表3，有6种书四库馆臣认为其校勘不精，分别是《书学会编》《石鼓书院志》《中都四子集》《丹铅录》《历代小史》和《记纂渊海》。从笔者对《中都四子集》的内容考察来看，四库馆臣并未仔细翻阅全书，疑仅据《老子》一书的内容来评价全书，得出了并非公正的评价。

此外，经对其他原刻本的考察，笔者发现，《总目》对所录之书校勘情况的考察亦未做到全覆盖。如《廉平录》所摘内容与摘引原书之间有多处异文，《总目》未有论及。再如《唐文鉴》，以其第一卷为例，共摘录唐文22篇，经核对所摘原文，共7处异文；《群书摘草》，以第一卷为例，共摘文58篇，仅有6处异文。以上两例《总目》均未述及，亦未评价二书校勘之优劣。

4. 体例是否完备

如表3所示，其中《总目》涉及体例评价的书仅有5部，皆评价不高。除《治河总考》大致以时间为序，杂抄旁蒐，难去参差外，笔者考察过的其余几部原刻本，体例皆较完备。如《牧鉴》一书，卷前有序、凡例、目录，卷末有跋。全书共十卷，分为四类，三十五目，以类统目，目之下又分上、中、下。每类前皆有小序一篇，小类之末间有按语，摘引事例间有小注；其编撰体例不仅借鉴真德秀《心经》《政经》二书，亦融入作者的分类思想，堪称完备。由此推知，《总目》对其所著录书帕本体例的评判标准，难免失之严苛。

5. 版刻质量

根据表3，四库馆臣将3部书帕本列入版刻拙陋之属，分别是《治河总考》

---

① 中国大百科全书总编辑委员会《新闻出版》编辑委员会《中国大百科全书·新闻出版》，北京：中国大百科全书出版社，1990年，第118页。

《中都四子集》和《群公小简》。结合前文对 11 部书帕本版刻特征的考察来看，《总目》认为版刻拙陋的《中都四子集》，实则工整美观，剩余 2 部刊刻拙陋的书仅论及《治河总考》，对同样刊刻拙陋的《唐文鉴》，却只字未提。可见《总目》对所录书帕本版刻质量的评判标准不一，不能一以贯之。

（三）对《总目》著录书帕本的再认识

通过前文的分析，可对《总目》著录书帕本得出以下几点新认识：

其一，《总目》著录的 23 种书帕本仅有 4 种收入《四库全书》，分别是《三事忠告》《医垒元戎》《丹铅录》《记纂渊海》，皆为历代名儒名宦所撰。其余 19 种明代官员所编之书，则皆列为存目。显示出四库馆臣在收录书帕本时看重名家经典，轻视普通官员应酬之作的编选心态。

其二，《总目》评判的标准时而公正，时而偏畸，缺乏一致性。在此标准下，其评价几乎全为否定之辞。究其原因，应有如下几点：一、清代四库馆臣有贬明之嫌，轻视明刻，尤其是用来送礼的书帕本。二、四库馆臣多是乾嘉学者、翰林学士，因与明代地方官员所处境况不同，不免对前朝地方官员的刻书持先入为主的偏见。三、四库馆臣对所录之书未经仔细翻阅，便妄下定论。如《中都四子集》仅第一部《老子》在原注上时有附益，其余三部则仅删汰在编刻者看来的冗余，并保留他本没有的注解，并非妄加附益；且将《淮南子·原道训》卷首所误题高诱注（实为刘绩补注）亦误。颇疑《总目》仅据所录《老子》一书的内容来评价《中都四子集》全书。

其三，根据前文对刻书经费来源的考察可知，其经费主要来源于官府公费和捐俸。官府公费刻书，见于《总目》著录的有《医垒元戎》：王水部左迁蹉分司，因其廉介，莅新官不受更费。"迄今稽藏中，既欲锡前书，可取更费"①，此书即是用王水部的新任未受之安置费所刻。

"捐俸"意为官员捐献自己的俸禄，表明其私人出资刻书，未使用官府公款。刘娇娇在《明代地方官府刻书研究》一文述及"明代地方官府刻书经费来源"，认为"明代地方官府刻书经费最常见的来源为官员'捐俸刻梓'"②。笔者发现，《总目》著录书帕本中的"捐俸"刻书，如《牧鉴》和《丹铅总录》，其编刻俱佳，推知其投入资金比较充足，故仅凭官员私人出资刻书，并非十分可信。刘娇娇认为明代地方官俸禄微薄，但其法外收入却不菲，这种灰色收入为官员"捐俸"刻书提供了大量的资金支持③。如《因树屋书影》卷二载杨慎《丹铅总

---

① 王重民《中国善本书提要》，第 262 页。
② 刘娇娇《明代地方官府刻书研究》，山东大学硕士学位论文，2016 年，第 23 页。
③ 刘娇娇《明代地方官府刻书研究》，第 23 页。

录》之捐资,"邑令索之民间……每部民赀二金余。……民有缘是倾家者"①,可见所谓"捐俸"刻书对民间剥夺之甚。

其四,《总目》著录书帕本的编撰人员除历代名儒名宦外,编撰者主要是明代官员。而主持刻书者皆为明代行政官员,参与校刻者有其副官、教官和庠生、朋友、门人、亲属等。行政官员为主、教官参与者如《医垒元戎》,题名者17人,《总目》评其"盖明人书帕之本,称校称补,率随意填刻姓名,不足为凭,亦不足为异"②,该书虽率意刻名,然题名者均捐俸而使书成;行政官员主持,率同师生督刻、校刊者如《丹铅总录》;朋友、门人及亲属参与校刻者如《群书摘草》。可以看出,书帕本编刻人员之众、身份之杂,从侧面反映了明代官员编刻书籍实非易事,而是在财力的基础上,投入了大量的人力。

其五,书帕本作为雅致而又体面的礼物,成为士大夫维持人际关系的首选。如周信所得《群公小简》本为徐传所赠,又据以重刊③。"在官员们中间,印本常常作为礼物成为社会交往的润滑剂,帮助他们建立有利的社会关系"④。但经笔者对此类书籍内容的考察发现,书帕本作为雅礼并非唯一的目的,而是有其更为实际和复杂的功用。

根据前文的搜集,编刻者在刻本序跋中自题其刻书的目的是刊布流传、嘉惠后学和刻书自娱。从实际的功用来看,刊本或可裨于政,如《牧鉴》卷后康诰跋曰:"命守和恒,以不达于政为惧,因忆家居尝校梓东溪先生《牧鉴》一书,北上时每携以随。兹莅官日必置之几案,政暇或展而诵之,凿凿乎皆可施之。今日其借助于政为多,益信古循吏之芳轨,今民牧之真师也。"⑤因其对官员而言颇为实用,故一刻再刻。据隆庆六年(1572)康诰刻本《牧鉴》卷后康诰跋所记,时康诰知直隶和州事,"尚虑传之不广,而惠民之泽未遍,暇日捐俸,命工以原本重梓以传"⑥。是书自嘉靖三十四年(1555)刊刻至此时已有17年,流传未广,故康诰捐俸重梓。据史传记载,编者杨昱、刻者李仲僎和康诰确实为良吏,可见该书对于官员的确有借鉴价值,适合充当官员之间相互赠送的礼品书。同样有经世功用的还有《廉平录》和《治河总考》等。刊本或可资学、广识、助思、怡性,如《中都四子集》《丹铅录》《记纂渊海》和《书学会编》等。

可以看出,书帕本的功用是复杂的,而且以致用和益人为其存在的前提,

---

① 〔清〕周亮工著,张朝富点校《因树屋书影》卷二,南京:凤凰出版社,2018年,第54页。
② 〔清〕永瑢等《四库全书总目》,第870页。
③ 同上书,第1743页。
④ (美)周绍明著,何朝晖译《书籍的社会史——中华帝国晚期的书籍与士人文化》,北京:北京大学出版社,2009年,第80页。
⑤ 〔明〕杨昱《牧鉴》,明隆庆六年康诰刻本。
⑥ 同上。

无此前提,就失去其作为礼品的可能。换言之,没有作为书籍的实用功能存在,礼品书——"书帕本"也就不可能存在。

综合以上几点新的认识,笔者试图略过四库馆臣的评论,回到明代的应用情境,以新的视角审视书帕本。

以《治河总考》为例,笔者首先翻阅了《四库全书存目丛书》的影印本,结合《总目》的评价,《治河总考》实为书帕本中刻书质量不佳者。但在翻阅原刻本时,笔者发现,此书的刊刻水平虽比其他书帕本略低,却不失"眉清目秀"之感,与此前翻阅影印本的观感大相径庭。

从残存的两卷来看,《治河总考》作为专门史料汇编之书,录入了历代大量的治河史料,虽卷三所录时段为元明时期,卷四为上古至明代,但从分卷来看,是以严格时序排列的编年体,且以他史之有补正史之无。这些史料的汇集,或为数人摘编,或为一人平时读书所汇。此中之工作量并非外人可以想见,更不可能一蹴而就。如此耗时费力而成一书,却刻得不尽如人意,应非编刻者之所愿。或因时间仓促,或因资银不足,此中之酸苦,亦非今人可以尽知。此书极有可能是资银不足、时间紧迫的应急之刻。在有明一代商业经济繁荣,官府、私家刻书繁盛的时期,刻成一书依然会有诸多条件的限制,并非一件容易的事。

再者,《治河总考》汇集专门之史料,应是资官僚之参阅使用。从所录史料可以看出,治河从上古以至成书之时,在官员的为官生涯中,是使一方百姓免灾、安居、丰年的头等大事。但同时,治河亦可使官员在定式化的操作中,获取政绩,以易升迁。治河成为真正的政绩工程,既使百姓安居,又使朝廷放心,亦利自己升迁。编书者车玺和补编者陈铭①,一为官河南,一为官山东,处在黄河经常泛滥的黄泛区,刻出《治河总考》一书,实在情理之中。

作为"书帕本"的《治河总考》,体现了刊刻者的选材巧思。此类选材刊刻成书,作为礼品,送上司,可告白自己"为官一方,造福于民"的为宦宗旨;送同僚,可助其参阅资政,作出成绩。巧思做成巧礼,一举而多效,既体现了刊刻者的细密心思,又显示了官场需要圆融处世的复杂环境和官员需要左右逢源的生存状态。如此看来,不为清人所重的《治河总考》,却可以让我们从书籍史的角度管孔窥豹,从一管之中,窥见明代官场复杂的社会生活。

---

① 车玺撰,陈铭续编《治河总考》。车玺,宛平人,明成化十四年(1478)进士,官至河南按察司佥事;陈铭官职见表2。

四　余论

　　清中期以后,考据学兴盛,乾嘉学派成为学术主流,《四库全书总目》则是在乾嘉学者的主导下编撰而成。四库馆臣在编纂的过程中,讲版本,重校勘。其在著录和评判明代书帕本时,以官刻或捐俸刻书为限,首重内容编选,次重校勘质量,再重体例是否完备,最后关注版刻质量。在此标准下,四库馆臣对明代官员所刻书帕本的评价是:内容不佳、体例参差、校勘不精、版刻拙陋。受馆臣影响,后世学者和藏书家之流对书帕本亦多持否定态度。但通过笔者对《总目》著录书帕本原书的考察可以得知,实际情况并非全然如此。

　　因此,笔者认为四库馆臣对《总目》著录书帕本的评判有其失当之处。一是评判标准之失,或因缺乏标准的一致性,或因撰写提要的人员不同,又未经最后的统稿,致使其评判时而公允,时而偏颇,要么放大缺点,要么以偏概全,时见评判之失当;二是在乾隆朝文字狱大兴的背景下,贬明之风盛行,四库馆臣不免沾染贬明的风气;三是四库馆臣多为翰林学士、乾嘉学者,在考据学风气的影响下,轻视明人刻书,难免对前朝普通官员刻书持先入为主的偏见,致使对明代地方官员的刻书,未细察其实,而苛责其失。

　　文化史家何予明说:"清人评论的过滤作用,使得一些明人钟爱的书籍,在后世书目记忆中渐渐模糊,甚至没有了踪影。而与这些书籍的流行相对应的读者与书籍之间的相互作用、读者对书籍的使用模式等,也随之在我们的文化视线中变得模糊了。"[1]明代书帕本同样遭此境遇。彼之砒霜,吾之蜜糖,好与坏的标准总是相对的。清人眼中之劣本,在明人看来,纵使质量不佳,亦可作为搭话的媒介、认识的桥梁,一如今天的名片。更何况书帕本编选的内容对于为官者来说,或助其参阅资政,或有益于修心养生,或具娱乐休闲之效、充实其闲暇的业余生活,具有很强的实用价值。书帕本作为一种礼品性质的书,既深含着编刻者的细密心思,又能使士大夫在人际交往与应酬中,借"书礼"之"雅"不容推辞,而存其颜面。书帕本的刻印在明代屡禁不绝[2],也从侧面反映其作为体面的雅礼,早已成为士大夫之间人际关系的重要维系。因此,揭去清人评论的遮蔽,书籍的社会功用和价值才能得以凸显。

　　所以,我们的关注点不能局限在书籍本身的版本价值,从书籍史的角度探讨书籍背后的社会文化生活,以及书籍在历史情境中的社会文化功能,也许更

---

[1]　何予明著译《家园与天下——明代书文化与寻常阅读》,北京:中华书局,2019年,第14页。
[2]　明人赵南星《朝觐合行事宜疏》云"从来入觐之年,皆禁书帕,而书帕日多,其未入觐之先,固已络绎不绝矣",可为证。参见〔明〕赵南星《味檗斋文集》卷二,《丛书集成新编》第75册,台北:新文丰出版股份有限公司,1985年,第603页。

为重要。如此,方能产生新的历史洞见。换言之,明代书帕本作为曾经真实存在过的物质性的历史遗存,如同历史之网上的小水珠,能折射出明代丰富而复杂的社会文化生活。

附记:本文在撰写期间承蒙张升教授指导,邹振环教授、李晶寰副研究馆员、陈拓博士、蒙贺昱博士及审稿专家亦提供修改意见,谨此致以由衷的感谢。

赵氏小山堂藏书源流考述

杨 瑞

【内容提要】 小山堂为清乾隆间杭州人赵昱、赵信兄弟的藏书室。道光年间,赵昱曾孙赵应壬编有《小山堂藏书目录备览》一卷,此书著录项包括书名和著者,共计收书907种,其中以收录子部、集部类著作为多。小山堂藏书有赖于赵氏兄弟父子的不懈搜求,在乾隆二十年之后流散,部分进呈内府,部分流入其他藏书之家。小山堂藏书的由聚到散,反映出古代私人藏书的必然命运。《小山堂藏书目录备览》一书,不仅丰富了清代私人藏书目录的成果,还使我们略窥小山堂藏书之一隅,并为后世典籍的收藏、存续和考辨提供了宝贵的史料和线索,因而具有较高的价值和意义。

【关键词】 赵昱 赵信 小山堂 《小山堂藏书目录备览》 北京大学图书馆

一 赵昱、赵信兄弟与小山堂藏书楼

清代雍、乾之际,杭郡赵氏小山堂以藏书宏富著称东南。沈德潜《春草园记》云:"春草园,赵氏谷林、意林昆弟读书地也。……堂之向北者,名小山,藏书所也。经史子集,部居类汇……小山堂为一园之主云。赵氏既以藏书名,与虞山钱氏、昆山徐氏、宁波范氏、嘉禾朱氏先后比埒。"[①]可见小山堂藏书之富足。全祖望《小山堂藏书记》亦称:"近日浙中聚书之富,必以仁和赵征君谷林为最。"[②]《善本书室藏书志》卷十:"《江南野史》十卷。(旧钞本,赵氏小山堂、汪氏振绮堂藏书。)螺川龙衮撰。……有'小山堂书画印''汪鱼亭藏阅书'两图

---

* 本文为国家社会科学基金青年项目"宋刊《详注昌黎先生文》整理与研究"(项目号:19CZW021)阶段性成果。
** 本文作者为河南理工大学文法学院讲师。
① 〔清〕沈德潜著,潘务正、李言编辑点校《归愚文钞》卷九,《沈德潜诗文集》,北京:人民文学出版社,2011年,第1267页。
② 〔清〕全祖望撰,朱铸禹汇校集注《鲒埼亭集外编》卷十七,《全祖望集汇校集注》,上海:上海古籍出版社,2018年,第1068页。

记。小山堂者,仁和赵谷林、意林兄弟藏书处也。谷林,名昱,字功千。意林,名信,字辰垣。乾隆丙辰荐试博学鸿词。藏书数万卷,山阴祁氏澹生堂所储大半归之,储藏之富、校勘之勤为杭城冠。"①

据文杏堂本《镇龙赵氏宗谱》卷八"东房武林派世系图"载:"赵昱字功千,号谷林,国学生。召试博学鸿词,以孙载元官,诰赠奉政大夫,晋赠中宪大夫。生于康熙乙巳年五月初三日丑时,卒于乾隆丁卯年正月十六日子时。"②乙巳为康熙四年(1665),然据《爱日堂吟稿》卷七《岁暮二首,丁巳作于京师寓斋,今年四十九矣》其一"荏苒知非暮齿伤,二年京国系他乡",赵昱于乾隆元年(1736)六月北上参加博学鸿词科试③,七月廿六日到都④,可知"丁巳"指乾隆二年(1737),时赵昱四十九岁,上推四十九年,为康熙二十八年己巳(1689),由此知,赵昱生于康熙二十八年,卒于乾隆十二年(1747),享年五十九岁,"乙巳"系"己巳"之讹。赵信字辰垣,号意林,据《镇龙赵氏宗谱》,知其生于康熙四十二年(1703),卒于乾隆三十年(1765)。

在赵氏兄弟的人生中,乾隆丙辰词科对他们产生了重要的影响。赵昱系由李绂举荐应博学鸿词科试,其《恭呈举主临川李公四十韵》诗序云:"今天子龙飞乾隆元年春正月某日,户部侍郎临川李公遵奉诏旨'在朝公卿各举所知,待应博学鸿词之选',以四人备厕荐牍,其一即昱也。"⑤李公即李绂(1675—1750),字巨来,号穆堂,江西临川人。其弟赵信也受到通政使司通政使赵之垣的举荐,《槐厅载笔》卷八:"通政使司通政使赵之垣举六人……监生赵信,浙江仁和人。"⑥兄弟同举制科,一时传为佳话。李绂和赵之垣的引荐,并没有使赵昱昆仲如愿取中。关于二人落第的原因,从厉鹗的叙述中可窥见一些蛛丝马迹。

予友赵君谷林与其仲弟意林学宿而行醇,试于有司辄报罢,顾其名愈振。浙河以西,倭指人士者,必以二林为称首。岁在癸丑,朝廷开词学之科,吾师临川李先生负海内重望,不轻奖许,独以二林名亟入剡牍。既引试,中书长者抹去之,如李义山《答陶进士书》中事。于是二林思贤母朱太

---

① 〔清〕丁丙著,曹海花点校《善本书室藏书志》卷十,杭州:浙江古籍出版社,2016年,第411页。
② 〔民国〕赵长钦主修,胡显曾纂《镇龙赵氏宗谱》卷八,民国十九年(1930)文杏堂木活字本。
③ 〔清〕赵昱《爱日堂吟稿》卷十《晚泊三塔湾》:"秀州风味好,五载未全非。"下有小注:"余丙辰六月北上,过此有作。"清乾隆十二年(1747)赵一清刻本,第十二页上。
④ 〔清〕赵昱《爱日堂吟稿》卷八《七月二十有六日夜起送大兄南归兼叙得请遂闲之致得五字诗四十四韵》,同卷《送大兄登车再成一律》诗后有注:"昔余丙辰七月廿六日到都晤对,今大兄别去亦于是日,已历三年,余且失志,不堪回念。"第十五页下。
⑤ 〔清〕赵昱《爱日堂吟稿》卷五,第十三页下、第十四页上。
⑥ 〔清〕法式善《槐厅载笔》,清嘉庆刻本。

孺人,先后归里。①

据厉鹗所述,赵昱是在引保就试时,被"中书长者抹去之"。此"中书长者"为谁?《清史稿》卷四八一《儒林二·全祖望传》云:"乾隆元年,荐举博学鸿词。是春会试,先成进士,选翰林院庶吉士,不再与试。时张廷玉当国,与李绂不相能,并恶祖望,祖望又不往见,二年,散馆,置之最下等,归班以知县用,遂不复出。方词科诸人未集,绂以问祖望,祖望为记四十余人,各列所长。"②《清史稿》的记载,显示出张廷玉与李绂交恶的事实,张廷玉利用手中的权势,对李绂赏识重用之人极力打压。在乾隆元年的博学鸿词科试中,张廷玉充当阅卷官这一举足轻重的角色。鄂尔泰《词林典故》卷四云:"寻大学士等奏,保举博学宏词一百七十六人,应照康熙十八年例行。至期,赴太和殿前考试。上谕天气渐寒,着于保和殿内考试。九月二十六、二十八二日,御试保和殿。……越日,命大学士鄂尔泰、张廷玉、吏部侍郎邵基阅卷,拟取一等五人,二等十人,上亲加裁定,令分别授职。……二年七月十一、十三二日,御试被荐续到博学宏词于体仁阁。……命大学士张廷玉、尚书孙嘉淦阅卷。"③《高宗实录》卷二七"乾隆元年九月己未"条亦有:"御试博学鸿词一百七十六员于保和殿,命大学士鄂尔泰、张廷玉、吏部侍郎邵基阅卷。"④综考可知,"中书长者"极有可能指当国张廷玉。张廷玉为康、雍、乾三朝老臣,乾隆初又为总理大臣辅政,权倾朝野。乾隆丙辰词科,张廷玉充阅卷官,因与李绂有隙,故对李绂举荐之人不予录用。李绂《送赵意林归浙江序》:"明年,天下所举士集阙下者百八十余人,天子临轩亲试之。读卷者犹持严重之意,仅以十五卷上,于是二赵子俱报罢。"⑤李绂此言也将矛头直指"读卷者"。

征车之役,赵昱未能待诏承明未央之廷,加上堂兄赵殿最致仕归家,赵昱在京城失去了依靠,李绂后来虽曾荐其任《三礼》书局一席,赵昱终以思家念亲婉拒。赵昱归里后,与弟赵信温经研赋,搜访秘编,时有"二林"之目。

---

① 〔清〕厉鹗撰,罗仲鼎、俞浣萍点校《樊榭山房文集》卷四,《厉鹗集》,杭州:浙江古籍出版社,2016年,第553页。"李义山《答陶进士书》"事指开成五年(840)九月三日李商隐写给友人陶进士的信。信中说:"设他日或朝廷或执权衡大臣宰相,问一事,诘一物,小若毛甲,而时脱有尽不能知者,则号博学宏辞者,当其罪矣。私自恐惧,忧若囚械。后幸有中书长者曰:'此人不堪。'抹去之。乃大快乐,曰:'此后不能知东西左右,亦不畏矣。'"
② 〔清〕赵尔巽等《清史稿》,北京:中华书局,1977年,第13186页。
③ 〔清〕鄂尔泰、张廷玉《词林典故》,《影印文渊阁四库全书》第599册,台北:台湾商务印书馆,1986年,第527—530页。
④ 《清实录》第9册,北京:中华书局,1985年,第590页。
⑤ 〔清〕李绂《穆堂初稿》卷三十五,清道光十一年奉国堂刻本。

二 《小山堂藏书目录备览》的版本

赵一清曾对小山堂之藏书进行编目,撰有《小山堂藏书目》二卷①。经过笔者仔细查检,此书似乎不见传世。道光年间,赵昱曾孙赵应壬编有《小山堂藏书目录备览》一卷,并刊刻行世。此后,陆续有抄本传世。

(一) 清道光十四年(1834)刻本

北京大学图书馆藏。此版封面题:"《小山堂藏书目录备览》,赵应壬编。道光甲午刊本。椒微藏。"卷端为赵应壬撰《小山堂藏书目录跋》:"先世小山堂藏书之富,甲于东南。曾祖谷林公一字功千,与曾叔祖意林公同举鸿博,大父东潜公继之……余家藏书渊源得之于山阴祁氏,祁氏藏书不可考,然观《知不足斋丛书》内所纪《澹生堂书目》,则当时所藏亦云盛矣,乃不再传,而卷轴散佚。祁氏与余先世为姻戚,后其书籍并'澹生堂'匾额辗转悉归余家,其事备述《谷林公集序》。乾隆间,诏收天下遗书,于是悉登秘府,仅于《南宋杂事诗》见所载征引各书目。然尝闻之谷人祭酒云:'此特征引所及者耳,计所藏书才得十之二三。'壬生也晚,即此征引各书已不及见,盖不能无遗憾云。因刻其书目,以志述德之意……道光十四年岁次甲午嘉平之月曾孙赵应壬拜跋。"②次为正文。半页七行,行二十字,白口,四周双边,单黑鱼尾。一卷,一函一册。正文首页钤有"德化李氏凡将阁珍藏"印,此为李盛铎印章。李盛铎(1858—1937),字椒微,号木斋,江西德化(今九江)人。"凡将阁"为其藏书处。《北京大学图书馆藏李氏书目》"史部·书目类"亦有记载:"《小山堂藏书目录备览》一卷,清赵应壬辑。清道光刻本。"③正文著录项包括书名和著者,共计收书908种。

(二) 清光绪间巴陵方氏碧琳琅馆绿格精钞本

台北"国家图书馆"藏。半页十一行,行二十四字,单栏,单鱼尾,下方记"碧琳琅馆校钞本"。碧琳琅馆为清代著名藏书家方功惠的藏书楼。方功惠(1829—1897),字庆龄,号柳桥,清湖南巴陵(今岳阳)人。曾官广东番禺、南海、顺德知县,潮州知府。在广州建"碧琳琅馆"以藏书。此书钤有"王氏二十八宿研斋秘籍之印""恭绰""遐庵经眼""玉父"等收藏印记。其中,"王氏二十

---

① 〔清〕赵尔巽等《清史稿》,第4313页。〔清〕龚嘉俊修,李榕纂《(民国)杭州府志》卷八十七,民国十一年铅印本。
② 〔清〕赵应壬《小山堂藏书目录备览》,清道光十四年刻本。
③ 《北京大学图书馆藏李氏书目》,北京:北京大学图书馆,1956年,第124页。

八宿研斋秘籍之印"为王荫嘉印章。王荫嘉(1892—1949),字苍虬,号殷泉。笔名殷泉、荫嘉、二十八宿研斋主人。江苏吴县(今苏州)人,祖籍浙江秀水(今嘉兴)。"恭绰""遐庵经眼""玉父"为叶恭绰印章。叶恭绰(1881—1968),字裕甫,又字玉甫、玉虎、玉父、誉虎,号遐庵,晚年别署矩园。祖籍浙江余姚,生于广东番禺。

该书卷首为赵应壬《小山堂藏书目录跋》,然其首句为"元世小山堂藏书之富,甲于东南"①,将原本"先世"抄为"元世"。落款署"道光十四年岁次甲午嘉平之月曾孙赵应壬拜"。次为正文,共计收书 910 种,较道光刻本多出"《大明风雅广选》萧俨""《坚瓠集》褚仁获"二目,但此二目字体与前文抄写字体迥异,当系补增。

(三)清光绪三十四年(1908)黄陂陈氏灯崖阁抄本

中国国家图书馆藏。此为乌丝栏抄本,边栏左上外镌"灯崖阁钞校书籍"七字。灯崖阁是陈毅室名。卷首有陈毅跋语,钤有"黄陂陈毅"印。

> 《小山堂书目》久觅未获,戊申岁暮,偶在众坊桥法律学堂楼上与董君授经夜谈,见其架上有此书,系巴陵方氏碧琳琅馆钞本。因假归,属何生孟达录之。十二月廿夕记于京寓,前王恭厂之小荫绿轩。时天寒微雪,庭阶欲白矣。②

陈毅(1873—?),字士可,蕲州黄陂(今湖北武汉)人。清末至民国时期藏书家。"戊申"为清光绪三十四年(1908)。董君授经即董康(1867—1947),字授经,号诵芬室主人,江苏武进(今常州)人。据陈氏跋语知,董康藏有巴陵方氏碧琳琅馆钞本《小山堂藏书目录备览》,陈氏借归,嘱何孟达抄录一部,故陈氏灯崖阁钞本直接抄自巴陵方氏碧琳琅馆钞本,然其卷中并未有"《大明风雅广选》萧俨""《坚瓠集》褚仁获"二目,由此知,巴陵方氏碧琳琅馆钞本所收二目确系补增。《中国著名藏书家书目汇刊(明清卷)》第 21 册据清光绪三十四年黄陂陈氏灯崖阁钞本影印收录该书。③

上文对《小山堂藏书目录备览》的现存版本进行了梳理,依据各版内容,可知光绪间巴陵方氏碧琳琅馆钞本系抄自道光十四年刻本,而黄陂陈氏灯崖阁钞本又直接抄自方氏碧琳琅馆钞本。借助道光刻本《小山堂藏书目录备览》,我们可略窥杭郡小山堂赵氏藏书之一隅。

---

① 〔清〕赵应壬《小山堂藏书目录备览》,清光绪间巴陵方氏碧琳琅馆绿格精钞本。
② 〔清〕赵应壬《小山堂藏书目录备览》,清光绪三十四年黄陂陈氏灯崖阁钞本。
③ 《中国著名藏书家书目汇刊(明清卷)》第 21 册,北京:商务印书馆,2005 年。

三 《小山堂藏书目录备览》的内容与价值

《小山堂藏书目录备览》共收书 908 种,其中第 142 条与第 591 条均为"《野客丛书》王楙",故此目实收书 907 种。该书未分部类,仅著录书名和作者,笔者将所收书目按经、史、子、集进行分类,以使读者对小山堂藏书有大致了解(表 1)。

表 1

类	部			
	经	史	子	集
易类	1			
乐类	1			
正史类		3		
编年类		9		
纪事本末类		2		
杂史类		26		
别史类		4		
诏令奏议类		10		
传记类		35		
史钞类		4		
载记类		2		
时令类		1		
地理类		81		
职官类		4		
政书类		5		
目录类		26		
史评类		1		
儒家类			6	
兵家类			1	
农家类			3	
医家类			2	

续表

类	部			
	经	史	子	集
天文算法类			1	
术数类			1	
艺术类			59	
谱录类			27	
杂家类			144	
类书类			13	
小说家类			65	
释家类			1	
道家类			2	
别集类				244
总集类				40
诗文评类				24
词曲类				59

由上表可知，经部收录 2 种，史部收录 213 种，子部收录 325 种，集部收录 367 种。在四部中，又以集部收录书目最多，子部次之，史部又次之，经部最少。而在集部书目中，以所收别集为夥，达 244 种；子部书目中，杂家类达 144 种；史部书目中，以地理类居多，达 81 种。私人藏书楼收藏哪些书，其中不乏藏家的收藏机缘，但也反映出藏家的收藏旨趣。从小山堂的藏书情况来看，赵氏兄弟对经部类著作不甚重视，而对文人别集和杂家类著作较为偏爱。

《小山堂藏书目录备览》著录唐、宋、元、明、清人著作 907 种，内容涉及经、史、子、集四部，其中唐代仅收录李吉甫的《元和郡县志》。该书目著录项包括书名和著者，卷数、版本未注明，著录较为简略。然而，通过此目录的记载，可以略窥小山堂藏书之一隅，并且小山堂曾收藏过许多珍贵的古籍，如北宋高僧省常著《西湖净社录》，今已佚，然《小山堂藏书目录备览》著录此书，而清代其他书目未见记载，则《西湖净社录》之佚失至早在赵昱卒后，即乾隆十二年之后。又如，沈括的志怪小说集《清夜录》，原书今已失传，韩洪举从《演繁露》《宋会要辑稿》《永乐大典》中辑出六条佚文[1]。同样，此书见于《小山堂藏书目录备

---

[1] 韩洪举《浙江古代小说史》，杭州：杭州出版社，2008 年，第 110 页。

览》,其他私人藏书目录不见著录,《(乾隆)杭州府志》卷五十八"艺文"载:"《梦溪笔谈》二十六卷、《补笔谈》二卷、《续笔谈》一卷、《清夜录》一卷",下附小注:"宋沈括撰,文渊阁著录不载《清夜录》。"① 由此可见,《清夜录》在乾隆年间已属罕见,而此书曾经小山堂收藏,故其亡佚至早亦当在赵昱卒后。因此,《小山堂藏书目录备览》的著录,为我们推测一些珍稀古籍的亡佚时间提供了线索。

四 小山堂藏书的来源与流散

(一)小山堂藏书的来源

杭郡小山堂之藏书得力于赵昱三十余年穷搜博览,又益以其弟赵信、其子赵一清的收抄,遂使小山堂藏书成为浙河东西文献大宗。全祖望《小山堂藏书记》云:"谷林以三十年之力,爬梳书库,突起而与齐,不可谓之非健者已。谷林之聚书,其鉴别既精,而有弟辰垣,好事一如其兄,有子诚夫,好事甚于其父,每闻一异书,辄神飞色动,不致之不止。其所蓄书,联茵接屋。"②赵氏与明清易代之际举家以赴国难的山阴祁氏家族有姻亲关系,小山堂藏书亦多澹生堂祁氏旧本,全祖望《旷亭记》云:"蹉跎四十余年,谷林渡江访外家,则更无长物,只'旷亭'二大字尚存,董文敏公之书也,乃奉以归。谷林小山堂藏书不减宅相,其中亦多澹生旧本,泊花池槛之胜,尤称雄一时。"③其《小山堂祁氏遗书记》又云:"二林兄弟聚书,其得之江南储藏诸家者多矣,独于祁氏澹生堂诸本,则别贮而弆之,不忘母氏之遗也。"④可见赵昱兄弟对澹生堂藏书的珍视。而赵昱对祁氏旧藏购求更是不遗余力,终生黾勉从事之,其《购得外氏山阴祁夷度先生文集,又吴门王邵棠见遗澹生堂藏书印章,予蓄祁氏书仅数十册,年来欲广收而未能也,志感二首》其一有言:"负惭宅相搜遗集,重忆馆甥悲昔年。"⑤全祖望也曾作《谷林为梅里祁氏弥甥,每见夷度先生诸藏书,尤宝爱,不惜重价购之。尝索予所有〈范正献公集〉、孙学士〈春秋解〉、方涞山〈易〉,至再四,以其皆澹生堂物也。予靳之未致。谷林下世,予始悔之,乃以付东潜,使供之殡前而告之》诗⑥,记述赵昱搜访澹生堂旧藏的辛苦历程。

此外,小山堂藏书还有得之于江南储藏诸家之本,杭世骏曾称:"小山堂图籍埒于秘省,益之以四明范氏、广陵马氏之借钞,加之以吴君绣谷亭之欣助,穷

---

① 〔清〕郑沄修、邵晋涵纂《(乾隆)杭州府志》卷五十八"艺文",清乾隆刻本,第十二页上。
② 〔清〕全祖望撰,朱铸禹汇校集注《鲒埼亭集外编》卷十七,第1068—1069页。
③ 〔清〕全祖望撰,朱铸禹汇校集注《鲒埼亭集外编》卷二十,第1136页。
④ 〔清〕全祖望撰,朱铸禹汇校集注《鲒埼亭集外编》卷十七,第1076页。
⑤ 〔清〕赵昱《爱日堂吟稿》卷十三,清乾隆十二年赵一清刻本,第三页下。
⑥ 〔清〕全祖望撰,朱铸禹汇校集注《鲒埼亭诗集》卷六,《全祖望集汇校集注》,第2191页。

搜博讨,倾筐倒庋而不惜。"①四明范氏有天一阁,广陵马氏有小玲珑山馆,吴焯(1676—1733)有藏书处名瓶花斋,复于园中构亭曰"绣谷"。赵昱与吴焯往来甚密,每得一异本,彼此互相抄录,赵昱曾作《吴大敦复游京师,重得先公所藏宋刻〈丁卯集〉,题诗索和赋正》诗,记述其与吴焯的交往:"故人绣谷翁,素业今有后。插架饶万卷,郎君能密受。……丛书精审过,运管勘不苟。"下有小注:"绣谷主人藏书悉手校,精本颇矜惜,不轻借人,独许予钞,予所藏多绣谷亭本。予偶得善册,先生见之,亦必取以勘定,书跋于上。"②另外,赵昱也从全祖望双韭山房藏书楼借抄,如全祖望曾于天一阁手抄《乾道四明图经》,赵昱闻之,便前往借抄,全祖望《跋乾道四明图经》云:"乃过天一阁范氏,见《四明文献录》全引其书,为之狂喜,乃别为钞而出之,于是扬之小玲珑山馆马氏、杭之小山堂赵氏皆来借钞。"③赵昱还曾前往朱彝尊曝书亭抄书,据《文选楼藏书记》卷一载:"《五伦诗选》十二卷,元沈易辑。云间人。抄本。是书录古今诗之有系于五伦者。原目内集五卷,外集七卷,今所存止内集。系赵昱小山堂本,从曝书亭抄得者。"④

当然,赵昱所藏秘籍并非仅限于借抄天一阁、小玲珑山馆、绣谷亭、双韭山房、曝书亭等处藏书,尚有购买、借抄自其余藏书之家者。正是在赵氏兄弟、父子的不懈搜求下,小山堂藏书才得以达数万卷,成为藏书量可与官府相比的私家藏书楼。

(二) 小山堂藏书的流散

严迪昌先生在《谁翻旧事作新闻——杭州小山堂赵氏的"旷亭"情结与〈南宋杂事诗〉》一文中指出,"小山堂藏书之散出,必当在乾隆二十年(1755)后"⑤,因赵昱之母朱氏卒于乾隆十八年(1753),"赵氏兄弟父子之庋藏实与朱氏太夫人一生相始终。质言之,这位山阴祁彪佳之外孙女,乃春草园小山堂赵家人文传承之灵魂,她一生所维系的既是家族的心史,也是民族的痛史"⑥。小山堂藏书流散后的主要去向,或可借助书目、题跋、序跋等勾勒出来。

据赵应壬跋语知,乾隆年间诏收天下遗书,赵昱后人曾将小山堂藏书进

---

① 〔清〕杭世骏著,蔡锦芳、唐宸点校《道古堂文集》卷十三,《杭世骏集》,杭州:浙江古籍出版社,2014年,第191页。
② 〔清〕赵昱《爱日堂吟稿》卷十一,第九页。
③ 〔清〕全祖望撰,朱铸禹汇校集注《鲒埼亭集外编》卷三十五,第1479—1480页。
④ 〔清〕阮元撰,王爱亭、赵嫄点校,杜泽逊审定《文选楼藏书记》,上海:上海古籍出版社,2019年,第71页。
⑤ 严迪昌《谁翻旧事作新闻——杭州小山堂赵氏的"旷亭"情结与〈南宋杂事诗〉》,《文学遗产》2000年第6期,第50页。
⑥ 同上书,第50页。

呈，又因赵一清《小山堂藏书目》不存，故仅于《南宋杂事诗》见所载征引各书目。《南宋杂事诗》为沈嘉辙、吴焯、陈芝光、符曾、赵昱、厉鹗、赵信七人同撰，每人各作七言绝句一百首，其中符曾作了一百零一首，共计七百零一首。该集采据浩博，系七人于赵氏小山堂共同创作，征引文献均出自小山堂所藏之书。据笔者统计，《南宋杂事诗》征引书目达 975 种[①]。然谷人祭酒云："此特征引所及者耳，计所藏书才得十之二三。"按，吴锡麒（1746—1818），字圣征，号谷人，自署东皋生，浙江钱塘（今杭州）人。乾隆四十年（1775）进士，官国子监祭酒。其生时与赵一清（1709—1764）相去不远，犹及得见小山堂藏书之盛，故其所言不为无稽。据此推知，小山堂原来的藏书可能多达四千多种。将《南宋杂事诗》征引书目和《小山堂藏书目录备览》对勘，发现《小山堂藏书目录备览》所收古籍在《南宋杂事诗》征引书目中均有著录，且《南宋杂事诗》较《小山堂藏书目录备览》多出 68 种，分别为：

《乾淳起居注》周密，《淳熙玉堂杂记》周必大，《孝宗圣德事迹》张阐，《三朝野史》、《鞠堂野史》林希，《北辕录》周辉，《燕翼贻谋录》王栐，《宋会要》范师道，《麟台故事》程俱，《奎章录》、《朝野类要》赵昇，《李忠定奏议》李纲，《张忠献奏议》张浚，《胡忠简奏议》胡铨，《西湖放生池碑》王随，《广寿慧云寺碑》史浩，《报国禅院碑》钱受益，《绍兴烟霞洞题名》朱希正，《咸淳石屋题名》贾似道等，《三茅观摩崖牒文》，《礼记集说》卫湜，《韩李论语笔解》，《朱子语录》黄榦等，《朱子语类》黎靖德，《月令广义》冯应京，《东南防守利便》陈克、吴若，《补汉兵志》钱文子，《类要》晏殊，《秀水闲居录》朱胜非，《太平清话》陈继儒，《绛云楼书目》钱谦益，《长庆集》白居易，《清献公集》赵抃，《东坡续集》，《东坡诗注》施宿，《东坡诗注》赵葵，《青山集》郭祥正，《竹友集》谢薖，《中正德文集》赵鼎，《浮溪集》汪藻，《松隐集》曹勋，《卢溪集》王庭珪，《鸿庆集》孙觌，《龟溪集》沈与求，《归愚集》葛立方，《牧斋初学集》钱谦益，《大明风雅广选》萧俨，《坚瓠集》褚仁获，《渊鉴类函》《四朝词》《广群芳谱》《渊鉴古文》《四朝诗》《书画谱》《佩文韵府》，《画禅室随笔》董其昌，《竹窗随笔》释袾宏，《华阳宫纪事》僧祖秀，《续松漠纪闻》洪皓，《绘事备考》王星聚，《陶隐居真诰序》高似孙，《清赏录》包衡，《大涤洞天记》邓牧，《西湖志》夏基，《江汉丛谈》陈士元，《无声诗》毛艮，《径山集》宗净，《埤雅广要》牛衷。

而小山堂藏书是否如赵应壬所说"悉登秘府"呢？据乾隆三十八年闰三月二十日《两江总督高晋等奏续得各家书籍并进呈书目折》："闻东南从前藏书最富之

[①] 〔清〕厉鹗等撰，虞万里校点《南宋杂事诗》，杭州：浙江古籍出版社，1987 年，第 301—328 页。

家,如昆山徐氏之传是楼,常熟钱氏之述古堂,嘉兴项氏之天籁阁、朱氏之曝书亭,杭州赵氏之小山堂,宁波范氏之天一阁,皆其著名者,余亦指不胜屈"①,"至小山堂近在省城,当委杭州府知府彭永年督同县学各官,亲向赵氏子孙细问原委,实因家业日替,旧藏书籍或已售卖,或已遗失,容俟加紧寻觅。当即饬令该府等辗转跟求,访省城内尚有鲍士恭、吴玉墀、汪启淑、孙仰曾、汪汝瑮五家,素号藏书,即小山堂书籍,亦间有收买。……至现在书局续收遗书一百八种内,即有曝书亭者十四种,小山堂者六种,另缮书目,分别声明,恭呈御览。"②知小山堂确在进呈之列,且所呈六种书目为:

  《昭德新编》三卷,宋晁迥著,一本;
  《芦浦笔记》十卷,宋刘昌诗著,一本;
  《文昌杂录》六卷,宋庞元英著,一本;
  《紫薇杂说》一卷,宋吕本中著,一本;
  《文苑英华辨证》十卷,宋彭叔夏著,一本;
  《西溪百咏》二卷,明释大善著,一本。③

又据沈初等撰《浙江采集遗书总录》记载④,小山堂共进呈书目 29 种,分别为:

  《新加九经字样》一卷、《东南防守利便》三卷、《四朝闻见录》五卷、《东宫备览》六卷、《祷雨录》一卷、《六朝事迹》二卷、《闽中考》一册、《茅山志》十五卷、《洞霄图志》六卷、《辨惑编》四卷、《芦浦笔记》十卷、《困学斋杂录》一册、《静斋至正直记》□卷、《订讹杂录》十卷、《石屏新语》一卷、《都公谭纂》二卷、《哲匠金桴》二册、《碧鸡漫志》一册、《瘗鹤铭考》一册、《蟹略》四卷、《勾股述》二卷、《云笈七签》一百二十二卷、《昭德新编》三卷、《五伦诗选》十二卷、《景迂生集》二十卷、《卢溪集》五十卷、《徐清正公集》六卷、《徐文惠公集》五卷、《陈克斋集》十七卷。

其中,《昭德新编》《芦浦笔记》在《四库采进书目》与《浙江采集遗书总录》中重出,故小山堂进呈书目实为 33 种,这对小山堂藏书而言,不过是九牛一毛。那么,小山堂大量的藏书在赵一清身后流向了何处呢?

  查阅各种书志目录和史料,知小山堂藏书大多流入私人藏书家手中,如扬州小玲珑山馆马氏,李元度撰有《马秋玉先生事略》⑤,下附赵昱、赵信小传:"谷

---

  ① 中国第一历史档案馆编《纂修四库全书档案》,上海:上海古籍出版社,1997 年,第 82—83 页。
  ② 中国第一历史档案馆编《纂修四库全书档案》,第 90 页。
  ③ 吴慰祖校订《四库采进书目》"浙江省第三次书目",北京:商务印书馆,1960 年,第 80 页。
  ④ 〔清〕沈初等撰,杜泽逊、何灿点校《浙江采集遗书总录》,上海:上海古籍出版社,2010 年。
  ⑤ 马曰琯(1688—1755),字秋玉,号嶰谷,本籍安徽祁门,徙居江都(今江苏扬州)。小玲珑山馆为马曰琯、马曰璐兄弟的藏书室。

林名昱,字功千,原名殿昂。仁和贡生。性耽风雅,筑春草园,有池馆之胜。异本书数万卷,同时蒋绣谷、吴尺凫亦好藏书,每得秘牒,必互相校识。有《小山堂酬唱集》,与扬州马氏相应和。其好客亦如之。弟信,字辰垣,国子生,意林其号也。……南归,与谷林温经研赋,搜访秘编,时有二林之目。卒后,所藏书画悉归马氏焉。"①又如杭州振绮堂汪氏,《振绮堂书目》中著录有小山堂旧藏之书,还有小山堂抄本,并且对藏书印都有详细的记录,标明书籍的递藏情况②。又,阮元《文选楼藏书记》收录小山堂藏书33种,吴寿旸《拜经楼藏书题跋记》收录2种,陆心源《皕宋楼藏书志》收录2种,丁丙《善本书室藏书志》收录19种(《八千卷楼书目》亦收录7种,这7种均见于《善本书室藏书志》)。此外,据潘衍桐《两浙輶轩续录》卷十三记载,关槐之关氏书楼收有小山堂藏书300余种,"关槐,字柱生,号云岩,一号晋轩,晚号青城山人,涵子,仁和人。乾隆庚子二甲一名进士,官至礼部侍郎。《杭郡诗三辑》:晋轩九岁,隶书'观海'二大字于弢光。尝得赵氏小山堂天文遗书、筹算、笔算、奇门遁甲凡三百余种,因留心勾股之学。"③乾隆间浙江钱塘郁礼之东啸轩藏书楼多收小山堂流散出的残帙异本,"如东城郁氏礼,字佩宣,号潜亭,钱塘诸生。家素封,藏书充牣,潜亭又增益所未备。时小山堂书已星散,所余残帙尚多异本,潜亭悉力购之"④。又据张鉴《冬青馆集》记载,黄丕烈士礼居亦曾购有小山堂之书,"小山堂之散,于友人处见蜀石经毛诗残帙,急劝鬻之,后为士礼居豪夺去,今入刊者是也"⑤。由此可见,小山堂藏书固然曾进呈秘府,但并非悉入之,其大部分藏书流散至私人藏书家及市肆之中,不禁令人惋惜。

五　结语

小山堂藏书之聚,有赖于赵氏父子昆弟不懈向藏书大家借抄、购买,而小山堂之散,也主要流向其他藏书之家,此外,还有进呈秘府与流向市肆者,由此观之,私人藏书由聚到散,是中国古代民间私藏的必然命运。

明清时期,藏书家编制私人藏书目录已成为普遍风气,比宋元时期有了进

---

① 〔清〕李元度纂,易孟醇校点《国朝先正事略》卷四十一"文苑",长沙:岳麓书社,2008年,第1206页。
② 〔清〕汪誠《振绮堂书目》,南开大学图书馆藏玉笥山房抄本。
③ 〔清〕潘衍桐编纂,夏勇、熊湘整理《两浙輶轩续录》卷十三,杭州:浙江古籍出版社,2014年,第728页。
④ 〔清〕吴庆坻撰,张文其、刘德麟点校《蕉廊脞录》卷三"郁氏东啸轩藏书",北京:中华书局,1990年,第71页。
⑤ 〔清〕张鉴《冬青馆集》甲集卷四"秀水计氏泽存楼藏书记",北京:文物出版社,1987年,第十一页下。

一步的发展。私人藏书目录中著录的图书均是现存的,即所谓"存于近世而可考者",私人藏书家基本不会著录在自己藏书之外的典籍。私人藏书家编纂的藏书目录,可以使自己查阅图书时更为方便,与其他藏书家互通有无时也更为明了。这种藏书目录,便于同代人了解藏书的动向,也便于后人把握古代典籍的面貌,在图书编目方面做出了很大的贡献。《小山堂藏书目录备览》一书,记载了小山堂的部分藏书,它不仅丰富了清代私人藏书目录的成果,而且为后世典籍的收藏、存续和考辨提供了宝贵的史料和线索,值得引起我们的重视。

稀见清人周锡瓒、周世敬父子藏书史料探微

徐书林[*]

【内容提要】 周锡瓒、周世敬父子是清中期的藏书巨擘，然两人藏书史料久不为人知。今查各大图书馆所藏尚有《琴清阁书目》《漱六楼书目》《研六斋笔记》三种稀见材料，其中《琴清阁书目》有三本，分别藏北大、哈佛、复旦。对校两目及三个本子可知，《漱六楼书目》早于《琴清阁书目》；哈佛本从北大本传钞，展现了《琴清阁书目》成书时早期本子的面貌；复旦本是周锡瓒欲卖书时本子的面貌。由两目可见周锡瓒是学者型藏书家，藏书重宋元、他本、名抄、医书。《研六斋笔记》共85条题跋，保留了清中期书籍交游、学术考辨的珍贵史料。

【关键词】 周锡瓒　周世敬　《琴清阁书目》　《漱六楼书目》　《研六斋笔记》

刘禧延跋《研六斋笔记》云："吾吴藏书之富，以朱氏、黄氏为最，枫江周氏，足与之埒。研六居士谢庵，自其尊人漪塘，已癖好聚书……至谢庵好之弥笃，丹黄校勘，无间寒暑，家且中落，宋元椠及精钞秘本，渐为豪者饵去，而余籍尚夥。"[①]可见苏州周锡瓒、周世敬父子藏书可与朱奂、黄丕烈比肩。后所藏散亡，至叶昌炽作《藏书纪事诗》，虽有诗云："识得单行吴志本，不忧善眩等黎轩。可忧可喜斯文种，一老慭遗天壤间。周锡瓒仲涟，子谢盦。"[②]但他所用注释材料大多取材于《士礼居藏书题跋记》，且有按语"谢庵名未详"，可见此时，周锡瓒、周世敬父子声名与藏书故实逐渐湮没。时至今日，各类藏书论著中虽有对周氏父子的介绍，但或有错讹，或泛泛而论，且所用材料皆不出《黄丕烈藏书题跋集》《小通津山房文稿》《小通津山房诗稿》。然查阅各大图书馆所藏，我们发现周氏父子尚有一些稀见藏书史料久未被人发掘，相关研究亦

---

[*] 本文作者为湖北省图书馆馆员。
① 〔清〕周世敬《研六斋笔记》，上海图书馆藏稿本。
② 〔清〕叶昌炽《藏书纪事诗》卷五，上海：古典文学出版社，1958年，第283页。

寥寥①。故我们欲对周氏父子稀见藏书史料进行介绍与分析，祈请方家指教。

周锡瓒(1742—1819)②，原名周日淓③，字绮江，号漪塘，后呈礼部改为周锡瓒，字仲涟，号映川，又号香严居士。弱冠时，曾得到钱维城的赏识，补商籍博士员。乾隆三十年(1765)考中举人，乾隆三十九年会试落第，南还归家，以藏书为业，藏书处有漱六楼、琴清阁、梦筠楼、水月亭等。所著有《小通津山房文稿》《小通津山房诗稿》《琴清阁书目》《漱六楼书目》等。周世敬为周锡瓒之少子，字谢庵，号研六居士，著有《研六斋笔记》(简称《笔记》)、《研六斋帖体诗存》《礼训堂诗集》④《群书缀述》⑤等。

一　周锡瓒藏书目录与藏书特点考述

周锡瓒的藏书目录，据《中国古籍总目·史部》有复旦大学图书馆藏《琴清阁书目》⑥，今查国内外各大图书馆所藏，我们发现《总目》漏收周锡瓒所撰的3种材料：《琴清阁书目》除复旦大学图书馆藏清乾隆香严书屋稿本(简称复旦本)外，还有北京大学图书馆藏民国二十五年(1936)常熟瞿氏铁琴铜剑楼抄本

---

① 目前关于周锡瓒仅有两篇论文：罗鹭《稿本〈漱六楼书目〉作者考实》考辨了上海图书馆藏《漱六楼书目》的作者当是周锡瓒，而非袁芳瑛(《文献》2015年第2期)；此外，徐书林《周锡瓒藏书、校书活动述略》对周锡瓒的藏书特点、书籍共享以及校书进行了初步探讨，但因侧重不同，故未深入分析周锡瓒的藏书目录(《图书馆理论与实践》2020年第6期)。

② 关于周锡瓒的出生年份，现存乾隆元年(1736)与乾隆七年(1742)两说，据《小通津山房诗稿》(简称《诗稿》)"辛未。宛如头白老，(二月下瀚为余七十初度)游戏少年场"(〔清〕周锡瓒《小通津山房诗稿》，《清代诗文集汇编》第403册，上海：上海古籍出版社，2010年，第284页)，《小通津山房文稿》(简称《文稿》)"嘉庆十六年，辛未，二月廿一日，是为诞辰"(〔清〕周锡瓒《小通津山房文稿》，《清代诗文集汇编》第403册，第312页)，可知周锡瓒生于乾隆七年(1742)二月二十一日。据《文稿》"捐馆于嘉庆二十四年，岁在己卯三月初七日，时年七十有八也"(《小通津山房文稿》，第314页)，可知周氏卒于嘉庆二十四年(1819)三月初七。

③ 周世敬跋《文稿》云："先君子榜名某(见《馆阁赋后集序》)，字绮江，号漪塘。后呈礼部改今名，字仲涟，号映川，又号香严居士。"(《小通津山房文稿》，第314页)《馆阁赋后集》周序落款为"乾隆戊子相月钱塘周日淓书于香岩书屋"(〔清〕周日淓、〔清〕程琰编《本朝馆阁赋后集》，乾隆三十三年困学斋刻本，第628页)，可知周锡瓒原名周日淓。

④ 周世敬《研六斋笔记·礼训堂诗集》跋云："嘉庆丙辰长夏，闭门却扫，移榻秦余馆、杭山馆……约取《文选》《玉台新咏》《李》《杜》《韩》《柳》《欧阳》《二苏》《山谷》《剑南》《遗山》《青丘》《梅村》《阮亭》诸集读之，始习为五七言句……日月既久，卷帙遂多，徐理故簏，检括昔年所作，益以近著，以时相类，略加诠次，删繁就简，一切酬应诸作借从删弃，务合严沧浪论诗之意，缉为《礼训堂诗集》二十卷。"参见《研六斋笔记》，第87—88页。此书今不存。

⑤ 黄丕烈跋云："谢庵出所著《群书缀述》相质，萃元明以来人著述，为目录之学者，以续赉与《经籍考》。"参见〔清〕黄丕烈，余鸣鸿、占旭东点校《黄丕烈藏书题跋集·荛圃藏书题识》卷六"开元天宝遗事"条，上海：上海古籍出版社，2013年，第313页。此书今不存。

⑥ 中国古籍总目编纂委员会编《中国古籍总目·史部》，上海：上海古籍出版社，2009年。

（简称北大本）①、哈佛大学图书馆藏影抄本（简称哈佛本）②。《漱六楼书目》稿本，今存上海图书馆。然三种《琴清阁书目》、周氏两种书籍目录之间有何关系，以及周氏书目与当时各家书目有何异同，今分析如下。

（一）三种《琴清阁书目》概况及关系

1. 版本叙录

复旦本，半叶十行，每行字数不等，白口，左右双边，单黑鱼尾，蓝格，版心下有"香严书屋"四字。封面有江标题识云："《琴清阁书目》稿本一册。己丑十月，赵静涵师检付，元和江标记。"③下钤"师许堂藏书"朱文长方印与"丙辰年查过"楷字朱记。由此可知，光绪十五年（1889）十月，江标从赵元益处得到此书稿本。"丙辰年查过"朱记是盛宣怀所创愚斋图书馆于民国五年（1916）清点所藏图书时所加，可见此书后来又被愚斋图书馆收藏。后一叶为王大隆题记："吾吴四大藏书家，只荛圃有目录及题识传世。此周漪塘藏书目，亦荛圃旧物。虽少宋元刊本，而钞本颇多珍秘者。目下批注价值，意售书时所为，亦士礼居所刻《汲古阁秘本书目》之比也。中如《津逮秘书》全部，经惠半农、松崖父子手批，真人间瑰宝。昔年曾得首函六册，有陶文毅公名印，是此书曾归安化。今复零落，不知其他各集尚在天壤间否？忆涵芬楼有卢抱经手校《古今佚史》全部，为周季况物，惜付劫灰。然老辈读书精勤如此，令人低回仰慕，不能自已。庚寅五月十四日，王大隆。"并钤有"抱蜀庐"朱文椭圆印、"王大隆"白文小方印、"欣夫"朱文小方印。书目首叶钤有"士礼居藏"朱文长方印、"复旦大学图书馆藏"朱文长方印、"萧江书库"朱文长方印、"王大隆"白文小方印、"欣夫"朱文小方印、"汪鸣琼印"白文方印、"静君"白文方印、"愚斋图书馆藏"朱文方印。从藏书印与题记上看，此本先后经过黄丕烈、赵元益、江标、汪鸣琼、愚斋图书馆、王欣夫、复旦大学图书馆收藏。

北大本，半叶十行，卷首钤"铁琴铜剑楼抄本"朱文方印、"燕京大学图书"朱文方印、"凤起手校"朱文方印。北大本著录为民国二十五年（1936）抄本，然瞿凤起跋《清绮斋藏书目》云："余酷好诸家藏书簿录，近所获者，如《行人司重刻书目》万历本，周香严《琴清阁书目》、周季况《瓻扩书目》两稿本，均得录副以藏。……乙亥立夏凤起志。"④瞿凤起的生卒年是1907年、1987年，故此乙亥

---

① 北京大学图书馆编《北京大学图书馆藏善本书目》.北京：北京大学出版社，1958年，第155页。
② 《美国哈佛大学哈佛燕京图书馆中文古籍目录》漏收此书，我们根据哈佛大学图书馆"中文善本特藏"数据库查得。
③ 〔清〕周锡瓒《琴清阁书目》，清乾隆周氏香严书屋稿本。
④ 仲伟行、关雍安、曾康编著《铁琴铜剑楼研究文献集》，上海：上海古籍出版社，1997年，第155页。

当是民国二十四年(1935)，北大本著录有误。

哈佛本，半叶十行，无格，版心下镌蓝笔"哈佛大学图书馆钞"。封面题："《琴清阁书目》，据燕京大学图书馆藏稿本影抄，所有涂改钩乙均照原稿以存真相。"首叶钤"哈佛大学汉和图书馆珍藏印"朱文长方印，卷末有"共一百零五页，计三万零五百二十八字，中华民国二十九年十二月二十日薛茂如抄"。由此可知，哈佛本是民国二十九年(1940)薛茂如影抄燕京大学图书馆藏稿本。

2. 北大本与哈佛本的递藏源流

哈佛本据燕京大学藏稿本影抄，北大本上钤"燕京大学图书"印，可知哈佛本的底本即今藏北大的瞿凤起抄本。两本之间递藏源流、差异如何，今探讨如下。

《燕京大学图书馆报》第103期《新编中日文书目录》内有"《琴清阁书目》常熟瞿氏铁琴铜剑楼传钞本"[1]，另每期亦公布《本馆工作统计表》，此期为"民国二十六年二月一日至二十八日"，故此书入藏燕京大学的时间当在民国二十四年(1935)立夏后至民国二十六年(1937)二月。至于入藏北大当在新中国成立后1952年院系调整，燕京大学并入北京大学时。燕京大学能收得此书，哈佛大学又抄写一本，这与哈佛燕京学社成立，调拨专门款项购书有关[2]。

今对勘北大本与哈佛本，两本所收书目、以淡墨涂抹的内容完全一致。北大本上的10条批注，皆见于哈佛本，如第19叶b面《说郛》下朱批"旧抄本《说郛》约五百四十四种，此系后人增订本，并非明郁文博所定之本"，"明陶九成等纂，一百六十八册"下朱批"正约一千三百余种"；第82叶a面《后村居士集》二十卷，天头有"又有《后村大全集》四十九卷，廿四册，抄本"。此外，哈佛本在天头处较北大本多出12条批注（这12条批注亦见于复旦本），抄写年份亦晚于北大本，可见哈佛本是后出较全的本子。

综上所述，瞿凤起抄本先是被哈佛燕京学社购得，入藏燕京大学，后院系调整入藏北大。哈佛燕京学社所藏则是雇佣薛茂如据瞿本影抄一本，入藏哈佛大学汉和图书馆。因哈佛本以北大本为底本，仅多12条批注，故我们将两本视为一本，下文以哈佛本为代表，探讨哈佛本与复旦本的关系。

---

[1] 燕京大学图书馆《图书展览目录》，《燕京大学图书馆报》1937年第103期，第10页。

[2] 哈佛燕京学社由哈佛大学与燕京大学于1928年合作建立，本部设在哈佛大学，分部设于燕京大学。哈佛大学在学社成立后，以其经费另建图书分馆汉和图书馆，后简化为今名哈佛燕京图书馆。其所藏中文图书到1949年为止，几乎全部依靠燕京大学的哈佛燕京学社为其选购。燕京大学图书馆管理委员会主席洪煨莲规定，燕京大学在购置中、日、韩文图书时，也要为哈佛大学同样购置一份。如此种书系善本、珍本、抄本，通常总让送到哈佛，因为他认为哈佛收藏善本的条件优于国内，另外哈佛也付得起高价书款。参见张伟瑛、王百强、钱辛波《燕京大学史稿》，北京：人民中国出版社，1999年。

3. 复旦本与哈佛本之对比

复旦本与哈佛本，所收基本一致，皆按照元、亨、利、贞、甲、乙、丙、丁、戊、己、庚、辛、壬、癸十四部排列，著录 672 部古书。其中，元部收录经部，亨部至贞部收录史部，甲部至丙部收录子部（乙部错杂 9 部史部书籍），丁部至辛部主要收录集部，壬部与癸部所收四部皆有。所收诸书，抄白居多，共 310 部，约占 46％；绵纸次之，共 129 部，约占 19％；宋元本较少，共 13 部，约占 2％。此外，复旦本与哈佛本亦有不少细微差别，这些差别为我们探讨两个本子的关系提供了线索。

(1) 复旦本划改、涂抹书籍信息

复旦本中常见划改与涂抹书籍名称、版本、纸张、册数、函数等信息的情况。如：复/10b①《廿一史》，版本被划改为汲古阁，册数被涂抹，对比哈佛本，可知原作"北监本，共五百二十册"；复/68b 己部第一种书籍被完全涂抹，对比哈佛本，可知为"《诸葛武侯全集》二十二卷，裔孙义基编，八册"；复/105 字迹潦草，且多涂抹，对比哈佛本，可知被划掉的四种书为"《通志略》宋郑樵，一百廿册；《明书》一百七十一卷，本朝傅维鳞，四十八册；《元典章》六十卷，十八册；《读书敏求记》四卷，本朝钱曾，二册"。

(2) 复旦本涂抹、划掉批注或批注潦草

复旦本中一些批注或被划掉，或被涂抹，或十分潦草，对照哈佛本方知。如：复/12a 天头有三列批注被涂抹，对照哈佛本，当作"《渊鉴类函》四百五十卷，本朝张英总纂，一百四十册"；复/69a 绵《昌黎先生集》天头有划掉批注，对比哈佛本，可知为"又宋板一部"；复/71a《陈伯玉集》下批注潦草，对比哈佛本，可知为"此部不全"四字。

(3) 复旦本误衍书籍信息

复/50b《东方朔传传》卷，后第二个"传"字被改为"一"，对比哈佛本，此正作"《东方朔传》一卷"。复旦本误衍书籍信息的情况仅此一例。

(4) 复旦本后增书籍

复旦本后增书籍的情况，仅一条，见复/84a。哈佛本此叶前两行著录《元人小集》（第一行为《元人小集》所涵诸书，第二行为"蒋易编，四册"），第三行著录《方壶存稿》。对比复旦本，第二行天头有"绵《天原发微》五卷，元鲍云龙，四册"与"周日涟漪塘印"，周锡瓒清点此目藏书时常在所存古书上钤印，详见下文论述，故知《天原发微》是复旦本后来添加的书籍。

---

① 为行文方便，此处条目出处以"藏地/叶面"表示，如"复/10b"表示复旦本第十叶右面。

(5)哈佛本书名形近而讹

哈佛本所录书名,有两例因形近而讹者,皆在旁圈改。对照复旦本,可见原来的书名。如:哈/44b《名盡猎精》,"盡"圈改为"畫",复旦本作"畫";哈/47a《燕九图》,"九"圈改为"几",复旦本作"几"。

综上所述,两本所收书籍基本一致,对比哈佛本,可见复旦本中划掉或涂抹的书籍版本、纸张、作者、函数、册数、批注,以及后来增添书籍的情况,故复旦本与哈佛本皆可反映《琴清阁书目》成书时的本子面貌,其中,哈佛本更接近原貌。

此外,复旦本所收古书天头大多钤有"周日涟漪塘印",另在28部古书天头处画圈①,如《濂溪集》,据《黄丕烈藏书题跋集》(简称《黄跋》):"盖其书单留雅宜处,若者已消,若者犹在,雅宜记及'东家子能书'之名,故知是香严物也……还直而未收者,有旧钞《秦淮海》、旧刻《陆放翁诗选》、旧刻《濂溪集》云。"②可知此书已经散出。故天头画圈表示书籍已经散出,钤印标明书籍尚存。且此本地脚均标书籍的价格,"目下批注价值,意售书时所为",展现了卖书时的本子面貌。故复旦本实际包含两个层次,是研究周锡瓒藏书流变的一手资料。

(二)《漱六楼书目》分析

此目半叶十行,每行字数不等,白口,四周双边,单黑鱼尾。卷首书名原作"梦筠楼书目","梦筠"两字用墨笔圈改为"漱六",版心下仍作"梦筠楼"。此目有"缄庵收藏"白文方印、"上海图书馆藏"朱文方印,可见经过了李芝绶与上海图书馆收藏。原书未署作者,上海图书馆著录为"袁芳瑛藏并编",据罗鹭的考证,当作"周锡瓒藏并编"。书目按照经史子集排列,共1115部书,著录了大多数书籍的纸张与版本情况,其中,抄白居多,共497部,约占45%;绵纸次之,共186部,约占17%;宋元本较少,共36部,约占3%。

1.《漱六楼书目》批注分析

《漱六楼书目》中有不少朱墨黄三色批注,主要涵盖以下五个方面:

---

① 今按页数先后排列此28部古书:《朱子大全集》《朱文公大同集》《濂溪集》《介庵琴趣外篇》《唐绝增奇》《云阳李先生文集》《春秋镜》《东坡先生上仁宗皇帝书》《四忆堂诗集》《梅宛陵集》《孙尚书大全文集》《学古录补遗》《选诗外边》《孏窟词》《题跋》《大学衍义》《玉山名胜集》《刊谬正俗》《钟鼎字源》《昌平山水记》《梨云寄傲》《文昌杂录》《唐摭言》《古周易》《春秋集传辨疑》《尚书古文疏证》《揭曼硕诗》《春秋胡传篡疏》。

② 《黄丕烈藏书题跋集·荛圃藏书题识叙录》卷四"杜东原集"条,第820页。

（1）对比他本

抄白《续资治通鉴长编》一百八卷，天头有"《永乐大典》中卷帙更富"。（史/2a）①

元刊《礼书》，天头有"宋本更善"。（史/3a）

（2）阐释内容

抄白《宋六将传》，天头有"《开禧四将传》三年正月十四日，章颖上刘、岳、李、魏，计七册，诏付史馆，见《郡斋读书志》"。（史/4a）

抄白《介庵琴趣外篇》宋赵彦端，天头有"赵彦端字德庄，宋宗室。乾道、淳熙间以直宝文阁知建宁府，有《介庵词》四卷，见《诗余》"。（集宋/10a）

（3）辨析卷数

抄白《政和五礼新仪》二百四十卷，天头有"傅维麟《明书》载《政和五礼新仪撮》即此书，《明书·经籍》抄《文渊阁书目》书录解题有'《政和五礼撮要》'十五卷"。（史/12a）

抄白《灵台秘苑》十五卷，天头有"原一百二十卷，《隋志》一百一十五卷，今存十五卷，载《曝书亭集》"。（子/32a）

（4）考辨版本

宋刊《白孔六帖》九十八卷，天头有"各集，此为名人刻书者所并，非原书也"。（子/16b）

《北堂书钞》一百六十卷，天头有"此陈禹谟补辑，非原书"。（子/17a）

（5）借阅书籍

抄白《王秋涧集》，天头有"钱竹汀借去"。（集元/1a）

抄白《王梧溪集》，天头有"述庵借"。（集元/3b）

抄《东维子集》，天头有"述庵借去未还"。（集元/6b）

由此可知，周锡瓒对所藏书籍的卷数、内容、版本等进行过考辨，可见他确如段玉裁所言"非仅以聚书鸣也，实能读书"。此外，钱大昕向周锡瓒借《王秋涧集》，今查《元史·艺文志》确有《王恽秋涧大全集》一百卷，王昶借《王梧溪集》与《东维子集》，这三条信息不见于钱、王两人的著作，可见此借阅书籍的批注为研究乾嘉士人的书籍交游提供了有益的线索。

---

① 为行文方便，此处各条目出处皆以"部/叶面"表示，如"史/2a"表示史部第二叶左面。

2.《漱六楼书目》未收诸书

此书目收录了 1115 部周氏藏书,但查阅相关文献记载与今各大图书馆所藏,我们发现还有不少未录者。

见于相关记载中的书目未收之书,如乾隆五十九年(1794)九月二十八日,钮树玉至黄丕烈家,"观影宋钞《隶释》,周漪塘所藏"[①]。黄氏为校勘钱塘汪氏刻本《隶释》,曾向周氏借此书,故钮树玉在黄家见到。顾千里所见明弘治刻本《侨吴集》,"今在周香严家……荛圃借归,属余景写补入而去所附"[②]。嘉庆十七年(1812),周锡瓒将《姚少监文集》作为生日礼物赠予黄丕烈,"此书旧藏陆西屏家,为水月亭周丈香严所得,余曾借钞录其副。壬申五月十有一日,为余五十贱辰……是书赠自香严"[③]。此外,据《笔记》可知周锡瓒曾藏《中藏经》,"先君子素嗜名人翰墨,曩时曾从苕贾购得元人抄本《中藏经》三卷"[④]。据傅增湘《藏园群书经眼录》嘉庆十三年(1808)朱秋崖跋《钦定天禄琳琅书目》云:"复从友人借原钞本及黄氏未见书斋本、周漪塘本参校,改正颇多。"[⑤]可知周锡瓒曾藏《天禄琳琅书目》。据江澄波《古刻名抄经眼录》所见明程荣刻《汉魏丛书》本《穆天子传》,上有周锡瓒朱笔题识:"嘉庆十年,岁在乙丑仲冬廿四日,借士礼斋黄荛翁所校本对临。漱六居士周锡瓒识。"[⑥]并钤"周锡瓒印""仲涟""仲涟手校"印,可知周锡瓒曾藏《穆天子传》。

今存各大图书馆的书目未收之书,如国家图书馆(简称国图)藏宋两浙东路茶盐司刻宋元递修本《周易注疏》陈鳣题跋:"常熟钱求赤所藏钞本《周易注疏》……全书俱用朱笔句读点勘","钱求赤此记亦用朱笔……今藏吴中周氏香严堂,余姚卢弓父学士《群书拾补》曾据以是正。"[⑦]可知卢文弨曾借周锡瓒藏钱孙保抄《周易注疏》,今《群书拾补》亦多见运用"钱本"校勘的情况。国图藏闽地坊间刻本《婚礼新编》第一册卷一首页、第五册卷二十末页上钤"香严审定"印,可知周锡瓒曾藏此书[⑧]。台北"国家图书馆"(简称台图)南宋坊刊本《新

---

① 〔清〕钮树玉《非石日记钞(附遗文)》,《丛书集成初编》第 57 册,上海:商务印书馆,1939 年,第 76 页。
② 〔清〕顾广圻著,黄明标点《思适斋书跋》卷四"侨吴集"条,上海:上海古籍出版社,2007 年,第 94 页。
③ 《黄丕烈藏书题跋集·荛圃藏书题识》卷七"姚少监文集"条,第 417 页。
④ 《研六斋笔记》,第 9 页。
⑤ 傅增湘《藏园群书经眼录》卷六"钦定天禄琳琅书目"条,北京:中华书局,1983 年,第 500 页。
⑥ 江澄波《古刻名抄经眼录(增订本)》子部"穆天子传"条,北京:北京联合出版公司,2020 年,第 203 页。
⑦ 〔魏〕王弼、〔晋〕韩康伯注,〔唐〕孔颖达疏《周易注疏》(据中国国家图书馆藏宋两浙东路茶盐司刻宋元递修本影印),北京:国家图书馆出版社,2003 年,第 7 页。
⑧ 〔宋〕丁昇之辑《婚礼新编》(据闽地坊间刻本影印),北京:北京图书馆出版社,2003 年。

雕白氏六帖事类添注出经》上有"茂苑周锡瓒藏于漱六楼"，并钤"香严""漱六楼"印①，可知周锡瓒藏过此书。"台图"明嘉靖三十六年(1557)吴县袁氏刊本《袁礼部诗》上有乾隆五十二年(1787)袁廷梼跋云："廷梼自幼喜求先人遗墨……《礼部集》版已散失，求其印本，数年不得。近有友人来告，曰周漪塘有之。漪塘是吴中藏书家，廷梼未相识，即介友以币赎归。"②可知周锡瓒藏《袁礼部诗》后归袁廷梼。这些书籍或曾被友人借去，或周氏赠予他人，故《漱目》未收。

(三)《琴清阁书目》与《漱六楼书目》异同对比

《琴清阁书目》③与《漱六楼书目》收书数量、排列方式虽不同，但两目所收均是抄白居多，绵纸次之，宋元本较少。

1. 两目相同部分对比

两目著录相同者共571部，对比这些书籍，我们可以发现周氏在编撰两目时的更多细节。

(1)两目著录卷数不同

琴/99b"《林蕙堂文集》六卷，本朝吴绮，六册"，对比漱/集本朝/2a作"《林蕙堂文集》二十六卷，本朝吴绮，十一册；又一部六卷六册"。

琴/102b"抄白《揭曼硕诗》三卷，二册"，对比漱/集元/7b作"抄白《揭曼硕诗》四卷，一册，较汲古刻多一卷"。

对比两目卷数，不仅可发现周氏校改书籍条目的情形，如《林蕙堂文集》"二十六卷"的"二十"是添加在侧边的；且可为考辨不同卷数系统在清中期的流传提供材料，如《揭曼硕诗》有抄本、刻本两种，其中抄本又分三卷本与四卷本，刻本为三卷本，今检历代书目皆著录为三卷本，四卷本仅见《书林清话》卷十"明以来之钞本"④。

(2)《琴清阁书目》未录作者

琴/100a"《宋季三朝政要》六卷"，对比漱/史/4b作"宋陈仲微撰"。

琴/105b"《宋中兴两朝圣政》"，对比漱/史/4b作"宋留正辑"。

《琴清阁书目》未著录作者，或是避免以偏概全，如《宋季三朝政要》六卷，前五

---

① 〔唐〕白居易《新雕白氏六帖事类添注出经》，南宋坊刊本。
② 〔明〕袁袠《袁礼部诗》，明嘉靖三十六年吴县袁氏刊本。
③ 下文所引《琴清阁书目》均以复旦本为底本，以哈佛本参校补足。
④ "明以来之钞本"条"俊明子亦陶侃"下有"《揭僎斯揭曼硕诗集》四卷"。见叶德辉《书林清话(附书林余话)》卷十"明以来之钞本"，北京：中华书局，1999年。第281页。

卷佚名撰，第六卷为陈仲微所撰，《漱六楼书目》将六卷作者定为陈仲微有误；或是撰者存疑，如《宋中兴两朝圣政》，一说不详，一说留正。可见《琴清阁书目》所作时间晚于《漱六楼书目》，文字更加简略。

（3）《琴清阁书目》几乎不著录书籍经名人校藏、评点情况

  琴/70a"抄白《温庭筠诗集》七卷《别集》一卷"，对比漱/集唐/1b 后有"又汲古阁一册，陆敕先、毛子晋校"。

  琴/91a"绵《管子》二十四卷《韩非子》二十卷"，对比漱/子/19a 后有"又惠松崖评《管子》四册，《韩非子》八册"。

  琴/98a"《词综》三十六卷，本朝朱彝尊，八册"，对比漱/集总/3a"《词综》三十六卷，本朝朱彝尊，五册，程湘蘅、何义门批校"。

或是由于《琴清阁书目》是周氏欲售书时所作，故较为简略，只著录了书籍的基本信息。此外，琴/104b 有"抄白《回溪史韵》"，而漱/经/10a 则多"残本。一卷之五卷上平，二十二卷之二十七卷上声，三十四卷之三十九卷去声"亦可证。

2. 两目不同部分分析

两目除了 571 部相同之外，另有不少互不见者，今举例分析如下。

（1）《漱六楼书目》有《琴清阁书目》无的情况

  《大金集礼》世鲜善本……偶与友人张秋塘谈及此书，秋塘云："数年前余从骑龙巷顾氏得之，而归于马铺桥周香严矣。"香严与余相友善，有秘书彼此俱易观。惟请观此书，则以朽腐不可触手为辞。余亦以家无别本可校，不敢固请。今春观书华阳桥顾听玉家，适得是书，遂携向香严处，请其书比较之……嘉庆元年六月中澣二日书于士礼居。①

周锡瓒所藏《大金集礼》以周黄之交情，黄丕烈尚未借得，由此可见，周氏收得此书至嘉庆元年（1796）之间，此书未被借出过。《琴清阁书目》成书晚于《漱六楼书目》，复旦本著录为"清乾隆周氏香严书屋稿本"，由此或可推《漱六楼书目》当在乾隆间成书②。此外，《笔记》所记《白氏文集》《青阳集》《石门集》《唐诗鼓吹》四书，亦仅见于《漱六楼书目》。

---

① 《黄丕烈藏书题跋集·荛圃藏书题识》卷三"《大金集礼》"条，第 154 页。
② 罗鹭据《漱六楼书目》收《施注东坡和陶诗》，《琴清阁书目》未收，且此书周锡瓒在嘉庆十六年（1811）赠与黄丕烈，而下断案"《漱六楼书目》应当是编成在嘉庆十六年（1811）以前；而《琴清阁书目》成书较晚，其时书已售出，因而不再著录"。此处对《漱六楼书目》成书年份的推断过程不合理，1811 年是此书散出的时间，而周氏入藏此书的时间则不可知。若复旦本《琴清阁书目》著录时间无误，则《漱六楼书目》当在乾隆间成书。但此两种推论，目前皆仅有一条证据，故我们只是提供一种可能，两目成书时间的探讨仍有待于更多资料的发掘。

(2)《琴清阁书目》有《漱六楼书目》无的情况

国图所藏宋刻《孙尚书大全文集》嘉庆九年(1804)黄丕烈跋云：

> 去年得一旧钞本……爰访诸香严周丈,原本恰在其家,并借示此宋刻残本。余喜获双璧,并携归,一补钞、一影写而归之……因于还书之日,而志数语于后。①

由此可知,周锡瓒于嘉庆八年曾将此书借给黄丕烈。

综上所述,对校周锡瓒的两个藏书目录,可以发现《漱六楼书目》成书当早于《琴清阁书目》,北大本《琴清阁书目》是民国二十四年(1935)瞿凤起抄本,哈佛本据北大本影抄,两本展现的是此目成书时的早期面貌,复旦本是周锡瓒手稿本,更多展现了周氏欲卖书时本子的面貌。周锡瓒在编撰两目时考辨了书籍的卷数、版本、内容、批注等,是藏而能读、藏而能用的学者型藏书家。

(四) 周氏书目与同时代藏书家书目对比

1. 书目编排上

孙从添在《藏书纪要》中归纳了四种古书编目：一分经史子集的藏书总目,二包括宋元刻本、抄本的善本书目,三按柜号编排的目录,四尚未入库书籍的目录。周锡瓒的两个藏书目,《漱六楼书目》按藏书分类编排,《琴清阁书目》按柜号或箱号排列。

清中期,大多藏书家皆按照藏书分类来编撰书目②,《漱六楼书目》分经史子集四部,其中经部按照易、诗、书、春秋、三礼、孝经、论语、孟子、四书、经总排列；集部分总集、汉魏六朝、唐、宋、辽金、元、明、本朝 8 类,史部、子部不分类。《漱六楼书目》按照四部分类,并下设小类,细化诸书归类；且各书皆标注书名、卷数、著者、册数、版本、纸张,间及何人校、藏等信息,是其可取之处。然经部时有错讹,如易类前《十三经注疏》《通志堂经解》两部当属"经总"；"经总"类下实收"群经总义"如《经典释文》《六经奥论》《六经正误》等,与"小学"如《广韵》《说文解字》《尔雅》等,名实不符。史部、子部并未分类,且诸书排列无序；而经部无《中庸》《大学》,集部仅总集、别集,或与周氏实际藏书情况有关。由此可见,《漱六楼书目》在分类上稍显逊色。

---

① 〔宋〕孙觌《孙尚书大全文集》,宋刻本。
② 按藏书分类来编撰书目者,如张仁美《宝闲斋藏书目》、马瀛《吟香仙馆书目》、法式善《存素堂书目》、李筠嘉《古香阁藏书志》、陈世溶《问源楼书目》等皆按经史子集排列,且下细分小类；卢址《抱经楼藏书目录》、周永年《借书园目录》等分制经史子集五类,以御制书籍居首；此外,汪辉祖《萧山汪氏环碧山房书目》分御制、经、史、子、集、家集六类,因家集数量较多,故单列一类。

清中期,亦有不少藏书家按柜号编纂目录①,所收四部井然有序。《琴清阁书目》亦按照柜号或箱号编排。元部收录经部,亨、利、贞部收录史部,甲、乙、丙部收录子部,丁、戊、己、庚、辛收录集部,壬、癸四部皆有。排列虽非十分严谨,然诸书上皆标注四部归属,或是由于《琴清阁书目》是周锡瓒的卖书目录,上标归属,以便随时整理所剩之书。

2. 复旦本《琴清阁书目》注明书籍散出价格

著录书籍价格的书目分两类,一是记载散出价格,二是记载入藏价格。清中期,书籍入藏价格的记载多见于藏书家撰写的题跋,尤以黄丕烈题跋最为集中,故探讨清中期书籍价格也多以黄跋为材料。而清中期诸目皆无记载书籍散出价格者,且书籍价格应包括购入与卖出两类,故复旦本之著录弥足珍贵。今复旦本所著672部古书,636部下标注售价。因《琴清阁书目》或标注这些书籍版本,或标注纸张,故将其与黄跋对比,不仅可全面研究清中期书价,亦可反映书籍流转过程中的业书网络②。如黄丕烈所得《舆地广记》《鼓枻稿》是周锡瓒旧藏,复旦本所记两书价格分别为一两六钱、一钱,而黄丕烈分别以四两、重价收得。可见单以黄丕烈购书价格来研究清中期书价并不准确。此外,对比周氏售价与黄氏入手价可知,书贾在业书活动中的重要作用。

对比同时代诸家书目,周氏藏书目录既有可取之处,如采用四部分类,按照实际家藏情况编目,著录书籍散出价格等;亦有不足,如分类不细,标目有误等。然瑕不掩瑜,周氏藏书目录对于我们研究周锡瓒读书、藏书,以及清中期书价大有裨益。

(五) 周锡瓒藏书特点

周锡瓒插架之富,甲于吴中。由周氏书目及其他相关材料,可见其收藏旨趣。

1. 喜爱宋元

清中期佞宋之风盛行,藏书家多重视宋元本③,周锡瓒亦"酷嗜宋元板书"④。两目所载宋元本虽不多,然可见周氏从收书至散书,时有收藏。《漱六

---

① 按柜号或箱号编撰的目录,如朱筠《椒花吟舫书目》、许宗彦《鉴止水斋书目》、汪士钟《艺芸书舍书目》、汪远孙《振绮堂书目》等。

② 关于复旦本《琴目》书籍价格,我们拟另撰他文进行探讨,今仅举两例。

③ 清中期重视宋元本的藏书家,如黄丕烈号"佞宋主人",藏书室有"百宋一廛",编有《求古居宋本书目》《吴郡黄氏所藏宋椠本书目》;汪士钟取所藏宋元本编《艺芸书舍宋元本书目》;汪远孙《振绮堂书目》第四、五两橱收宋元板各书;吴骞广搜元板书,藏书楼曰"千元十驾"。

④ 《研六斋笔记》,第27页。

楼书目》有宋元本36部①,至周家书散时,据《琴清阁书目》可知仍有18部宋元本,其中12部不见于《漱六楼书目》,即宋本《六臣注文选》,元本《玉海》《国朝文类》《豫章罗先生文集》《丁卯集》《朱文公大同集》《国朝名臣事略》《国语解》《樵云唱和集》《张蜕庵集》《存复斋集》《朱子大全集》。此外,钱大昕所借淳祐刻本《后村居士集》,钮树玉所阅元本《淮南子》《论衡》皆不见于两目,可见周氏所藏宋元本不止两目所记48部。

2. 重视他本

周锡瓒虽喜爱宋元本,但亦重视其他本子。他在长期藏书、校书活动中认识到:"凡读书须博观众本,采集所长,不可因有宋本,他本遂置而不观也。"②以两目所收诸书可见他本比重更大。嘉庆十一年(1806),周氏曾言:"复翁聚书必取上乘,余则好丑杂收,饮河期满腹而已。"③虽有自谦之意,然亦可见周氏不惟宋元是收。两目中钞本约占一半,另有不少明本、清本。如《漱六楼书目》所收明人、清人著作约占三分之一。《琴清阁书目》所收明本有永乐版《逃虚子集》、宣德版《中和前集》、弘治版《杨铁崖文集》、正德版《浮溪文粹》、嘉靖版《翰墨全书》。此外,周锡瓒亦认识到残本的价值,藏有不少残本。或世鲜善本,残本可贵,如《漱目》所载《大金集礼》仅《读书敏求记》著录,故此本虽残,周氏亦收;或希望来日补全,如《图画见闻志》周氏所藏仅四至六卷,后他见黄丕烈家藏仅存前三卷,便赠以此书,以求延津剑合。

3. 多名家校藏

周锡瓒所藏不少经过名家校藏,段玉裁在《周漪塘七十寿序》中言:

> 始吴中文献甲东南,好书之士难以枚数,若钱求赤、钱遵王、陆敕先、叶林宗、叶石君、赵凡夫、毛子晋及其子斧季皆雄于明季。入本朝,义门何氏妃瞻暨弟小山,爬搜古本,闭户丹黄,尤称博洽。乾隆初,朱文游颇搜辑精好,见称于惠定宇、戴东原两先生。自余于壬子居吴,借书以读,所恃惟周子。周子以笃好聚物,自明季诸君以及何氏、朱氏之善本,每储待焉。④

今《漱六楼书目》有不少陆贻典、毛晋、何煌、何焯等人校藏过的书籍,如:

---

① 宋本17部,《吕氏家塾读书记》《礼记郑注》《说文解字五音韵谱》《礼部韵略》《史记》《通鉴纪事本末》《古史》《建康实录》《汉书》《白孔六帖》《清波杂志》《读书》《诸贤诗颂》《秦隐君诗集》《范文正公集》《施注东坡和陶诗》《吕东莱集》;元本19部,《周易传义》《诗集传附录纂疏》《礼书》《乐书》《六书正误》《考古图》《韦注国语》《金陵志》《金石例》《战国策》《吕氏春秋》《文则》《唐文粹》《唐诗鼓吹》《韩文考异》《集千家注分类杜诗》《柳文音义》《陈简斋诗集笺注》《郑师山集》。
② 《小通津山房文稿》,第298页。
③ 同上书,第282页。
④ 〔清〕段玉裁撰,钟敬华校点《经韵楼集》卷八《周漪塘七十寿序》,上海:上海古籍出版社,2009年版,第199页。

何煌校《广韵》《字鉴》《事物纪原》《李文公集》，何焯校《金薤琳琅》《山海经》《史通》《词综》《河东集》《陈后山集》《苏子美集》，陆贻典、毛晋校《温庭筠诗集》，宋宾王校《王秋涧集》，冯舒校《潜夫论》，蒋杲校《抒山集》《李太白集》《刘随州集》；叶树廉藏《尔雅》《唐大诏令》《吕和叔文集》《李君虞话》，赵绮美藏《佩觽》《水利集》《数类》，吴宽藏《汉武内传又外传》，叶声藏《书墁录》，钱谷藏《丁卯集》，曹溶藏《半轩集》等。此外，据《黄丕烈藏书题跋集》"余识朱丈时，其书大半散去……惟郡中周丈香严收之最多"①，可知周锡瓒收得不少滋兰堂藏书，如叶奕抄本《经典释文》"乾隆初，此本归苏城朱君文游，近岁又归周君漪塘"②，旧钞本《蔡中郎集》"余家贮有旧钞本《蔡集》十卷，乃先君子从南濠滋兰堂朱氏购得"③。

4. 嗜好医书

周锡瓒喜收医书，周世敬曾言："先君子性喜经方，每见友朋贮有善本，必假来手录。"④两目所记医书虽只有《胎息经》《脉经》《医先》《医津一筏》四种。据《文稿》与《笔记》可知，周锡瓒还藏有《医说》《鬼遗方》《神仙遗论》《伤寒括要》《华氏中藏经》《灵枢经》《类编南北经验医方大成》等。如嘉庆十年（1805），"偶于湖州书贾得钞本《刘涓子鬼遗方》五卷，并《治痈疽神仙遗论》一卷"⑤。此外，周氏友人中，黄丕烈多藏医书，周氏曾见宋刊医书颇多，如《伤寒总病论》《洪氏集验方》《产科备要》《幼幼新书》《十便良方》，并在黄家借得《千金方》《医说》《儒门事亲》《中藏经》等。嘉庆四年（1799），周黄两人以"孙"为韵，题咏《千金方》。周氏诗云：

> 述古书曾借（钱藏钞本即从慎独斋本钞，非宋刊也），储藏未足论。……方技书多伪，医家最有原。《活人》三卷足（荛圃藏宋刻《活人书》三卷），《本草》一编尊（袁氏藏金版《本草》）。宝墨留《中藏》（余藏赵松雪书，华元化《中藏经》卷即《楼攻媿集》中所跋本。其末卷载方与楼跋六十道合，论亦与时本稍异），寝门传外孙（佗外孙邓处中梦入佗寝室授书）。……片楮三年刻（丁巳冬，借钱藏钞本校勘两载余，未免有三年刻一叶之悔），残珪一刹扪。香知能续命，何日得还魂。⑥

---

① 《黄丕烈藏书题跋集·荛圃藏书题识》卷五"《文房四谱》"条，第232页。
② 王华宝《段玉裁年谱长编》，南京：江苏人民出版社，2016年，第232页。
③ 《研六斋笔记》，第39页。
④ 同上书，第13页。
⑤ 《小通津山房文稿》，第297页。
⑥ 同上书，第281—282页。

周锡瓒还曾代陆伯熿作《陆观察封翁药性赋注释序》①，可见周氏不仅重视医书，且知医理。此外，他亦能考辨医书真伪。如元刊《伤寒括要》有120篇诗文，前60首题为上卷《通真子伤寒括要诗》，后60首下有"后集"二字，并列方证。周氏查阅《直斋书录解题·脉要新括》云："通真子撰……又自言尝为《伤寒括要》六十篇，其书未之见。"②马端临《文献通考·经籍考·伤寒括要》亦著录为通真子撰，未见。周氏认为陈氏所言《伤寒括要》六十篇即此书上卷，后六十首为后人所增。另外，书后方证增减、轻重与张仲景原方不同，且多与症候不对应，可证此书为伪书。

二　周世敬《研六斋笔记》所见清人藏书、学术分析

《中国古籍总目·史部》载上海图书馆藏周世敬《研六斋笔记》。此书半叶十行，行二十一字，无栏格。首叶右上题《研六斋笔记》，下有长洲周世敬端甫，并钤"上海图书馆藏""子肃""周世敬印""端甫""诵盦"印。共收录为85种书③所作题跋，内容主要涉及书籍流传、士人交游以及学术考辨等，今分析如下，以期学者窥其一斑。

（一）注重辨章学术、考镜源流

《笔记》或仿《四库全书总目》提要体例，考论书籍作者、卷数、得失等，注重

---

① 此序见《小通津山房诗稿》第295—296页。"儒医陆封翁邃于医学，著《药性赋注释》一书，句栉字解，疏通证明，本书未备，旁注以补之，简而不漏，约而可守。《内经》所云知其要者，一言而终是也。余曩在秦中，与陆翁交，得其书而读之，并试验有小。数十年来，常以自随，宝为箧中之秘。兹抚视两浙与谢苏潭方伯、陆璞堂廉使论政之暇，间之医，道出其书以相示□□□，简核便用，因请椠木以行世。余惟上品、中品、下品之异名，养性、养命、攻病之异治，君臣佐使必能明而后用。近来医术日荒，人不知方药……用不得宜，反不如此书之采集精英，一览了如也。卷帙不及前人什之一二，而书贵可宝。"

② 〔宋〕陈振孙撰，徐小蛮、顾美华点校《直斋书录解题》，上海：上海古籍出版社，1987年，第383页。

③ 此85种书为《孔子家语》《荀子》《曾子》《子思子》《武经七书》《邓析子》《灵枢经》《华氏中藏经》《刘涓子神仙遗论》《千金方》《伤寒括要》《类编南北经验医方大成》《梦占类考》《珊瑚木难》《乌衣香牒》《慎子》《增订尸子》《人物志》《颜氏家训补注》《白虎通义》《乂门读书记》《蛾术编》《论衡》《白氏六帖》《戴氏广异记》《唐逸史》《静斋至正直记》《聊斋志异》《首楞严经》《一切经音义》《高僧传》《宋玉集》《蔡中郎集》《嵇康集》《左秘书集》《左九嫔集》《湛告议集》《北宋椠陶渊明集》《陶渊明集》《汤文清注陶渊明集》《谢康乐集》《颜鲁公集》《陆宣公奏议注》《张岷自钞张司业集》《余光昌谷集注释》《李长吉歌诗汇解》《白氏文集》《李义山文集》《杜荀鹤文集》《浣花集》《司马文正公家集》《伐檀集》《钱塘韦先生文集》《宋版施注苏东坡和陶诗》《参寥子集》《米襄阳山林集拾遗》《斜川集》《杨龟山集》《北山小集》《庄靖先生集》《青阳集》《一山文集》《石门集》《学余堂集》《带经堂集》《间邱诗集》《樊榭山房集》《潜研堂集》《经韵楼集》《小通津山房诗文稿》《礼训堂诗集》《席编修帖体诗录》《研六斋帖体诗存》《九僧诗》《唐百家诗选》《唐诗鼓吹》《顾仲瑛玉山草堂雅集》《元诗选补遗》《唐诗纪事》《金荃词》《张小山乐府》《衍波词》《珂雪词》《耒边词》《归愚词钞》。

辨章学术、考镜源流。如《论衡》：

> 《论衡》有元至正七年刊本，安阳韩性云：王充氏《论衡》，《崇文总目》三十卷，世所传本或为二十七卷，史馆本与《崇文总目》同，诸本缮写互有异同。宋庆历中进士杨文昌所定者号称完善，番阳洪公重刻于会稽蓬莱阁下，岁月既久，文字漫灭，不可复读。江南诸道行御史台经历克庄公以所藏善本重加校正，绍兴路总管宋公文瓒为之补刻，而其本复完。充生会稽而受业太学，阅书市肆，遂通众流。其为学博矣，闭门绝庆吊，著《论衡》八十一篇，凡二十余万言，其用功勤矣。书成，蔡邕得之，秘之帐中，以为谈助；王朗得之，及来许下，人称其才进。故时人以为异书，遂大行于世，传之至今。盖其为学博，其用功勤，其著述诚有出于众人之表者也，云云。是书有通津草堂及程荣、何镗校刊本，卷一《累害》"堙成丘山，污为江河"下一叶诸本皆阙，惟此本有此一叶。余于朱丈文游家藏书见之。①

此书《四库全书总目》亦有提要，涉及王充其人、书籍大旨等。周世敬《笔记》则对《论衡》的刊刻、流传，及现存诸本的优劣进行考述，可补《四库》之未备。

《戴氏广异记》：

> 《广异记》二十卷，唐戴孚撰。至德初与顾逋翁况同登科第，官至校书郎，终饶州录事参军，卒年五十有其，有文集二十卷。《唐书》无传，事迹不可考，此书二十卷亦况序而传之。《记》中所载大略开元、天宝时事，尝读第九卷"常夷"一则，"与朱秀才谈梁、陈间事"，历历分明，皆正史阙而不书。钱遵王藏有钞本六卷者，载入《敏求记》，以"刘门奴"不误作"明奴"，自诩为善本。毛斧季向其借钞后归潘次耕太史。今两家书不知流落何所，然重为有见二十卷足本者。历检新旧唐书艺文经籍志及《崇文总目》《郡斋读书志》《直斋书录解题》《马氏经籍考》《郑氏艺文略》并近时各家藏弆书目，俱不见收，几疑久经湮没，今好事者偶购得六卷残帙，已侘为枕中之秘，若获此首尾完具之本，不啻得一珍珠船也。嗟嗟三唐遗籍，日见其罕，况是书实足补唐史所未备，仅以语怪而忽诸，真伧父子见也。校录既毕，漫识数语于末简。②

周世敬据顾况序指出《广异记》原有二十卷，然因此书所收皆志怪小说，故历代书目不载。他在校录后发现书中多有可补《唐书》者，故今所存六卷残帙的价值不言而喻。短短数语，便将此书的卷数存佚、价值等点明，可见其精于目录之学。

---

① 《研六斋笔记》，第26页。
② 同上书，第29页。

(二) 记录周氏父子辑录古书情况

周锡瓒、周世敬父子不仅读书、藏书,且辑录古书,据《笔记》可知周锡瓒曾辑录《慎子》、增订《尸子》,周世敬曾辑《左秘书集》《左九嫔集》《湛咨议集》《金奁词》《宋玉集》,今将两人辑录诸书方法分析如下。

广采诸书进行辑录,如周锡瓒所辑《慎子》"晚年采摭诸书而成者,故所录止十五,则篇数已与麻沙本刻本不合"[1],此书见于《四库全书总目》提要"《汉志》作四十二篇,《唐志》作十篇,《崇文总目》作三十七篇,《书录解题》则称麻沙刻本凡五篇,已非全书。此本(笔者加:陆费墀家藏本)虽亦分五篇,而文多删削",由此可见周锡瓒辑录此书用力之深,较四库馆臣所见为多。周世敬亦广辑诸书,如所辑《左九嫔集》十卷,广采《太平御览》《昭明文选》《玉台新咏》诸书,所辑《金奁词》是从《花间集》诸选本中抄出六十六阕而成,所辑《宋玉集》的材料来源于《楚辞》《新序》《文选》《古文苑》《续文选》。此外,选取善本增订古书,如周锡瓒所订《尸子》乃"惠征君松崖所辑,宋孝廉翔凤校刊"[2]。

(三) 记载清中期士人书籍交游活动

周世敬在跋文中记载了不少清中期士人的书籍交游,今试析之。
《白氏六帖》跋云:

> 青浦王述庵先生以少司寇引疾归家,居十年,年登耄耋,汲引后进问字者无虚日。嘉庆癸亥嘉平月适开八袠寿辰,先君子命世敬赍锦仪往祝,遂买舟赴青浦,谒先生于里第⋯⋯先君子酷嗜宋元板书,频行手检塾南书库中所贮宋椠《白氏六帖》三十卷,二十册为报,是书为纪文达公昀所未见。乾隆甲辰,金坛段若膺明府薄游金陵,见之承恩寺书肆,以廉价得之,不识其为宋椠也,馈于先生。先生复辍赠先君子,明府闻而悔之,为之废寝食者数日。后数年山塘汪转运文琛广求秘册,闻《白帖》世无传本,拟欲翻雕行世,属陶大使珠琳介绍,以千金为先君子寿,遂割爱赠之,未几转运殁,竟不果刻。[3]

由此可知,此书的流转经过了段玉裁、王昶、周世敬、周锡瓒、陶珠琳、汪文琛六人。此事段玉裁亦有记载:"乾隆甲辰,余于江宁承恩寺书肆,廉其为宋板也,以元丝二定得之,不甚重之也,乃以赠王兰泉少司寇,亦不之重也。余偶以告

---

[1] 《研六斋笔记》,第18页。
[2] 同上书,第19页。
[3] 同上书,第27—28页。

周明经漪塘,漪塘曰:'嘻!世所希有也。'索诸兰泉而得之,遂为漪塘物。"①然所言简略,非周世敬所记,则此书如何从王昶处流转至周家,以及从周家流出之缘由则不可见。

《山林集拾遗》跋云:

> 宋椠本米芾《山林集拾遗》八卷……在明嘉靖中锡山华中甫真赏斋藏弄,流转数姓,入本朝,昆山徐健庵司寇以厚值求得,见《传是楼书目》,后归城南顾氏,近为茗贾钱景开购去携往邗江,今不知流落何所。曩日家大人曾从顾氏假归与藏旧钞本对校一过,其行款、字数、缺笔悉依宋椠摹写(每叶二十行,行十六字),计二百一十三翻,极称奇秘……今虽出千金悬购,何能获也……②

由此可知,宋本《山林集拾遗》在清初至清中期被徐乾学、顾之逵、钱时霁收藏,周锡瓒曾从顾氏借得对校旧钞本。今查《传是楼书目》与后代各目,均不载徐乾学与顾之逵收藏之事。另周锡瓒所作《山林集拾遗跋》仅言"余所见宋刊本正与此本合",并未有更多线索。可见此条笔记对于考察《山林集拾遗》在清初至清中期的流转大有裨益。

《刘涓子神仙遗论》亦涉及清中期多位士人的书籍交游:

> 《刘涓子鬼遗方》五卷,昔从学耕堂黄氏见宋椠本,借录一帙……余家又藏《刘涓子治痈疽神仙遗论》一卷……桐川顾君箓崖校刊《读画斋丛书》第八集,欲以二书合刻,购而未得。鲍丈绿饮来游吴中,见余蓄有是本,欣然假钞其副,遂不敢自秘,即举以相贻。③

由此可知,此条涉及《鬼遗方》《神仙遗论》两书,《鬼遗方》的流传涉及黄丕烈、周锡瓒、席世臣三人,《神仙遗论》则有赖周世敬、顾修、鲍廷博三人。然周锡瓒《文稿》仅言周黄两人借阅此书之事,"借得黄氏士礼居所贮述古堂旧钞《鬼遗方》校勘补缺正误,裨益甚多"④,鲍廷博所作题跋、顾修《读画斋丛书》中均未记载《神仙遗论》,可见此条题跋之珍贵。

周世敬亦记载了一些孙星衍因刊刻《平津馆丛书》而借抄书籍的活动,如《武经七书》:"曩阳湖孙渊如观察辑《平津馆丛书》,以孙、吴、司马法刊入为《武经三书》,借顾之逵所藏宋本影摹。"⑤《平津馆丛书·孙子》卷下有"嘉庆庚申兰

---

① 《经韵楼集》卷八《跋白氏六帖三十卷宋本》,第194页。
② 《研六斋笔记》,第65—67页。
③ 同上书,第10—11页。
④ 《小通津山房文稿》,第297页。
⑤ 《研六斋笔记》,第6页。

陵孙氏重刊小读书堆藏宋本,顾千里手摹上版"①,可相互印证。《华氏中藏经》:"先君子素嗜名人翰墨,曩时曾从苕贾购得元人抄本《中藏经》三卷……阳湖孙渊如观察见而手钞一帙,以去内兄席邻哉。主事笃好经方,余尝怂恿付梓,始获家置一编。又数年观察归田,复钞得张太史锦芳所藏本刻入《平津馆丛书》。"②《平津馆丛书·华氏中藏经》序作"后归张太史锦芳,其弟录稿赠余,又以嘉庆戊辰年乞假南归,在吴门见周氏所藏元人写本"③,与周世敬所记小异,然可证孙星衍为刻《平津馆丛书》曾与多位士人有过书籍借还活动。

此外,《笔记》中多载周氏父子与黄丕烈的书籍借抄,如周氏借抄《嵇康集》"同里黄复翁收得丛书堂钞本匏庵亲笔雠校(《嵇康集》),先君子曾假来照录一部。余亦手自影摹,似与贺方回家所藏缮写十卷本同"④,此事《黄跋》亦有记载:"香严周丈借此(旧钞本《嵇康集》)校黄省曾本,云是本胜于黄刻多矣。"⑤周锡瓒仍向黄氏借抄《陶渊明集》《伤寒括要》。黄丕烈曾向周锡瓒借抄《蔡中郎集》,"余家贮有旧钞本《蔡集》十卷,乃先君子从南濠滋兰堂朱氏购得,向为叶石君所藏……吴趋黄荛圃主政曾来借钞一帙"⑥,此事《黄跋》亦载。而黄氏借抄《施注东坡和陶诗》之事,《笔记》所记较《黄跋》多"先君子旧藏宋椠《施注和陶诗》二册,黄荛圃主事曾借去临校一本,深悉是书之善,遂割爱赠之"⑦一句,可知黄丕烈曾向周锡瓒借过此书。

(四) 记载清中期学者考证古书

周世敬在《笔记》中记载了不少乾嘉学者考证古书之事,今以钱大昕、卢文弨为例试析之。

钱大昕遇书有疑义,"辄检他书互相对勘,期通晓而后止。时人有新刻书持质者,其沿讹袭谬处必为举正"⑧。如卢文弨校注颜之推《观我生赋》,不知"王凝坐而对敌,白诩拱以临兵"何意。钱大昕据《后汉书·独行传》"汉末黄巾贼起,向栩言于河上,北向诵《孝经》,贼自消灭"与《晋书·王凝之传》"凝之闻孙恩寇至,自言诸大道鬼兵相助,事正相类",指出"白诩"当为"向栩",此二句乃言两人对敌不设防备。卢文弨补注《颜氏家训·诫兵篇》"宋有颜延之",疑

---

① 〔清〕孙星衍辑《平津馆丛书三十八种·魏武帝注孙子》,清光绪十一年(1885)吴县朱氏槐庐家塾刻本,第 19 叶 b 面。
② 《研六斋笔记》,第 9 页。
③ 《平津馆丛书三十八种·华氏中藏经》,第 1 叶 a 面。
④ 《研六斋笔记》,第 40 页。
⑤ 《黄丕烈藏书题跋集·荛圃藏书题识》卷七"《嵇康集》"条,第 375 页。
⑥ 《研六斋笔记》,第 38 页。
⑦ 同上书,第 62 页。
⑧ 同上书,第 21 页。

其人无领兵覆败之事。钱大昕以《宋书·刘敬宣传》证之曰："此是颜延,非颜延之也,后人妄加之字耳。"①陶渊明所见《山海经》有"形夭无干戚",宋人疑此句作"刑天舞干戚"。钱大昕据颜师古《等慈寺碑》"形夭"与"貳负"对文,且今石刻尚存,指出："'形夭'二字非讹,宋本《山海经》自误耳……刑形古文相通,夭转为天则大谬矣。"②钱大昕校书精审,周世敬对其十分推崇："学究古今,精心独运,故淹通条贯,触处洞然,近人如东原太史尚跂望而不能及。"③今上述钱大昕校书之事,皆不见于他书,可见《笔记》所记史料的珍贵。

卢文弨在《群书拾补》中指出："传布旧书,固极美事,千万不可妄改。"④如他校订《司马文正公传家集》后指出："乾隆六年桂林陈公为江苏臬使日重雕此山西旧刻,诚为精致,然其中亦有移改之失。如《抚纳西人诏意》一篇,是随劄子之后拟以备用,与实降者不同。苏本《劄子》在卷五十二'章奏类'中,其《诏意》则移之于卷十六'制诏类'后,此大欠妥。"⑤乱改之失,如《蔡中郎集》,"旧本以《故太尉桥公庙碑》一篇为首,铭在前,以'光光烈考'为第一段,'公讳其字公祖'至'书于碑阴以昭光懿'为第二段,'桥氏之失'为第三段,其后即系以黄钺、东鼎、中鼎、西鼎四铭"⑥。然明人见近代碑志铭文皆在后,故将《桥太尉碑》等移至第五卷,颠倒次序。推而广之,卢氏指出："《诗》《书》《史》《汉》等书,宋明以来屡有更张,此甚非也。"周世敬与卢文弨相识较早,他甚服卢氏考证古书："忆余年十六七时见绍弓学士于朱丈文游家,其时方主讲钟山书院讲席,穷年矻矻,雠校古籍不下数十种。今《群书拾补》所载仅十之三四耳。盖学士笃信宋元椠刻及旧钞本,遇疑误处,虚心求是,不肯轻易改易,确守颜氏妄下雌黄之戒,故《抱经堂丛书》所刻皆可凭信。"⑦

此外,周世敬由卢文弨校书,指出清中期黄丕烈、顾千里、李调元、张海鹏、吴省兰等校书、编撰书籍之善。"近年传布诸书除坊刻外,黄荛圃主政、顾千里秀才校刊者为善。如《三礼郑注》《国语》《战国策》《焦氏易林》《舆地广记》《华阳国志》《太平御览》《韩非子》《许氏说文》《李善注文选》等书,雕镂俱极精雅,点画悉仿宋椠,殆无遗憾。最陋恶者,惟明人缮写诸书提笔即改,任意删削,贻误来哲,反不如不刻之为愈。若《函海》《学津讨原》《墨海金壶》《艺海珠尘》非不旁搜博览,第乌焉亥豕,触目皆是,直等诸自榜可也。"⑧

---

① 《研六斋笔记》,第 21 页。
② 同上书,第 45 页。
③ 同上书,第 21 页。
④ 同上书,第 58 页。
⑤ 同上。
⑥ 同上。
⑦ 同上书,第 59 页。
⑧ 同上。

三　结语

《琴清阁书目》《漱六楼书目》《研六斋笔记》三种稀见藏书史料久未被人发掘利用,研究它们的意义在于:一、弄清周锡瓒两种藏书目录的存藏情况,为《中国古籍总目》查漏补缺,探讨《琴目》与《漱目》、《琴目》三种本子的内容、递藏源流与关系,进而充分利用两目及相关材料研究周锡瓒藏书情况;二、发掘周锡瓒藏书目录、周世敬《笔记》中关于清中期书籍售价、士人之间书籍借阅、乾嘉学者考辨古书的史料,推动清代业书活动、藏书交游,以及乾嘉学术的研究。

鱼尾图解*

黄 威 罗 双**

【内容提要】 鱼尾作为册页古书中常见的一种识别符号,从样式上看有黑鱼尾、白鱼尾、线鱼尾、花鱼尾几种,从开口方向上又分为顺鱼尾、逆鱼尾、侧鱼尾。鱼尾是书签实物符号化的产物,其起源可追溯至简册时期已广泛使用的签牌;卷轴时期,与之相对应者为卷轴古书书帙题、包首题上方的识别符号。鱼尾主要位于版心,也出现在书籍的卷首、卷尾、目录、插图、正文等处,主要功用为标示标题、卷数或页码等信息,以达到方便装帧工清理页码或读者阅读的目的;其后又发展出了辅助折叶与装饰的功能。

【关键词】 鱼尾 签牌 书签 版心

引 言

鱼尾是册页古籍中常见的,形状与鱼类分叉形尾鳍相似的一种符号。鱼尾广泛地存在于古籍版面中,是雕版古书版式特征重要的组成部分。然而叶德辉《书林余话》卷下则云:

> 日本松崎鹤雄书来问版本之事,云书版有双线、单线、白口、黑口、鱼尾、耳子等名,往往见于藏书家书目及诸家题跋文中,不详其义,亦不知其在版中何处。乞余答复。余向撰《书林清话》,以为此等处无关要义,故亦略之。①

叶氏认为包括鱼尾在内的版本术语"无关要义"的观点影响深远,至今日仍有学者秉持之。我们认为此说值得商榷:一则鱼尾是册页古书版心的重要组成部分,为册页古籍发展成熟的重要标志,厘清其起源、发展与功用问题,对

---

* 本文为国家社会科学基金一般项目"敦煌文献汉文写本物质形态研究"(项目号:20BZW075)阶段性成果。
** 黄威,哈尔滨师范大学文学院教授。罗双,哈尔滨师范大学文学院2018级硕士研究生,现为仁寿文同实验初级中学教师。
① 叶德辉《(插图本)书林清话》附《书林余话》,上海:上海古籍出版社,2008年,第239—240页。

书籍史研究意义重大。二则因鱼尾有其发展的时代性特征,对此问题的揭示将为古籍版本鉴定提供直接证据①。

新中国成立后,学界逐渐意识到了鱼尾的功用与价值,鱼尾成为版本学、文献学、书籍史类专著关注的对象,曹之《中国古籍版本学》②、李致忠《古书版本鉴定》③、杜泽逊《文献学概要》④等专著均有所论及。然而,限于著述体例与内容等原因,这些论著在论及鱼尾时往往一笔带过,缺乏深度与系统性。也有一些学者撰文专门探讨鱼尾问题,如何远景⑤、李娜华⑥探讨了鱼尾的起源,向辉⑦则对鱼尾的功用进行了考察(详下)。然而,关于鱼尾的形制、起源、演变及功能等问题,仍未得到很好的解答。鉴于此,本文拟以典籍实物为据,系统考察鱼尾的类型与样式特征,并尝试考察其起源、演变、功用问题,祈请方家指正。

一　鱼尾的类型与样式

鱼尾类型较为多元化,一般认为可分为黑鱼尾、白鱼尾、线鱼尾、花鱼尾几种:鱼尾轮廓用墨填实的叫黑鱼尾;鱼尾只有外部轮廓,内部完全不着墨者为白鱼尾;由若干线条所组成的鱼尾为线鱼尾;鱼尾分叉处为曲线或内部有图案者为花鱼尾⑧。实际上,若做更为细致的考察便可发现,即便是同一类型的鱼尾,在样式上也存在诸多差异,远比上述情况复杂。我们通过对古籍实物鱼尾的考察,制作表1以呈现这些差异于下。

表1　四种类型鱼尾示例⑨

	1	2	3	4	5
黑鱼尾					

---

① 向辉《试论古籍版式中的鱼尾及其在版本鉴定中的功能》,《版本目录学研究》第六辑,北京:北京大学出版社,2015年,第581—593页。
② 曹之《中国古籍版本学(第二版)》,武汉:武汉大学出版社,2007年,第29—30页。
③ 李致忠《古书版本鉴定(修订本)》,北京:北京图书馆出版社,2007年,第42页。
④ 杜泽逊《文献学概要(修订本)》,北京:中华书局,2008年,第127—128页。
⑤ 何远景《鱼尾的起源》,《文献》1999年第4期,第247—253页。
⑥ 李娜华《中国古书版式与鱼尾来源初探》,《图书馆杂志》2011年第9期,第95—96页。
⑦ 向辉《试论古籍版式中的鱼尾及其在版本鉴定中的功能》,第581—593页。
⑧ 关于鱼尾的定义诸家之说大同小异,已成为共识,除上揭曹之、李致忠先生的专著外,可资参考的论著又如:姚伯岳《版本学》,北京:北京大学出版社,1993年,第85页;刘兆祐《认识古籍版刻与藏书家》,台北:台湾书店,1997年,第20页;黄永年《古籍版本学》,南京:江苏古籍出版社,2005年,第64页。
⑨ 若无特别说明,本文所涉册页古书实物材料,均取自《中华再造善本》初、续编影印古籍,下文不再一一标示此丛书信息。

续表

黑鱼尾	6	7	8	9	10
白鱼尾	11	12	13	14	15
线鱼尾	16	17	18	19	20①
花鱼尾	21	22	23	24	25
	26	27②	28③	29	30

（一）黑鱼尾

在黑鱼尾中，样式最为简单者作"▼"形状，鱼尾的下边缘分叉处可以是直折线，也可以是弧形折线，前者如表1-1国图藏宋本《毛诗训诂传》卷一第十一叶版心鱼尾④，后者如表1-2国图藏南宋建安黄善夫本《史记》卷四第十一叶版心鱼尾。同样是黑鱼尾，有的则在鱼尾上多出一条细黑线，如表1-3国图藏元大德八年（1304）丁思敬刻本《元丰类稿》卷三第十三叶，表1-4国图藏明嘉靖九年（1530）内府刻本《大明集礼》卷一第五十五叶。而有的黑鱼尾，则是在鱼尾下方分叉处多出一条细折线，如表1-5国图藏宋绍兴（1131—1162）刻本《战国策》卷一第一叶，表1-6国图藏明嘉靖四十一年（1562）胡宗宪刻本《诗说解颐总论正释》卷六第五叶。有的鱼尾上、下都有细黑线，如表1-7国图藏元刻本《伊川程先生周易经传》卷一第十五叶，表1-8国图藏明正德六年（1511）司礼监刻本《大明会典》卷一第九叶。这种形制鱼尾下方的细折线有直线和弧线

---

① 〔清〕曹溶辑、〔清〕陶樾增订《学海类编》，上海涵芬楼据清道光十一年（1831）六安晁氏木活字本影印，1920年。该影印本为半叶一摄，此鱼尾为据两个半叶重新拼合而成。

② 中国国家图书馆、中国国家古籍保护中心编《第二批国家珍贵古籍名录图录》第3册，北京：国家图书馆出版社，2010年，第45页。

③ 中国国家图书馆、中国国家古籍保护中心编《第二批国家珍贵古籍名录图录》第3册，第46页。

④ 因同一部雕版古籍不同版面版心鱼尾样式可能存在差异，本文引述鱼尾材料时均具体到页码，作"卷某第某叶"。

两种,究竟为哪种样式,多与鱼尾下边缘的样式保持一致。

据实物数据看,黑鱼尾在册页古书中是出现得较早且使用最为广泛的一种鱼尾。究其原因,当与我国古代采用阳文雕版生产书籍方式有直接关系,黑鱼尾只需要将鱼尾的线条雕刻出来,不用挖去多余的木料,工序简单、省时省力当为这种鱼尾受到刻工青睐的重要原因。

(二) 白鱼尾

表 1 五例白鱼尾的具体信息依次为:表 1-11 国图藏明嘉靖(1522—1566)刻本《殿阁词林记》卷五第六叶版心鱼尾,表 1-12 国图藏明嘉靖三十六年(1557)严嵩刻本《书法钩玄》卷一第一叶版心鱼尾,表 1-13 国图藏清初毛氏汲古阁抄本《绝妙好词》卷一第一叶版心鱼尾,表 1-14 国图藏宋绍兴(1131—1162)刻本《战国策》卷一第四叶版心鱼尾,表 1-15 清华大学图书馆藏明崇祯(1628—1644)贯华堂刻本《第五才子书施耐庵水浒传》卷六第七叶版心鱼尾。从以上五例可以看出,白鱼尾内部也有样式上的细节差异,这种差异与黑鱼尾的内部样式差异类似:一为鱼尾上方有横线(表 1-12、表 1-13、表 1-15)或无横线(表 1-11、表 1-14);二为鱼尾下边缘分叉处是直线(表 1-13、表 1-14)或是弧线(表 1-11、表 1-12、表 1-15);三为鱼尾下方有折线(表 1-14、表 1-15)或是无折线(表 1-11、表 1-12)。

白鱼尾在宋代就已经出现,其数量整体上不如黑鱼尾多,主要集中在明、清版古籍中。白鱼尾是将版心雕刻出鱼尾轮廓后,将鱼尾内部挖去,阳文凸起处只留下外部线条,工序较为精细也相对耗时,这或许是白鱼尾在古书中不及黑鱼尾应用范围广的一大原因。因为白鱼尾会使书口处着墨较少,雕印者若追求书口处的简洁多会使用白鱼尾,正因为如此,白鱼尾的书籍往往为单鱼尾[1]、白口,表 1 五例白鱼尾所在书均为此类;此外,国图藏明嘉靖二十四年(1545)刻本《钤山堂集》,国图藏明嘉靖三十九年(1560)甄敬刻本《诗纪》,国图藏明万历(1573—1620)刻本《建文朝野汇编》,国图藏明崇祯五年(1632)钱士升、陈龙正等刻本《高子遗书》等书总体上版心均有此特征,反映出明代刻书追求版式简洁的一种倾向。

(三) 线鱼尾

所谓线鱼尾,学界多笼统地认为是由线条构成的鱼尾,这一解释未能将其与白鱼尾做出区分,需进行补充。从被前人描述为白鱼尾的书籍实物看,线鱼

---

[1] 国家图书馆藏明弘治十年(1497)张鼐刻本《精选古今名贤丛话诗林广记》版心鱼尾为白双鱼尾,较为少见。

尾除鱼尾分叉由一条或两条"线条"构成外，其与白鱼尾的区别在于：白鱼尾是四周的线条构成一个封闭的图案，而线鱼尾分叉处的细线并不与版心左右界行线相接，为相对独立的线条。线鱼尾多出现在明代以后的各种活字本印刷品中，如表1-16国图藏明万历元年(1573)木活字蓝印本《越吟》卷一第一叶版心鱼尾，表1-17国图藏明弘治(1488—1505)碧云馆活字印本《鹖冠子》卷下第三叶版心鱼尾，表1-18辽宁省图书馆清康熙(1662—1722)内府铜活字印本《律吕正义》上编第四十三叶版心鱼尾，表1-19国图藏明万历(1573—1620)活字本《春秋国华》卷一第三叶版心鱼尾，表1-20清道光十一年(1831)六安晁氏活字本《学海类编》目录第五叶版心鱼尾，等等。

因此，我们认为线鱼尾实际是活字印刷中因模仿白鱼尾所造成的特殊样式。活字本典籍在排版时，因每行夹板的高度往往低于活字，故活字印刷的书籍多没有类似雕版印刷古籍所具有的界行线，即便有些典籍的夹板会断断续续地在书面中呈现出来，活字与夹板之间的厚度也会使版心鱼尾与印出的夹板线之间存在间隙，从而使鱼尾呈现表1五例线鱼尾的样式。

（四）花鱼尾

花鱼尾最突出的特征体现在两处：一处为鱼尾分叉处边缘线形状多样，如表1-21国图藏明天顺五年(1461)内府刻本《大明一统志》卷一第一叶版心鱼尾为波浪形；表1-22国图藏宋开庆元年(1259)刻本《重校鹤山先生大全文集》目录第二十一叶卷标"卷之十二"上方有一鱼尾，边缘线轮廓类似山形；表1-23国图藏清道光五年(1825)秀亭抄本《弦索十三套琵琶谱》，该书第一册第一叶版心距上边栏四分之一处有单鱼尾，形状呈山形；表1-24国图藏宋刻本《文选》目录第一叶版心鱼尾为孔洞形等。另一处为在鱼尾内部刻画如花瓣、圆孔等图案，如1-25国图藏元刻本《朱文公校昌黎先生文集》目录"卷之二"上方鱼尾内部图案为花瓣形；表1-26国图藏宋刻本《攻媿先生文集》卷九第一叶鱼尾内部有圆孔形符号；表1-27国图藏元建安宗文书堂郑天泽刻本《太平惠民合剂局方》卷一第一叶，该叶标题"治诸风"上方有一样式繁复的花状鱼尾；表1-28南京图书馆藏元刻本《太平惠民合剂局方》卷二第一叶，该叶标题"治伤害"上方亦有一复杂花状鱼尾，等等。

花鱼尾在宋代已经出现，在元本中最为常见，样式也最为繁复。由于花鱼尾比较复杂，需要的空间较大，而版心一般比较狭窄，所以花样繁复的花鱼尾一般不见于版心，而多出现在版面的其他位置。

以上四种类型的鱼尾，若从开口方向上看，又有顺鱼尾、逆鱼尾和侧鱼尾的区别。鱼尾分叉处朝下的鱼尾为顺鱼尾，表1中除1-9、1-10、1-29、1-30外均为顺鱼尾。鱼尾分叉处开口朝上的鱼尾为逆鱼尾，如表 1-9 国图藏元刻本《伊川程先生周易经传》卷一第一叶版心下鱼尾，表 1-10 国图藏元大德（1297—1307）刻明修本《仪礼集说》卷一第六叶下鱼尾，开口方向均朝上。此外，我们注意到古书中还存在着开口方向朝左和朝右的鱼尾，仿照学界顺、逆鱼尾的称谓，可称为侧鱼尾，如表 1-29、表 1-30，见国图藏元本《周易程朱先生传义》篇首所录《河图》标题中，这一对鱼尾开口方向相对，中间为"河图"二字，这类鱼尾多用于书籍封面或插图中，用于修饰或凸显书名、插图标题等内容。

二　鱼尾的数量与位置

从典籍实物来看，不是所有的册页古书都有鱼尾。在有鱼尾的古籍中，其数量、位置也存在差异。今按"版心鱼尾""版心外鱼尾"甄选典型资料制为表 2 以示其异。

表 2　版心内、外鱼尾示例

	无鱼尾		单鱼尾		双鱼尾		三鱼尾		四鱼尾		六鱼尾	
	1	2	3	4	5	6	7	8	9	10	11①	12②
版心												

① 哈佛大学图书馆藏明万历四十八年（1620）安徽凤阳刻本《御世仁风》版心，此为据该书图版拼合而成。图版见哈佛大学图书馆网站：https://iiif.lib.harvard.edu/manifests/view/drs:54241358$24i，2023 年 2 月 1 日。

② 国家图书馆藏明崇祯十一年（1638）刻本《瑞世良英》版心，此图为据该书图版拼合而成。图版见国家图书馆网站：http://read.nlc.cn/OutOpenBook/OpenObjectBook? aid＝892&bid＝157235.0，2023 年 2 月 1 日。

续表

卷首鱼尾		卷尾鱼尾		目录鱼尾		插图鱼尾①		正文鱼尾		牌记鱼尾	
13②	14	15	16	17	18	19③	20④	21⑤	22	23	24⑥

（版心外）

（一）版心鱼尾

从时代上看，自唐五代至清，各时代都有个别书籍版心无鱼尾。如表2-1国图藏宋淳祐（1241—1252）刻本《仪礼要义》便无版心和鱼尾；表2-2国图藏明崇祯（1628—1644）毛氏汲古阁刻本《宋名家词》卷一第一叶版心无鱼尾，仅在距上边栏四分之一处刻有一条横线。此外，古籍中还存在一些正文部分有鱼尾的册页古书，但在序言及凡例版面无鱼尾，如国图藏清康熙五年（1666）刻本《通雅》，其自序首叶及凡例首叶版心均无鱼尾。

版心处有一鱼尾者如：表2-3国图藏宋嘉泰四年（1204）刻本《皇朝文鉴》卷十六第三叶，该叶版心有一个黑鱼尾，位于距上边栏四分之一处，鱼尾上方象鼻左侧刻版面字数，鱼尾下刻书名简称与卷数"文鉴十六"，版心下距离下栏四分之一处无鱼尾，其位置刻有页码"三"，版心底端刻有刻工姓名"濮宣"。当古籍版心有一个鱼尾时，鱼尾有时还会位于距上边栏的三分之一位置，如表2-4国图藏明万历（1573—1620）刻本《孝经列传》版心鱼尾即是，如该书卷七第

---

① 此处两组图像在原书中为横向，为方便排版此处做顺时针旋转90度处理。
② 中国国家图书馆、中国国家古籍保护中心编《第三批国家珍贵古籍名录图录》第2册，北京：国家图书馆出版社，2012年，第313页。
③ 中国国家图书馆、中国国家古籍保护中心编《第三批国家珍贵古籍名录图录》第2册，第245页。
④ 中国美术全集编辑委员会编《中国美术全集·绘画编20·版画》，上海：上海人民美术出版社，1988年，第56页。
⑤ 中国国家图书馆、中国国家古籍保护中心编《第二批国家珍贵古籍名录图录》第7册，第103页。
⑥ 中国国家图书馆、中国国家古籍保护中心编《第三批国家珍贵古籍名录图录》第2册，第296页。

十三叶版心三分之一处有一黑鱼尾，鱼尾上方象鼻处刻书名"孝经列传"，鱼尾下方刻卷数信息"卷之七"。

版心处有双鱼尾者如：表2-5国图藏南宋建安黄善夫家塾刻本《史记》卷八十三第八叶，该叶版心有两个鱼尾，分别位于距上、下边栏四分之一处，上鱼尾为顺鱼尾，下鱼尾为逆鱼尾，上鱼尾下方刻书名简称、卷名与卷数，作"史列传二十三"，下鱼尾上方刻页码"八"。又，表2-6国图藏明正德六年（1511）《新增全相湖海新奇剪灯余话大全》卷一第一叶版心亦为双鱼尾，与上述例子不同的是，两个鱼尾方向一致同为顺鱼尾，上鱼尾下方刻一花型图案，下鱼尾下方刻页码"乙"（笔者按：即"一"）。

版心处有三鱼尾者如：表2-7国图藏元明递修本《汉书》卷三十第十四叶版心有三个鱼尾，第一个鱼尾位于距离上栏四分之一处，鱼尾上方刻该版面具体字数，鱼尾下刻标题"前汉艺文志十"，另外两个鱼尾位于距离下边栏四分之一处，顺逆相对，两个鱼尾中间刻有页码"十四"。著名的《永乐大典》为手抄本，但版式模仿刻本书，版心为三鱼尾，如表2-8为该书卷九百八十一第一叶，第一个为顺鱼尾，位于整个版心距上边栏三分之一处，鱼尾下方题标题"永乐大典卷九百八十一"；第二个亦为顺鱼尾，位于整个版心距下边栏三分之一处；第三个为逆鱼尾，位于整个版心距下边栏四分之一处。因第二、三个鱼尾顺逆相对且距离较近，二者形成了一个"括号"，内刻页码"一"，第二、三鱼尾的样式与后世的括号"【】"极为相似，加之二者中间写有页码，今日中括号形式的编号当源于此。

版心处有四鱼尾者如：表2-9国图藏明嘉靖十七年（1538）周藩刻《金丹正理大全》卷五第二叶版心有四个鱼尾，它们两两相对把版心平均分为四份，第一、二个鱼尾之间刻书名简称"金丹大要"，第三、四个鱼尾内刻目录叶码"卷五之二"。又，表2-10国图藏明成化三年（1467）紫阳书院刻本《瀛奎律髓》卷一第一叶，四个鱼尾两两相对，第一个鱼尾开口朝下，位于距版心上边栏四分之一处；第二个鱼尾位于版心中间，开口朝上，中间刻标题"律髓卷一"；第三个鱼尾则紧邻第二个鱼尾，开口朝下，第四个鱼尾位于距版心下边栏四分之一处，开口朝上，二者中间为页码"一"。

五鱼尾者暂未见。

六鱼尾者仅见两例：一为哈佛大学图书馆藏明万历四十八年（1620）安徽凤阳刻本《御世仁风》，表2-11为该书卷一第三叶版心，该版心共有六个鱼尾，它们两两相对将版心平均分为三部分，第一对内刻书名"御世仁风"，第二对内刻"卷之一"，最下一对内刻页码"三"，非常特别。二为国图藏明崇祯十一年（1638）刻本《瑞世良英》，表2-12为该书卷一第一叶版心，该版心亦为两两相对的六鱼尾，第一对内刻书名"瑞世良英"，第二对内刻"卷之一"，最下一对内刻页码"一"。从以上两部书籍的刊刻时间以及版式、字体特征看,二者当为同一书坊所刊。

综上可见,版心鱼尾的数量会影响到鱼尾的位置和方向:当版心为一个鱼尾时,鱼尾往往为顺鱼尾;当版心为双鱼尾时,两个鱼尾或均为顺鱼尾,或上为顺鱼尾、下为逆鱼尾;当版心为三个鱼尾时,通常是第一、二个鱼尾为顺鱼尾,第三个鱼尾为逆鱼尾,第二、三鱼尾构成类似于一个括号的结构;当版心鱼尾数量在四个以上时,鱼尾数量为偶数且两两相对,这样可将相关信息刻于两个对鱼尾之间,显得版心较为整齐,这一点当为现存古籍实物版心有四或六鱼尾,而没有发现五鱼尾的重要原因。

(二)版心外鱼尾

鱼尾除出现在版心处外,有时还会出现在古书版面的其他位置。

1. 卷首标题上方

表 2-13 吉林大学图书馆藏明本《改并五音类聚四声篇》卷一第一叶,该叶卷首题"改并五音类聚四声篇卷第二"上方有一黑鱼尾。又,表 2-14 国图藏明正德六年(1511)杨氏清江书堂刻本《新增补相剪灯新话大全》卷一第一叶,卷首题"新增补相剪灯新话大全卷之一"上方有一花鱼尾。

2. 卷尾标题上方

表 2-15 国图藏宋刻本《纂图互注周礼》卷一第二十一叶,该叶为卷一末叶,正文后仅余一行,无法按正常版式空两行再刻尾题,只能将标题"纂图互注周礼卷第一"刻于该叶仅存的一行中,为了与正文相区别,在标题首字上方刻有鱼尾加以凸显。类似的情况又见于表 2-16 国图藏宋建安三桂堂刻本《童溪王先生易传》卷五第十二叶,该叶为此书卷五结尾,正文末句恰位于此叶最后一行,如果将标题按照惯例空两行刊刻,则又需耗费一版,因该叶末行文字较少,刻工便将标题"童溪王先生易传卷之五"接续在正文末,为了凸显标题又不至于与正文混淆,因此在标题上方刻有一黑鱼尾。

3. 目录中篇章标题上

鱼尾常用在古书的目录中来标识二级标题或三级标题。如国图藏宋淳熙(1174—1189)本《史记》目录,大概是出于区分不同层级标题的缘故,其中标题"帝纪十二卷"(表 2-17)"年表十卷""八书八卷""世家三十卷""列传七十卷"上方均有一黑鱼尾,各标题下统摄具体篇名则无。又,上海图书馆藏元刻本《周易本义启蒙翼传》全书共四部分,在目录中"上篇"(表 2-18)"中篇""下篇""外篇"四部分标题上方分别有一花鱼尾。

4. 书籍插图中

表 2-19 扬州博物馆藏《新刊明本大字孝经》书前插画标题"孔曾传诵孝

经"被两个花鱼尾横向括起;表2-20国家图书馆藏明万历二十八年(1600)萃庆堂余氏刊本《大备对宗》卷首插图中,插图标题"苏武牧羊"被一对鱼尾括起。又,武汉大学藏元明间刻本《新编西方子明堂灸经》卷一第一叶插图标题"正人头面之图"被一对花鱼尾括起[①],亦属此类。

5. 正文篇章题上方

表2-21中山大学藏明刊本《对类》卷一第一叶正文标题"天文门"占用两行的位置,其上有一花鱼尾。又,表2-22国图藏元刻本《新刊分类江湖纪闻》卷六第一叶,为了凸显篇题"艺术"两字,在其上方刻有一花鱼尾。

6. 书籍牌记中

表2-23国图藏宋王叔边刻本《后汉书》目录第十六叶中的牌记,该牌记上下各有一个花鱼尾。又,国图藏明本《大广益会玉篇》书前牌记中有表刊刻时间的"弘治壬子孟夏之吉"(表2-24)及表示刊刻机构的"詹氏进德书堂重刊"之语,两句话分别被一对鱼尾括起。

由于版心外鱼尾受空间限制较版心处小,且主要是出于装饰版面或凸显特定对象的目的而刻印,装饰意味较为浓厚,因此形式多样的花鱼尾在这些位置的使用频率较高。

三 鱼尾的起源与演变

关于鱼尾的起源问题,清赵慎畛《榆巢杂识》曰:"书中间缝,每画'⟨X⟩',名鱼尾,象形也,始于唐太宗。"[②]赵氏此语既无任何材料支撑,亦无从核实。考虑到其为清人追记唐代事,盖与仓颉造字、伏羲演卦、蒙恬造笔类似,为将渐进式形成的事物附会于一人的作法,殆不可信。上引何远景《鱼尾的起源》、李娜华《中国古书版式与鱼尾来源初探》二文曾对这一问题有深入考察。李娜华认为鱼尾源于古代作为信物凭证的鱼符,然而,文章的依据主要是二者形状相似,并没有提供鱼尾是由鱼符演变而来的直接证据,值得商榷;与之相比,何远景通过简册契口与鱼尾形状及功用的比较,认为鱼尾源于简册契口,颇具启发意义。然而,何先生跳过卷轴时期,将分别属于简册古书与册页古书的两个对象直接联系在一起,并不符合事物发展规律;其"竹木简上的这种用以固定编绳的小直角三角形(笔者按:指契口),如果对称相连,就是一个鱼尾"的观点同样值得商榷。

首先,从形状上看,何文所说契口不仅有直角三角形、锐角三角形、钝角三

---

① 中国国家图书馆、中国国家古籍保护中心编《第一批国家珍贵古籍名录图录》第3册,北京:国家图书馆出版社,2008年,第115页。
② 〔清〕赵慎畛撰,徐怀宝点校《榆巢杂识》,北京:中华书局,2001年,第27页。

角形,其至包括类似于半个括号的圆弧形、方形等形状①。其次,退一步讲,即便将直角三角形视为典型契口,用两个契口去合成一个鱼尾也颇为困难。因为单支简上的契口多刻于简的右侧,在同一编简册上契口的开口方向实际是趋于整齐划一的,这一规则执行比较严格,少有例外。然则,欲将两个契口"对称相连"构成鱼尾,就需要对相连的两枚简之一进行水平翻转,再与另一枚简合并的复杂操作。试想,唐五代之后的人们在刊刻书籍时,借鉴早已不在日常生活中出现的简册契口,再经过翻转、合并,最后创造出鱼尾并用于刻书活动,这种可能性微乎其微。

那么,鱼尾又是如何产生并最终演变为今日所见样式的呢?

中国古籍发展史是一个无间断的演进过程,其主体阶段可以分为简册、卷轴、册页三个历史时期,后世书籍中所呈现的物质属性特征往往可以追溯至前代。例如,册页时期的界栏承袭卷轴时期的乌丝栏,而乌丝栏又源于对竹木简的模仿;册页古书的封面演变自卷轴古书的包首②,包首则源于简册古书起保护作用的赘简。基于这一思路,我们认为鱼尾实际是书签实物符号化的产物,其源头可追溯至简册时期就已使用的签牌,卷轴时期与之相对应者为帙签题或包首题上方的标识符号,至册页时期才最终演变为鱼尾。

(一) 简册时期的签牌

签牌是悬挂在物品之外记录名称、数量等信息,起标识作用的木质标签,古代称之为"楬"。西北地区出土的简牍中保存有大量的木质签牌实物,表明此物在汉代使用广泛。今据出土实物制表3以示其形制于下。

表3 汉代签牌实物示例

1[Or.8211/598]③	2[Or.8211/616]	3[Or.8211/705]	4[Or.8211/891]	5[200ES9SF:23A]④

---

① 关于简册契口的形制和位置问题,详参张显成《简帛文献学通论》,北京:中华书局,2004年,第121页;程鹏万《简牍帛书格式研究》,上海:上海古籍出版社,2017年,第28页。

② 所谓包首,又称褾、玉池、引首,是指接续在卷轴装书籍卷端的一段起保护内文作用的纸张或丝绸。

③ "Or.8211"为英国图书馆(The British Library)藏斯坦因中国西北考古所获文物编号,图像取自"国际敦煌项目(INTERNATIONAL DUNHUANG PROJECT)"网站(http://idp.bl.uk),本表余皆仿此。

④ 魏坚主编《额济纳汉简》,桂林:广西师范大学出版社,2005年,第227页。

6[孔木 109]①	7[1475]②	8[EPF25.12A]③	9[EPT50.175A]④	10[EPT51.147A]⑤

从所标识之物的属性看，签牌又可分为实物签和文书签两种：上表中前者有表 3-1"王门广新队"、表 3-3"六石系承弦一完"、表 3-4"官驼一头齿十五"、表 3-5"第九隧胶二鞬重十三两"、表 3-6"王仲薪饷"、表 3-7"东部深目"，后者有表 3-8"始建国天凤二年正月尽十二月邮书驿马课"、表 3-9"吏卒被兵簿"、表 3-10"建始五年四月府所下礼算书"。从形制上看，签牌上部为半圆(表 3-1、表 3-3、表 3-10)、梯形(表 3-2、表 3-9)、圭形(表 3-4、表 3-7、表 3-8)或直角(表 3-5、表 3-6)，并多有用墨涂黑(表 3-2、表 3-7)或画以网状纹(表 3-3、表 3-8、表 3-9、表 3-10)的现象。从签牌与标识物系联方式看，一种为在签牌顶端稍下位置中部打孔以穿绳(表 3-1、表 3-3、表 3-7、表 3-8、表 3-9、表 3-10)，另一种为在签牌顶端稍下位置的左右两侧(表 3-2、表 3-5)或一侧(表 3-6)刻槽以系绳。

（二）卷轴时期的书签

汉代以后签牌仍沿用不废，如长沙走马楼三国吴简中有大量签牌，这些签牌均为木质，形制上看与表 3-2 签牌较为相似⑥。因用途与使用场合不同，三国时期还出现了石质签牌，如曹操高陵 M2 号墓出土石牌 66 块，其中有圭形石牌 10 件，六边形石牌 55 件(另有一件形状不明)⑦，圭形石牌与表 3-7、3-8 形状一致，六边形石牌则与表 3-9 形状相似。

尤其是作为签牌一种之书签，在纸张取代竹木成为主要书写载体，书籍制

---

① 侯灿、杨代欣编著《楼兰汉文简纸文书集成》，成都：天地出版社，1999 年，第 140 页。
② 甘肃省文物考古研究所编《敦煌汉简》上册，北京：文物出版社，1991 年，图版壹三伍。
③ 甘肃省文物考古研究所等编《居延新简》下册，北京：中华书局，1994 年，第 570 页。
④ 同上书，第 141 页。
⑤ 同上书，第 164 页。
⑥ 长沙市文物考古研究所等编著《长沙走马楼三国吴简·嘉禾吏民田家莂》上册，北京：文物出版社，1999 年，第 33 页。
⑦ 河南省文物考古研究院编著《曹操高陵》，北京：中国社会科学出版社，2016 年，第 166—168 页；图片见"图版七九"至"图版九〇"。

度进入卷轴时期以后,仍被广泛使用并对我国周边国家的书籍形制产生了影响。今日可见书签实物如下表:

表 4 卷轴古书书签实物示例

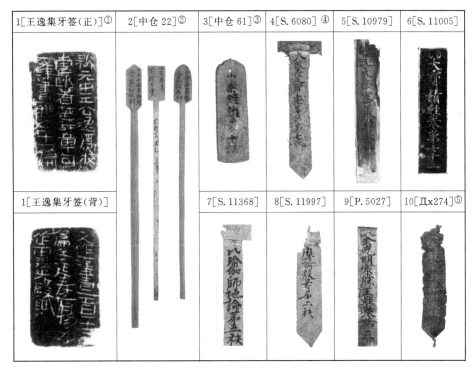

如表 4 所示,卷轴时期的书签呈多元化发展趋势,并因材质、样式或所处位置的不同,出现了多种异称。

1. 牙签

牙签即象牙所制书签。这种书签在卷轴时期颇为流行。例如,韩愈《送诸葛觉往随州读书》诗曰:

---

① 黄濬辑《衡斋金石识小录》卷下,北京:尊古斋,1935 年,第 46 页。
② 该物为日本正仓院所藏文物,"中仓 22"为收藏编号,原图见:https://shosoin.kunaicho.go.jp/treasures? id=0000011748&index=15,2023 年 2 月 1 日。
③ 该物为日本正仓院所藏文物,"中仓 61"为收藏编号,原图见:https://shosoin.kunaicho.go.jp/treasures? id=0000011966&index=1,2023 年 2 月 1 日。
④ 表中编号以"S"开头者为斯坦因所获敦煌文献,编号以"P"开头者为伯希和所获敦煌文献,图像均取自"国际敦煌项目(INTERNATIONAL DUNHUANG PROJECT)"网站(http://idp.bl.uk)。另,下文所涉以"S"或"P"为编号的图像均与此处同,不再一一出注。
⑤ 俄罗斯国立艾尔米塔什博物馆、上海古籍出版社编《俄藏敦煌艺术品Ⅱ》,上海:上海古籍出版社,1997 年,第 196—197 页;图版编号为 210。

邺侯家多书,插架三万轴。一一悬牙签,新若手未触。①

又,《旧唐书·经籍志》曰:

> 开元时,甲乙丙丁四部书各为一库,置知书官八人分掌之。凡四部库书,两京各一本,共一十二万五千九百六十卷,皆以益州麻纸写。其集贤院御书:经库皆钿白牙轴,黄缥带,红牙签;史书库钿青牙轴,缥带,绿牙签;子库皆雕紫檀轴,紫带,碧牙签;集库皆绿牙轴,朱带,白牙签,以分别之。②

牙签在卷轴时期使用之广,于以上两例可见一斑。此类牙签尚存有实物,可据以窥见其形制。如表4-1为黄濬《衡斋金石识小录》所录"汉王公逸象牙书签"。据张政烺考察,该物当为《王逸集》之书签,长3.5厘米,宽2厘米。正反两面各刻字三行,正面作"初元中,王公逸为校/书郎,著《楚辞章句》,/及诔书、杂文二十一篇";背面作"又作《汉书》一百二十三/篇。子延寿,有俊才,/作《灵光殿赋》"。原物上部当有穿绳之鼻,今因折损而失之。据其介于楷隶之间的字体特征以及首行误倒"元初"为"初元"来看,当不是汉代之物而属于魏晋或北朝时物③。又,表4-3为日本正仓院藏佛教经帙所系牙签,据正仓院网站解说文字,该物为象牙制,上题"小乘经杂第十帙"。观其外形,此物上端为圆弧形,中部有系绳之孔(即"鼻")。正仓院藏品多为公元8世纪唐朝之物,此物或传自中国或受唐卷轴制度影响而制。

2. 往来轴签

表4-2是日本正仓院所藏文书的书轴,书轴在日本称为"往来",这三例往来轴的特殊之处在于,木轴顶部有形状不一的木片与轴相连,木片上题有标题。此物显然与用线垂挂的书签具有相同的功用。三个木片的形状恰与表3三种形状的签牌相对应,承袭痕迹明显,当为受签牌制度的影响而出现。然而我国国内目前尚未发现类似形制的书轴,往来轴签在我国是否也有使用有待考察。

3. 帙签

从字面上看,所谓帙签就是挂系于书帙外的题签。以此角度视之,上文所举两例牙签实物也可视为帙签。从现存实物看,帙签尚可由另两种不同材料

---

① 屈守节、常思春主编《韩愈全集校注》,成都:四川大学出版社,1996年,第941页。
② 〔后晋〕刘昫等《旧唐书》卷四七,北京:中华书局,1975年,第2082页。
③ 张政烺《王逸集牙签考证》,《中央研究院历史语言研究所集刊》第十四本,1948年,第243—248页。钱存训先生认同并曾引述此观点,参钱存训编著《书于竹帛》,上海:上海书店出版社,2004年,第132页。

制作。一为布帛,表 4-4、表 4-10 均属于这种帙签,这种材质的书签需缝于书帙上。表 4-4 尚保留了缝连的原始状态,帙签的下端呈圭形,上端为方便缝连为直角。类似的例子尚有法藏敦煌文献 P.5013"大般若经第三十五帙"帙签题,以及俄藏敦煌文献 Дx.03834"大般若经第卌六帙"、Дx.05769"大般若经第卌一帙",以及《俄藏敦煌艺术品》Дx.275"大般若经第卌四帙"①等。二为硬纸,表 4-7、表 4-8 为此类帙签,这类帙签是粘贴于书帙上的,从图像中可见表 4-7 顶端仍粘连在纸质书帙残片上。类似的例子尚有,英藏敦煌文献 S.4689、S.5064、S.11325、S.11367、S.11376 等。帙签材质的选择当与书帙材质有密切关系:如果书帙为纸质,采用硬纸制作的题签更便于粘连;如果书帙为布帛或竹质,无论是从装帧等级匹配度还是与书帙系联牢固性上看,使用布帛或象牙制作题签均是更好的选择。

4. 面签

面签即书面题签。面签在卷轴古书及册页古书中均普遍存在。在卷轴古书中,面签一般贴于包首背面左上角、左侧边缘紧贴天杆处②。唐张彦远《法书要录》卷四"唐张怀瓘《二王等书录》"条云:

> 梁武帝尤好图书,搜访天下,大有所获。以旧装坚强,字有损坏,天监中,敕朱异、徐僧权、唐怀允、姚怀珍、沈炽文析而装之,更加题检,二王书大凡七十八帙,七百六十七卷,并珊瑚轴织成带,金题玉躞。③

引文中的"题检"即这种面签,"金题"本指题签上用泥金题写的标题,其后也用于指代题签。明方以智《通雅·器用》云:

> 金题,书签也,海岳《书史》云:"隋唐藏书,皆金题玉躞。"智按,梁虞和《论书表》有"金题玉躞织成带",注:金题,押头也,犹今书面签题也。④

方以智(1611—1671)生活的时代书籍主要为册页装,他认为隋唐藏书的"金题"就是明代的"书面签题"。实际上,面签在卷轴时期已经存在,敦煌文献中即保存有此类面签,如表 4-5 为用瓷青纸做底,以泥金书写的题签;表 4-6、表 4-9 二题签虽不以泥金书写,但用纸考究,字迹工整,制作精美,英藏敦煌文献 S.11077、S.11227、S.10977 等均为此类面签实物。

---

① 俄罗斯国立艾尔米塔什博物馆、上海古籍出版社编《俄藏敦煌艺术品Ⅱ》,第 197 页;图版编号为 211。
② 所谓天杆,又称天轴,是卷轴古书包裹在包首边缘处的一根细木条(片),有辅助收展卷轴、固定裱带等功用。
③ 〔唐〕张彦远《法书要录》,北京:人民美术出版社,1984 年,第 147 页。
④ 〔明〕方以智《通雅》,《景印文渊阁四库全书》第 857 册,台北:台湾商务印书馆,1983 年,第 618 页。

尤可注意的是，在卷轴古书帙签题、面签题中，有相当一部分标题上方有一对勾形符号，如表 4-5、表 4-6、表 4-7、表 4-9、表 4-10 五例均如此。若将此五例书签与表 3-2、表 3-4 两个签牌放在一起对比便不难发现，这种"双勾符号＋标题"的组合形式，与双侧契口型签牌之"契口＋标题"极为相似：一则"双勾符号"与签牌的双契口形状近似；二则"双勾符号"与签牌契口下方均题写书籍标题，均有书名提示物的功用。因此，我们认为该双勾符号为对签牌契口的模仿，是签牌材质改变后，由于无法在布帛或纸质书签刻画契口，而将契口符号化处理的产物①。

（三）册页时期的鱼尾

卷轴古书标题"双勾型"符号在传抄过程中，逐渐演化出一种将"双勾"外侧的笔画简化，从而形成类似汉字"八"形状的书写样式，如 S.490，该符号从外观上看很像汉字"八"，但仔细观察可以发现，"八"的撇笔实际保留了勾的形状，只是起笔处被简化，"八"的右笔在向左下转折之前为向上勾起的笔势。S.10889、S.11126、P.2239 等都属于这种情况，至于 S.11248 号卷轴包首符号、S.11499 号包首符号更为接近汉字"八"的写法。若将此类似符号用于书签制作，签条边缘与"八"形符号组合后就会自然形成鱼尾的形状，如表 4-5 书签，签上标题"大乘密严经卷中"上方的符号形为两个对勾，但其左勾起笔处与右勾收笔处均有所简化，作，从中已可以看出汉字"八"的形态，且这些符号的功能与鱼尾一样，主要为标识书名，在形状、功用上与典型的白鱼尾（国图藏明万历刻本《建文朝野汇编》卷一第十一叶版心）已差异不大，可视为鱼尾的雏形。

至于鱼尾流行与演化出多种样式的原因，盖与北宋时期卷轴装与册页装古书长期共存有直接关系。北宋时期鱼尾就已开始应用于标示版心标题信息，如国家图书馆藏北宋递修本《汉书》、北宋递修本《后汉书》、北宋刊本《范文正公文集》三套典籍版心均有鱼尾。北宋初年册页装已广为流行，但唐五代时期的卷轴古书在当时应该仍大量留存，宋王明清《玉照新志》卷二录时人李长民《广汴都赋》云：

> 至若秘书之建，典籍是藏。法西昆之玉府，萃东壁之灵光。凡微言大义之渊源，秘录幽经之浩博，贯九流，包七略，四部星分，万卷绮错，犀轴牙签，辉耀有烁，金匮石室，载严封钥。②

---

① 敦煌写卷包首题中包含大量此符号，我们曾撰文专论此问题，详参：黄威《敦煌写卷"包首题"符号研究及其方法论价值》，《敦煌学》，第 37 卷，2021 年，第 101—126 页。

② 〔宋〕王明清《投辖录 玉照新志》，上海：上海古籍出版社，2012 年，第 63 页。

李氏这里描述的是北宋国家藏书之盛况，从其"万卷绮错，犀轴牙签"之语可知，北宋国家藏书仍有大量卷轴装藏品，而这些书籍仍广泛地使用悬挂式书签也是可以预见的。在卷轴与册页长期并存的情况下，册页装作为典籍装帧的新形式，沿袭卷轴古书签牌的若干特征制作出适应新装帧形式的书签便是自然之事。因签牌形制的多样性，使模仿并不仅限于契口型签牌一种，从而使鱼尾自其产生之初便具有多元化的特点。例如，表1-4、表1-19、表1-21以及表2-9、表2-15、表2-18等所示鱼尾下方均有圆圈符号，当为对穿绳型书签之"鼻"的模仿。又如，若将表2-21与表3-7、表3-8圭形签牌对比可以发现，表2-21所示图像与表3-7、表3-8圭形签牌有沿袭关系。实际上，若将表2、表3、表4按"表3—表4—表2"的顺序并观，恰可反映出鱼尾起源、演变、定型的历程。

四　鱼尾的功用

通过对版面不同位置鱼尾的考察可知，鱼尾在册页古书中承担着标识题名、辅助折叶、装饰版面三种重要功用。然而，这三种功能并非完全对等，标识题名当为鱼尾的主要功能，辅助折叶与装饰版面则为鱼尾的次生功能。

（一）标识题名

鱼尾出现在版心之初，其功用即为标识书名与页码，以方便书籍装帧时排序。从典籍实物来看，版心处的鱼尾多与书名同时出现，除无鱼尾的情况外，书名总会以首个鱼尾为参照，题写于其下方或上方。总体而言，版心标题多刻于首个鱼尾下方，宋元版古书少有例外。明清以后，标题刻于鱼尾之下者亦常见，但此时也出现了一种新的题名方式：将题名刻于鱼尾上方象鼻内，鱼尾下只刻卷数信息。例如，国图藏明嘉靖二十五年（1546）刻本《汴京遗迹志》，该书版心只有一个白鱼尾，位于版心上边栏三分之一处，鱼尾上方象鼻中题写书名简称"遗迹志"，鱼尾下刻卷数信息。又，国图藏明弘光元年（1644）文来阁刻本《春秋存俟》，该书总体上为白单鱼尾（个别页码如"总论"第四叶为黑鱼尾），书名"春秋存俟"刻于鱼尾上方象鼻内，鱼尾下方刻卷数信息。

与版心鱼尾相关联的书名，既有简称也有全称之例。版心书名为简称者如：国图藏宋刻本《毛诗诂训传》卷一第十一叶，该叶版心书名位于鱼尾下方，标题省作"毛一"；国图藏宋刻元修本《说文解字》版心书名简化为"说"，如该书卷一下第八叶版心鱼尾题名作"说一下"；国图藏元雪窗书院刻本《尔雅》卷上第十五叶版心鱼尾下刻标题"尔上"。以上皆为叶德辉所谓"书名只摘一字"者①。版心书名为全称者如：国图藏明内府刻本《大明一统志》卷一第一叶，该叶鱼尾下刻书名全称及卷名"大明一统志卷一"；又，国图藏清乾隆刻本《庚子销夏记》卷四第十一叶，该叶版心鱼尾下刻书名全名及卷数"庚子销夏记卷四"等。

  鱼尾除位于版心、卷首题、卷尾题、目录等处外，有时还被应用于正文标题中，其主要功用仍为凸显与标识它下方的文字。这一点在字书、韵书以及类书中体现尤为突出。例如，国图藏元延祐二年（1315）圆沙书院刻本《大广益会玉篇》卷一第一叶，该版右半叶第二行部首标题"一部第一"上方紧贴上边栏处刻有花鱼尾用以凸显标题，该版左半叶第一行标题"上部第二"上方也有样式相同的鱼尾。又，国图藏宋绍定三年（1230）藏书阁刻本《附释文互注礼部韵略》卷一第四叶，该叶包含"二冬""三钟"两个韵部标题，其中"二冬"独立占一行，极为醒目易识，因此标题上方无任何标识；标题"三钟"则与正文同行，如不能与正文加以区别很容易混淆，因此其上方刻有一黑鱼尾。以上两例标题清晰地表明了鱼尾在正文中凸显标题、区分类别的功用。

  鱼尾此功能是为方便检阅服务的。对于印刷工来说，鱼尾及其相关联的书名是其确定书叶排放顺序的重要依据。在雕版印刷程序中，当进行到折叶这一流程时，由于单叶纸张繁多，加之雕版印刷所用纸柔薄，在检取时容易夹带，装帧工人需要依照鱼尾处所刻的卷数、叶数编号进行分书、理清页码。鱼尾的这一功用在一类版面中可以得到证明：表 2-6 为国图藏《新增全相湖海新奇剪灯余话》卷一首叶版心，该叶卷端有标题"新增全相湖海新奇剪灯余话卷之一"，版心原本应刊刻书名处以花型符号代之，并无书名，而卷一中其他页面版心鱼尾下的标题则作"新话大全一卷"。又如，国图藏宋淳熙七年（1180）苏诩筠州公使库刻本《诗集传》卷一第一叶版心第一个鱼尾下为花型符号，无书名；卷一末叶（第二十四叶）版心第一个鱼尾下为空白，卷一其他版面则作"诗一"。这种现象表明，当一个版面位于一卷的开篇或结尾，鱼尾下可以不再刻写书名或以一个花型符号替代。究其原因，主要是因为该叶版面其他位置已有书名，在版心位置不再刊刻相关信息也可以在排叶时确定该叶顺序。在这种情况下，不刻文字最为节省工时；花形符号也较文字刊刻容易且兼有装饰功能，这当是刻工如此处理的主要原因。此类例子清晰地表明了版心鱼尾与其下书名在书籍装帧中的排序与检索功能。

---

 ① 叶德辉《（插图本）书林清话》，第 240 页。

（二）辅助折叶

魏隐儒[①]、施廷镛[②]、程千帆[③]、张秀民[④]等学者均认为鱼尾有作为对折书叶参照物的功用；施勇勤进一步指出了鱼尾出现的商业动机，即私人书坊出于牟利经营的目的而使用鱼尾来提高折叶速度和效率[⑤]。然而，向辉认为鱼尾作为对折线的功能无直接证据，为揣测之词[⑥]。我们认为，典籍实物中有鱼尾作为辅助折叶功能的直接证据，向先生所言非是。

鱼尾伴随着册页制度的确立而普及，册页书籍早期装帧形式为蝴蝶装，这种书籍装帧形式需以版心为中线折叠装订，在折叶这一环节中，鱼尾承担了确定折叠基线的功能。鱼尾最初不是为折叶而创造，但自其出现在书籍版心位置后，辅助折叶便成为其重要功用。总体来说，版心无鱼尾也可以进行折叶工作，但从效率来看，有鱼尾者无疑会更胜一筹。其中一个重要的原因为：古代刻工折叠书叶并不取印刷纸张中心线为标准，而是以雕版版心为中心，而鱼尾的分叉处恰位于版面中心线。将书叶以之为准对折并叠加成册后，每叶的上下、左右边栏才是对齐的。有鱼尾作为参照，无疑会提高折叶效率。

从特殊页面鱼尾的样式看，鱼尾辅助折叶的功能体现得愈发明显。例如，国图藏宋淳熙八年（1181）刻本《禹贡论》全书有《历代大河误证图》《汉以后九河旧图》《今定九江图》《孔安国三江图》（图1）等共计30幅山川地形图，每叶均无版心，但在版面中心线位置上、下边栏附近，往往各有一个比较小的黑鱼尾，此物当是为了保持图像的完整性同时又照顾装订工折叶方便而设。

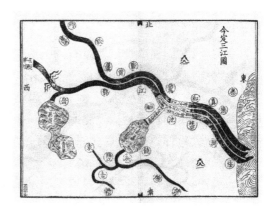

图 1

又如，上海图书馆藏元刻本《周易本义启蒙翼传》一书，当书中插图为整版

---

① 魏隐儒《古籍版本鉴赏》，北京：北京燕山出版社，1997年，第61页。
② 施廷镛著，张秀民校《中国古籍版本概要》，天津：天津古籍出版社，1987年，第110页。
③ 程千帆、徐有富《校雠广义·版本编（修订本）》，北京：中华书局，2020年，第75—76页。
④ 张秀民著，韩琦增订《中国印刷史（插图珍藏增订版）》，杭州：浙江古籍出版社，2006年，第128页。
⑤ 施勇勤《古刻本版心之构成与功用》，《出版与印刷》2001年第3期，66—69页。
⑥ 向辉《试论古籍版式中的鱼尾及其在版本鉴定中的功能》，第581—593页。

时，该叶无版心，且在版面中心线紧贴上下边栏处各有一个较小的黑鱼尾，如该书中的《伏羲六十四卦方圆图》《文王十二月卦气图》《卦气直日图》《太元方州部家八十一首图》等均有此特征。可见，在无法雕刻版心的情况下，鱼尾独立承担着版心折叠书叶的功能，雕版者希望利用其标识版面的中心线，采用两点确定一线的方式辅助折叶。

（三）装饰版面

除以上实用功能外，鱼尾在发展过程中还衍生出装饰功能，最为明显的例子就是花鱼尾的出现。如上所述，花鱼尾在宋代已经出现，其繁盛期则在元明时期，清代以后较少使用。这一过程符合事物产生、发展、繁荣、衰落的一般规律，具体原因则与元明时期经济发展及商品经济繁荣有密切关系。元代藩王、书院均有刻书机构，二者经济实力雄厚，在充足的物质基础上有实力去求精求美，这是上揭元版古籍花鱼尾之例出现的重要原因。明代商品经济繁荣，书籍作为商品，书商在进行图书生产时，版式的精美是其增加销量的重要手段，花鱼尾正是这种追求的具体显现。从刻版上来看，花鱼尾雕刻技术复杂，样式多样，追求装饰效果的意图明显，具体例子可参表1、表2所录花鱼尾，兹不复举。

值得一提的是，单个的鱼尾有时会被接连组合在一起，以"连鱼尾"的形式呈现其装饰性。例如，国图藏宋王叔边刻本《后汉书》目录第十六叶中的牌记（图2），从图片中可见，该牌记由上、下边框五个花鱼尾横向拼合而成，装饰效果明显。又，国图藏宋眉山万卷堂刻本《新编近时十便良方》牌记所在叶，该叶除牌记外在七行界行中分上下两段刻有十四个药方，每个药方首字上方均有一个黑鱼尾[1]，样式独特，装饰效果尤为突出。类似的连鱼尾又见于日本所藏汉文古籍中，如武田科学振兴财团杏雨书屋藏宋绍兴十年（1140）刊本《史记集解》，其牌记上边框为三个花鱼尾横向拼合构成；又如静冈县清见寺藏宋绍兴年间东阳魏十三郎书铺刊本《新雕石林先生尚书传》，其牌记上、下边框均由两个花鱼尾横向拼合组成[2]。上述具有连鱼尾的古籍实物，均鲜明地体现了鱼尾对书籍版面的装饰作用。

---

[1] 林申清编著《宋元书刻牌记图录》，北京：北京图书馆出版社，1999年，第13、61页。
[2] 严绍璗编著《日藏汉籍善本书录》"书影图录"部分，北京：中华书局，2007年，第69、87页。

图 2

结　语

本文基于古籍实物,据鱼尾、版心图像史料描述了鱼尾的物质特征,并将之置于简帛、卷轴、册页这一书籍发展历程中,考察其起源、演变及功用问题。所得主要结论有:

其一,鱼尾按样式划分可分为黑鱼尾、白鱼尾、花鱼尾、线鱼尾四种。其中,黑鱼尾出现最早、使用最为广泛;花鱼尾在元代最为流行;白鱼尾在宋代已经出现,但在明清时期使用最为频繁;线鱼尾则是活字印刷本特有的鱼尾样式,出现在明代中后期。

其二,鱼尾的起源可追溯到简册时期已开始使用的签牌;卷轴时期,纸质、丝绸材质的书签上的"双勾"型标识符号为对木质签牌契口的模仿;册页时期,在各种不同形制书签的影响下,鱼尾最终出现并演化出多种样式。可以说,鱼尾是书签实物符号化的产物。

其三,鱼尾有标识题名、辅助折叶、装饰版面三大功用。其中,标识标题信息以方便装订排序或阅读为主要功能,辅助折叶与装饰版面则为次生功用。

附记:本文投寄至《北京大学中国古文献研究中心集刊》后,匿名评审专家提出了中肯的审阅意见,并帮助修订了文中表述、参考文献等方面存在的问题,谨致谢忱!

王逸《正部论》考辨

李 贺*

【内容提要】 王逸的《正部论》原文至少有八篇，唐前散佚，后世有若干辑本，或少而不全，或杂而不精。今参照各种辑本，并检索诸书征引内容，重新辑补考证。唐宋类书中又有称引《王逸子》者，后人多认为《王逸子》就是《正部论》，然而却无任何事实依据。根据对王逸著述的存佚情况和两种文献的佚文比较分析，《王逸子》应该是包含《正部论》在内的《王逸集》之别称。《正部论》亡佚后很少受到关注，然其虽存吉光片羽，却是研究王逸作为东汉中后期儒家正统人物思想最重要和最直接的文本，价值不容小觑。

【关键词】 王逸 《正部论》《王逸子》 考辨

王逸，字叔师，南郡宜城（今湖北襄阳宜城）人，生卒年不甚详，大致生活于东汉安帝至顺帝时。《后汉书·文苑列传》有其小传，但关于其生平记载不多，子王延寿，以《鲁灵光殿赋》闻名。王逸作为东汉的辞赋大家，以《楚辞章句》著称，后世有关王逸的研究论述多围绕于此，鲜有涉及其他者。然除《楚辞章句》外，王逸还有赋、诔、书、论、杂文等多种体裁的著述，虽残存不多，但仍是从事王逸相关研究不可忽视的文献。《正部论》就是其"论"之部分，虽已亡佚，但相较于"赋、诔、书、杂文"等体裁来说，散存的佚文还是不少的，如《意林》、唐宋类书以及清代辑佚书都辑录了不少内容。然从古至今，《正部论》并未引起多少重视和关注。除古代偶见几种并不精善的辑本外，今暂未见专门进行辑补、考证和研究《正部论》的著作和论文。

《正部论》是王逸著述中唯一被《隋志》归入子部儒家类的，应该是代表王逸儒家思想最重要和最直接的著作。今之或有对王逸思想进行探究的学者，但多着眼于王逸的文学思想、经学思想，儒家思想却多被忽视。这种并不系统和完善的研究现状，当是由文献视野中《正部论》的缺失所导致。《正部论》还有一个问题，就是它和《王逸子》的关系。《王逸子》出现在唐宋类书中，且不见于任何史志目录著录，清代馆臣和马国翰、劳格等学者认为《正部论》和《王逸

---

* 本文作者为山东理工大学文学与新闻传播学院讲师。

子》乃同书异名,但没有任何实际证据证明。或许仅是因为《正部论》是子书,就理所当然地认为它又叫《王逸子》。本文参照各种辑本,并检索诸书征引内容,对王逸的《正部论》做了重新辑补考证。在辑考《正部论》和《王逸子》佚文的基础上,对二者的内容进行比较分析,进而希望对两书之间的关系做出一个合理的推论。

一 王逸佚著略考

《后汉书·文苑列传》载王逸:"元初中,举上计吏,为校书郎,顺帝时,为侍中。著《楚辞章句》行于世,其赋、诔、书、论及杂文凡二十一篇,又作汉诗百二十三篇。"[①]后人考证"汉诗"应为"汉书"或"汉记"之误,即此"汉诗百二十三篇"应是指《东观汉记》。至今虽无法彻底坐实,但直接理解为王逸作诗一百二十三篇,则疑点更大。因为倘若王逸真有诗"百二十三篇",何故一首都未流传,且后世诗集和评论家皆未有选录和提及;另外,"诗"前加一"汉"字,岂不多余,故本传所载令人疑虑。后世虽辑有《琴思楚歌》,但其并不是王逸所作之"诗",而是其《楚辞》"章句"之变体,下文会有具体论述。

据张政烺先生考证,江夏黄氏《衡斋金石识小录》著录"汉王公逸象牙书签"一枚,签文是"初元(元初)中,王公逸为校书郎,著《楚辞章句》及诔书、杂文二十一篇。又作《汉书》一百二十三篇。子延寿,有俊才,作《灵光殿赋》"[②]。张先生据此认为《后汉书》记载的"汉诗"就是"汉书(即《东观汉记》)"之误,较为可信。蒋天枢先生对此亦有较详尽的考述,详见《〈后汉书·王逸传〉考释》[③]一文,此不赘述。王逸曾作为校书郎入东观校书,是极有可能参编《东观汉记》的,将其所作"汉诗百二十三篇"理解为《东观汉记》,当是目前最为合理的一种推论。故此"汉诗百二十三篇"暂不作为王逸个人的著述纳入本文探讨的范畴。

王逸的《楚辞章句》为现存《楚辞》最早的完整注本,颇为后世所重。《隋志》集部卷首即著录"《楚辞》十二卷并目录,后汉校书郎王逸注"[④],后世著录不断。而《后汉书》所载王逸其他著述多亡佚不见。《隋志》于"后汉南郡太守《马

---

① 〔南朝宋〕范晔撰,〔唐〕李贤注《后汉书》卷八十上《王逸传》,北京:中华书局,1965年,第2618页。
② 张政烺《〈王逸集〉牙签考证》,《张政烺文史论集》,北京:中华书局,2004年,第201页。"初元"为"元初"之倒误,元初为东汉安帝第二个年号,张政烺先生在文中亦有说明。
③ 蒋天枢《〈后汉书·王逸传〉考释》,蒋天枢《楚辞论文集》,西安:陕西人民出版社,1982年,第195—212页。
④ 〔唐〕魏徵等《隋书》卷三十五《经籍四》,北京:中华书局,1973年,第1055页。

融集》九卷"后附注"《王逸集》二卷,录一卷……亡"①。新、旧《唐志》及《通志》等亦有著录,当是隋唐以前已经亡佚,尔后或有辑录者。《隋志》子部儒家类于"《潜夫论》十卷"后补注"梁有王逸《正部论》八卷,后汉侍中王逸撰……亡"。②侯康和顾櫰三同名书《补后汉书艺文志》、曾朴《补后汉书艺文志并考》、章宗源《隋书经籍志考证》和姚振宗《后汉书艺文志》皆著录王逸《广陵郡图经》,《资治通鉴·汉记四十三》又记载王逸曾撰《与樊英书》一篇,均亡佚不见。明张溥《汉魏六朝百三名家集》辑有《王叔师集》,将其作品按"赋、楚辞序、论、骚、诗"分为五类。严可均《全上古三代秦汉三国六朝文》亦辑有王逸作品一卷,并没有像张溥一样分类,除未有《琴思楚歌》外,所辑篇章内容较《王叔师集》更为完善,但严氏将《机赋》误作《机妇赋》。《北堂书钞》曾征引王逸《临豫州教》一条,张溥和严可均皆未辑,然曾朴《补后汉书艺文志并考》据此补录,并注:"案《书钞》三十三引《临豫州教》,严失采。"③蒋天枢先生曾考证"豫州"乃为"豫章"之讹误④,较为可信。综上可知,王逸著述除《楚辞章句》保存较完整外,"赋、诔、书、论及杂文"皆散佚。《正部论》因他书摘录征引,保留一二十条,亡佚甚者如《与樊英书》,有目无文。

二 《正部论》佚文辑补并考

《隋志》著录有《楚辞章句》《王逸集》和《正部论》,除《楚辞章句》外,后二者皆注明亡佚,已无法探知其所包含的体裁和篇章。根据《后汉书·王逸传》记载的著述情况来看,《隋志》著录的二卷本《王逸集》并不包括《正部论》,盖是王逸所著赋、诔、书及杂文的合集;《正部论》当是其"论"之部分,后世有单本流传。除《隋志》著录《正部论》八卷外,其他史志目录未见著录。唐马总《意林》、清马国翰《玉函山房辑佚书》及劳格《读书杂识》,分别辑录之。今之学者蒋方在《严可均〈王逸集〉辑佚补正》⑤一文中亦辑有《正部论》和《王逸子》佚文共五则,内容较少。《意林》及他书征引时又称"王逸《正部》"或"王叔师《正部》",此《正部》即《正部论》。

笔者在检索诸书征引之内容时,又发现有称引《王逸子》者。然考史志目录,未见有著录此书者。马国翰、劳格以及蒋方等学者皆认为《王逸子》即《正

---

① 《隋书》卷三十五《经籍四》,第1057—1058页。
② 《隋书》卷三十四《经籍三》,第998页。
③ 〔清〕曾朴撰,朱新林整理《补后汉书艺文志并考》,《二十五史艺文经籍志考补萃编》第八卷,北京:清华大学出版社,2014年,第280页。
④ 参见蒋天枢《〈后汉书·王逸传〉考释》一文,《楚辞论文集》,第195—212页。
⑤ 蒋方《严可均〈王逸集〉辑佚补正》,《文学遗产》2006年第6期,第87页。

部论》,但未有确凿事例证明之。检读以上几种辑本,皆称不上精善。相比较而言,《意林》辑本少而精;《玉函山房辑佚书》辑本内容稍多,但不善,其将《意林》辑录的《正部》内容,和《北堂书钞》《艺文类聚》《太平御览》等类书征引的《王逸子》内容混为一卷;《读书杂识》辑自诸类书,内容更是杂而少。《意林》辑录《正部》十三则,经考证有九则并无疑议,其余四则与他书征引内容略有不同①。基于此,本文根据以上辑本和诸书征引之内容,将《意林》中有疑义者四则重新校对,并辑补佚文五则;每条佚文后注明主要出处,有异议者以按语形式予以说明。而诸书称引《王逸子》者,后面单作辑录。具体内容如下:

1. 或问玉符,曰:"赤如鸡冠,黄如蒸栗,白如脂肪,黑如纯漆,此玉之符也。言成雅训,辞作典谟,此人之符也。"(《艺文类聚》卷八三《宝玉部上·玉》②、《文选》卷四二《与钟大理书》注③、《意林》卷四《正部十卷》④、《太平御览》卷八〇五《珍宝部四·玉下》⑤、《读书杂识》卷六《王逸〈正部论〉》⑥)

按:除《意林》外,诸书只征引了前一句,无"言成雅训,辞作典谟,此人之符也"。《意林》中,"或问玉符,曰"作"玉符云","纯漆"作"淳漆";《艺文类聚》和《文选》注中,"脂肪"作"猪肪"。应皆为意义和字形相近,传抄讹误,暂不知原书作何。《读书杂识》中,"栗"作"粟"。粟,北方通称谷子,去皮后为小米,黄色,此处正通文意;然作"栗"者,未必是形近而讹,在古代,"栗"也是"粟"的异体字。

2. 皎皎练丝,得蓝则青,得丹则赤,得蘗则黄,得涅则黑。(《意林》卷四《正部十卷》⑦、《太平御览》卷八一四《布帛部一·丝》⑧、《事类赋注》卷一〇《宝货部·丝赋》⑨)

按:《太平御览》和《事类赋注》中,"涅"皆作"泥"。涅即涅石,可作黑色染料,后世或因形近讹误为泥。《后汉书·杨终传》载:"《诗》曰:皎皎练丝,在所

---

① 本文所依据《意林》版本为王天海、王韧校释的《意林校释》,北京:中华书局,2014年;前文所讲九则内容见卷四,第436—440页。
② 〔唐〕欧阳询等编,汪绍楹校《艺文类聚》,上海:上海古籍出版社,2007年,第1428页。
③ 〔南朝梁〕萧统编,〔唐〕李善注《文选》,北京:中华书局,1977年,第592页。
④ 〔唐〕马总编,王天海、王韧校释《意林校释》,第438—439页。
⑤ 〔宋〕李昉等编《太平御览》,北京:中华书局,1960年影印本,第3577页。
⑥ 〔清〕劳格《读书杂识》,《续修四库全书》第1163册,上海:上海古籍出版社,2002年,第258页。
⑦ 〔唐〕马总编,王天海、王韧校释《意林校释》,第436页。
⑧ 〔宋〕李昉等编《太平御览》,第3617页。
⑨ 〔宋〕吴淑撰注,冀勤、王秀梅、马蓉校点《事类赋注》,北京:中华书局,1989年,第202页。

染之。"李贤注:"逸诗也。"①孙新科、杜茂功编著的《九都典籍》中有《正部论》介绍,称"逸之诗文,可与《后汉书·杨终传》相印证"②。孙、杜二人盖认为"《诗》曰"内容是王逸所作,应该是理解有误。且不论王逸《正部论》未有"在所染之"四字,李贤所注"逸诗"应是指"佚诗"。传世《诗经》并非足本,更有有目无辞者,而先秦典籍中常引用"诗"句,而这些诗句并不在《诗经》305篇中,古人都称它们为"逸诗"。李贤所注"逸诗"就是如此。

    3. 穿窬之徒,不避腰领;奔北之士,不惮斧钺。(《意林》卷四《正部十卷》③、《太平御览》卷三四一《兵部七十二·钺》④)

按:《太平御览》只征引了后半句,"奔北"作"奔逃","不惮"作"不避",当以《意林》为是。

    4. 桀纣虽有天子之位,而无一人之誉,犹朽株枯树,逢风则仆。(《意林》卷四《正部十卷》⑤、《太平御览》卷八二《皇王部七·帝桀》⑥)

按:《太平御览》虽亦征引此句,然却称引自"谯周《法训》"。谯周,三国时蜀国学者,《三国志·蜀书》有传。《隋志》著录《谯子法训》八卷,后亡佚不见著录。检索诸书征引"法训曰""谯子曰"者二十余条,然上文只见于《御览》此次征引,且无旁证。《意林》成书又早于《御览》,当是《御览》引文出处之误。

以上四则佚文皆见于《意林》,亦见于他书,且内容不尽相同。另有五则佚文不见于《意林》,兹据诸类书征引之内容重新辑补如下:

    5. 屈原、宋玉、枚乘、相如、王褒、杨雄、班固、傅毅,灼以扬其藻,斐以敷其艳。(《北堂书钞》卷一〇〇《艺文部六·叹赏二十一》⑦)

    6. 夏禹治水,腓无胈,胫无毛。(《太平御览》卷三七二《人事部十三·胫》⑧)

    7. 幽、厉礼乐崩坏,诸侯力政,转相吞灭,德不能怀,威不能制,至于王赧,遂丧王计。(《太平御览》卷八五《皇王部十·赧王》⑨)

---

① 〔南朝宋〕范晔撰,〔唐〕李贤注《后汉书》卷四十八《杨终传》,第1599—1600页。
② 孙新科、杜茂功编著《九都典籍》,香港:中国科学文化出版社,2001年,第141页。
③ 〔唐〕马总编,王天海、王韧校释《意林校释》,第437页。
④ 〔宋〕李昉等编《太平御览》,第1568页。
⑤ 〔唐〕马总编,王天海、王韧校释《意林校释》,第440页。
⑥ 〔宋〕李昉等编《太平御览》,第336页。
⑦ 〔唐〕虞世南编《北堂书钞》,天津:天津古籍出版社,1988年,第418页。
⑧ 〔宋〕李昉等编《太平御览》,第1716页。
⑨ 同上书,第406页。

按：《太平御览》卷七六五《器物部十·斗》亦征引此条，并称引自《王逸子》，内容有些许不同："幽、厉礼乐崩坏"作"自幽、厉礼坏乐崩"，后又多"天纲弛绝"四字；末句中"王计"作"玉斗"。"王赧"即周赧王，东周最后一位国王。此则内容大意为：周幽王、周厉王之时天下开始大乱，诸侯势力强大，相互攻伐，周天子的德行、权威已不能安抚、约束世人，到了赧王之时，周王朝就彻底丧失了政权（或者说天下）。

考"王计"鲜有当作政权、天下、社稷等类似含义讲者；而"玉斗"作为一种宝器，可喻作江山社稷，例证正是王逸的《九思·怨上》："将丧兮玉斗，遗失兮钮枢。"①王逸在撰写《正部论》（或《王逸子》）时，何必否定自己的"玉斗"呢？又，此则内容既已出现在《器物部十·斗》中，《御览》此部分编撰者看到的原文也应有"斗"字；且此处征引之内容较《皇王部十·赧王》更加完善，故当更加可信。另外，"王赧"和"王计"似有犯复之嫌。综上推断，王逸之原文当作"玉斗"，"王计"乃后人形近之误。

8.仲尼门人，哺道醇，饮道宗。（《太平御览》卷四〇三《人事部四十四·道德》②）

9.《易》与《春秋》同经综，一机之织，经营天道，以成人事。（《太平御览》卷六〇九《学部三·易》③、《广博物志》卷二六《艺苑一》④）

按：《广博物志》"综"作"总"，"综"是指织布机上带着经线上下分开形成梭口的装置，参考文义，"综"字为是，"总"应为音近而讹。

综上，加之《意林》中其他九则内容，《正部论》佚文就有十八则。而《王逸子》佚文则不多，主要散见于《北堂书钞》《艺文类聚》和《太平御览》等类书中。后人多认为《王逸子》就是《正部论》，在《聚珍版丛书》本《意林》中，有清代馆臣案语："《隋志》，《正部论》八卷，后汉王逸撰，《艺文类聚》引作《王逸子》，即《正部》也。"⑤马国翰又云："《七录》儒家有《正部论》八卷，《隋志》云亡，《唐志》不著录，佚已久。马总《意林》载《正部》十卷，或因庾仲容《子钞》之旧目也。《意林》引十三节，《艺文类聚》《太平御览》等书亦引之，或作《王逸子》，即《正部》也。"⑥考马国翰《玉函山房辑佚书》所辑《正部论》之内容，将《意林》中《正部》内容和他书征引《王逸子》者都囊括于内，并作引注，然并不准确。今以马氏辑本为基

---

① 〔宋〕洪兴祖撰，白化文等点校《楚辞补注》，北京：中华书局，1983年，第316页。
② 〔宋〕李昉等编《太平御览》，第1862页。
③ 同上书，第2739页。
④ 〔明〕董斯张《广博物志》，长沙：岳麓书社，1991年，第550页。
⑤ 〔唐〕马总编，王天海、王韧校释《意林校释》，第436页。
⑥ 〔清〕马国翰辑《玉函山房辑佚书》，上海：上海古籍出版社，1990年，第2489页。

础,重新检索诸类书、注书等,辑校《王逸子》佚文四则如下:

  1. 或问:"张骞可谓名使者欤?"叹曰:"周流绝域,十有余年,自京师以西,安息以东,方数万里,百有余国,或逐水草,或逐城郭,骞经历之,知其习俗,始得大蒜、蒲萄、苜蓿。"(《北堂书钞》卷四〇《政术部十四·奉使四十》①、《太平御览》卷七七九《奉使部三·奉使下》②、《渊鉴类函》卷一四三《政术部二十二·使绝域一》③)

  按:《北堂书钞》"习"后未有"俗"字,应为脱误;《太平御览》删改错乱较多,可见其编者在征引文献时的不严谨。

  2. 颜渊之箪瓢,则胜庆封之玉杯,何者?德行高远,能绝殊也。(《艺文类聚》卷七三《杂器物部·杯》④、《太平御览》卷七五九《器物部四·杯》⑤、《广博物志》卷三七《珍宝》⑥、《庾开府集笺注》卷七《连珠》⑦)

  按:《庾开府集笺注》"绝殊"作"殊绝",应为倒文之误。

  3. 草有玄巨畅葳蕤,木有扶桑、梧桐、松柏,皆受气淳矣,异于群类者也。松柏冬茂,阴木也;梧桐春荣,阳木也;扶桑日所出,阴阳之中也。(《初学记》卷二八《果木部·松》⑧、《太平御览》卷九九四《百卉部一·草》⑨、《尔雅翼》卷九《释木一·桐》⑩、《天中记》卷五一《桐》⑪)

  按:各书引文不尽相同,皆征引一部分;但"草有玄巨畅葳蕤"一句独见于《太平御览》,他书均未征引此句。"玄巨畅葳蕤"几字暂不可解,并未见有名此的草类。今人尹玉珊认为《王逸子》即是《正部论》,并辑此则内容入《正部论》,但并未辑"草有玄巨畅葳蕤"一句⑫。观此则内容,分上下两部分,扶桑、梧桐、松柏上下两部分均有论及,而草类"玄巨畅葳蕤"在下文并未提及。综上推测,"草有玄巨畅葳蕤"盖为衍文,或内容有所脱误。

---

① 〔唐〕虞世南编《北堂书钞》,第145页。
② 〔宋〕李昉等编《太平御览》,第3453页。
③ 〔清〕张英、王士桢等编《渊鉴类函》,北京:北京市中国书店,1985年第1版,第473页。
④ 〔唐〕欧阳询等编,汪绍楹校《艺文类聚》,第1261页。
⑤ 〔宋〕李昉等编《太平御览》,第3370页。
⑥ 〔明〕董斯张《广博物志》,第793页。
⑦ 〔南北朝〕庾信著,〔清〕吴兆宜注《庾开府集笺注》,《景印文渊阁四库全书》第1064册,台北:台湾商务印书馆,1987年,第173页。
⑧ 〔唐〕徐坚编《初学记》,北京:中华书局,1962年,第686页。
⑨ 〔宋〕李昉等编《太平御览》,第4400页。
⑩ 〔宋〕罗愿撰,〔元〕洪焱祖释《尔雅翼》,北京:中华书局,1985年,第103页。
⑪ 〔明〕陈耀文《天中记》(下册),扬州:广陵书社,2007年,第1698页。
⑫ 尹玉珊《汉魏子书辑佚》,《古籍整理研究学刊》2011年第2期,第98页。

4. 自幽、厉礼坏乐崩,天纲弛绝,诸侯力政,转相吞灭,德不能怀,威不能制,至于王赧,遂丧玉斗。(《太平御览》卷七六五《器物部十·斗》①)

按:《太平御览》卷八五《皇王部十·赧王》亦征引此条,然称出自"王逸《正部》",内容略有不同,当以此处为准,详见上文。

《王逸子》佚文今仅见上述四则,而第四则又和《正部论》重复。考《艺文类聚》又征引"王逸曰"一则:"自比如萍,随水浮游。"②马国翰认为此句是《艺文类聚》引自《王逸子》,故辑入《正部论》中。陈景沂《全芳备祖》亦征引此句,原文为:"自比如萍,随水浮游。(小字注:江逸赋)萍实时出而漂泳。(小字注:同上)"③程杰等人校勘记云:"'江逸赋',日藏刻本、八千卷楼本同,碧琳琅馆本、汲古阁本、四库本连下条作王逸,欧阳询《艺文类聚》卷八二载此句亦作王逸句。"④笔者认为"江逸赋"应当是"王逸赋"之讹误,或有可能出自《王逸集》,但无法断定是否出自《王逸子》或《正部论》,故暂且搁置不论。

三 《正部论》与《王逸子》关系辨析

清代学者皆认为《王逸子》和《正部论》是同一文献,今之学者亦多默认此说,皆未给予确凿证据论述。本文认为二者之间肯定有某种关联,但是不能简单地画上等号。马国翰将《正部论》和《王逸子》佚文合辑一卷,并云:"书多劝学语,亦每论当代著作,如谓'《淮南》浮伪而多恢,《太元(玄)》幽虚而少效,《法言》杂错而无主,《新书》繁文而鲜用。'皆确当不易云。"⑤总览上述二十一则佚文⑥,除劝学语和当代著作评论外,还有一些治国理念、人生哲理等方面的论述,故本文将全部内容暂且分为以下几类:

(一)劝学

1. 凡人蒙蒙冥冥,学以启志,行以处身,进于道则成君子,非于礼则曰小人。君子之举,履德而荣光,小人之动,陷恶而伤刑。

2. 若不学,譬如无目而视,无胫而走,无翅而飞,无口而语,不可得也。

---

① 〔宋〕李昉等编《太平御览》,第3396页。
② 〔唐〕欧阳询等编,汪绍楹校《艺文类聚》,第1407页。
③ 〔宋〕陈景沂编,〔宋〕祝穆订正,程杰、王三毛点校《全芳备祖》第3册,杭州:浙江古籍出版社;浙江出版联合集团,2014年,第877页。
④ 〔宋〕陈景沂编,〔宋〕祝穆订正,程杰、王三毛点校《全芳备祖》第3册,第878页。
⑤ 〔清〕马国翰辑《玉函山房辑佚书》,第2489页。
⑥ 《正部论》十八则,《王逸子》四则,二者有重复内容一则,故总二十一则。

3. 玉不琢,则南山之圆石。①

(二) 前人德行、著述评论

1. 夏禹治水,腓无胈,胫无毛。
2. 仲尼叙书,上谓天谈,下谓民语,兼该男女,究其表里。
3. 仲尼门人,哺道醇,饮道宗。
4. 颜渊之箪瓢,则胜庆封之玉杯,何者?德行高远,能绝殊也。
5.《易》与《春秋》同经综,一机之织,经营天道,以成人事。
6.《淮南》浮伪而多恢,《太玄》幽虚而少效,《法言》杂错而无主,《新书》繁文而鲜用。
7. 屈原、宋玉、枚乘、相如、王褒、杨雄、班固、傅毅,灼以扬其藻,斐以敷其艳。

(三) 治国理念

1. 山神曰螭,物精曰魅,土精曰羵羊,水精曰罔象,木精曰毕方,火精曰游光,金精曰清明。天下有道,则众精潜藏。
2. 桀纣虽有天子之位,而无一人之誉,犹朽株枯树,逢风则仆。
3. 明刑审法,怜民惠下,生者不怨,死者不恨。谚曰:政如冰霜,奸宄消亡,威如雷霆,寇贼不生。
4. 自幽、厉礼坏乐崩,天纲弛绝,诸侯力政,转相吞灭,德不能怀,威不能制,至于王赧,遂丧玉斗。

(四) 为人处世之哲理

1. 或问玉符,曰:"赤如鸡冠,黄如蒸栗,白如脂肪,黑如纯漆,此玉之符也。言成雅训,辞作典谟,此人之符也。"
2. 皎皎练丝,得蓝则青,得丹则赤,得蘗则黄,得涅则黑。
3. 穿窬之徒,不避腰领,奔北之士,不惮斧钺。
4. 天以仙人曰子,众人曰乌狗。爱其子,私其寿;贱曰狗,听其夭。

(五) 叙述汉家人事

1. 汉家穷天涯,究地圻,左汤谷,右虞渊,前炎楚,后塞门。祁连以北,黄山以南,碣石以东,合黎以西,莫不襁负来贡。
2. 或问:"张骞可谓名使者欤?"叹曰:"周流绝域,十有余年,自京师以

---

① 此句的表面意思为:玉如果不经过雕琢的话,就是南山的圆石块。笔者认为名为写玉,实为喻人,如有后半句,当为人不学,则如何如何此类,《三字经》中就有"玉不琢,不成器;人不学,不知义。"故暂将此条入劝学类。

西,安息以东,方数万里,百有余国,或逐水草,或逐城郭,骞经历之,知其习俗,始得大蒜、蒲萄、苜蓿。"

(六)其他

　　草有玄巨畅威熹,木有扶桑、梧桐、松柏,皆受气淳矣,异于群类者也。松柏冬茂,阴木也;梧桐春荣,阳木也;扶桑日所出,阴阳之中也。

《王逸子》有四则佚文。根据上述分类可知,第二类"前人德行、著述评论"中有一则,第三类"治国理念"中有一则,第五类"叙述汉家人事"中有一则,第六类"其他"一则。在涉及前人德行著述的评论中,《正部论》有"仲尼"和"仲尼门人";《王逸子》中涉及的是"颜渊",而颜渊就是仲尼门人,且为七十二贤之首。由此可见,此三则佚文可能出自同一篇章。在论述治国理念中,四则佚文分别从正反两方面讲治理国家要礼法严明、德威兼备,君王方能有誉,天下才能有道。《正部论》中有"桀、纣",而《王逸子》中有"幽、厉",皆是典型的反面事例,姑且不论其他两则佚文,此两则应出自同一篇章。况且,《太平御览》两次征引"自幽、厉礼坏乐崩"条佚文,分别称出自《正部论》和《王逸子》,仅从此来看,《王逸子》貌似就是《正部论》。在叙述汉家人事的两则佚文中,《正部论》是讲汉家地域广阔,周围各国人都来朝贡;《王逸子》讲的是张骞出使西域之事,十余年经历数国,并为大汉引进异域果蔬。此两则都讲汉家事,但侧重不同,虽不敢断定出自同一篇章,但应该有一定的关联性。《王逸子》第四则佚文是讲草木,主要是扶桑、梧桐和松柏,渗透着古代哲学观中的气本论和阴阳说。此则佚文内容,不仅和《正部论》所讲内容似乎没什么关联,而且和同出自《王逸子》的其他三则佚文也没什么相通之处。

　　综上,笔者不得不对《正部论》和《王逸子》重新作一审视。通过两者佚文的比较分析,《正部论》和《王逸子》肯定有着紧密的关联,各自的某些内容甚至可能出于同一篇章。但是,这还不足以证明二者就是同一种文献。在《后汉书·文苑列传》的记载中,王逸著述除大家熟知的《楚辞章句》外,就是"赋、诔、书、论及杂文凡二十一篇"了。王逸所撰之"赋",有后人辑佚的《荔支赋》和《机赋》残文两篇;"诔"散佚无存;"书"有《与樊英书》一篇,有目无文;《正部论》应当属于"论"之部分;《临豫州教》残存数字,应当属于"杂文"一类。至于《琴思楚歌》,后人多怀疑是改自王逸《楚辞》注文,因王逸所注《楚辞》八字文较多,且多用韵。梁启超先生曾讲到:"注文用韵起于《易经》各爻家之象辞,叔师效之而一律裁为七言。《琴思》一章,疑亦某章之注,后人摘之以为诗耳。"①陈松青教授亦认为八字注就是七言的变体,并进一步考证出《琴思楚歌》乃改自《九

---

① 梁启超《中国之美文及其历史》,北京:东方出版社,1996年,第144—145页。

辩》的八字注①。对于七言之变体问题，此不多言，陈教授所论《琴思楚歌》改自《九辩》注，论据充分，较为可信。此外，王逸著述还有《广陵郡图经》，应属方志类文献，《文选·芜城赋》注引几字而已。

上述赋、诔、书、论、杂文等皆亡佚，但不知具体亡佚于何时。据《隋志》可知，阮孝绪《七录》曾著录《王逸集》二卷，录一卷，《正部论》八卷。而马总《意林》摘录《正部（论）》，称其有十卷。马国翰认为："马总《意林》载《正部》十卷，或因庾仲容《子钞》之旧目也。"②姚振宗云："此论（《正部论》）当在二十一篇中。《子钞》著录十卷，《七录》八卷，阮、庾同时，所见不致互异，似仲容并其他文字二卷为十卷。文贞处士分析编类，以后二卷入之别集欤？"③姚振宗怀疑十卷者内容，应为《王逸集》二卷和《正部论》八卷之合。张政烺先生对此亦有类似看法："按姚氏之说是也。马总《意林》因庾肩吾（庾仲容）《子钞》之旧目，犹是梁以前旧本。古书小题在上，大题在下（或无大题）。《正部论》占《王逸集》十分之八，遂掩本集之名，故曰《正部》十卷。"④张政烺先生又从东汉以来文体分类发展的角度论证，《王逸集》应是除《楚辞章句》以外王逸的全部著述，此种说法较为可信。综上来看，最晚至齐梁之时当有人整理王逸著述（除《楚辞章句》之外的赋、诔、书、论及杂文）为《王逸集》，有十卷本和两卷本之别，可惜"录一卷"并已亡佚，否则我们就能知道王逸所著文章的叙目了。

唐前诸史书和目录书籍未有提及《王逸子》者，《王逸子》今最早见于虞世南《北堂书钞》中，后《艺文类聚》《初学记》《太平御览》等类书亦征引之。然《北堂书钞》又征引王逸《折武论》一则："苞含六艺，游览百家，用道德为弓弩，□（此脱一字）仁义为铠甲。"⑤张溥、严可均皆辑之，亦只残存此条佚文。姚振宗、曾朴等人认为《折武论》应为《正部论》之一篇。此条佚文讲述的是儒家仁义道德之说，颇符《正部论》整体之风格。考证他书，又有征引王逸《玉论》者，如《本草纲目》记载："王逸《玉论》载玉之色曰：'赤如鸡冠，黄如蒸栗，白如截肪，黑如纯漆，谓之玉符。'"⑥《杜诗详注》《山海经广注》等亦记载有"王逸《玉论》"，除个别字词不同外，内容皆不出上文《正部论》"或问玉符"条。《正部论》原有八卷，当为八篇，是王逸著述之"论"的集合，故《折武论》和《玉论》应分别

---

① 陈松青《王逸注解〈楚辞〉的文学视角——〈楚辞章句〉之"八字注"探析》，《中国文学研究》2003年第1期，第81—82页。
② 〔清〕马国翰辑《玉函山房辑佚书》，第2489页。
③ 〔清〕姚振宗撰，刘克东、董建国、尹承整理《隋书经籍志考证》第3册，《二十五史艺文经籍志考补萃编》第十五卷，北京：清华大学出版社，2014年，第215页。
④ 张政烺《〈王逸集〉牙签考证》，《张政烺文史论集》，第205页。此处张政烺先生误将庾仲容写作庾肩吾。
⑤ 〔唐〕虞世南编《北堂书钞》，第407页。
⑥ 〔明〕李时珍《本草纲目》，北京：华夏出版社，2002年，第353页。

是《正部论》的单篇。

参考王逸著述存佚情况,"王逸子"应该有两种理解:一种是指王逸本人;另一种就是指后人辑王逸著述为一书,以其名冠为书名,加"子"是后人对王逸的尊称。下面,逐一析之。如果"王逸子"就是指王逸本人,"王逸子曰(云)"的内容就是王逸说的话了。后人引用前人说的话,最可能和直接的来源就是前人的著述。故"王逸子曰(云)"又可等同于王逸的著述,现已排除《楚辞章句》,那么就应该是"赋、诔、书、论及杂文"里的内容。前面考证,此部分著述不出十卷本的《王逸集》。如果"王逸子"就是书名的话,其成书时间晚于《王逸集》,应是《王逸集》亡佚后,后人再次辑王逸著述成《王逸子》一书;抑或后人直接称《王逸集》的残帙为《王逸子》,即《王逸子》就是《王逸集》。李大明教授在提到《艺文类聚》征引的《王逸子》时,就认为:"《王逸子》,盖即《隋志》所著录的《王逸集》之别名。"①确实有一定根据。通过对《王逸子》和《正部论》的佚文比较分析,笔者认为《王逸子》应该就是《王逸集》,但不是《隋志》著录的二卷本,乃是包含《正部论》在内的十卷本,即张政烺先生所言的"梁以前旧本"。

由此我们可以推断出,无论"王逸子"指代的是人名还是书名,其内容最终都逃不出十卷本的《王逸集》。故《王逸子》和《正部论》就不能看成同一文献了,应该说《正部论》从属于《王逸子》。由此,便可解释为什么《王逸子》几条佚文所论述的内容和思想并不相关,因为王逸的"赋、诔、书、论及杂文"都有可能是它们的来源。更能解释为什么《王逸子》和《正部论》的佚文,有些联系紧密,像出自同一篇章,有些又看似毫无关联。这是因为《王逸子》的佚文,有些是出自《正部论》,有些是出自《七录》著录的二卷本《王逸集》中。综上,《王逸子》的四条佚文,除"草有玄巨畅威意"一条外,其他三条盖都出自《正部论》。如果再加上《北堂书钞》所引《折武论》一则佚文,那么《正部论》现存内容就有二十二条了。

四　小结

王逸《正部论》亡佚后很少受到关注,自清代学者认为《正部论》和《王逸子》为同书异名后,今之学者多从此说。本文在辑佚的基础上进一步阐发《王逸子》《王逸集》《正部论》三者之间的关系,对相关问题的进一步讨论有一定的价值。文本指向不清晰,内容混淆,对我们全面深入研究王逸来说是有障碍和漏洞的。目前学界对王逸的研究已颇为丰富,主要着眼于文学创作、文学和经学思想以及围绕《楚辞章句》方方面面的研究。然王逸著述中的诔、书、论、杂

---

① 李大明《王逸著作存佚略考》,《四川师范大学学报(社会科学版)》2000年第3期,第56页。

文等体裁，却很少得到人们的关注和重视。尤其是《正部论》，作为王逸著述的"论"之部分，原有八卷，应该是除《楚辞章句》外，体量最大的著述了，时至今日却没有较好的辑本和专门的研究。

其实，本文并不完全否定《正部论》和《王逸子》是同一种文献的可能性，毕竟现有的结论都是基于残存的文献资料而得出。只是把《王逸子》理解为包含《正部论》在内的《王逸集》，更能合理地解释诸多问题。理清《正部论》《王逸子》《王逸集》三者之间的关系，不仅使我们对王逸著述的流传情况有了更清晰的把握，还能为我们的研究提供更精准的文本指向和依据。由《隋志》著录情况可知，《正部论》是王逸著述中唯一被归入子部儒家类的作品，其余王逸著述全属于集部，由此可见其代表王逸思想作品的独特性和重要性。故《正部论》虽仅残存二十多则，但对我们研究王逸作为儒家文人的思想，甚至整个东汉中后期儒家文人的思想状况，都具有非常重要的参考价值。

《朱文公家礼正衡》版本源流说略

顾永新

【内容提要】 朱子《家礼》是一部"庶人礼书",宋元以降家有其书,在民间得到普遍遵奉。有明一代,各种注本、节本、改编本不一而足,种类、名目繁多,付之剞劂者不可胜数。其中影响最大、受众最广的是丘濬《家礼仪节》,影响力甚或逐渐超过《大全》本,宋元五卷、十卷旧本系统反而少有流传。本文主要考察题名不作《家礼仪节》而主体部分实即《仪节》的三个版本(题名颇有异同),略述版本形态,厘清源流系统。各本虽变换名目,甚或改变卷次,但实际上内容并无增损。

【关键词】 朱熹 《家礼》 《家礼正衡》 版本源流

旧题朱子《家礼》是继司马光《书仪》之后的又一部"庶人礼书",对家庭生活中各项礼事的程序、器用、陈设、服饰等做出明确规定,分为通礼、冠礼、昏礼、丧礼、祭礼五部分,系参考古今家礼,又结合宋代社会习俗,因革损益而成。是书所定礼仪、礼节简便易行,宋元以降家有其书,在民间得到普遍遵奉。

《家礼》真伪问题几与其书流传相始终。《四库全书总目》引清王懋竑《白田杂著·家礼考》,认同《家礼》"决非朱子之书"之说,称其说"精核有据","是书之不出朱子,可灼然无疑"[①]。据束景南先生研究,朱子早年始作《祭仪》,后经三次修订,至淳熙二年(1175)定稿;二三年间由原本丧仪、祭仪推及冠、昏仪,故不称《祭仪》而称《家礼》,即今传《家礼》之最早草稿。三年草稿失窃,朱子死后又重现。今本《家礼》已经弟子及宋元后人窜乱改易[②]。现在一般认为《家礼》系朱子所作,原本为未完之书,经后人增补、修润。

---

* 本文为国家社会科学基金后期资助重点项目"《周易》文献学研究"(项目号:20FZWA003)、教育部人文社会科学重点研究基地北京大学中国古文献研究中心重大项目"《周易》经传注疏异文集成与数据库建设"(项目号:22JJD750005)阶段性成果。

** 本文作者为北京大学中国古文献研究中心研究员。

① 《四库全书总目》卷二十二经部二十二礼类四杂礼书著录《家礼》五卷、附录一卷,桂林:广西师范大学出版社,2019年,第563—564页。

② 束景南《朱熹佚文辑考》第四编《朱熹〈家礼〉真伪考辨》,南京:江苏古籍出版社,1991年,第675—684页。

一

《家礼》宋代既已多次刊行，早期刻本计有廖德明广州刻本、赵师恕余杭刻本、陈淳所见临漳刻本、杨复所见潮州刻本、赵崇恩萍乡刻本等①。传世者仅有周复刊杨复附注附图本《家礼》五卷、附录一卷，今藏中国国家图书馆（简称国图），卷一至卷三配清影宋抄本。七行十六字，小字双行字数同。白口，左右双边。李致忠老师以为淳祐五年（1245）刻于杭州②。此本各卷中无图，将杨复每条之下的附注分别抽出，整合为附录，附于书后，以免"间断文公本书"（周复书后识语）。元代又有杨复附注、刘垓孙增注且附纂图的《文公家礼》（卷端题名如是，卷首目录题"纂图集注文公家礼"）十卷，丧礼析为五卷，祭礼析为二卷，通礼、冠礼、昏礼各一卷。七行十四字，小字双行二十一字。细黑口，左右双边。李红英先生以为元代前期福建地区的家刻本③。此外，元刻本还有至正元年（1341）日新书堂刊黄瑞节编《朱子成书》本，不分卷；上图藏《纂图集注文公家礼》十卷，除杨复附注、刘垓孙增注外，尚有宋刘璋补注④。

明前期永乐中纂修三部《大全》，《家礼》编入《性理大全》⑤，使其影响进一步扩大，"藉助《性理大全》本身所具有的权威，《家礼》开始以强势的姿态在中国社会渗透"⑥。有明一代，各种注本、节本、改编本不一而足，种类、名目繁多，付之剞劂者不可胜数。诸如汤铎《会通》十卷、冯善《集说》五卷、魏堂《会成》八卷、邓元锡《铨补》十卷、罗万化《新刻朱文公先生考正家礼通行》八卷、翁正春《重镌徽郡官板翁太史补选文公家礼》八卷、朱廷立《节要》不分卷、令狐鏓《集

---

① 参见［日］吾妻重二著，吴震编《朱熹〈家礼〉实证研究》第三章"《家礼》的刊刻与版本"（上海：华东师范大学出版社，2012年，第76—88页）和浙江大学人文学院孙华2009年硕士学位论文《朱熹〈家礼〉研究》第二节"《家礼》的版本系统"（第6—12页）。

② 《中华再造善本总目提要》（唐宋编），北京：国家图书馆出版社，2013年，第70—72页。

③ 《中华再造善本总目提要》（金元编），第875—876页。另一本，与之同版，毛氏汲古阁旧藏，今分藏于东京大学东洋文化研究所（卷三、卷四）和上海图书馆（卷五）、国图（卷六、卷七）。其中，东文研著录为宋刻本，上图和国图则著录为元刻本。清代以降，多有著录为宋刻本者。

④ 《中国古籍善本书目》经部礼类著录为明刻本（上海：上海古籍出版社，1985年，第219页），《中国古籍总目》经部礼类亦同（中华书局、上海古籍出版社，2012年，第532页）。上图著录为元刻本，苏小露《上海图书馆藏〈纂图集注文公家礼〉价值发微》（《海南大学学报（人文社会科学版）》第38卷第2期，2020年）亦然。除此外，国图另藏明刻本一，《家礼》五卷、图一卷、《深衣考》一卷，凡七卷，亦有刘璋补注。

⑤ 《大全》本《家礼》四卷，据吾妻重二先生研究，出自黄氏所编《朱子成书》本（《朱熹〈家礼〉实证研究》第三章"《家礼》的刊刻与版本"，第88—90页）。

⑥ 《朱熹〈家礼〉实证研究》第三章"《家礼》的刊刻与版本"，第95页。

要》不分卷、朱天球《家礼易简编》一卷、李廷机《居家便用家礼易简》一卷、王叔杲《家礼要节》一卷，等等。其中影响最大、受众最广的就是丘濬(1420—1495)所撰《家礼仪节》八卷，系《家礼》补订改编本，"取世传朱子《家礼》，而损益以当时之制。每章之末，又附以余注及考证，已非原本之旧"①。是书大行于世，影响力甚或逐渐超过《大全》本，宋元五卷、十卷旧本系统反而少有流传。《仪节》成书于成化十年(1474)，初刻于广州②，后又有成化中北京、福建等刻本③。今存较早刻本为正德本，如浙江图书馆藏正德十二年(1517)应天府刻本，北京大学图书馆藏正德十三年常州府刻本，其他明刻本如万历三十六年(1608)钱时刻本、四十年刻本、四十六年何士晋刻本、明末刻本，等等，还有改题作者为杨慎本④。《仪节》凡通礼、冠礼、昏礼各一卷，丧礼、祭礼各二卷，"家礼杂仪"一卷，后附录各体例文。正德十三年本首成化甲午(十年，1474)丘濬《家礼仪节序》，次"引用书目"，次文公《家礼序》，后附黄榦、陈淳、李方子、杨复、周复、黄瑞节识语及丘濬注，卷端题"文公家礼仪节卷之一"，次行低十字署"后学丘濬辑"。丘氏解说文字分附每条之下，冠以墨围"仪节"二字，每卷末附余注、考证及图。

二

因为《仪节》流传甚广，所以出现了各式各样的改编本。我们注意到题名或内容相同或相近的几部改编本，于是加以辨析，拟厘清源流系统。日本国立公文书馆藏闽书林自新斋余明吾万历己亥(二十七年，1599)刻本《重刻申阁老校正朱文公家礼正衡》八卷(简称余本)⑤，系书坊托名申时行(1535—1614，万历七年任礼部尚书兼文渊阁大学士，十一年为内阁首辅)之作，主体部分实即丘濬《家礼仪节》。计通礼、冠礼、昏礼各一卷，丧礼四卷，祭礼一卷，凡八卷。内封正中大字题"家礼正衡"，附注"文公全像/余明吾梓"。卷首温陵杨九经

---

① 《四库全书总目》卷二五经部二十五礼类存目三杂礼书《家礼仪节》八卷提要，第645页。
② 正德十三年(1518)常州府刻本《家礼仪节》书后成化庚子丘濬识语有云："《家礼仪节》初刻于广城，多误字。"
③ 以上参考华东师范大学古籍研究所吕振宇2013年博士学位论文《〈家礼〉源流编年辑考》之明代部分，第84—87页。
④ 《四库全书总目》卷二五经部二十五礼类存目三杂礼书"别本《家礼仪节》"八卷提要，第647页。日本国立公文书馆藏明刻本《文公家礼仪节》即别本，署"宋新安朱熹编，明成都杨慎辑"。
⑤ 书林余氏自新斋是嘉靖至万历间建阳著名书坊，其中余明吾(字良相)所刻书，除此书外，另有万历十九年(1591)《两汉萃宝评林》三卷(方彦寿《建阳刻书史》，北京：中国社会出版社，2003年，第285页)。

《叙文公家礼正衡》①，自称"晦翁忧欲以孝其亲者衡天下万世之孝，意念深矣。故余为之颜其额曰'家礼正衡'，盖晦翁家天下之意夫"。次纂图，起首朱文公像为朱子晚年画像，以下次高宗十七年建州乡贡、十八年敕赐进士、二十一年授同安主簿、二十三年受学李延平，孝宗元年入对便殿、二年白鹿洞讲学、四年武夷精舍成、五年始野服见客、六年葬祝孺人（原注：是年《家礼》成）等朱子生平诸图。每半叶九行，行二十字，小字双行字数同。四周双边，白口，单鱼尾，版心记"某礼几卷"，附记叶次。卷端题"重刻申阁老校正朱文公家礼正衡卷之一"，次行、三行低四字署"闽武夷海东彭滨校补／书林明吾余良相梓行"②，卷八末有荷盖莲座牌记"万历己亥岁夏月／自新斋余明吾梓"③。版框内行格上方相应位置标示注音（直音或标声调）。国图藏此书残本三卷，卷首纂图存武夷精舍成和野服见客二图，卷端半叶缺，起通礼之祠堂三栋图，迄卷三昏礼之"次见妇党诸亲"之"送婿"注文"主人及诸在席"，以下半叶及他卷皆缺。此书另有辽宁省图书馆藏本。与通行本相比，余本有四个突出特点：一是余注、考证及图不再附于每卷之末，而是分附相应正文条目之下；二是通行本《仪节》于《家礼》原注大幅删削，而此本较之宋元刻本虽亦有删省，但保存相对完整，如"君子将营宫室先立祠堂于正寝之东"，原注"祠堂之制"云云百余字，及"凡屋之制"云云三十余字，而通行本《仪节》仅有"祠堂制三间或一间。正寝谓前堂也"两句，此本起首"正寝谓厅堂也"，下接"凡屋之制"，及"祠堂之制"末句和程子语；三是每一礼节下多附各式祝文（式），如通礼"有事则告"下附"遣子女入学祝文""应试祝文""中举祝文""拜官祝文"等；四是全书版框内、行格上均有留白，于相应位置标示注音（基本上都是直音）。以上当即彭滨所做的四个方面的校补工作。

　　公文书馆另藏一部万历刻本《重刻申阁老校正朱文公家礼》八卷（简称黄本），内封题"文公家礼"，附注"精镌校正无讹／书林三槐堂梓"④。卷首杨九经

---

① 杨九经曾注释《论学藏耳》三卷，有万历二十六年刻本；又校刻过《新锲郑孩如先生精选战国策旁训便读》四卷、《新锲郑孩如先生精选国语旁训便读》二卷、《新锲郑孩如先生精选史记旁训句解》八卷、《精摘古史粹语举业前茅》五卷附《古文类集》不分卷等，知其活跃于万历中叶出版界。

② 《千顷堂书目》卷二礼乐类著录彭滨补注《文公家礼正衡》八卷，注曰"崇安人"（上海：上海古籍出版社，2001年，第52页）。又，由岭南亚魁纯庵吴宗礼编、武夷门人海东彭滨评注《鼎镌校增评注五伦日记故事大全》四卷，万历十九年闽建书林郑世豪刊本（郑振铎《西谛书话》，北京：生活·读书·新知三联书店，2005年，第314—315页）和《鼎梓校增评注五伦金璧故事大全》十卷，万历二十一年书林郑世豪刻本（沈津《书城挹翠录》，上海：上海社会科学院出版社，1996年，第123页）。

③ 谢国桢《江浙访书记》"瓜蒂庵自藏书"亦著录此本（北京：生活·读书·新知三联书店，1985年，第308—310页）。

④ 三槐堂为明万历间震泽王氏室名，天启间常熟王氏书坊亦名三槐堂（瞿冕良《中国古籍版刻辞典（增订本）》，苏州：苏州大学出版社，2009年，第12页）。但此书为建阳坊刻本，则三槐堂当为当地书坊名。

《叙文公家礼序》，字体亦为行书，字形及每行起讫乃至末尾杨氏墨记悉同余本。篆图亦与余本全同，线条、构图亦皆酷似。卷端题"重刻申阁老校正朱文公家礼"一卷，次行、三行低四字署"闽武夷海东彭滨校补/书林聪我黄启胜梓行"。公文书馆著录为万历刻本，具体时间不明。检杜信孚先生《明代版刻综录》著录万历三十二年（1604）建阳黄启胜亦政堂刻本①，当即此本；盖版片亦由三槐堂刷印，故有内封"书林三槐堂梓"云云。卷末有牌记，但已残损，止存上端及右侧边栏局部。正文部分版式、行款及分卷、内容亦皆与余本相同，字形亦毕肖。此本与余本的不同之处，除卷端题署不同外，余本上象鼻记"家礼（礼）正衡"，而此本记"家礼"。余本卷一末尾题"家礼正衡卷之一终"（以下各卷略同，或家字上有文公二字或朱文公三字），卷二首题"重刻申阁老校正文公家礼正衡卷之二"（以下各卷略同，或文字上有朱字），此本卷一末尾题相同，卷二尾题作"朱文公家礼二卷"（卷三缺末叶，卷四、卷五、卷八末半叶被纸粘住，卷六、卷七末无尾题），卷二、卷四、卷五、卷六、卷七略同卷端题名，或文字上无朱字，卷三却与余本相同（有朱字）。异文罕见，如"周尺定式"之"故凡南轩家所刻，及建本吴门宜学礼图，一切削去"，此本禮作礼。从刊行时间、版式、行款等来看，此本当据余本覆刻。

东京大学东洋文化研究所藏万历间午山熊氏刻本《重刻丘阁老校正朱文公家礼宗》四卷（简称熊本），丘濬官至礼部尚书、文渊阁大学士，故书坊托名。卷首丘濬《文公家礼宗仪节序》，实即丘濬《家礼仪节序》（节取起首至"其于是礼必能家行而人习之也"部分）。次篆图，首高宗十年朱文公像（童子像），为余本所无；次十七年建州乡贡、十八年敕赐进士、二十一年授同安主簿、二十三年受学李延平，孝宗元年入对便殿、二年白鹿洞讲学、四年武夷精舍成、五年始野服见客、六年葬祝孺人等朱子生平诸图，悉同余本；殿以朱文公像（晚年），与余本冠首不同。卷首无目录，计通礼、冠礼合一卷，昏礼、丧礼、祭礼合三卷，凡四卷。卷端题"重刻丘阁老校正朱文公家礼宗卷之一"，次行、三行分别低九字署"阁老琼山丘氏校正/书林午山熊氏梓行"。卷一末尾题作"朱文公家礼宗卷之一终"（卷二无尾题，卷三同，卷四作"重刻丘阁老校正朱文公家礼宗卷之四"["四"字残泐]）。每半叶十行，行二十二字，小字双行字数同。四周单边，白口，单黑鱼尾，上象鼻记"家礼宗"三字，版心记"某礼几卷"，下附记叶次。此本文字内容、行款及附图悉同余本，不但《家礼》原文及注文相同（行款亦相同），图所出位置及其内容亦皆相同（由于版

---

① 杜信孚《明代版刻综录》第四卷"黄启胜"条，扬州：江苏广陵古籍刻印社，1983年，第41页a。但第一卷第4页ab"三槐堂"条并无是书。黄氏为万历间人，室名亦政堂，除此书外，还刻过陈继儒《广秘籍》《普秘籍》凡百余种。

式紧缩等原因,个别地方略有调整,如通礼"伸指量寸法"余本手掌为横式,此本变为竖式;"缁冠新旧图"新式、旧式二冠余本左右排列,此本变为上下)。体式略有不同者,注音标示于天头为异。此外,文字当亦有校订,如通礼"君子将营宫室先立祠堂于正寝之东"注:"凡祠堂所在之宅,子孙(宋刻本《家礼》作宗子)世守之,不得分析。"此本作析,余本、黄本析误作折。通礼"祠堂一间之图"下说明文字,余本、黄本"中门外为两阶,皆三级",此本阶误阼,皆误阶;"又为遗书、衣物、祭器库及神厨于其东",此本脱"衣物祭器库及"六字,恰为余本、黄本一行;"若家贫地佚",此本佚作狭;"东藏祭器,西藏遗书、衣服"(通行本《家礼仪节》作"西藏遗书、衣物,东藏祭器,亦可"),此本脱"服"字。余本、黄本"周尺定式"左侧说明文字"按钞尺者,其长准大明通行赍钞也"①,注音"齎音赍",此本无注音。此本卷首丘序及"高宗十年朱文公像"为余本、黄本所无,余本、黄本卷首杨序又为此本所无,我们认为丘序及纂图往往坊刻诸本多有之,不可为据。但依据异文进行判断,余本、黄本有不见于此本的异文,故可推知熊本当出自余本或黄本②,系据余本或黄本改头换面,翻刻而成(当然,也不能排除二者具有共同祖本的可能性)③,由托名申时行改题实际作者丘濬,变更题名及卷次,实则内容完全蹈袭。

　　熊本为海内孤本,虽然内容本身并无特异性,但还是具有一定的版本价值的。有2009年《闽刻珍本丛刊》影印本④。

　　前揭余本题作彭滨校补《家礼正衡》,而公文书馆另藏明周应期编《家礼正衡》八卷⑤,卷首有周氏崇祯丁丑(十年,1637)《家礼正衡叙》,次《家礼凡例》,卷端题"家礼正衡卷之一",署"东嘉周应期纂辑"。每半叶八行,行十八字。白口,四周单边,上象鼻记"家礼正衡",版心记卷几某礼。版框内行格上方标示注音。正文及注文皆有句读。周氏自称"惟是《家礼》一编,先子手泽存焉,时与苦块相昕夕","因取丘文庄所辑《仪节》,及宜兴、锡山、晋江诸书互订之","梓成题曰'正衡',仍其故也,且以终先子之志也"。知其所习书当为万历本

---

①　万历中宋纁所著《四礼初稿》"赍钞"误作"宝钞"。
②　吕振宇先生认为,余本和熊本都是"覆刻"成化十六年(1480)福建按察佥事余谅刻本(博士学位论文《〈家礼〉源流编年辑考》,第174页),理由就是丘濬序"尚得写体"(第87页)。申时行生于嘉靖十四年,拜相在万历中,所以余谅成化刻本断然不会称其为"阁老",所以当非翻刻,更谈不上覆刻,这种类型的刻本当肇始于万历二十七年余本(卷首并无丘序)。
③　前揭"周尺定式"注音"齎音赍",余本三字均清晰,而黄本末字"赍"漫漶,所以我们倾向于认为熊本所从出之底本或为黄本,盖以其底本漫漶不可辨,故而删削此条注音。此外,余本"周尺定式"图下说明文字"故凡南轩家所刻,及建本吴门宜学礼图,一切削去",黄本禮作礼,此本亦同,似乎亦可为佐证。
④　古风主编《闽刻珍本丛刊》,北京:人民出版社,厦门:鹭江出版社,2009年,第30册。
⑤　周应期,明永嘉人,字际五,万历四十七年(1619)进士,官至山东布政使。崇祯元年(1628)曾刊刻明周旋《畏庵周先生文集》十卷。

《正衡》,又以他本参订。此本分卷与余本相同,通礼、冠礼、昏礼各一卷,丧礼四卷、祭礼一卷。虽然同为丘濬《仪节》,但此本与万历刻本不同,图不再分附相应正文条目之下,而是遵循八卷本《仪节》旧式,附于每卷之末(略有省并、改造①,次序亦小有异同)。此外,文字内容亦有删削,余本每类礼节下多附祝文,如通礼"有事则告"下附四篇祝文及其后大段仪节,此本尽皆删省。又如通礼"君子将营宫室先立祠堂于正寝之东",余本起首"正寝谓厅堂也",下接"凡屋之制",及"祠堂之制"末句和程子语,此本无程子语。通礼"祠堂一间之图"下说明文字余本"东藏祭器,西藏遗书、衣服",此本作"西藏遗书、衣物,东藏祭器",略同通行本《家礼仪节》,只是删去"亦可"二字,由此可见确曾校以他本。《中国古籍总目》经部礼类于《重刻申阁老校正朱文公家礼正衡》(署周应期编,彭滨校)条目下著录崇祯十年序刻本②,知其混淆万历本与崇祯本,事实上二本虽同名为"正衡",实则书异,作者、标准题名、内容构成、体例皆有所不同。

综上所述,《家礼正衡》是在丘濬《仪节》基础上加以增补、改造而成的,万历中至少经过余本、黄本、熊本等多次刊行,虽变换名目,甚或改变卷次,但实际上内容全同,并无增损,比较大的改造则为崇祯本。

---

① 如余本图有"周尺定式",此本图"尺式"则包括古尺、周尺和三司布帛尺,且次序移至诸图之末。
② 《中国古籍总目》经部礼类,第533页。

《维摩诘所说大乘经》入"龙藏"始末新考

詹嘉玲[*]

【内容提要】《乾隆大藏经》最初收录的《维摩诘经》经本有三个，分别是鸠摩罗什、支谦和玄奘的译本。但在后来刷印的版本中，罗什译本已被替换成了题名为《维摩诘所说大乘经》的本子。该本实则是乾隆皇帝命章嘉呼图克图据藏译本对罗什译本进行重新删改修订的结果，并于乾隆三十九年重新刻板补入汉文大藏经中，取代罗什译本的位置，居于"方"字函下。

【关键词】《乾隆大藏经》《维摩诘经》 重修 《御制重刻维摩诘所说大乘经序》

《维摩诘经》译介到中国后，先后出现多个汉文与藏文译本[①]。现存的汉译本有三种，分别是吴支谦译《佛说维摩诘经》、后秦鸠摩罗什译《维摩诘所说经》和唐玄奘译《说无垢称经》。这三个汉译本均收于历代编修之大藏经中。清人在编纂《乾隆大藏经》(世称《龙藏经》，以下简称"龙藏"[②])时，亦依循历代刊刻之大藏经，将三本收编入藏，分别编在"方"字函与"盖"字函中。然而在今天所见的"龙藏"刊行本（如新文丰、传正公司出版的两个影印本）中，"方"字函下却

---

[*] 本文作者为中山大学哲学系博士后。

[①] 按：据 Lamotte 整理中国经录中所有有关汉译本《维摩诘经》之材料，计有如下九本：东汉严佛调《古维摩诘经》(公元 188 年)、东吴支谦《维摩诘经》(公元 222—229 年间)、西晋竺叔兰《异维摩诘经》(公元 291 或 296 年)、西晋竺法护《维摩诘经》(公元 303 年)、西晋竺法护《删维摩诘经》、西晋支敏度编《合维摩诘经》(公元 290—307 年)、东晋祇多蜜《维摩诘经》、后秦鸠摩罗什《维摩诘所说经》(公元 406 年)、唐玄奘《说无垢称经》(公元 650 年)。其中，《删维摩诘经》乃法护自先出译本删改所成，《合维摩诘经》则是支敏度合并支谦、竺叔兰、竺法护三本而得，均非另译。其余七本，根据 Lamotte 的研究，年代最早的严佛调《古维摩诘经》其实根本不曾存在。因此公元 3 至 7 世纪之间，至少有 6 个汉文译本问世。此经又于公元八九世纪间译成藏文，传入西藏。今收于《西藏大藏经·甘珠尔》(佛说部)之藏文译本约完成于公元 9 世纪。(参见林纯瑜《龙藏·维摩诘所说经考》，台北：法鼓文化，2001 年，第 1 页"注释 2"、第 2 页。)

[②] 按：清代雍正、乾隆皇帝敕刻的汉文大藏经，人们通常称其为《乾隆大藏经》《龙藏经》等。据张德钧先生考述，"龙藏"不得为清刻汉文大藏经专有之名，明朝人称明刻大藏亦曰"龙藏"；称以"龙"者，以其开雕出于"御敕"之故也。(见张德钧《关于清刻大藏与历代藏》，《文史》第 3 辑，北京：中华书局，1963 年，第 23 页。)不过，考虑到以"龙藏"命名这部清刻大藏经的现象比较普遍，本文仍沿用"龙藏"这一指称。

有一部题名为"维摩诘所说大乘经"的经典,没有注明译者。需要说明的是,此译本并非支谦、鸠摩罗什、玄奘等译本中的任何一个,却取代了罗什译本的位置,与支谦、玄奘译本并列于现在的"龙藏"之中,并且一直被误认为就是鸠摩罗什译本①。

据笔者了解,台湾地区林纯瑜先生是较早发现这个问题的。她于1993年撰写了论文《龙藏·维摩诘所说经考》②,从版本的比对中考证出此刊本之经文内容与鸠摩罗什译本有许多差异,已经过修订,且大部分的修订均可在藏译本中寻得对应经文。她的研究结果表明这部未注明译者的《维摩诘所说大乘经》基本上是以鸠摩罗什译本为底本,再根据藏译本增、删、修改部分内容而来的③。由此引发了学者们对于"龙藏"及其编修者的质疑与批评,如蓝吉富先生说:"依据林纯瑜这篇论文的研究,约略可以窥见编修'龙藏'者态度之草率。当时的编修者对《维摩诘经》这么重要的佛典作过如许重大的更动,但是却毫无只字片语说明其事。这件事使人对'龙藏'版本之可信度,颇易生疑。"④林士铉先生批评道:"清朝主事者亦未在《龙藏经》中清楚说明此乃重新译编、合成的新版本,造成后人长期以来将之视为罗什译本,此亦即将藏译本文句'非历史化',掩藏译编过程中的实际历史脉络,如此也去除了来自'异域'的文本带给'本土'强大影响的'历史化'过程。"⑤蓝、林二先生有此怀疑可以理解,但他们所言不尽符事实,因为这部经过改译的《维摩诘所说大乘经》(以下简称"重修本")在编入"龙藏"时,是附有一篇重刻序的。序文乃乾隆皇帝御笔,交代了重刻的缘起等,并于落款处注明该序作于"大清乾隆三十九年(1774)十二月初六日"。2015年,北京故宫博物院图书馆的翁连溪先生发现这篇序文之后,撰文予以公布。蓝、林二先生大概并不知此序的存在,所以有误解也无可厚非。据翁先生《从〈龙藏经〉经版整理中新发现的问题看乾隆皇帝对文章的删改与撤毁》一文所述,他在整理"龙藏"的雕版时,从《维摩诘所说大乘经》的雕版中

---

① 如台北新文丰公司所编之"龙藏"本,其本经提要首句如是道:"凡三卷,计十四品,姚秦鸠摩罗什译"(见《新编缩本乾隆大藏经》第32册,台北:新文丰出版公司,1992年,第552页),并且在总目录及经名、人名索引之中,皆将此经归为鸠摩罗什所译。而华藏净宗学会出版的影印重编的《乾隆大藏经》在总目录索引中乃至第25册的目录页和经名页上,均标记为"姚秦鸠摩罗什译"。又如蔡运辰所编之《二十五种藏经目录对照考释》中将"龙藏""方"函内所收之《维摩诘所说经》归于编号475栏内,并谓:"《维摩诘所说经》三卷,姚秦鸠摩罗什译"(见蔡运辰《二十五种藏经目录对照考释》,台北:新文丰出版公司,1983年,第54页)。以上例据,参见林纯瑜《〈维摩诘所说经〉之重修——核心人物及其他》,《佛光学报》2017年新3卷第2期,第114页。
② 《龙藏·维摩诘所说经考》已于2001年出版成书。
③ 详见林纯瑜《龙藏·维摩诘所说经考》,第203页。
④ 蓝吉富《佛教史料学》,台北:东大图书股份有限公司,1997年,第35页。
⑤ 林士铉《〈满文大藏经·维摩经〉之翻译考察及翻译特色——以〈文殊师利问疾品〉〈不思议品〉为中心》,《佛光学报》2016年新2卷第2期,第179页。

发现了一块刻有"御制重刻维摩诘所说大乘经序"的经板,只是这篇序文在今天的多数"龙藏"印本中却找不到了,只有湖北归元寺、故宫等处所藏的"龙藏"中才有此序①。遗憾的是,翁先生并没有就这些宝贵的发现进一步挖掘事件的缘起始末。而林纯瑜先生于 2017 年发表的《〈龙藏·维摩诘所说经〉之重修——核心人物及其他》一文,就旨在探究主持完成重修事件的核心人物以及重修事件的缘起问题。然正如她在文章中所说的"目前尚未见到足以回答本文所提问题之直接证据"②,表明她在发表该文时并不知晓那篇重刻序及其经板的存在③。诚然,这篇重要史料的缺席,并没有妨碍林先生对于重修事件的"始作俑者"、时间,以及重修的起因等问题的推断,但却在一定程度上影响了她对于重修本何以进入"龙藏",何以替换罗什译本等问题的判断。拙文将从重修本"入藏"并替换罗什译本的问题入手,重点考察事件发生的时间节点,兼与林先生提出的若干假设论点一一商榷,并就后世印本为何只见少数印本刊有此一御制序文的原因,作进一步的考察。

一 "龙藏"中的经书抽撤现象

今天我们所看到的"龙藏"通行本,其实已非初刊时的原貌了。原因是自乾隆二十四年(1759)起,高宗曾四次下旨对该藏所收的部分经籍、经序及其经板进行了撤毁。其中被抽毁的书籍有:《大明仁孝皇后梦感佛说第一希有大功德经》《开元释教录略出》《永乐御制序赞文》《楞严蒙钞》《辩伪录》五种。湖南图书馆馆藏清代藏经目录上就保存了当年撤经毁板之记载④:

---

① 详见翁连溪《从〈龙藏经〉经版整理中新发现的问题看乾隆皇帝对文章的删改与撤毁》,《古籍保护研究(第 1 辑)》,郑州:大象出版社,2015 年,第 82 页。
② 林纯瑜《〈龙藏·维摩诘所说经〉之重修——核心人物及其他》,第 109 页。
③ 按:林纯瑜先生在文末的附记中提到:"本文初稿《〈龙藏·维摩诘所说经〉的形成——核心人物与重修缘起》曾于 2015 年 10 月 3—4 日由佛光大学佛教研究中心主办之'第二届维摩经与东亚文化国际学术研讨会'中发表。"可知,她在 2017 年发表的文章其实是脱稿于 2015 年 10 月的会议论文。林先生于 2017 年 7 月发表此论文之际,未能及时知见 2015 年 11 月刊出的翁文的最新成果,以至其文中的若干论点存在偏颇之处却未能及时订正。当然这种"失察"与作者写作的因缘有关,自是无可厚非。
④ 按:这则记载常见于其他相关史料中,如《乾隆朝上谕档》载:"大学士公臣傅恒等谨奏:……臣等公同阅看,内惟《开元释教录略出》《辩伪录》《永乐序赞文》三部文多肤浅,似可从删等,因请旨。奉旨:'是此三种应行删去,着该管大臣将板片撤出,并查明曾经颁发之各寺庙,令将所删刊本俱汇交军机处,再行奏闻办理。钦此。'今据武英殿咨称:'此项经卷从前颁发,在京各处,已将三种撤回。其外省各寺庙前次颁发共六十处,今已咨取前来……'"(见中国第一历史档案馆编《乾隆朝上谕档》第五册,北京:中国档案出版社,1991 年,第 646 页)。又如乾隆三十八年(1773)二月,高宗皇帝在圣旨中也回顾了此前的抽毁裁撤事件:"……嗣朕即位后,又令大臣等覆加校,撤去《开元释教录略出》《辩伪录》《永乐序赞文》等部。其钱谦益所著《楞严蒙钞》一种,亦据奏请毁撤。所有经板书篇,均经一体芟汰,期于澄闾宗门。"(见中国第一历史档案馆编《乾隆朝上谕档》第七册,北京:中国档案出版社,1991 年,第 282 页。)

乾隆二十四年奉旨追取"务"字函《大明仁教①皇后梦感佛说第一希有大功德经》一卷已废系佛珠手追僧纲司林有结有案。

乾隆三十年奉旨文来堂宪张取回"后②"字号《开元释教录略出》五卷赍送案存在房佛志方丈取去。

乾隆三十年七月二十日奉堂宪张牌奉当今帝王取回"宙"字号《永乐序文》一卷赍送案存在房佛志方丈取去。

乾隆三十四年十二月内奉旨文来堂宪溪取回《楞严经疏解》六十卷共六函"色""贻""厥""嘉""猷""勉"六字号藏内无存案在房祖净方丈取去。

《辩伪录》六卷先年清去("于"字函)。③

而被撤毁的经序有六篇，皆是武则天所作。据乾隆四十一年（1776）永瑢等奏遵旨撤出销毁藏经内武则天序文折：

臣永瑢、臣金简谨奏："为奏闻事，乾隆四十一年十月十九日大学士于敏中奉旨：'《华严经》部内有武则天制序，着删去。所有刷印颁发过供奉藏经内一并查明撤出，将板片铲去。钦此，钦遵。'臣等查得……此外，别项经卷内恐尚有武则天序文之处，复派员率同经馆行走僧人通理、寰宁等，于汉字全藏经函内又查出《大乘显识经》《入定不定印经》《方广大庄严经》《佛说证契大乘经》《大乘入楞伽经》等五部经首均有武则天序文各一道等因，呈报前来。臣等伏思《华严经》内武则天制序既经遵旨删去，其复查出《大乘显识》等经武则天序文五道似应一律撤出销毁，合并声明，伏候命下之日遵照办理。至此项序文板片，请交武英殿铲去字迹存贮备用可也。谨此奏闻。"乾隆四十一年十一月十九日具奏。奉旨："知道了。所有各省寺庙供奉藏经着交该督抚查明，将应毁序文之卷送京查撤销毁后再行发还。钦此。"④

可知，乾隆四十一年，《华严经》《大乘显识经》《入定不定印经》《方广大庄严经》《佛说证契大乘经》《大乘入楞伽经》等六部佛典先后被抽去了武则天的序文。不过，据释范成《修整清藏经库版架记》所述，此番撤毁序文只是针对已颁藏经，实际上序文经板并未撤去⑤。因此裁撤后的"龙藏"较之初刊本的725函、

---

① 按："教"字，疑笔误，当作"孝"。
② 按："后"字，疑乃"後"字之繁简转化结果。又"後"字，疑为"俊"字之讹。今查《大清三藏圣教目录》，当为"俊"字。
③ 赵小琴《馆藏〈清乾隆版大藏经〉述要》，《图书馆》2000年第5期，第72—73页。
④ 故宫博物院编《史料旬刊》第2册，北京：北京图书出版社，2008年，第291—292页。
⑤ 释范成《修整清藏经库版架记》，《微妙声》1937年第5期，第59页。

7245卷(含目录1函5卷),实则只剩下719函、7172卷(含目录)①。

据翁文介绍,首刊的百部②"龙藏"印本几乎都遭到了抽毁和删改,除了北京白塔寺藏本,它是迄今为止能够找到的没有遭到乾隆年间毁板的最原始的一部"龙藏",原因是此本于乾隆八年(1743)装藏入塔,直到1978年才被发现。用白塔寺初刊本(图1)与现存经板及其印本相较,发现同为"方"字函下的《维摩诘经》有多处不同,如初刊本名为"维摩诘所说经",经题下注:"亦名'不可思议解脱经',姚秦三藏法师鸠摩罗什奉诏译";而后印本则名为"维摩诘所说大乘经",无经题注,也无译者姓名,且经文内容也有多处不同(参见图2中所作的标示)。

图1 《维摩诘所说经》白塔寺初印本③

---

① 按:这减少的6函其实是钱谦益《首楞严经疏解蒙钞》一书所在经函,即"色""贻""厥""嘉""兽""勉"六字函,而其他4种书籍尽管也被抽毁,但其所在经函并未撤走,原因是:"务"字函被抽出了《大明仁孝皇后梦感佛说第一希有大功德经》1卷后,还剩有其他典籍9卷在函;"宙"字函被撤出《永乐御制序赞文》1卷后,仍剩有9卷;"俊"字函被抽出了《开元释教录略出》5卷后,也剩有5卷;"于"字函被抽出了《辩伪录》6卷后,还有4卷在函。因此,"龙藏"经函数其实只减少了6函而已。而卷数则减少了73卷。(参见《清藏经板之种类及详细数目》的勘查记录:"内有九卷者二函,五卷者一函,四卷者一函,余者皆十函。")又关于"龙藏"刊本的函数、卷数问题目前存在多种观点:如一般说法为共724函,7240卷(例见梁玉泉《〈清藏〉经板述略》、杨玉良《清〈龙藏经〉的刊刷情况拾遗》、何梅《历代汉文大藏经目录新考》等),与"龙藏"工竣时之函数相同。至于有的记录为718函者,乃指乾隆撤毁经板以后的印本。但日本小川贯弋在《大藏经的成立与变迁》一书中记述:"清末西太后寄赠日本西本愿寺的'龙藏',是完备的全藏,现在仍珍藏在龙谷大学图书馆","根据《大清三藏圣教目录》五卷,全藏有七百三十七函,七千八百三十八卷"。小野玄妙在《佛教经典总论》第三部第五章"清官版大清三藏圣教目录"中也说道:"与明之北藏比较,于此土著述部分有更大之增补,总计为七百三十五函,七千八百三十八(7838)卷,为收藏历代大藏经中最大部帙。"函数与卷数均超过了"龙藏"初刊时的数目。窃以为,这多出来的函数和卷数,可能与计入了乾隆后期追颁入藏的《大藏全咒》10函96卷有关,至于卷数为何还是超出许多,不知是否与统计方式有关,具体原委有待考究。

② 关于首刊本的部数,翁连溪原文记为104部,若算上乾隆二十七年(1762)增补刷印的3部,则原刊本的数量为107部。但据《内务府奏案》之"庄亲王奏为汾州府僧人际济刷印藏经事"所载,"藏经告竣之时,共刷印过一百部"(见中国第一历史档案馆、故宫博物院合编《清宫内务府奏案》第46册,北京:故宫出版社,2015年,第111页);且在永瑢、金简上奏的奏章《永瑢等奏〈华严经〉内武则天制序遵旨删去复查出〈大乘显识〉等经武则天序文五道似应一律撤出销毁折》)中亦提到:"臣等查得,乾隆四年大清龙藏经刊刻完竣时刷印过一百部,又于乾隆二十七年刷印过三部,共一百三部"(见故宫博物院编《史料旬刊》第2册,第291页)。这两处史料记载一致,均称首刊为100部。故不知翁先生得出的104部是否有其他的史料依据。

③ 图片转引自翁连溪《从〈龙藏经〉经版整理中新发现的问题看乾隆皇帝对文章的删改与撤毁》,第82页"示图1"。

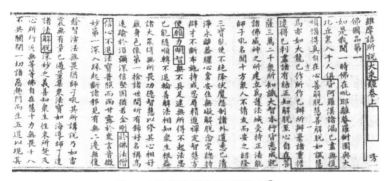

图 2 《维摩诘所说经》后印本①

二 《维摩诘所说大乘经》之"入藏"

那么,重修本是何时进入"龙藏"并替换原"方"字函下的罗什译本的呢? 据高宗所作之《重刻维摩诘所说大乘经序》可知(图 3),章嘉国师②曾据藏译本的《维摩诘经》对罗什译本进行了修改和厘定,并于乾隆三十九年(1774)交付内府刻板印出③。

图 3 《重刻维摩诘所说大乘经序》④

---

① 图片转引自翁连溪《从〈龙藏经〉经版整理中新发现的问题看乾隆皇帝对文章的删改与撤毁》,第 82 页"示图 2"。
② 章嘉国师(1717—1786),全名章嘉呼图克图若必多吉(lCang skya Rol pa'i rdo rje)。
③ 详见翁连溪《从〈龙藏经〉经版整理中新发现的问题看乾隆皇帝对文章的删改与撤毁》,第 81 页"《维摩诘所说经序》图"。
④ 图片转引自翁连溪《从〈龙藏经〉经版整理中新发现的问题看乾隆皇帝对文章的删改与撤毁》,第 81 页"示图 2"。

本来根据这篇重刻序以及正文经题下的"方"字号标识①,可以得出如下信息:此重修本乃于乾隆三十九年奉旨进入"龙藏",并置于"方"字函中取代了原先的罗什译本。但林纯瑜先生此前有过一个"大胆的推测",认为今天看到的"方"字标识可能是后人在修整经板时所加②。显然,在她看来,重修本收入"龙藏"和进入"方"字函不是同一个时间。有鉴于此,我们有必要对这个问题再作详细考察。

(一)"入藏"的时间

在排除"方"字号标识为后人添补的可能性之前,仅凭这篇重刻序,还不足以判定重修本的"入藏"时间。序中虽然表明该本于乾隆三十九年命内府重新刻板印出,但并没有明确交代刻出以后是否补入"龙藏"的问题。不过,从重修本的颁赐记录中可以找到一些蛛丝马迹。

湖南图书馆馆藏"龙藏"③的藏经目录上附有几则题识,内容如下:

> 又奉旨入藏《御制翻译名义集》十卷(乾隆三十三年刻本)乃"解"字函,《御制大藏全咒》七十卷,即《御制满汉蒙古西番合璧大藏全咒》(乾隆二十三年刻本),乃"组""谁""逼""索""居""闲""处"字函,《御制大藏全咒目录》十卷乃"沉"字函。
>
> 《钦定同文韵统》五卷(清乾隆十四年敕刻本),《维摩诘所说大乘经》三卷(清乾隆三十九年刻本),二共"默"④字函。
>
> 以上乃重修,照《千字文》次第,继又入《日食经》一卷。⑤

题识中透露了一个重要的信息:《维摩诘所说大乘经》曾与其他几部典籍先后被颁赐入藏。鉴于上述几则题识信息在其他资料上未见有记载,何时补入藏经目录中亦不详⑥,且题识中提到的新增入藏典籍,除了《维摩诘所说大乘经》外,其他几部在今天的"龙藏"中均不见踪影,因此这则材料内容的可靠性尚待

---

① 按:这篇重刻序上并没有像正文一样印有千字文序号。翁连溪先生谓:"此经版千字文为'方'字号,'方一'为《御制重刻维摩诘所说大乘经序》。"此说的后半句有误。至于御制序文上为何不标出"方一"序号,概与此序的经板是独立版次有关。例如"天"字号的《大般若波罗蜜多经》卷一前的佛像和数种历代御制序文,也同样没有标记出千字文序号。

② 林纯瑜《〈龙藏·维摩诘所说经〉之重修——核心人物及其他》,第145页。

③ 按:这部"龙藏"原藏于南岳祝圣寺等处,在中华人民共和国成立后,几度更换保管单位,1956年才移至湖南中山图书馆。

④ 按:现今所见"龙藏"本《维摩诘所说经》收于"方"字函,此处记载《维摩诘经》重修本补入"默"字函中,但无论从新发现的经板,还是就今天的"龙藏"载录情况来看,重修本的位置均是在"方"字函下。所记与实际情况并不一致,原因何在?下文将会述及此事。

⑤ 赵小琴《馆藏〈清乾隆版大藏经〉述要》,第73页。

⑥ 同上。

核实。不过,参照同时期出现的其他相仿的记载,约略可以判断颁赐新典籍一事不假。据潮州开元寺记载:

> 乾隆三十年乙酉(1765),开元寺主持静会和尚晋京奏赐,准赐①,运回。
>
> 乾隆三十四年己丑(1769)春,赐《御制华严字母》一卷。
>
> 乾隆三十六年辛卯(1771)春,再《御制四体翻译名义集正讹》二十卷。
>
> 乾隆三十八年癸巳(1773),再赐《钦定同文韵统》六卷、《御制满汉蒙古西番合璧阿礼嘎礼》一卷、《读咒法》一卷、《御制满汉蒙古西番合璧大藏全咒》八十卷。②

即开元寺在获赐"龙藏"之后,又陆续获赐了几部新典籍,并且这几部新赐的典籍与题识中所提到的书目高度吻合。这表明题识所记《维摩诘所说大乘经》被颁赐入藏当确有其事。

此外,据乾隆时期编纂的《日下旧闻考》③记载:

> 妙应寺旧名大圣寿万安寺,又名白塔寺……寺内有《御制满汉蒙古西番合璧大藏全咒》十套、《西番首楞严经》一分④、《维摩诘所说大乘经》全部,寺僧敬谨尊藏。⑤

即乾隆期间,朝廷颁赐给北京妙应寺的典籍中就有《维摩诘所说大乘经》。又据《中国藏书楼》称,热河永佑寺曾藏有:

> 《藏经》(按:即"龙藏")一部七百二十五函……《重刻维摩诘所说大乘经》三册、《高宗御制四体合璧翻译明义集考证讹经》二十册、《高宗御笔满汉蒙古西番合璧大藏全咒》一部十函。⑥

这表明颁赐给热河永佑寺的典籍中也有《维摩诘所说大乘经》。值得注意的是,上述的潮州开元寺、北京妙应寺、热河永佑寺等均是此前获颁过"龙藏"的

---

① 按:朝廷准赐的正是"龙藏"。据《内务府奏案》记载:"乾隆三十年七月二十六日,经尚书舒赫德奏请,广东潮州府海阳县开元寺僧传修请领一部。"(参见中国第一历史档案馆、故宫博物院合编《清宫内务府奏案》第199册,北京:故宫出版社,2015年,第296页。)

② 黄德才主编《广东省志·宗教志》,广州:广东人民出版社,2002年,第152—153页。

③ 按:《日下旧闻考》系清于敏中、英廉等奉乾隆皇帝意旨编纂的,编纂时间始于乾隆三十九年(1774)。今有乾隆五十三年武英殿刻本。书中"臣等谨按"下所注考之事较为信实。

④ 按:乾隆三十六年(1771)永瑢、福隆安请颁发各庙宇番、蒙文《万字楞严经》折记载,仅此经就颁给雍和宫、弘仁寺、妙应寺等63座寺院及查哈尔八旗共计蒙文《楞严经》一百部,蒙古文《楞严经》一百部。(参见翁连溪《清代内府刻书研究》(下),北京:故宫出版社,2013年,第332页。)

⑤ 〔清〕于敏中等编纂《日下旧闻考》,北京:北京古籍出版社,1983年,第827页。

⑥ 任继愈主编《中国藏书楼》,沈阳:辽宁人民出版社,2001年,第1328页。

寺庙。这从乾隆四十一年(1776)永瑢、金简的奏折中可获悉。奏章称：

> 臣等查得，乾隆四年大清龙藏经刊刻完竣时刷印过一百部，又于乾隆二十七年刷印过三部，共一百三部。内：内庭佛楼等处供奉八部(笔者按：分别是雍和宫佛楼、圆明园佛楼、御书房、静宜园、热河永佑寺、承光殿、万善殿和贤良寺)，赏给庄恪亲王、和硕恭亲王各一部，武英殿、礼部各一部，妙应寺塔内安设一部，陕西汾阳县净土寺、山西大同府天镇县城内慈云寺、保定府莲池书院观音庵、广东潮州府海阳县开元寺、浙江台州府天台县天台山方广寺、山西汾州府孝义县舍利寺各备价请去一部，颁给京城各寺庙二十八部、各省寺庙五十六部，俱已颁发供奉在案。①

由此可见，乾隆期间，朝廷曾下旨将《维摩诘所说大乘经》等典籍颁赐给了此前获颁过"龙藏"的寺庙。换言之，重修本在刻出以后，确实被颁赐入藏了。因此，重修本的"入藏"时间当在乾隆三十九年无疑。

(二) 置于"方"字函的时间

翁连溪先生提供的这张带有"方"字标识的重刻序文的经折图影，上面的时间款识本可以作为《维摩诘所说大乘经》置于"方"字函的时间依据之一。但林纯瑜先生此前有过一番推论，认为重修本奉旨补入"龙藏"时，其实是收在"默"字函的，与"方"字函的罗什译本并列在藏；后人不察，在修葺补刻"龙藏"经板期间，误将重修本移到了"方"字函中，以至于取代了罗什译本②。换言之，重修本上的"方"字标识有可能是后人添补所致。因此，仅凭此孤证，并不能对重修本置于"方"字函的时间问题遽下结论。

考察林氏之所以会提出这样的推测，主要是受湖南图书馆馆藏的目录题识所影响。题识中提到："《钦定同文韵统》五卷、《维摩诘所说大乘经》三卷，二共'默'字函。"这则在其他资料上未见记载的孤本材料所透露出来的信息，令重修本的函帙问题变得扑朔迷离。然值得注意的是，题识中还提到，《御制翻译名义集》入"解"字函，《御制大藏全咒》及其目录入"组""谁""逼""索""居""闲""处""沉"字函，《日食经》照千字文次第收录等。这表明当时至少新增了十函上百卷的典籍，可在今天的"龙藏"印本中都找不到它们的踪影。这不由得令人怀疑：该题识中所谓的"解""组""谁""逼""索""居""闲""处""沉""默"等字函，究竟是官方下旨增设的，还是收藏单位为了管理这批朝廷新颁典籍而自行设置的呢？若是官方授意，那么此事作为官方行为，当有所记载，但目前

---

① 故宫博物院编《史料旬刊》第2册，第291页。
② 林纯瑜《〈龙藏·维摩诘所说经〉之重修——核心人物及其他》，第145页。

除了这几则题识以外,未在其他资料上见有相关记载。此外,若这几部典籍都已按千字文编次装函,那么它们又怎么会在之后的"龙藏"印本中集体消失不见呢?即使是被撤出了,也当有所记载,更何况十函上百卷对于"龙藏"而言已是一个不小的数目。但查有关清内府修造"龙藏"及有关档案,目前尚未找到相关记载。

林氏考察了"龙藏"经板转移和保存的历史①之后,将怀疑的目光锁定在经板受人为因素干扰较为频繁的近当代,尤其1988年文物出版社重刷"龙藏"期间,认为此间发生移经改板的可能性比较大。她说:

> 可能由于"龙藏"自工竣之后,历经撤经毁板,且年代久远,数度更换保管单位,导致卷帙混乱。后人刻意修葺恢复原貌之际,忽略了乾隆皇帝曾经撤出、补入部分典籍的历史,依然以回复"龙藏"初刊原貌为目标的人为干预使《维摩诘所说大乘经》被移到"方"函,甚至取代了原本收于"方"函中著名的鸠摩罗什所译之《维摩诘所说经》。②
>
> 中国佛教协会曾于1988年商同文物出版社,将"龙藏"仍存之经板重新"补刻印行"……此次补版数量极多,多达7万余页,未知是否涉及经页中函次和卷次之标注。③
>
> 尽管目前尚未见到《维摩诘所说大乘经》乃是在后代重新刷印出版的过程中被移至"方"函之直接证据,然而考量历史背景与客观环境等因素,这个大胆的推测应是实际上比较可能发生的情况。④

她认为重修本有可能是在此补板刻字、修补残缺期间,被人为改移至"方"字函的。窃以为,即使"方"字号是在后来被补刻上去的,也不大可能发生在1988年重刷期间。原因如下:

首先,当年文物出版社补板刻字,修补残缺,共刻补文字32540个,用光电

---

① 按:"龙藏"经板刻竣,就存储在贤良寺,后移至紫禁城内。后为寺庙请印方便,谕旨移存北京柏林寺。清末社会纷乱,经板刷印高潮已过,管理渐疏。民国初年,僧录司已经废置,经板改由内务部和柏林寺住持负责保管。民国九年(1920),经板由北平档案保管处和柏林寺共同保管。1933年,内政部命令将"龙藏"经板拨交北平古物陈列所管理,1936年对之进行了一次较全面的清理。1951年,北京故宫博物院将经板移交北京图书馆(今中国国家图书馆)。"文化大革命"期间,经板从北京图书馆柏林寺版库中搬出,搁置在院内简易房内,无人问津。"文化大革命"结束后,经板移交北京市文物局保护,存放于东城禄米仓智化寺内,1988年文物出版社重印这部大藏经,并补板刻字,修补残缺。2012年,北京市文物局委托邦普公司补刻缺失版片。(参见安修《〈清藏〉研究》,硕士学位论文,中国社会科学院世界宗教研究系,2012年,第29—31页。)
② 林纯瑜《〈龙藏·维摩诘所说经〉之重修——核心人物及其他》,第145页。
③ 同上书,第143—144页。
④ 同上书,第145页。

扫描技术补板 11946 块[①]。然修补的板片基本属于“龙藏”的杂藏部分，因为经、律、论三藏经板基本完好，不需要修补。梁玉泉先生当年就参与了“龙藏”经板的整理、核对工作，他说：

> 1982 年 8 月，“龙藏”板全部移置东城禄米仓智化寺。为了弄清经板残损的情况，笔者在智化寺对几百块残板进行查对，将残板上的《千字文》字序、卷帙、页数与《大清重刻龙藏汇记》核对，欣喜的是经、律、论三藏经板基本完好，只杂藏中部分经板受到一些损坏，对重印“龙藏”影响不大；残损的部分目前正在补刻。[②]

可见，属于经部的《维摩诘经》及其重修本，当不出现在此次经板修补之列。

其次，如果是今人于修葺补刻经板期间对重修本的函帙号作了改动，而导致重新刷印以后的版本（如文物出版社重刷本）出现了“方”字标识，那么只要与“龙藏”更早版本的函帙号情况对比，问题便可迎刃而解。笔者比对了一下浙江宁波阿育王寺藏“龙藏”，发现该版本的《维摩诘所说大乘经》也有“方”字标识（图 4）。

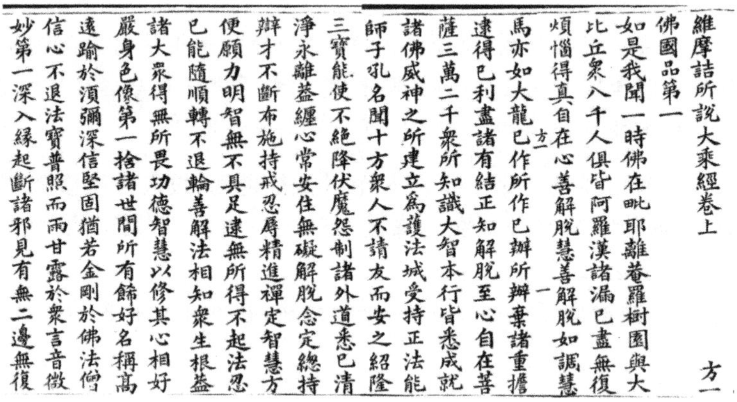
維摩詰所説大乘經卷上　方一
佛國品第一
如是我聞一時佛在毗耶離菴羅樹園與大
比丘衆八千人俱皆阿羅漢諸漏已盡無復
煩惱得真自在心善解脱慧善解脱如調慧
馬亦如大龍已作所作已辦所辦棄諸重擔
逮得已利盡諸有結正知解脱至心自在菩
薩三萬二千衆所知識大智本行皆悉成就
諸佛威神之所建立爲護法城受持正法能
師子吼名聞十方衆人不請友而安之紹隆
三寶能使不絶降伏魔怨制諸外道悉已清
淨永離蓋纏心常安住無礙解脱念定總持
辯才不斷布施持戒忍辱精進禪定智慧方
便願力明智無不具足逮無所得不起法忍
已能隨順轉不退輪善解法相知衆生根蓋
諸大衆得無所畏功德智慧以修其心相好
嚴身色像第一捨諸世間所有飾好名稱高
遠踰於須彌深信堅固猶若金剛於佛法僧
信心不退法寶普照而雨甘露於衆言音微
妙第一深入緣起斷諸邪見有無二邊無復

图 4　阿育王寺所藏“龙藏”中的《维摩诘所说大乘经》[③]

关于阿育王寺所藏“龙藏”之来源，据袁元龙所述，是他们于“文革”末期通过文物图书查抄小组收购到的。他回忆说：

---

① 参见苏士澍《〈乾隆版大藏经〉重印琐记》，中国佛教协会编《第二届世界佛教论坛论文集》“法宝之光——大藏经的整理、保护与研究”分册，现代出版社，2009 年，第 276—278 页。

② 梁玉泉、关根、于晓莉《法宝重光——在重印〈龙藏〉的时候谈〈龙藏〉》，《法音》1988 年第 10 期，第 27 页。

③ 浙江宁波阿育王寺所藏之《乾隆大藏经》，有“钦赐龙藏”之称。该藏经阿育王寺发掘整理后，现已在网上公开发布。《钦赐龙藏》全藏及《维摩诘所说大乘经》的图片可参见网站：http://srjz.pub/，2023 年 2 月 1 日。

"文革"末期,新华书店有人派往市文物图书查抄小组工作,通过他们内部疏通,往往能抢救保留不少有价值的图书……我们还通过查抄小组,收购到一整部完整无缺的清刻"龙藏"(清乾隆年间刻成佛经巨帙,共718函,7000余册),后仍归还给政府,转为阿育王寺珍藏。①

当然,关于阿育王寺藏本的版本情况,也有不同的说法,一说是"乾隆初年刊印的钦赐龙藏"②。此说是否可信,还有待查证。但可以确定的是,该藏本不仅不属于文物出版社重刷本,而且还是比重刷本更早的版本。由此可以说明,即使"方"字号是在后来被补刻上去的,也不可能发生在1988年重刷期间。

那么,"方"字的补刻是否有可能发生在1988年以前的某次修整经板期间呢?"龙藏"经板在21世纪以前受人为因素干扰较为频繁的时期,除了发起两次大规模印刷的20世纪80、90年代之外,便数民国年间了。民国二十五年(1936)主持重印"龙藏"事务的范成法师曾对经板进行了一次较全面的清理。在此之前,经板的保管曾数易其主。对于此次修补经板、库架的过程,范成法师做了详细的记录,并撰有《修整清藏经库版架记》一文③。倘若真有如林氏所怀疑的事情发生,那么1936年重印前进行的经板清理、修补工作无疑是最难脱嫌疑的。同样,我们以阿育王寺藏本为据,考察上述假设能否成立。

首先,阿育王寺藏本的印制时间最迟不会晚于1936年④。如果它属于民国期间的重印本,鉴于此版本的《维摩诘所说大乘经》虽有"方"字标识,却没有高宗皇帝御制的重刻序,这说明在刷印期间,那块书有"御制重刻维摩诘所说大乘经序"的经板是缺席的。如果正文中的"方"字号是在刷印期间被补刻上去的,那么,如何解释附有重刻序的印本中也同样出现了"方"字标识呢?

其次,若它属于更早一点的清廷官方印本(包括寺庙自备工料向清廷请印的情况),那就说明此重修本的函帙号在民国重刷以前就是"方"字号了。

因此,重修本上的"方"字标识也并非于民国年间被补刻上去的。综而论之,林氏基于历史背景与客观环境等因素而提出的"大胆的推测"并不能成立。

此外,若如林氏所言,罗什译本与重修本乃并收在藏,它们的经板应当同样保存在"龙藏"雕版中。纵然是后人不察,误将重修本的经板移替了罗什译

---

① 袁元龙《1949年以后宁波市古旧书业兴衰起落情况的片段回忆》,虞浩旭主编《天一阁文丛》第2辑,宁波:宁波出版社,2005年,第256页。
② 吴枫、宋一夫主编《中华佛学通典》,海口:南海出版公司,1998年,第1386页"阿育王寺"。
③ 按:此文发表在佛教期刊《微妙声》(1937年第5期)上。
④ 按:1988年以前最近的一次刷印是在民国二十五年(1936),刷印了22部。另外,翁连溪先生在文章中提到民国期间前后印刷了两次,一次是林森等人发起的,刷印了22部,一次是宋哲元等人组织筹资的,刷印了8部。但据安修在《〈清藏〉研究》中所提供的史料来看,民国二十五年刷印的22部中就包括了宋哲元等人请印的部数,因此民国期间总共只刷印了22部。(参见安修《〈清藏〉研究》,第32—44页。)

本的经板,被换下来的30多块①罗什译本的经板也应当还在"龙藏"雕版之中。但事实不然,在今天存世的"龙藏"雕版中,已找不到这30多块经板的踪迹了。又若二经并收在藏,则乾隆三十九年以后刷印的"龙藏",其卷帙数较之裁撤后的"龙藏"的719函、7172卷(含目录1函5卷)也应当有所增加。然考察一部于乾隆五十三年印出的"龙藏"的卷帙数情况,结果却不尽然。

据《内务府奏案》:乾隆五十三年十一月初一日,苏州府常熟县清凉寺住持僧人妙言请愿备价请领"龙藏"一藏,《四体大藏全咒》一分②。关于这件事及其所请藏经的情况,时人有如下记载:

> 三峰清凉禅寺……乾隆五十二年(1787)住持妙言呈请颁发《全藏经》,供奉藏经阁,蒋锡棨撰记:"先文恪公曾因主院莲溪之请,愿乞'龙藏'全部,庄严兹寺……予佐司农适住持妙言复以乞领《全藏经》文供奉为请……仰荷颁发《全经》,并续入《四体大藏全咒》一份,即就内殿装成卷册,统计7268卷,分贮729函,遣护归山,安设供奉。③

> 我邑三峰主院僧妙言,乾隆五十四年遵例具呈,恭请"龙藏"全经,庄严古刹。户部侍郎少农蒋公,仰承先志,捐资代缴刷印工价,照例六百六十八两,颁发藏经全部、《大藏全咒》一分,并又恭给装潢工价,装成七百二十九函,护送至三峰禅寺,永远供奉,以光佛法。④

由此可知,这部"龙藏"计上《四体大藏全咒》后共计有729函、7268卷,其中《四体大藏全咒》乃乾隆三十八年编修完成的《御制满汉蒙古西番合璧大藏全咒》,计有10函、96卷⑤。若减去《大藏全咒》的卷帙数,则这部"龙藏"实为719函、7172卷。这两个数字与乾隆三十九年前裁撤后的"龙藏"的卷帙数正好吻合。这表明乾隆三十九年后,"龙藏"的卷帙数并没有增加,由此推翻了林

---

① 按:《维摩诘所说经》的经板数目乃据《大清重刻龙藏汇记》计算得出。
② 中国第一历史档案馆、故宫博物院合编《清宫内务府奏案》第273册,北京:故宫出版社,2015年,第2页。
③ 曹培根《瞿氏铁琴铜剑楼研究》,苏州:苏州大学出版社,2008年,第30页。
④ 汤辇召《经考杂录》,《万缘金刚经集注》,成都文殊院,1997年,第4—5页。
⑤ 按:乾隆三十八年,高宗下旨将《大藏全咒》颁赐给曾颁布《大藏经》的京城及直省寺院各一部。今北京故宫博物院有藏本,据博物院介绍:"《御制满汉蒙古西番合璧大藏全咒》,八十八函,清章嘉呼图克图译校,清乾隆三十八年(1773年)刻满汉蒙藏文四体合璧本,经折装","此外还附有《御制满汉蒙古西番合璧大藏全咒目录》8卷。全咒正文共80卷"。(参见北京故宫博物院官网上对于《御制满汉蒙古西番合璧大藏全咒》的介绍,https://www.dpm.org.cn/ancient/nation/163492.html,查阅时间:2022年3月26日)即包括了《御制满汉蒙古西番合璧大藏全咒》目录8卷和《御制满汉蒙古西番合璧大藏全咒》80卷,计88卷。除此,还附有《钦定同文韵统》6卷、《御制满汉蒙古西番合璧阿礼嘎礼》1卷、《读咒法》1卷,总计96卷,装成十函(套)。关于它颁divisible时的函帙数,应是十函(或者十套)无疑,如前文引《日下旧闻考》即明确记载朝廷颁赐给北京妙应寺有"《御制满汉蒙古西番合璧大藏全咒》十套";前文引《中国藏书楼》也记载永佑寺所藏"《高宗御笔满汉蒙古西番合璧大藏全咒》一部十函"。

氏提出的重修本与罗什译本二经并收在藏的假设。

由于这两个本子的卷数都为3卷,且重修本此时也已刻板"入藏",因此只有一个可能,就是罗什译本的经板已被撤出"龙藏",由重修本取代了①。如此,重修本经板上出现"方"字标识也就顺理成章了——它是刻板"入藏"之时就被刻上的,并非后世淆乱所致。换言之,重修本是奉旨取代罗什译本进入"龙藏"的。因此,重修本置于"方"字函的时间显然就与其"入藏"时间一致,也是乾隆三十九年。

三 归元寺、故宫等处藏本有御制重刻序之原因

据翁连溪先生考查,这篇《御制重刻维摩诘所说大乘经序》在今天的多数"龙藏"印本中都找不到,只有北京故宫博物院和湖北归元寺等处所藏的"龙藏"中才有此序②。因此,有必要对这两个版本详加考察。

(一) 故宫博物院所藏"龙藏"

关于北京故宫博物院所藏"龙藏"版本情况,据朱赛虹先生介绍,乃"雍正十一年(1733年)至乾隆三年(1738年)的内府刻本"③,即所谓的初刻原刊本。高元才也指出,此藏本经鉴定乃乾隆年间初印本。他说:

> 现北京故宫博物院藏清大藏经的装帧是蓝色函套,黄色护板。函套、护板为草制版,其装帧布除带有一层薄丝外没有编织图案。经鉴定,这部大藏经为乾隆初印本。④

翁连溪先生在没有发现此御制序经板以前,也是将这个版本判为乾隆年

---

① 按:既然乾隆三十九年之后刷印的"龙藏"的卷帙数并没有变化,那么前面题识中提到的有5部典籍"奉旨入藏"一说又该怎么解释呢?窃以为,这正好佐证了笔者前文的推测,即题识中所谓的"解""组""谁""逼""索""居""闲""处""沉""默"等字函不是官方下旨增设的,而可能是收藏单位独家编排的。考察题识中所提到的5部典籍,发现只有《维摩诘所说大乘经》一部是汉文,其他4部均是多种文字对照的。其中《日食经》乃满、蒙、藏文三种文字合璧,并无汉文;《御制翻译名义集》乃是指《御制四体翻译名义集正讹》,与《御制满汉蒙古西番合璧大藏全咒》《御制大藏全咒目录》《钦定同文韵统》皆为满、汉、蒙、藏四种文字合璧。(参见林纯瑜《〈龙藏·维摩诘所说经〉之重修——核心人物及其他》,第139页)无汉文典籍收入"龙藏"似乎不妥,《日食经》概因此没有编入"龙藏",而被收入了《满文大藏经》中。而《钦定同文韵统》在颁赐时其实是附在《御制满汉蒙古西番合璧大藏全咒》的经函里的,与《大藏全咒》一起作为"龙藏"的随赐。至于《御制四体翻译名义集正讹》,可能也是因为不合"龙藏"体例而没有被收编。
② 翁连溪《从〈龙藏经〉经版整理中新发现的问题看乾隆皇帝对文章的删改与撤毁》,第82页。
③ 参见北京故宫博物院官网上对于宫中特藏古籍的介绍,https://www.dpm.org.cn/ancient/special/148432.html,查阅时间:2022年3月26日。
④ 高元才《无上经典 传世瑰宝——〈清敕修大藏经〉的传承、保护与重刊》,《收藏家》2011年第11期,第6页。

间的初刻原刊本的。他在《清代内府刻书研究》中如是说道:

> 传至今日,仅故宫博物院、湖南省图书馆、首都图书馆等有数的几个大型收藏单位尚存有初刻原刊本。①

不过,当他后来对故宫藏经板及首都博物馆藏"龙藏"经板进行重新整理,发现千字文"方"字号经板的《维摩诘所说大乘经》经文前竟然有"大清乾隆三十九年十二月初六日"的款识时,便对此前的判断有所动摇。原因在于,故宫所藏之"龙藏",其"方"字号下也有这个"乾隆三十九年"的款识,如果还说它属于乾隆三年的初刻原刊本,就无法解释为何经文中会出现后来的日期这个问题。于是,他便在之后的文章中对先前有关故宫藏本的结论作了修改。他说:

> 传至今日,仅沈阳慈恩寺、湖南省图书馆、首都图书馆(残缺)等有数的几个大型收藏单位尚存有初刻原刊本。②

可见,在新结论中,翁先生已将故宫藏本剔出初刊本之列了。

关于这部"龙藏"的来源,从北京故宫博物院官网贴出的介绍信息中可知,其乃"宫中特藏"。而"宫中特藏"栏目的典籍主要是清代故宫各宫殿旧藏之书。其中,"宗教典籍以佛经居多,多为清代宫中各佛堂之遗物"③。据故宫博物院工作报告记载,曾从景祺阁、慈宁宫花园、雨花阁等处佛楼先后提取了若干部大藏经,其中就包括不同文字版本的《龙藏经》:

> 此外尚有乾清宫《图书集成》二部,景祺阁提取《御译大藏经》一百零七套,均经提馆,集中一处,藉谋读者之便利焉。④

> 慈宁宫花园提入藏文《甘珠尔经》一部,藏文《龙藏经》一部,各一百零八函,又残缺藏经二百二十三函,均经归类分入各书库。⑤

> 本年二月至三月间,提回雨花阁所藏佛经,计《龙藏经》一四五箱,《华严经》等一箱,《月明三昧经》等一箱,《皇图永固经》一部……上列图书中,关于佛经一项,因残破者居多,整理尚需时日。⑥

至于这部汉文《龙藏经》是从上述佛楼中所提取的,还是从清宫其他佛堂

---

① 翁连溪《清代内府刻书研究》(上),第146页。
② 翁连溪《从〈龙藏经〉经版整理中新发现的问题看乾隆皇帝对文章的删改与撤毁》,第80页。
③ 参见北京故宫博物院官网"宫中特藏",https://www.dpm.org.cn/ancient/specials.html,查阅时间:2022年3月26日。
④ 故宫博物院编《故宫博物院档案汇编·工作报告(一九二八至一九四九年)》(一),北京:故宫出版社,2015年,第158页。
⑤ 故宫博物院编《故宫博物院档案汇编·工作报告(一九二八至一九四九年)》(一),第265页。
⑥ 故宫博物院编《故宫博物院档案汇编·工作报告(一九二八至一九四九年)》(三),第779页。

里提取的,还有待进一步查证。不过,可以确定的是,它原是清宫旧藏之物。

(二) 湖北归元寺所藏"龙藏"

关于归元寺所藏"龙藏"版本情况,据《归元禅寺志》介绍,该寺现藏完整的一部"龙藏"乃由达善(法名慧空)于民国四年(1915)从北京请回的。书中如是说道:

> 归元寺现有"龙藏"两部,一部是归元寺方丈慧空达善于民国四年(1915)从北京请回的,七百二十四函,一千六百七十五部,七千二百四十卷,分装四十八乘两厢大立柜,基本无缺。中原各省,有此全藏者,恐怕难找了。另一部"龙藏",原藏宝通寺,"文化大革命"时被砸,所剩残卷于1973年搬到藏经阁楼下。①

> 此部残卷"龙藏",当宝通寺恢复后,即完璧归赵,入该寺藏阁珍藏。②

归元寺请回"龙藏"之后,即向湖北巡按使公署呈文立案③,得到了该署的批示,以及北洋政府内务部的核验盖印④。

虽然这部"龙藏"是从北京请回的,并有内务部印鉴,但并非是由官方颁赐或自备工料向朝廷请印的。据《归元禅寺志》记载,这部藏经其实是从北京高价觅购而来的。这表明,它虽然是在民国四年请回的,但其刷印的时间要比民国四年更早,一说可能是乾隆年间的初刻原刊本:

> 经柜……装的是民国四年诣北京请回的经民国北洋政府内务部验证盖印的《乾隆大藏经》一部,可能是乾隆时开印的一百部中的一部,版本虽比光绪十五年御赐的要早,但毕竟不是御赐。⑤

> 归元禅寺另有"龙藏"两部,其中一部是归元禅寺方丈慧空于民国五

---

① 归元禅寺志编纂委员会编纂《归元禅寺志》上册,武汉:湖北人民出版社,2002年,第549页。
② 归元禅寺志编纂委员会编纂《归元禅寺志》上册,第565页"注释③"。
③ 按:湖北巡按使公署于中华民国四年(1915)岁次乙卯十月批示,曰:"禀悉。归元寺前任住持僧心耀,现住持僧达善等□求,遗经迪光,前典同参,妙谛长留,梵阁传薪,大畅宗风,足为名山生色,应准立案,以求真诠。除饬江汉道尹转行汉阳县一体立案外,仰即转知部咨存,副详批发。"(见归元禅寺志编纂委员会编纂《归元禅寺志》上册,第60页。)
④ 按:湖北巡按使公署批示过后,江汉道道尹范守佑即于当年(1915)十二月为之给示立碑。《道尹范给示碑》曰:"……照得汉阳县西门外归元禅寺旧有藏经毁于辛亥兵燹,今武昌、夏口、汉阳等县公民黎大钧等不忍盛典终湮,援案公举住持心耀、达善等人入京请颁藏经,禀蒙内务部核准,具领回鄂,由汉口商会总会总理吴祖栋等函请本道尹立案给示前来。……前清光绪十五年,部颁藏经,用宏盖典。迄民国初元,兵戈扰攘,藏经楼悉付一炬。……现该公民等筹集巨资,推举住持赴京觅购藏经,十本陈部,验明盖印,赍奉回寺。……中华民国四年十二月告示。"(参见归元禅寺志编纂委员会编纂《归元禅寺志》上册,第649—651页。)
⑤ 归元禅寺志编纂委员会编纂《归元禅寺志》上册,第485页。

年(1916年)从北京请回,为清乾隆年间刊印。①

目前尚无直接证据表明该版本就是乾隆年间的初刊本。不过,就"龙藏"在后世刷印的情况来看,归元寺达善等人于民国四年(1915)从北京高价购得的"龙藏"属于乾隆年间印本的可能性确实比较大。关于这一点,笔者将会在下文中详细论述。

(三) 两处藏本有御制重刻序之原因

"龙藏"自刊刻完竣,乾隆年间官方刷印累计103部(乾隆四年首印100部,乾隆二十七年增印3部)以来,虽然此后历代亦偶有刷印,但印制的数量非常少,少则仅有1部,多则也不超过10部。详情如下(表1)②:

表1

刷印时间	刷印原因 (官方印发/寺庙备价请印)	刷印数量(部)
乾隆五十三年(1788)	寺庙备价请印	2
嘉庆十年(1805)	寺庙备价请印	1
嘉庆二十四年(1819)	寺庙备价请印	1
道光四年(1824)	寺庙备价请印	1
道光六年(1826)	官方印发	4
道光十四年(1834)	官方印发	4
同治十年(1871)	寺庙备价请印	1
光绪年间(1875—1908)	官方印发	10
宣统三年(1911)	寺庙备价请印	6

关于上述几次刷印的"龙藏"的具体去向,杨玉良先生在《清〈龙藏经〉的刊刷情况拾遗》中作了初步的梳理和统计,安修查阅了《内务府奏案》等有关史料作了进一步的补充和完善③,详情如下(表2):

---

① 俞汉民《归元禅寺》,武汉:武汉出版社,2001年,第63页。
② 参见杨玉良《清〈龙藏经〉的刊刷情况拾遗》,《故宫博物院院刊》1989年第4期,第75页;安修《〈清藏〉研究》,第32—37页。
③ 参见安修《〈清藏〉研究》,第32—37页。

表 2

请领时间	收藏机构	请领数量（部）	请领人
乾隆五十三年（1788）	苏州府常熟县清凉寺	1	僧人妙言
乾隆五十三年（1788）	浙江宁波府慈溪县龙山甘露寺	1	僧人际文
嘉庆十年（1805）	江南扬州府甘泉县来鹤寺	1	僧人达池
嘉庆二十四年（1819）	陕西榆林府谷县宝梵寺	1	僧人心福
道光四年（1824）	浙江绍兴府山阴县至大寺	1	僧人灵宗
道光六年（1826）官印 4 部	四川成都府新都县宝光寺	1	僧人月耀
	江宁府郫县观堂寺	1	僧人纯精
	绍兴府会稽县开元寺	1	僧人越慈
	地方某寺	1	僧人昌继
道光十四年（1834）刷印 4 部	下落未详		
同治十年（1871）	四川直隶泸州合江县法王寺	1	僧人空静、空瑞
光绪年间（1875—1908）刷印 10 部	江宁府江宁县卧佛寺	1	僧人法灯
	松江府上海县报德庵	1	僧人道源
	江西省信府铅山腾湖峰慈济寺	1	僧人广成
	湖北省汉阳府汉阳县归元寺	1	僧人识济
	湖南省长沙府湘阴县神鼎七资圣寺	1	僧人省庵
	长沙县上林寺	1	僧人常静
	浙江台州府天台县天台山高明寺	1	僧人从镜
	湖北汉阳县夏口厅十方寺	1	僧人达真
	浙江宁波七塔寺	1	僧人慈运
	日本	1	日本僧人大谷光瑞

续表

请领时间	收藏机构	请领数量（部）	请领人
宣统三年 （1911） 刷印 6 部	江苏扬州宝应县古一宿禅寺	1	僧人天泉
	淮安府盐城县兜率寺	1	僧人苇度
	四川成都县文殊院	1	僧人德风
	苏州府元和县震国戒幢律寺	1	僧人圆德
	松江府宝山县玉佛寺	1	僧人印慈
	常州府海会禅寺	1	僧人清虚

由上表可知，上述"龙藏"要么由僧人自备工料请印运往各地禅院；要么由官方印刷，各地寺庙闻声前来请购运回。暂未见有留在京城的记录。虽然不能排除后期印本留在京城的情况①，但即使有，数量也是相当少的。所以，归元寺达善等人来京觅购"龙藏"，接触到上述后印本的可能性其实并不太大。同理，源自清宫旧藏的北京故宫博物院藏本属于上述后印本的可能性也不大。

而乾隆年间官方刷印的 103 部"龙藏"，除了颁赐给直辖各省寺庙的 56 部，以及地方个别寺庙备价请领的 6 部之外，剩下的 41 部基本是颁给了京城内的官方机构、寺庙和个人等。这从乾隆四十一年（1776）永瑢、金简的奏折中可获悉（按：奏文见前引）。

由此可见，乾隆年间刊印的早期印本，京城一带收藏数量不少。那么，达善等人来京觅购，从藏家或卖家那里接触、购得早期印本的可能性其实更大。同理，故宫藏本属于早期印本的可能性也比较大。

但问题是，如果这两个藏本都属于早期印本的话，为何它们会收有在它们之后才刊刻的本子呢？其实，前文考证重修本"入藏"时间这一节，其论据和结论已间接地回答了这个问题。简言之，是因为这个重修本曾以朝廷追赐的方式，于乾隆三十九年被补进了早已刊出的"龙藏"印本之中。

若上述推论可以成立，则在这两处藏本中都能找到那篇御制重刻序，就更加地顺理成章了。因为此重修本在首印之时，就是附有这篇序文以说明其重刻原委的。至于这篇序文为何在后世多数印本中消失不见？它是从何

---

① 按：此是就道光十四年刷印的 4 部"龙藏"而言的，因其具体去向未详，所以不能排除这 4 部藏经在京的可能性。

时开始"遗失"的？这些问题暂时还未得其解，容后发掘到相关史料再撰文详明。

附记：本文参考了匿名评审专家提出的一些修改意见，在文章的注释说明以及语言表述上都作了进一步的补充和完善，在此对审查人的评论和宝贵意见致以诚挚的感谢。

《全宋诗》杂考(八)*

《〈全宋诗〉补正》项目组
于涵煦　顾思程　吴晋邦　杨闪闪　杨洋等**

【内容提要】　本文为有关《全宋诗》系列杂考之(八),考辨宋人生平事迹以及诗作误收漏收重收问题,可补正《全宋诗》之失误。

【关键词】　《全宋诗》　人物考　误收漏收重收诗考

有诗歌作品流传至今但为《全宋诗》①失收的宋人,数以千计,文献来源十分广泛,其中石刻、题跋、方志文献较受研究者重视,其实即使在常见的宋人文集里也会有新的发现。不过值得注意的是石刻图版的清晰程度、文字残泐、整理者个人原因等,都关系到文字识读、断句的准确性;方志层层因袭,也有不准确之处,故利用相关文献辑佚时尤当审慎。宋人诗作的误收漏收重收情况相当普遍,有署名错误、整理者误读、与作者事迹不符、转引袭误、异代同名,等等,需要再行深入查考,辨析判断。

一　人物考

(一) 张子元考

张子元,《全宋诗》未收此人,其诗句也未见于传世文献,现可利用新出石刻文献补载籍之阙。《宋代墓志辑释》收录其侄张仲武撰并书《宋故朝奉郎守殿中丞分司西京上轻车都尉赐绯鱼袋张公(子元)墓志铭并序》,有图版及释文②。细读图版,墓志铭对张子元的姓名、字号、生卒、籍贯、科第、仕履等信息均做了详细交代。其中,"公讳子元,字长卿,其先济阴冤句人也……先人避地洛表,子孙因家焉,今为河南人也"。可知张子元为河南(今河南洛阳)人,曹州

---

* 本论文为教育部高校人文社会科学重点研究基地北京大学中国古文献研究中心重大项目"《〈全宋诗〉补正》"(原名《全宋诗》补编下,项目号:06JJD870002)及"《〈全宋诗〉失收诗人诗作及专卷汇编》"(项目号:16JJD750004)研究成果。

** 本文作者为北京大学中文系古典文献专业及文学专业博士生、硕士生。

① 北京大学古文献研究所编《全宋诗》,北京:北京大学出版社,1998年。

② 郭茂育、刘继保编《宋代墓志辑释》,郑州:中州古籍出版社,2016年,第170—171页。

宛句为其祖籍。"皇祐二年五月十八日,侍万寿君食时果、饮酒无恙。是夕既就枕,忽启手足于子舍,时年六十三"。则张子元卒于仁宗皇祐二年(1050),享年六十三,推知生年当为太宗端拱元年(988)。今可据墓志铭撰写张子元小传:

> 张子元(九八八——一〇五〇),字长卿,河南(今河南洛阳)人,齐贤孙。真宗大中祥符三年(一〇一〇),荫授将作监主簿。乾兴元年(一〇二二),监颍州清酒务。仁宗天圣四年(一〇二六),监杭州都商税务,后监西京都盐院。景祐初,监建州丰国钱监,又榷江阴军酒税务。后监西京永南仓。仁宗皇祐二年卒,年六十三。事见《宋代墓志辑释》页一七〇《张公墓志铭》。

墓志铭当中还记载了张子元诗一首、句两则,可为辑佚:

樱 桃
日晒暖疑镕,琥珀雨喷红。欲滴燕支□,令为日中乌。
《张公墓志铭》:性嗜学,善属辞,年七八岁,时在英公膝下。令赋《樱桃》诗,云云。

句
翠微寺舍霜收橘,红叶人家晓拾薪。　忆天台
刘伶嗜酒非因醉,宋玉多悲不为秋。　遣兴　以上《张公墓志铭》
《张公墓志铭》:英公故第之南园,有凉台暑馆,修竹茂林,甲于洛下。公归,则与亲宾觞弈对枰,游乐其间。尝为《忆天台》诗,有云云。又《遣兴》诗有云云之句。皆才致清远,虽古能诗者未是过也。

(杨洋考证)

(二)宋宗谔考

明《(崇祯)同官县志》卷五《秩官·名宦》记载"宋宋宗谔,后至赞善大夫,其籍贯、治行失传。"又据清《(乾隆)同官县志》卷二"孟姜女庙,在县北二里,金山岩下,始建不可考。宋嘉祐中,县令宋宗谔重修。"可知宋宗谔曾在仁宗嘉祐年间任同官县令。《(乾隆)同官县志》卷九尚有"宋邑令"宋宗谔《美女吟二首》[①]。又清李光暎《金石文考略》卷一三"重修孟姜庙因留古调诗,嘉祐戊戌,五言古二十二韵,宋宗谔并书",可知宋宗谔在嘉祐三年(1058)另有古调诗。黄卫平《铜川史遗》引明《孟姜女集》,录宋宗谔《重修孟姜女庙留古调》:

> 伊予读古书,初晓亡秦事。秦亡弗缘它,鱼烂由骄姿。胡亥在萧墙,匈奴几千里。东南凿秦淮,渔阳树城址。绵亘燕晋倾,颠□自兹始。畚锸

---
① 已见吕冠男《宋佚诗四十首辑补》引录,《重庆三峡学院学报》2017年第3期,第103页。

十万丁,多成边城死。厥初杞植妻,名姜妇称美。良人戍不还,茕然独栖止。誓死寻戍人,长城途有几。冒犯风霜中,跋涉山川里。能将铁石心,日望长城至。嚣然万众中,良人今已矣。□血眼中流,但见同来子。相哀说缘由,白骨应埋此。一息一声哀,哀极愁云起。嬴秦将土崩,恸苦城摧圮。白骨乱如麻,啮血认真□。□骸复归程,此山应驻趾。遗像俨如生,款识全无纪。我来管此民,废祠因复治。邈哉祖龙年,女子能如是。临风怀古心,供吟兴难已。①

此诗正是五言古诗,二十二韵,与《金石文考略》记载相吻合。
《全宋诗》未收宋宗谔及其《美女吟二首》及《重修孟姜女庙留古调》诗。综上查考,可撰其小传:

  宋宗谔,仁宗嘉祐三年(一〇五八)知同官县时重修孟姜女庙(清《(乾隆)同官县志》卷二、清《金石文考略》卷一三)。后至赞善大夫(明《(崇祯)同官县志》卷五)。

(杨闪闪考证)

(三)唐坰考

林超富编《英德摩崖石刻》收唐坰诗:

邓精子进唐应感之

  皇祐中,叔父参政,尝至英州碧落洞,仙(疑误)为诗什,留纪岁月。熙宁壬子秋,侄坰得官五羊。明年暮春,过郡,复来瞻视前题,怅然哀感,因成二十八字以书其后。

  拂尘看字泪沾襟,屈指光阴二十春。犹有村民能共语,今朝又见姓唐人。②

按:《全宋诗》未收唐坰诗。据《宋史》卷三二七唐坰本传,知其于神宗熙宁五年(1072)贬潮州别驾,后改监广州军资库,与诗序所言"熙宁壬子秋,侄坰得官五羊"吻合。又,诗序"皇祐中,叔父参政,尝至英州碧落洞",当指仁宗皇祐三年(1051)唐介于谏官任上弹劾张尧佐揽权,触怒仁宗,责授春州别驾,后改英州之事,见《续资治通鉴长编》卷一七一。

唐坰仕履散见《续资治通鉴长编》及方志文献记载,今可为唐坰撰写小传:

  唐坰,字林夫,钱塘(今浙江杭州)人,询子。以父任得官,初以秘书省

---

① 黄卫平《铜川史遗》,西安:三秦出版社,2013年,第335页。
② 林超富编《英德摩崖石刻》,广州:广东人民出版社,2014年,第45页。

正字监北京仓草场。神宗熙宁三年(一〇七〇),赐进士出身,为崇文院校书(《续资治通鉴长编》卷二一五)。四年,除太子中允,权监察御史里行(同上书卷二二六),以本官知谏院(同上书卷二三〇)。后劾王安石等,忤上意。五年,贬潮州别驾,改监广州军资库,后徙吉州酒税(同上书卷二三七)。哲宗元祐八年(一〇九三),知湖州(清《(同治)湖州府志》卷五)。绍圣间,知泉州(明《八闽通志》卷三二)。善书。《宋史》卷三二七有传。

《邓精子进唐应感之》诗失收当补。

(顾思程考证)

(四)"右丞张公"为张澂考

楼钥《攻媿集》卷七三《跋二疏图》录有澹岩右丞张公《二疏图》诗残句:

> 余年七十,乡党作会于敝庐。俞惠叔以此图为寿,爱玩不已。……澹岩右丞张公有《二疏图》诗,自注云:"世传顾长康笔。"故诗中云:"虎头图一卷,高贵乡公画。"隋朝官本二者,未知孰是。右丞诗又称"潼关四山万木送,车阗咽导骑交驰"。疑非此本。①

《〈全宋诗〉补遗——以宋人题跋为路径》一文认为此"右丞张公"为张达明(《全宋诗》册五五卷二八七页三四三〇九)②。张达明宁宗嘉泰四年(1204)知吴江县,后官至右丞(清《(乾隆)吴江县志》卷一九、卷二二),确与"右丞张公"吻合。但张达明嘉泰四年尚供职吴江,在楼钥七十岁的开禧二年(1206)时显无右丞之位。

事实上,"澹岩右丞张公"另有其人,当为《全宋诗》册二七卷一五八一页一七九二七所录的张澂。张澂号澹岩,高宗建炎间任御史中丞、尚书右丞。好藏名画,知赏鉴,有《画录广遗》,与楼钥文中所载皆合符节。故知此《二疏图》诗句当属张澂而非张达明,《全宋诗》张澂名下当补。

(吴晋邦考证)

(五)陈申公即陈俊卿

宋袁燮《题魏丞相诗》:

> 丞相寿春魏公以诗名闻天下,清雄赡逸而归于义理之正,其发有源,故流不竭。盖公尝使北矣,冒不测之险,戈戟满前,不少挠屈,卒定敌国之

---

① 〔宋〕楼钥《攻媿集》卷七三,《中华再造善本》影印宋四明楼氏家刻本,北京:北京图书馆出版社,2005年,第30册,第9—10页。

② 李宝《〈全宋诗〉补遗——以宋人题跋为路径》,《历史文献研究》2020年第2期,第182页。

礼。相我阜陵,中外宁一。其薨且葬也,故相陈申公作诗挽之,有"谠论见排奸"之句,则知当时邪佞小人见沮于公者不少矣。①

据《〈全宋诗〉补遗——以宋人题跋为路径》一文考证,此处"丞相寿春魏公"指南宋寿春府(今安徽寿县)人魏杞。题跋言"故相陈申公作诗挽之",魏杞同时代陈姓拜相者仅陈俊卿一人。而陈俊卿封爵魏国公,与此处"申公"不符②。

按:郭彖《睽车志》卷一有:"绍兴二十八年,外舅杨紫微与陈申公俊卿同为小著。"③

又,范成大《宝公祈雨感应用陈申公韵赋诗为谢》:

　　䐉原龟坼暮春时,夹路炉熏共祷祠。唤起云头千嶂涌,飞来雨脚万丝垂。无情梅坞犹红绽,有意秋田尽绿滋。大施门开须满愿,愿均此施匝天涯。④

《全宋诗》册三七卷二〇五〇页二三〇四八有陈俊卿《蒋山谢雨》:

　　农事春郊闵雨时,乞灵奔走宝公祠。炉中沉水才三祝,天外油云已四垂。蔌蔌通宵茅屋冷,青青破晓麦田滋。更祈三日滂然泽,大作丰年遍海涯。　　宋周应合《景定建康志》卷三七

主题与韵脚字完全相同,则范成大所用"陈申公韵"当指此诗。

此外,真德秀《祝删定墓志铭》有"会陈申公相,始复公故秩,分教仪真。居亡何,虞雍公相,又擢置敕局"⑤,知陈申公与虞雍公(允文)先后为相,而在虞允文之前为相的正是陈俊卿。

由此,可以肯定陈申公确实为陈俊卿之别称,其挽魏杞句"谠论见排奸"《全宋诗》失收当补。

（于涵煦考证）

（六）梁安世籍贯当为处州丽水

《全宋诗》册四六卷二五〇四页二八九六〇梁安世小传:

　　梁安世(一一三六—?)(生年据《全宋词》卷三),字次张,括苍(今浙江

---

① 〔宋〕袁燮《絜斋集》卷八,清武英殿聚珍版丛书本。
② 李宝《〈全宋诗〉补遗——以宋人题跋为路径》,第185页。
③ 〔宋〕郭彖撰,张剑光整理《睽车志》,《全宋笔记》第九编,第二册,郑州:大象出版社,2019年,第129页。
④ 〔宋〕范成大著,辛更儒点校《范成大集》卷二三,北京:中华书局,2020年,第413页。
⑤ 〔宋〕真德秀《西山文集》卷四三,《四部丛刊》影明正德刊本。

丽水西)人。高宗绍兴二十四年(一一五四)进士(清《(雍正)浙江通志》卷一二五)。……事见清道光《婺志粹》卷三。

按,韩元吉《南涧甲乙稿》卷一九《处州东岩梁氏祠堂碑铭》:"政和中,四方无虞,士大夫缘饰儒雅,无有远迩,以歌咏太平为事。是时处州丽水县梁君生四子矣……惠不复仕,因大聚图史,萃隽秀,以教其子弟。绍兴甲戌岁,及见其子安世登进士第,里闾以为荣。"①知梁安世祖梁宗善、父梁惠皆为处州丽水人,梁安世亦然。括苍非宋代行政建制名称,在历史上可泛称整个处州地区,应落实到处州丽水为宜。

明景泰三年(1452)析丽水县设宣平县,故清《(雍正)浙江通志》卷一二五、清《(乾隆)宣平县志》卷六等又以梁安世为宣平人。宋代尚无宣平之名,梁安世应为丽水人。

(吴晋邦考证)

(七) 元在庵主人名蒋卓

《全宋诗》册五三卷二七七六页三二八五三收元在庵主人《石堂歌》一首,出清陆耀遹《金石续编》卷一九。

按:桂林市文物管理委员会编《桂林石刻》页二七九有《蒋卓还珠洞题名》,落款为"元在庵主人蒋卓"。又同页收元在庵主人《月光亭》诗曰:

> 一轮皎洁冠中天,千里万里照无偏。扫去纤尘三五夜,常教合璧十分圆。当时播咏诗犹在,今日摩挲石可镌。谁识寒光冰样冷,要全清白报前贤。②

是知元在庵主人名为蒋卓,另有《月光亭》诗可补入其名下。

(于涵煦考证)

(八) 王俞考

《〈全宋诗〉补遗二十五首》据陇南石刻补王俞《登真洞》诗:"偶因公事便,仙岛亦追游。鸳鹭名犹在,丹砂事已休。雷声惊石鼓,琼乳泮灵湫。便觉尘凡迥,超然物外俦。"③但无生平事迹。

《全宋诗》未收王俞诗。考现存史料,宋人名"王俞"者有三人:其一,字用之,永福(今桂林永福)人。仁宗嘉祐八年(1063)进士(《淳熙三山志》卷二

---

① 〔宋〕韩元吉《南涧甲乙稿》卷十九,《影印文渊阁四库全书》本。
② 桂林市文物管理委员会编《桂林石刻》,桂林:桂林市文物管理委员会,1977年,第279页。
③ 赵逵夫、赵祥延《〈全宋诗〉补遗二十五首》,《信阳师范学院学报(哲学社会科学版)》2019年第1期,第108页。

六）。其二，宋陆游《老学庵笔记》卷八记载："秦熺作状元时，蔡京亲吏高拣犹在。……有王俞者，与之同列，官亦相等。靖康间，俞停废，拣犹以武功大夫为浙东副总管。"①则此王俞为徽宗、钦宗时人。其三，清《（乾隆）两当县志》卷三记有"两当县令"名王俞者。现存史料均无法证明前两位名"王俞"者曾涉足两当县。

《登真洞》诗乃陇南石刻，两当县今属甘肃陇南市，故诗作者王俞当系乾隆《两当县志》所记之县令。又，在《（乾隆）两当县志》卷三职名表中，王俞前有县令名"夏世昌"者。据《灵应泉记》碑刻"绍熙四年秋，世昌窃禄来此"②，可知光宗绍熙四年（1193），夏世昌始任两当县令。按宋代县令任期不逾三年例，王俞知两当县应在宁宗庆元元年（1195）后。

（顾思程考证）

（九）方至考

宋欧阳守道《巽斋文集》卷二二《题方山长〈鄙能小稿〉》引方善夫诗"但有门生来集序，已无省吏催词草"③。

按：方善夫名至，见刘克庄《后村集》卷一〇九《蒋广诗卷》"友人方善夫示余以宜兴蒋君子充诗卷，留之年余……善夫名至"④。《全宋诗》未收方至诗。

《题方山长〈鄙能小稿〉》称方至工四六，师事刘克庄，著有《鄙能小稿》。又谓"君今年甫四十有一，而先生垂八十矣"，此处"先生"指刘克庄。刘克庄（1187—1269）当年长方至三十八岁，可推知方至生年在理宗宝庆元年（1225）。又称"君登第而予去国"，所谓"去国"，当指欧阳守道以言罢秘书郎一事。《宋史》卷四一一《欧阳守道传》："万里入为国子祭酒，荐为史馆检阅，召试馆职，授秘书省正字。"据尹波《江万里年谱》理宗景定元年（1260），江万里任国子祭酒、侍读，荐欧阳守道入都。二年十二月壬辰，江万里为光纯父所劾。⑤欧阳守道以言罢官或与江氏在朝中失势有关，其去国当在景定三年前后。方至登第时间亦与之接近。

又，欧阳守道《巽斋文集》卷四《与刘后村书》"方山长前一月告我归期，而此书直待临行数刻间方能作，作亦赘矣。……去年鼎湖，今夏桥山之变，遥知法从旧臣，情深父子，甚于枯葵泫霜之句；嗣圣访落，惟耆成人是任。而先生茹芝山中，何以追前遇而报之今耶？""鼎湖""桥山"之典，是指景定五年（1264）理

---

① 〔宋〕陆游撰，李剑雄、刘德权点校《老学庵笔记》，北京：中华书局，1979年，第107页。
② 张辉《两当碑文研究之〈灵应泉记〉》，《档案》2018年第2期，第58页。
③ 〔宋〕欧阳守道《巽斋文集》，《影印文渊阁四库全书》本。
④ 〔宋〕刘克庄撰、辛更儒笺校《刘克庄集笺校》卷一八，北京：中华书局，2011年，第1006页。
⑤ 舒大刚编《宋代文化研究》，成都：四川大学出版社，1994年，第246页。

宗驾崩、咸淳元年(1265)理宗安葬之事。该书作于度宗咸淳元年,是时方至任白鹭洲书院山长。

据以上材料,可为方至撰写小传:

> 方至(一二二五—?),字善夫,莆田(今属福建)人。理宗景定三年(一二六二)前后进士。师事刘克庄。度宗咸淳元年(一二六五)时任白鹭洲书院山长。工四六,著有《鄽能小稿》。已佚。事见欧阳守道《巽斋文集》卷二二《题方山长〈鄽能小稿〉》。

(顾思程考证)

(一〇) 叶宗贵考

方回《桐江续集》卷二七《赠叶宗贵一山》:"一山叶翁七十二,齿牙秃缺面不媚。……三十年许旧相识,翁摄官雪我半刺。兵销甲解各不死,我尝作郡翁弗至。鸿翔燕蛰蓬飘风,会合良难别离易。往不可追来叵测,人生恍惚如梦寐。邂逅尚肯匡解颐,当为酒楼谋一醉。双台方叟七十六,二十七霜绝俸禄。幸与陵阳牟先生,丁亥同生共星宿。"①方回、牟巘均生于理宗宝庆三年丁亥(1227),作此诗时年七十六,知此诗作于元大德六年(1302)。此时叶宗贵年七十二,故推知生于理宗绍定四年(1231)。据诗中所言,叶宗贵度宗咸淳年间曾摄官于雪(今浙江湖州)。

牟巘与叶宗贵亦多有交游。《陵阳先生集》卷一六《跋叶一山所藏文山相国书后》:"宋丞相文公魁垒英杰,以盛年负重名,居高位,其视一世为如何?所答括苍叶君书,乃不惜余论,期奖备至,而词气又过自谦屈如此,胸中所存,可概见矣。……叶君首江西漕解,椎轮于公,一饭之报,不以存亡间。藏其遗墨,于患难奔走之余,如护拱璧。赋诗追祀,有'主死妾犹未'之句,读之使人酸鼻。……'思着主衣裳,为人作春妍。有声当彻天,有泪当澈泉。'陈后山语也,叶君似之。然则叶君,固可书也。"②括苍泛指处州地区,叶宗贵当为处州(今浙江丽水)人,早年受知于文天祥,宋亡后心境可见。然尹廷高《玉井樵唱》卷中有《送叶一山求官》:"金台百尺正招贤,肯恋槎川二顷田。直欲排云叫阊阖,未应钓月老林泉。剑横壮气冲燕雪,马踏平芜度楚烟。他日北方看焰焰,愿乘款段候归鞯。"③知叶氏宋亡后亦曾北上求官。《真山民诗集》有《秋夜次叶一山韵》,知真山民与叶宗贵亦有来往。

《全宋诗》未收叶宗贵,综上查考,可补其人其句如下:

---

① 〔宋〕方回《桐江续集》卷二七,《影印文渊阁四库全书》本。
② 〔宋〕牟巘《陵阳先生集》卷一六,《影印文渊阁四库全书》本。
③ 〔元〕尹廷高《玉井樵唱》卷中,《影印文渊阁四库全书》本。

叶宗贵(一二三一——?)(据《桐江续集》卷二七《赠叶宗贵一山》推算），字一山，处州(今浙江丽水)人。首江西漕解(《陵阳先生集》卷一六《跋叶一山所藏文山相国书后》)。度宗咸淳年间摄官于雩。元成宗大德六年（一三〇二）尚在世（《赠叶宗贵一山》）。与方回、牟巘等交游，宋亡后曾北上求官(《玉井樵唱》卷中《送叶一山求官》)。

句

主死妾犹未。追祀文山相国　　宋牟巘《陵阳先生集》卷一六《跋叶一山所藏文山相国书后》

（吴晋邦考证）

二　误收漏收重收诗考

(一) 宋仁宗诗误作宋度宗诗

清《(顺治)浦城县志》卷一二有宋仁宗诗：

赐章郇国公得象

阆苑仙翁福寿遐，孙登龙首戴官花。文章紫殿无双客，富贵皇朝第一家。三代姓名喧上国，七闽声誉冠中华。凤凰池上标余庆，他日新堤又筑沙。

清《(道光)义宁州志》卷三〇有宋度宗诗，文字略异：

赠太师章石溪寿石溪名汉章

阆苑仙翁福寿遐，欣帷皓首戴官花。文章紫殿无双士，富贵皇朝共一家。三代姓名光上国，重熙宰辅冠中华。凤凰池畔标余庆，他日新堤又筑沙。

按：考章得象(978—1048)，字希言，浦城（今属福建)人。仁宗天圣四年(1026)为翰林学士承旨。宝元元年(1038)拜同中书门下平章事。庆历七年(1047)进封郇国公。八年，卒，享年七十一。谥文宪，后改文简。

将章得象生平与诗正文对照，也基本符合。章得象年七十一，可谓"福寿遐"；曾任翰林学士承旨，与"文章紫殿"对应；曾任同中书门下平章事，与"重熙宰辅"相符；系福建人，正合"七闽"。

《义宁州志》所录诗题中的章石溪实为章汉彰，其卷二六《宋右丞相章公杭山先生圹志》（下简称《章鉴墓志》）载："父石溪先生，讳汉彰，迪功郎，袁州司户参军，累赠太师。"明《(嘉靖)江西通志》卷六载章汉彰为宁宗嘉定三年(1210)举人。其子章鉴为南宋后期重臣，官至右丞相。

章汉彰的情况与此诗抵牾甚多。从作诗原因上说，章汉彰本人仅官司户参军，不应由皇帝亲作寿诗。而由《章鉴墓志》可知，章鉴丁父忧时仅为宫教常博兼太子舍人，其地位亦不足使皇帝为其父作寿诗。从诗歌内容上说，章汉彰本人未中进士，与"文章紫殿无双士"不符；官司户参军，与"重熙宰辅"也不符。因此，此诗并非宋度宗（1265—1274 在位）为章汉彰所作。

故此诗以宋仁宗作为是。《全宋诗》册七卷三五四页四四〇二宋仁宗名下未收此诗，当补。

（于涵煦考证）

（二）王安国诗误收与漏收

《全宋诗》册一一卷六三一页七五四〇王安国句：

句

人得交游是风月，天开图画即江山。

山围燕作画图出，水作夜窗风雨来。　　以上宋何汶《竹庄诗话》卷二四引《诗事》

按：这两联均为黄庭坚诗，分别见于《王厚颂二首（其二）》与《题胡逸老致虚庵》，出《山谷集》卷一五、《山谷内集诗注》卷一七①。此处当删归存目。

检《竹庄诗话》卷二四：

栏干梅子青阴合，宫殿楸花白昼长。
风廊鸡唱含青漏，水殿鸦飞过绿阴。

《诗事》云：张文潜极喜王平甫诗，每摘句诵之云云，且曰："此说宫殿富贵气象也。"

人得交游是风月，天开图画即江山。
山围燕坐画图出，水作夜窗风雨来。

《石林诗话》云：鲁直于诗一联云云，以为晚年最得意，每举以教人，而终不能成篇，盖不欲以常语杂之。然鲁直自有云云，余以为气格当胜前联也。②

《竹庄诗话》体例为先出诗句，再出诗事。《全宋诗》整理者误将黄庭坚诗系于前王安国事下，导致误收；而前"栏杆""风廊"两联王安国诗失收，当补。

（于涵煦考证）

---

① 《全宋诗》册一七，第 11708、11421 页。
② 〔宋〕何汶撰，常振国、绛云点校《竹庄诗话》卷二四，北京：中华书局，1984 年，第 451 页。

(三) 朱安国诗误为程之才诗

《全宋诗》册一二卷六七八页七八九四程之才诗：

碧落洞

粤从度岭来,日见乱山横。触目皆荒凉,宁复乐事并。谁谓乱山间,仙境通玉京。奇怪如雁荡,清虚胜赤城。嵌空幽且深,层曲无欹倾。巨襜万仞高,天造妙难明。悬崖攒滴乳,涧水清濯缨。我来洞门开,山意如相迎。孰视石壁字,神清喜勿惊。回思紫阳山,追随许宣平。　　清阮元《广州通志》卷一〇二

按：此诗亦见清《(康熙)韶州府志》卷一五,署程之才。据林超富编《英德摩崖石刻》,该诗署朱安国,诗题作《次东坡碧落洞韵》。前有诗序,石刻多处磨损。现移录原文如下：

新安朱安国自广东移守宣城,舟行经从□真阳,登碧落洞少憩,因追用东坡韵赋诗,以识岁月,云：

粤从度岭来,日见乱山横。触目皆荒凉,宁复乐事并。谁谓乱山间,仙境通玉京。奇怪如雁荡,清虚胜赤城。嵌空幽且深,层曲无欹倾。巨□万仞高,天造妙难明。悬崖攒滴乳,涧水清濯缨。我来洞门□,山意如相迎。孰视石壁字,神清喜□□。回思紫阳山,追随许宣平。淳熙己酉十二月丙申男拂书。①

据诗前小序,该诗作于朱安国广州知州任满,移守宣城之际。

清徐松辑《宋会要辑稿》职官六二之二六"孝宗淳熙十四年五月九日"下："诏江东转运判官朱安国职事修举,除直秘阁、知广州。"又见宋周应合《景定建康志》卷二六："朱安国,朝散郎运判,淳熙十二年十二月二十九日到任,十四年改差知广州。"又明李贤《大明一统志》卷一六披露朱安国知广州后之去就,"历迁广东经略安抚使,能捕剧盗,威震一方,后进直徽猷阁学士,知宁国府"。明《(弘治)徽州府志》卷八记述更详,"岁余,直秘阁知广州,迁经略安抚使。先是,剧盗陈青寇海道,安国选委牙校李宝授之方略,宝果缚青及其徒以归,自是威震一方。进徽猷阁、知宁国府,改婺州。趣入觐,卒于国门外,赠朝议大夫"。由此可知,淳熙十四年(1187)后,朱安国历知广州、迁经略安抚使、知宁国府。

据《宋史》卷三三《孝宗本纪》"丙申,升宣州为宁国府",又《宋史》卷八八《地理四》"宁国府,本宣州,宣城郡,宁国军节度。乾道二年,以孝宗潜邸,升为

---

① 林超富编《英德摩崖石刻》,第210页。

府",知孝宗乾道二年(1166)改宣州为宁国府,宣城为首县。朱安国之仕履与诗序所言"自广东移守宣城"两相扣合。

又诗序所谓"追用东坡韵",盖谓苏轼《碧落洞》诗(见《全宋诗》册一四卷八二一页九五〇三)。诗序所言"淳熙己酉",即淳熙十六年(1189),以朱安国到任广州年月推算,恰满三年,若合符节。

故《碧落洞》诗当系于朱安国名下。《全宋诗》未收朱安国,其人其诗当补,可撰小传如下:

> 朱安国,字康侯,徽州休宁(今安徽休宁)人。高宗绍兴二十一年(一一五一)进士(《淳熙新安志》卷八)。孝宗淳熙十一年(一一八四)前后,任监察御史(《宋会要辑稿》选举二二之五)。十二年,任江东运判(《景定建康志》卷二六)。十四年后,历知广州、迁经略安抚使、知宁国府,后改知婺州(《宋会要辑稿》职官六二之二六、《(弘治)徽州府志》卷八、《大明一统志》卷一六)。著有《阴符玄机》一卷(《宋史》卷二〇五《艺文志》四),已佚。

而程之才名下《碧落洞》诗当删归存目。

(顾思程考证)

(四)《罗山平云阁》非陆游诗

《全宋诗》册四一卷二二三七页二五七二三陆游诗:

罗山平云阁

> 上方高阁与云齐,蜡屐穿云步步跻。却恐此身生羽翼,不从平地作阶梯。九门路接青霄近,四望山连碧海低。徙倚阑干重回首,疏林烟暝野猿啼。　《放翁逸稿》卷下

按:《全宋诗》页二五七二三、页二五七二四陆游名下游罗浮山的诗歌共五首,分别是《罗山平云阁》《中阁》《冲虚宫》《罗浮山》《宝积寺》,其中第一首《罗山平云阁》下有整理者按:"此诗及以下四首,系游罗浮山组诗,陆游行迹未至广东,当非游作。因无主名,仍姑置于此。"罗浮山,在惠州府城西北八十里,博罗域中,即道书十大洞天之一(明《(嘉靖)惠州府志》卷四)。《放翁逸稿》为明末毛晋父子刊刻《剑南诗稿》时所辑。钱仲联《剑南诗稿校注》据《放翁逸稿》收此五诗,已指出"游一生踪迹未尝至广东"并根据《罗浮山》"天涯为郡空华发,十二年间到两回"诗句推断曾"为惠州军事推官"、又"复求签判惠州"的欧阳直卿是此五诗的作者①。但实际上可考知后面四首并非同一人所作,《中阁》《冲

---

① 钱仲联《剑南诗稿校注》,上海:上海古籍出版社,1985年,第4553页。

虚宫》是蔡元厉诗（又见《全宋诗》册六五卷三四一七页四〇六六）；《罗浮山》是陈偁诗（又见《全宋诗》册八卷四〇八页五〇一七），他于仁宗嘉祐初、英宗治平末两次知惠州，与"十二年间到两回"契合；《宝积寺》是陈偁之子陈瓘诗（《全宋诗》册二〇卷一一九一页一三四六六陈瓘名下失收当补）①。《冲虚宫》《罗浮山》诗已见明郭棐《岭海名胜记》卷一二，前者题作《会仙桥》，异文颇多，署蔡元厉；后者无诗题，署名陈偁。郭棐（1529—1605），字笃周，号梦兰，广东南海（今属广东佛山）人，明嘉靖四十一年（1562）进士（明过庭训《本朝分省人物考》卷一一一），时代早于毛晋。《罗浮山》诗又见明《（崇祯）博罗县志》卷六，题作《入罗浮》，亦署"宋陈偁"。再核查《宋史》卷三九五陆游本传、于北山《陆游年谱》等资料，陆游确实未有到过广东的经历。故此《罗山平云阁》诗当为他人作，虽无法考实其姓名，但陆游名下应删归存目。

（杨闪闪考证）

（五）转引《宋诗纪事补遗》导致误收重收

1.《送笋与屏山》当非刘仲行诗

《全宋诗》册三四卷一九二三页二一四六一刘仲行小传云"与刘子翚同时"，仅收诗一首，出清陆心源《宋诗纪事补遗》卷五〇引《截江网》：

送笋与屏山

箨龙戢戢破苔斑，风味从来奈岁寒。知有高人清爱白，定应烧煮荐珠盘。

《截江网》即南宋熊晦仲《新编通用启札截江网》，今存。核此书，许多诗未署作者姓名，陆心源《宋诗纪事补遗》在利用此书辑录时，往往将之归入前一首诗作者的名下。但《截江网》实无承前省略的规律，陆氏此举产生了一些错误。《全宋诗》编纂时未能得见《截江网》，只能转引《宋诗纪事补遗》，从而沿袭了错误，导致诗作的重收误收。

检《送笋与屏山》诗在乙集卷三，但未署作者；其前载另一首诗，署刘仲行：

送笋与晦翁

珍重林中玉版师，深藏高节未参差。先生乐道虽忘味，敢荐岁时冰雪姿。

《全宋诗》册四四卷二三八六页二七五三八收朱熹《次韵谢刘仲行惠笋二首》：

---

① 参韩震军《陆游佚诗辨正》，《中国诗学研究》第十六辑，2019年，第252—256页。

次韵谢刘仲行惠笋二首

谁寄寒林新劚笋,开奁喜见白差差。知君调我酸寒甚,不是封侯食肉姿。

君诗高处古无师,岛瘦郊寒讵足差。缚得狞龙并寄我,句中仍喜见雄姿。

可以发现朱熹正是次韵刘仲行的这首诗,故《送笋与晦翁》当补于《全宋诗》刘仲行名下。

《截江网》将《送笋与屏山》列于《送笋与晦翁》之后,未题作者姓名,《全宋诗》整理者认为屏山即刘子翚。但朱熹曾向刘子翚问学,如果二诗为同一人所作,前既称朱熹为晦翁,后又称更长一辈的刘子翚为屏山,似不合理。此外,再后一首《食猫儿笋》同样未题作者,实际却是方岳诗,见《全宋诗》册六一卷三二一二页三八四○七,出《秋崖先生小稿》卷二三。因此《送笋与屏山》恐非刘仲行诗,《全宋诗》此处当加按存疑。

2. 王迈、洪咨夔诗误为杨炎正诗

《全宋诗》册五○卷二六四九页三一○三八杨炎正诗:

送纸笔与何庆远

阿连诗语已通神,玉板霜毫不厌珍。老我簿书安用此,自应回施与青春。

谢人送墨

墨月鬟云脱太清,海风吹上笔头轻。琐窗冷透芙蓉碧,定有新明到九成。　以上《宋诗纪事补遗》卷五八引《截江网》

按:第一首又见《全宋诗》册五七卷三○○六页三五七九三王迈,题为《送人纸笔》,出《臞轩集》卷一六。第二首又见册五五卷二八九三页三四五三○洪咨夔,题同,出《平斋文集》卷五。核《截江网》,乙集卷四连收《送竹根香炉与人》《送束笺与人》《送纸笔与何庆远》和《谢人送墨》四诗,《送竹根香炉与人》署杨炎正,后三诗均未署作者。《送竹根香炉与人》《谢人送墨》二诗尚见册一四卷八三二页九六三四苏轼,《送竹根香炉与人》题为《送竹香炉》,出影印《诗渊》册二页一五二九;《谢人送墨》题同,出影印《诗渊》册二页一四七三。《诗渊》错误较多,且二诗不见苏轼本集,《送竹根香炉与人》作者不能确定,当重收互注;《谢人送墨》出洪咨夔本集,故以洪咨夔作为是,苏轼名下当删归存目①。而《送纸笔与何庆远》和《谢人送墨》分别出自王迈、洪咨夔本集,故杨炎正名下当删归存目。

---

① 据李更老师告知,《诗渊》这两首诗署苏东坡名,或是《诗渊》移录旧题刘克庄《分门纂类唐宋时贤千家诗选》时将署名脱落误读为承前省名所致。这一情况与本文讨论的情况类似。

3. 谢逸诗误为游九功诗

《全宋诗》册五三卷二八〇三页三三三一七游九功诗：

送常老住疏山

师住疏山祇树园，卧看云雾起江村。百年鼎鼎春风转，一钵垂垂老眼昏。古殿扑空参铁凤，夜潭翻月落金盘。何时系缆西风下，松柏阴阴独扣门。　《宋诗纪事补遗》卷六八引《截江网》

按：此诗又见册二二卷一三〇六页一四八四五谢逸，出《溪堂集》卷四。核《截江网》，此诗在乙集卷六，未署作者，其前载《弃官归故庐》，署游九功。故游九功名下当删归存目。

4. 方岳诗误为卓田诗

《全宋诗》册五五卷二八八八页三四四三七卓田诗：

和姚监丞斩鲙

冰盘飞缕落芳馨，雪色微红糁玉霙。唤起笒箐十年梦，诗肠手截鹭波清。

旋捣金虀捣玉葱，半盂膏酒洗冬烘。吴中风物今犹尔，说与厨人宁舍熊。　《宋诗纪事补遗》卷六二引《截江网》

按：此诗又见册六一卷三一九六页三八二九九方岳，题为《次韵姚监丞斩鲙》，出《秋崖先生小稿》卷七。核《截江网》，此诗在乙集卷三，未署作者，其前载《谢惠白鹭》，亦未署作者，再前一首为《送山药署与友人》，署卓稼翁，即卓田。故卓田名下当删归存目。

5. 冯取洽诗误为吴势卿诗

《全宋诗》册六三卷三三三一页三九七三二吴势卿诗：

风月之楼落成

手揩双峰俯霁虹，近窥乔木欲相雄。一溪流水一溪月，八面疏棂八面风。取用自然无尽藏，高寒如在太虚空。落成恰值三秋半，敢请吹开白兔宫。　《宋诗纪事补遗》卷六九引《截江网》

按：此诗又见册五九卷三〇八七页三六八一六冯取洽，题为《自题交游风月楼》，出影印《诗渊》册五页三五六五；又见册七二卷三七四九页四五二一五冯艾子，题作《风月楼》，出《后村千家诗》卷一六。冯取洽，字熙之，号双溪翁（《宋诗纪事》卷六三①）。冯艾子，字伟寿，号云月，取洽子（《历代诗余》卷

---

① 〔清〕厉鹗撰，陈昌强、顾圣琴点校《宋诗纪事》，杭州：浙江古籍出版社，2019年，第2315页。

一〇六①)。《全宋诗》冯艾子小传谓"号云月双溪子",当改为"号云月,取洽子"。

核《截江网》,此诗在丙集卷六,未署作者,其前载《呈徐知院题意一堂》,亦未署作者,再前一首为《咏后山镇水月奇观阁》,署吴安道,即吴势卿。《诗人玉屑》卷一九亦以之为冯取洽诗,并称"诗流脍炙,以为秀杰之句"②,则此诗当时应较为流行,《诗人玉屑》所载可靠性较高,其为冯取洽诗可能性较大。故吴势卿、冯艾子名下当删归存目。

6. 王十朋诗误为范一飞诗

《全宋诗》册七二卷三七八一页四五六四一范一飞诗:

寿知宗

天工未放二阳生,留得尧阶一叶蓂。庆诞仙源贵公子,祥开南极老人星。日随宫线添无尽,貌比庄椿看更青。岁岁华堂祝眉寿,笙歌声里雪梅馨。 《宋诗纪事补遗》卷九一引《截江网》

按:此诗又见册三六卷二〇四〇页二二九〇四王十朋,题为《知宗生日》,出《梅溪先生后集》卷一七。核《截江网》,此诗在辛集卷四,未署作者,其前载《满江红(寿东人)》,署范一飞。故范一飞名下当删归存目。

(于涵煦考证)

(六) 元高燾、明方回误作宋人考

元朱象先《古楼观紫云衍庆集》卷下载高燾《楼观留题》:

传经人去杳冥间,老柏依然傲岁寒。世变几回余劫火,炉空无复觅仙丹。地临东北秦川小,山接西南蜀道难。说与阿师应被笑,满簪华发又邯郸。③

此诗《全宋诗》未录,《〈全宋诗〉辑补115首》一文认为即南宋江湖诗人高燾所作④。按南宋高燾生于孝宗乾道六年(1170),卒于理宗淳祐元年(1241),此时期楼观皆不在宋疆,高燾平生未曾至此。考《古楼观紫云衍庆集》卷下所录诸名贤题咏,元人之作居多,兼有唐至北宋人作品,并无南宋诗作。如是而观,此高燾当非南宋高燾。元代北方名高燾者至少有三,一为至元年间参知政

---

① 〔清〕沈辰垣辑《历代诗余》卷一〇六,《影印文渊阁四库全书》本。
② 〔宋〕魏庆之著,王仲闻点校《诗人玉屑》卷一九,北京:中华书局,2007年,第623页。
③ 〔元〕朱象先《古楼观紫云衍庆集》卷下,高丽杨集校《全真史传五种集校》,北京:中华书局,2020年,第562页。
④ 刘永海《〈全宋诗〉辑补115首》,《唐山师范学院学报》第43卷第1期,2021年,第49—56页。

事,见《元史·世祖本纪》;一为孟县乡贡进士,见清《(光绪)山西通志》卷一五;一为真定教授,见《(民国)正定县志》卷一一。此诗具体是哪位高焘所作尚有不明,但非南宋高焘之作当无疑问。

明《(崇祯)泰州志》卷一〇录有方岳《泰山》《游新城祐圣观》《伏龙桥》三诗,《道教文化与宋代诗歌》一书认为《全宋诗》中有两位方岳,一为祁门人,一为宁海人,作者待考①。按《(崇祯)泰州志》收录此三诗时,皆在作者下注明"莆田人",则非宋代方岳。明《(万历)泰州志》卷二载有明代莆田(今属福建)人方岳,成化五年(1469)进士,授侍御史,出判泰州。在泰州期间,主建浴沂亭、移建状元坊等,有政声。此三诗当为明代方岳而非宋代方岳所作。

(吴晋邦考证)

---

① 张振谦《道教文化与宋代诗歌》,北京:人民文学出版社,2015年,第444页。

芦川词补笺[*]

楼　培[**]

【内容提要】 张元幹为两宋之际著名词人，其《芦川词》运思深刻，遣词精练。本文多用以词证词、以史证词之法，对《芦川词笺注》择以补笺，对词中涉及的作年、人物、事件等多所补正，尤其用力于考证芦川词中相关人物生平，并对寿词之寿主加以考辨，提出一得之见，以期对芦川词之理解、研究有所裨益。

【关键词】 张元幹　芦川词　补笺

张元幹(1091—1160[①])字仲宗，号芦川居士、芦川老隐、真隐山人等，福建永福(今福州市永泰县)人，或谓其长乐(今福州市长乐区)人。向子諲之甥。曾为太学上舍生，任过陈留县丞、详议司兵房检讨官、将作监等职，绍兴元年(1131)以右朝奉郎致仕。两宋之际著名词人，著有《芦川归来集》《芦川词》等。唐圭璋先生编《全宋词》(北京：中华书局，1965年)收芦川词185首，附存目词8首。今人曹济平先生《芦川词笺注》(上海：上海古籍出版社"中国古典文学丛书"本，2010年，该书次序按《全宋词》本排列，以下简称《笺注》)注释其词最称精善。又王兆鹏先生《张元幹年谱》(载王兆鹏、王可喜、方星移著《两宋词人丛考》，凤凰出版社，2007年，以下简称《年谱》)钩稽其生平最为翔实，并谞正前书不少。然芦川词所涉时、地、人、事等纷繁复杂，千虑一失，在所难免。爰依《笺注》本之序(为免冗赘，直接括注标出卷页，引用《年谱》亦如是)，于可订可议之处，择以补笺，多用以词证词、以史证词之法，提出一得之见，未敢自是，谨求质于方家同好云尔。

---

[*] 本文为教育部人文社会科学青年项目(19YJC751024)、杭师大科研项目(RWSK20180514)的阶段性成果。又拙文修订过程中承本刊编委会老师与匿名评审专家提出建设性意见，谨致谢忱！
[**] 本文作者为杭州师范大学人文学院、文艺批评研究院副教授。
[①] 学界一般认为张元幹卒年为1161年(绍兴三十一年)，按王兆鹏教授最新版《张元幹年谱》据张巽臣所撰《张玆(张元幹之子)墓志》考证元幹卒于1160年，颇合情理，本文从之。见王兆鹏等著《两宋词人丛考》，南京：凤凰出版社，2007年，第457—458页。

1.《满江红·自豫章阻风吴城山作》〔春水迷天〕(卷上,页9)

《笺注》:"此词作自豫章下白沙时在宣和元年(1119)三月出都返乡途中。"《年谱》系于宣和二年(页328)。据张氏《芦川豫章观音观书》:"元幹以宣和元年三月出京师,六月至乡里,十一月乃复治行。……二年正月十四日,豫章郡观音观书。"《跋楚甸落帆图》:"往年自豫章下白沙,尝作《满江红》词,有所谓'绿卷芳洲生杜若,数帆带雨烟中落'之句。"又其《上平江陈侍郎十绝》序称:"顷在宣和庚子年(1120),获拜先生于南康。"①《笺注》系该词于宣和元年自京城南下回乡途中,《年谱》则以为作于翌年作者从豫章赴南康途中,而白沙在北,吴城山在东,忖题意乃北上阻风,故该词作于宣和二年。

2.《兰陵王》〔绮霞散〕(卷上,页14)

《笺注》:"此词有'塞鸿难托'、'念人似天远'之句,当作于南渡后,具体年代不详。"《年谱》初版本称"作于南渡前,确年难考"②,今本未著录。实则相关人物、作年均可略考。

词中"看最乐王孙"句之"王孙",《笺注》引《楚辞·招隐士》《史记·淮阴侯列传》等古典,未及其今典乃实指宋朝宗室赵端礼(名士樽,参本文第12条)。《笺注》卷上《水调歌头·为赵端礼作》"最乐贤王子"(页61),《临江仙·赵端礼重阳后一日置酒,坐上赋》"王孙风味最难忘"(页83),卷下《青玉案·再和》"王孙陌上春风鞚"(页118),《明月逐人来·灯夕赵端礼席上》"暖红影里,谁会王孙意?最乐升平景致"(页158),皆其证也。又张元幹《精严寺化钟疏》:"晋安郡西南隅……有古道场,是名精严,今榜曰显忠资福院。岁在戊辰(1148),僧结制日,洛滨、最乐、普现三居士拉芦川老隐过其所。"③洛滨为富直柔号,普现为李弥逊号,最乐当是赵端礼号。

谛观词中"东风里""春光巧""画堂宴""兰膏宝篆春宵短"等句,与《笺注》卷下《青玉案·燕赵端礼堂成》《前调·再和》《前调·生朝》(页117—120)所涉时间(春日)、地点(赵氏画堂)若合符契,则该词亦当为赵端礼画堂雅集而作,时在绍兴十九年(1149)至二十三年间(参下文第22条)。

3.《念奴娇》〔蕊香深处〕(卷上,页17)

本阕有小序:"丁卯上巳,燕集叶尚书蕊香堂赏海棠,即席赋之。"《笺注》以

---

① 〔宋〕张元幹《芦川归来集》卷十附录,上海:上海古籍出版社,1978年,第200—202页;卷九,第165—166页;卷四,第62页。
② 王兆鹏《张元幹年谱》初版,南京:南京出版社,1989年,第42页。
③ 〔宋〕张元幹《芦川归来集》清钞本卷十四,《宋集珍本丛刊》(40),北京:线装书局,2004年,第164页上一下。此篇《全宋文》、上古版《芦川归来集》皆未收。

叶尚书为叶梦得，并引洪迈《夷坚甲志》卷八"叶梦得"条（今按：实为"黄山人"条）①"绍兴十六年，年七十，上章告老"为证。《年谱》今本改初版以叶尚书为叶梦得之误，谓考得绍兴十七年丁卯（1147）叶梦得居于湖州卞山而未至闽中与张元幹相值，此叶尚书实为叶份，其在福州筑有普光明堂、妙严阁等（页436—437）。此说有理，当从。

或可更添一微末旁证。叶份（1076—1147），字成甫，福建延平人，累官至户部尚书，据李弥逊《龙图阁直学士右通奉大夫致仕叶公墓志铭》，其晚年"爱福唐佳山水，有终焉意，乃于西郊因山筑室，环以花竹，楼观上下，极登览之胜，以'普光明'榜之。日诵《华严》于其间，虽肩舆出入，亦以自随。庵亭堂室皆以妙严境界名之，与家人辈游息其间"②。按"蕊香堂"之命名，与"普光明堂""妙严阁"一般，皆出自《华严经》③，正所谓"庵亭堂室皆以妙严境界名之"，亦可证该尚书实乃叶份也。

4.《念奴娇·代洛滨次石林韵》〔吴淞初冷〕（卷上，页20）

《笺注》："此和词盖作于绍兴十七年叶梦得归卞山后。"未云理据，惟其注"丹颊仙翁"："指叶梦得晚居卞山后身体尚健。《归来集·代祭石林文》：'年逾从心，而神明未衰。'"似以叶梦得（1077—1148）七十岁（1146）拜崇庆军节度使致仕后（"年逾从心"）居卞山作《念奴娇》〔洞庭波冷〕原词，故系张氏和词于绍兴十七年（1147）。《年谱》以为绍兴十三年（1143）作于福州（页428）。蒋哲伦先生《石林词笺注》亦系叶氏原词于绍兴十三年④。后二者皆有考辨，似可从。

"淮山风露底，曾赋幽寻"，《笺注》："指叶梦得在安徽濠州（今凤阳县）所赋《水调歌头》词：'两淮不辨牛马，轻浪舞回风。'"疑非此词。叶氏性爱山水，如《永遇乐·蔡州移守颍昌，与客会别临芳观席上》："明年春到，重寻幽梦，应在乱莺声里。"⑤《送模归卞山并示僧宗义为余守西岩者三首》其二："端居探幽奇，自谓略已遍。"⑥分指其于蔡州、湖州之探奇寻幽。然检梦得存世著述，似无契合本词之作，或在其早佚之《石林总集》一百卷中。

---

① 〔宋〕洪迈撰，何卓点校《夷坚志》，北京：中华书局，2006年，第69—70页。
② 曾枣庄等编《全宋文》（180），上海：上海辞书出版社，合肥：安徽教育出版社，2006年，第359页。
③ 《大方广佛华严经》卷八："种种光明蕊香幢。"〔日〕高楠顺次郎、渡边海旭等编《大正新修大藏经》，大正新修大藏经刊行会，1973年，第10册，第39b页。
④ 〔宋〕叶梦得著，蒋哲伦笺注《石林词笺注》，上海：上海古籍出版社，2014年，第45页。又参王兆鹏《两宋词人年谱·叶梦得年谱》"绍兴十三年"条，台北：文津出版社，1994年，第274—275页。
⑤ 〔宋〕叶梦得著，蒋哲伦笺注《石林词笺注》，第102页。
⑥ 北京大学古文献研究所编《全宋诗》册二四卷一四〇六，北京：北京大学出版社，1998年，第16187页。

5.《念奴娇·题徐明叔〈海月吹笛图〉》〔秋风万里〕(卷上,页22)

《笺注》:"徐兢,字明叔,安徽和县人,南宋画家。"按徐兢(1091—1153)生平仕履详见张孝伯乾道三年(1167)所作《宋故尚书刑部员外郎徐公行状》①。

词后附录李弥逊《题明叔郎中海月吹笛图》诗,按王洋有《题徐明叔海舟横笛图》诗:"莫爱一掬水,海阔观狂澜。莫爱手中月,空明海上山。人生适意贵如此,前度徐郎在千里。喷云裂石天宇高,夜寒水冷鱼龙起。世间俗客贪昏睡,波涛不识神灵意。更令迭奏数曲终,鲸山会作玻璃翠。画工妙手今无几,可惜徐卿今老矣。醉中睡起百忧宽,与君一笑西风里。"②两者所咏似是同一图。

6.《念奴娇·玩月》〔寒绡素壁〕(卷上,页24)

《笺注》:"此首与李弥逊《念奴娇·瑶池倒影》词意相同,仅少数词句有异,疑传钞相混","本词应属张元幹作而混入李弥逊词中"。

按此词颇有游戏笔墨意味,从词题到词句、词意,均与李白相关,用以指代李弥逊。《笺注》已引李白《月下独酌》《把酒问月》《经乱离后天恩流夜郎忆旧游书怀赠江夏韦太守良宰》及杜甫《送孔巢父谢病归游江东兼呈李白》。又"露华浓、群玉峰峦如洗",《笺注》引《穆天子传》并郭璞注,实则当引李白《清平调词三首》其一:"云想衣裳花想容,春风拂槛露华浓。若非群玉山头见,会向瑶台月下逢。""自引壶觞醉",亦当引李白《早春寄王汉阳》:"预拂青山一片石,与君连日醉壶觞。"③本阕其他词句如"鱼龙舞"等用李白诗歌典故者亦复不少,不一一具引。要之,芦川以李弥逊同姓之诗仙李白相比拟,以显李弥逊之高才博学。

同卷《贺新郎·寄李伯纪丞相》"唤取谪仙平章看"(页1),以李白借指同姓之李纲。《宝鼎现·筠翁李似之作此词见招,因赋其事,使歌之者想象风味,入到山中也》"锦囊吟咏"(页71),《浣溪沙》"锦囊公子更平章"(页98),皆以李贺指代同姓之李弥逊。又卷下《青玉案·生朝》"谪仙下、蓬莱岛"(页122),亦用李白指代李弥逊。可见此乃芦川作词常用手法,用典之精切,固不待言。

7.《念奴娇·己卯中秋和陈丈少卿韵》〔垂虹望极〕(卷上,页27)

《笺注》:"陈丈,据王明清《挥麈录·三录》卷三:'绍兴己卯,陈莹中(瓘)追谥忠肃,其子应之正同适为刑部侍郎,往谢政府。《归来集》卷八《贺陈都丞除

---

① 〔宋〕徐兢《宣和奉使高丽图经》,《丛书集成初编》第3239册,北京:中华书局,1985年,附录第1—5页。此篇《全宋文》失收。

② 《全宋诗》册三〇卷一六八七,第18943页。

③ 〔清〕彭定求等编《全唐诗》卷一六四,北京:中华书局,1960年,第1703页;卷一七三,第1775页。

刑部侍郎启》有'某衰退何能,嵚崎可笑。早侍先生杖履,转头垂四十年'等语,此陈丈少卿疑指陈瓘之犹子。《宋史·职官志》四:'太常寺,卿、少卿、丞各一人,……卿掌礼乐、郊庙……少卿为之贰。'案正寺(今按:脱一字,当为宗正寺)、光禄寺、太仆寺、大理寺、司农寺、卫尉寺、鸿胪寺,并设少卿。陈丈少卿未详属何寺。"①《年谱》亦云"陈丈少卿,疑指陈正同",又举《芦川归来集》卷九《跋了堂先生文集》中"贰卿"句,称"陈正同绍兴二十七年九月任刑部侍郎,故称其为'贰卿'"(页455—456)。

以陈丈为陈正同,非是。首先在职官上,侍郎可称贰卿,然异于七寺少卿,两者不可混淆,陈正同乃刑部贰卿(或称贰秋官、贰宪部),非陈丈之少卿。其次在年龄上,张元幹本年(1159)已六十九岁,称呼对方为丈,又词中有"八十仙翁"句,可知该陈丈长于芦川不少,理应早已致仕。芦川诗文中称陈正同为陈侍郎、陈都丞等,而绝无陈丈之谓。陈瓘(1057—1124)有子正汇、正同、正由、正求、正刚②,虽不知正同(字应之)生卒确年,然史部文集不乏相关记载,如《建炎以来系年要录》诸卷列其职任不下十项,而朱熹《与林择之书》:"壬午、癸未陈应之守建时禁港甚严。"③则正同绍兴三十二年(1162)、隆兴元年(1163)尚在任上,明显与陈丈之仕履扞格不入。又洪适撰《陈正同赠四官制》④,夷考洪氏生平,隆兴二年九月除中书舍人,乾道元年(1165)五月除翰林学士,仍兼中书舍人⑤,掌内外制,可据以推断陈正同盖卒于此两年间。

8.《八声甘州·西湖有感寄刘晞颜》(卷上,页38)

《笺注》:"刘晞颜,即刘无极。"引《宋诗纪事》卷三十九为证。

按《嘉定镇江志》卷十九:"刘无极,字晞颜,丹徒人,政和五年何栗榜丙科,终尚书郎。尝与后湖苏庠唱和。庠次韵云:'校书绝足腾飞黄,不数向来何与江。锦囊诗句随云表,十袭未启心先降。'又尝为其写《照赞》云:'举扇而障西风之尘,赤手而超冀北之驾。憎流俗以自拔,遣细腰而俱化。至其写胸次之磊瑰,状笔端之风烟;藏一丘之曲折,倒百斛之流泉。犹将与遗民而同轨,追梦得

---

① 此案语不确,有少卿者尚有太府寺、太常寺,合称九寺少卿,九寺少卿中除去太常少卿、宗正少卿外,其余合称七寺少卿。参龚延明编著《宋代官制辞典》(增补本),北京:中华书局,2017年,第296—297页。
② 〔宋〕陈瓘《宋忠肃陈了斋四明尊尧集》卷首陈瓘世系表,《四库全书存目丛书》,史部第279册,济南:齐鲁书社,1997年,第708页。
③ 《全宋文》(244),第335页。
④ 《全宋文》(212),第333页。
⑤ 〔宋〕许及之《宋尚书右仆射观文殿学士正议大夫赠特进洪公(适)行状》,《全宋文》(280),第315页。又参〔元〕脱脱等撰《宋史》卷三七三《洪皓附洪适传》,北京:中华书局,1977年,第11562—11565页。

而差肩。'"①

李心传《建炎以来系年要录》(以下简称《要录》):绍兴五年(1135)五月甲申,"殿中侍御史张绚入对,面奏诸郡守臣纪交、孙恭、邵彪、王仰、冯晋、胡纺、郑疆、刘无极八人非才,诏并罢"。十二年(1142)正月戊午,"屯田员外郎刘无极、秘书丞孙汝翼并罢。以御史中丞万俟卨言'无极者,孙近之党;而汝翼者,范同之党。刺探时政,窃议于外,必欲近、同复用,以逞其私'故也"。② 徐松《宋会要辑稿》:建炎四年十月十四日,"提举两浙市舶刘无极"。绍兴四年八月十九日,"刘无极罢祠部郎官,与外任差遣。以臣僚论其昨为提舶,宰臣问以钱本几何,汗下不能对故也"。二十一年三月七日,"以权礼部侍郎陈诚之知贡举……左朝请郎刘无极……充点检试卷官"。③

此外,刘一止撰《刘无极除知大宗正丞制》称其"学有本原,语妙天下,蕴藉之懿,无施不宜"④。

由上所引,可知刘氏仕履梗概。

9.《水调歌头·同徐师川泛太湖舟中作》〔落景下青嶂〕(卷上,页39)

《笺注》:"五湖,此指太湖。"引《史记》并《集解》为证,按合观词中"天地一沙鸥""惟与渔樵为伴"等句,则当用范蠡泛舟五湖典故(参《笺注》页58注三)。

10.《水调歌头·和芗林居士中秋》〔闰余有何好〕(卷上,页42)

芗林居士即向子諲,《笺注》已附录向氏原词,按李弥逊亦有次韵之作三首:《水调歌头·次向伯恭芗林见寄韵》〔不见隐君子〕、《同调·再用前韵》〔不上长安道〕、《同调·八月十五夜集长乐堂,月大明,常岁所无,众客皆欢。戏用伯恭韵作》〔白发闽江上〕⑤,可与本词参观。

11.《水调歌头·罢秩后漫兴》〔放浪形骸外〕(卷上,页54)

《笺注》坐实词中"两纪傲闲居"句,以为芦川绍兴元年(1131)辞官"两纪"后作,系于绍兴二十四年(1154)。《年谱》则以为"'罢秩后'三年方作此词,似不合情理。'罢秩后'之当年即作此词抒愤,也许更合常人心态",故系于绍兴二十一年(页445—446)。审词意,似以《年谱》说为胜。

---

① 《宋元方志丛刊》(3),北京:中华书局,1990年,第2528页下。苏庠(1065—1147)亦张元幹好友,曾共结诗社唱和,上引《次刘晞颜韵》诗《全宋诗》(册二二卷一二八八,第14606页)已收,《刘晞颜照赞》文《全宋文》失收。
② 〔宋〕李心传编撰,胡坤点校《建炎以来系年要录》卷八九,北京:中华书局,2013年,第1716页;卷一四四,第2710页。
③ 〔清〕徐松辑录,刘琳、刁忠民、舒大刚等校点《宋会要辑稿》(7)职官四四,上海:上海古籍出版社,2014年,第4210页上;(8)职官七〇,第4923页上;(10)选举二〇,第5639页上—下。
④ 《全宋文》(152),第72页。
⑤ 《全宋词》,第1049—1050页。

本词立足当下,回顾平生,抒发胸臆。上片写自身性格落拓,早早辞官归乡。下片"忽风飘,连雨打,向西湖",实指芦川坐送胡铨词《贺新郎》〔梦绕神州路〕(见卷上,页4)追赴临安大理寺,削籍除名。"醉卧踏冰壶",参同卷《临江仙·送王叔济》"胸中一段冰壶",表明自身之磊落清白。

"谈天舌本",《笺注》惟引"驺衍谈天"之典,似当引宋黄庭坚《博士王扬休碾密云龙同事十三人饮之戏作》:"非君灌顶甘露碗,几为谈天干舌本。"宋洪朋《南渡邹大舟中作》:"邹子揖我狮子尾,谈天舌本倾我耳。"①

12.《水调歌头·为赵端礼作》〔最乐贤王子〕(卷上,页61)

赵端礼,《笺注》:"赵氏宗室,曾为节使,生平事迹不详。元幹尚有《临江仙·赵端礼重阳后一日置酒坐上赋》、《青玉案·赵端礼堂成》、《明月逐人来·灯夕赵端礼席上》等词作。赵端礼又与李弥逊相唱酬,李弥逊有《感皇恩·赵端礼节使生日》、《柳梢青·赵端礼生日》等词。"亦可稍作补笺。

《(乾隆)福州府志》卷七三:"绍兴己巳(1149),赵端礼、李似之、苏粹中同玉泉昙老访妙空禅师,镌连江宝华山。"②李纲《知宗端礼太尉出示曾信斯展钵之作奉次元韵》、张守《次韵曾天猷赠知宗赵端礼展钵诗》、吕本中《和展钵诗》、李弥逊《和判宗展钵之作》等皆与赵端礼相关,似构成一规模不小的诗坛唱和事件。李纲尚有《端礼知宗宠示水石六轴戏作此诗归之》③。然则"知宗""判宗"及"节使"何谓?李弥逊《太平道院新造三乘小像记》有云:

> 岳阳节度使、西外宗正赵公端礼于太平道院新造三乘小像,以释迦如来居中,弥勒在左,无量寿在右……公初以绍兴己巳(1149)三月得无量寿旧像于太平主僧了心,极爱重之,涂以金碧,粲然一新。不逾月,有持弥勒与六菩萨至者,即以万金易之。于是始有求中尊意。明日宗长乃以来献,既喜且骇。其后每有所求,应念辄至,若有神授,至七月毕集。④

可见赵端礼乃岳阳节度使,此应为宗室年劳久次者之加官;知宗、判宗并非知大宗正司事或判大宗正司事,而是知西外宗正事,一般择宗室贤者管干,南渡后西外置司福州⑤,故张元幹等得与赵氏多有交往。赵端礼造佛像事,恰与展钵诗相合,可证其人礼佛甚度。

查《宋史》宗室传与宗室世系表,并无"端"字辈,《笺注》《年谱》等均未考证

---

① 《全宋诗》册一七卷九八六,第11371页;册二二卷一二七八,第14450页。
② 《中国地方志集成·福建府县志辑》(2),上海:上海书店出版社影印,2000年,第415页下。
③ 以上五诗依次见《全宋诗》册二七卷一五六八,第17796页;册二八卷一六〇四,第18025页;册二八卷一六一八,第18162页;册三〇卷一七一二,第19288页;册二七卷一五六八,第17800页。
④ 《全宋文》(180),第345页。标点略改。
⑤ 《宋会要辑稿》(6)职官二〇,第3580页下—3581页上。

赵端礼真名。检《要录》绍兴十八年（1148）七月癸酉条："皇叔光山军承宣使、知西外宗正事士樽为岳阳军节度使。"①则赵端礼名士樽，端礼疑为其字或号。本词"浩荡山河影，偏照岳阳楼"句，虚实相生，古今相映，亦见芦川用意之深、遣词之工。

《要录》：建炎三年（1129）十二月甲午，"皇叔右监门卫大将军、眉州防御使、知南外宗正事士樽言：'自镇江募海舟，载宗子有其妇女三百四十余人，至泉州避兵，乞下泉州应副请给。'许之。于是秘阁修撰、知西外宗正事令懬亦自泰州、高邮军迁宗子等百八十人至福州避兵。已而又移潮州。士樽，郇康孝王仲御子也。"②则其时赵士樽知南外宗正事，赵令懬知西外宗正事。又张纲《士樽转正任防御使》称其"胄出神明，闲于教训。雅知为善之乐，居无席宠之骄。列位内朝，久著嘉誉。有司上课，法应第迁"③。《宋会要辑稿》：绍兴元年（1131）十月十日，"新知西外宗正事士搏言：'乞将西、南两司官属所请职田钱并日批驿券并行寝罢，以省国用。'从之"④。此士搏当即士樽，可见其知西外宗正事在绍兴元年。

《要录》：绍兴五年（1135）闰二月丁巳，"皇叔眉州防御使、知西外宗正事士樽为邓州观察使。士樽领外宗正满三岁，无遗阙，以例迁也"。十一年（1141）十一月丁未，"光山军节度使、开府仪同三司、判大宗正事、齐安郡王士儦提举西京嵩山崇福宫，放谢辞。……光山军承宣使、同知大宗正事士樽提举亳州明道宫，以言者论其每与朝士结为朋党，兄弟二人更唱迭和，非朝廷之福故也"。上引展钵诗唱和亦可见其与士人关系密切。二十一年（1151）八月乙亥，"皇叔岳阳军节度使、知西外宗正事士樽开府仪同三司，充万寿观使，任便居住"。二十三年（1153）二月己未，"诏岳阳军节度使、开府仪同三司、万寿观使士樽权主奉濮安懿王祠事"。同年八月乙丑，"岳阳军节度使、开封仪同三司、权主奉濮安懿王祠事士樽薨，赠太傅，追封韶王。其弟降授郢州防御使士嵊特复潭州观察使，诸子迁官除职者九人，后谥恭靖"。⑤ 此其仕履梗概。

13.《水调歌头·追和》〔举手钓鳌客〕（卷上，页 62）

《笺注》："本词有'重来吴会三伏，行见五湖秋'等语，当为晚年重游吴江时作。追和何人词未详。"实则用同卷《水调歌头·同徐师川泛太湖舟中作》（页39）原韵，且本词中"重来吴会三伏，行见五湖秋""元龙湖海豪气，百尺卧高楼"

---

① 《建炎以来系年要录》卷一五八，第 2993 页。
② 《建炎以来系年要录》卷三〇，第 692—693 页。
③ 《全宋文》(168)，第 106 页。
④ 《宋会要辑稿》(8)职官五八，第 4626 页下。
⑤ 《建炎以来系年要录》卷八六，第 1641 页；卷一四二，第 2683—2684 页；卷一六二，第 3079 页；卷一六四，第 3118 页；卷一六五，第 3134 页。

与原阕"莫道三伏热,便是五湖秋""想元龙,犹高卧,百尺楼"等句彼此印证,注者失之眉睫。

14.《临江仙·送王叔济》〔玉立清标消晚暑〕(卷上,页80)

《笺注》:"王叔济,即王湑,生平事迹不详。"仅引《归来集》卷九《亦乐居士集序》文,知叔济为故尚书户部侍郎豫章王承可第三子。

按王明清《挥麈录》:"王铁字承可,会之(今按:秦桧字)舅氏,王本观复之子。"①据《亦乐居士集序》②,芦川、承可两人之祖父为皇祐中同年进士,元幹又曾于宣和年间往扬州拜访王本,后王铁子湑衰集乃父平生所著,请芦川序之。洪迈《夷坚志》记王铁乃王本长子,初名铖,字秉义,政和后改名铁而字承可③。其又称王铁第三子为洧④,与芦川文所载异,未知孰是,参以张王两家世交,似应从元幹说。

15.《临江仙·赵端礼重阳后一日置酒,坐上赋》〔十日篱边犹袖手〕(卷上,页83)

"逃禅留坐客",《笺注》引杜甫《饮中八仙歌》诗:"苏晋长斋绣佛前,醉中往往爱逃禅。"并及仇兆鳌注:"逃禅犹云逃墨逃杨,是逃而出,非逃而入;醉酒而悖其教,故曰逃禅。后人以学佛为逃禅,误矣。"按赵端礼即赵士樽,参前文第12条引《(乾隆)福州府志》卷七三:"绍兴己巳(1149),赵端礼、李似之、苏粹中同玉泉昙老访妙空禅师,镌连江宝华山。"又赵士樽展钵诗唱和事件及李弥逊《太平道院新造三乘小像记》,可知赵氏礼佛甚虔,此处逃禅亦逃出而非逃入意,即本应参禅学佛,而今却置酒留客也。

16.《临江仙·送宇文德和被召赴行在所》〔露坐榕阴须痛饮〕(卷上,页84)

《笺注》:"宇文德和,生平事迹不详。宇文德和曾与张元幹相交,《归来集》卷六有《浣溪沙·戏简宇文德和求相香》词。据《归来集》卷十《诸公祭邓正言文》有'维绍兴二年,岁次壬子五月庚申朔三十日己丑,友人宇文师瑗'云云,疑即指宇文师瑗,字德和者。词盖绍兴初作于福州。"

今按洪炎有《社日宇文德和送酒次糜韵》诗⑤。

又宇文师瑗,宇文虚中(1079—1145)之子,成都华阳人。张纲《张成宪除金部郎官宇文师瑗除驾部郎官制》:"尔师瑗缙绅之誉,蔼然有闻。"⑥《宋会要辑

---

① 〔宋〕王明清《挥麈录》后录卷之十一,上海:上海古籍出版社,2012年,第138页。
② 〔宋〕张元幹《芦川归来集》卷九,第155—157页。
③ 〔宋〕洪迈撰,何卓点校《夷坚志》夷坚丁志卷二"海盐道人"条,第548页。
④ 〔宋〕洪迈撰,何卓点校《夷坚志》夷坚甲志卷三"李尚仁"条,第21—22页。
⑤ 《全宋诗》册二二卷一三〇〇,第14747页。
⑥ 《全宋文》(168),第159页。

稿》:绍兴三年(1133)正月十七日,"诏:'宇文师瑗添差福建路转运判官,其荐举员数,与依正任转运判官合举员数减半奏举。'"①《要录》:建炎四年(1130)十二月庚午,"朝奉郎、添差通判福州宇文师瑗提举福建路市舶"。绍兴四年四月癸未,"右朝请郎宇文师瑗为尚书驾部员外郎"。同年七月甲寅,"尚书驾部员外郎宇文师瑗主管台州崇道观,从所请也。师瑗尝除福建路提点刑狱公事,言者论其年少资浅,罢之"。五年三月丁丑,"右朝散大夫宇文师瑗知漳州"。七年七月丙寅,"右朝散大夫宇文师瑗知建州,以其母安定郡夫人黎氏有请也"。九年三月己丑,"右朝散大夫宇文师瑗行尚书度支员外郎"。十二年八月戊辰,"右朝散大夫宇文师瑗直显谟阁,右奉议郎张汲直秘阁,并主管万寿观,以将北行也。……都元帅宗弼来索虚中家甚急,上遣内侍许公彦往闽中迎之。……师瑗乃使恬以海舟夜载其属之温陵,而身赴行在。……已而师瑗至行在,上疏恳留,秦桧不许"。②然则宇文师瑗于绍兴十二年(1142)赴行在所,本词亦作于此年。

17.《醉落魄》〔一枝冰萼〕(卷上,页87)

"横波",《笺注》引《文选》傅毅《舞赋》:"目流睇而横波。"可补李白《长相思》:"昔日横波目,今成流泪泉。"③此最脍炙人口。

又本词与同页上一首《醉落魄》〔绿枝红萼〕同调同韵,且词意相连,当是同时所作。

18.《浣溪沙》〔云气吞江卷夕阳〕(卷上,页98)

《笺注》:"本词写作年代不详。词中云'榕阴归梦',疑客居江南时所作。"按榕树为福建特产,福州后世称榕城,"榕阴归梦",当是芦川返归故乡福州后所作。

"锦囊公子",参同卷《宝鼎现·筠翁李似之作此词见招,因赋其事,使歌之者想象风味,如到山中也》"锦囊吟咏"(页71),又词中"胡床"意象,参同卷《念奴娇·玩月》"胡床欹坐"、《八声甘州·陪筠翁小酌横山阁》"据胡床残夜"等(页24、页37),均与李弥逊相关,则本词之"锦囊公子""玉节故人"亦当指李弥逊。

"白头波上电飞忙",唐郑谷《淮上渔者》:"白头波上白头翁,家逐船移浦浦

---

① 《宋会要辑稿》(10)选举二九,第5818页上。
② 《建炎以来系年要录》卷四〇,第879页;卷七五,第1426页;卷七八,第1472页;卷八七,第1662页;卷一一二,第2095页;卷一二七,第2393页;卷一四六,第2752—2753页。宇文师瑗至行在后,有《到阙具对札子》论其事,见《全宋文》(198),第123—124页。
③ 《全唐诗》(5),卷一六五,第1713页。

风。"①宋黄庭坚《定风波·次高左藏韵》:"自断此生休问天,白头波上泛孤船。"②

"玉节故人同壮观",参宋张孝祥《西江月·重九》:"故人玉节有光华,高会仍逢戏马。"③

19.《浣溪沙》〔山绕平湖波撼城〕(卷上,页 98)

《笺注》:"本词亦当为客居江南时作。"按下一首《浣溪沙》〔目送归舟铁瓮城〕(页 99)与本词同调同韵,合为组词,当同时所作。后者系于绍兴二十四年(1154),本词亦当作于该年。

20.《浣溪沙》〔萼绿华家萼绿春〕(卷上,页 102)

《笺注》:"范才元,生平事迹俟考。张元幹、吕本中及苏籀等与之交游酬唱。"并引《归来集》《东莱先生诗集》《双溪集》相关诗作。

按寓目者尚有李处权《送范才元》、李弥逊《题范才元湘江诗画》、朱松《题范才元湘江唤舟图用李居仁韵》等诗④。

21.《醉花阴》〔紫枢泽笏趋龙尾〕(卷上,页 108)

本词寿主富直柔(1084—1156)。按紫枢,指枢密院,《要录》:绍兴元年(1131)八月戊寅,"端明殿学士、签书枢密院事富直柔同知枢密院事"。又同年十一月庚戌,"中大夫、同知枢密院事富直柔守本官,提举临安府洞霄宫"。⑤

22.《青玉案·燕赵端礼堂成》〔华裾玉辔青丝鞚〕(卷下,页 117)

《笺注》:"词中有'记年少、金吾从'、'老去堂成更情重'等语,词盖于绍兴中在福建作。"下一首为《同调·再和》〔王孙陌上春风鞚〕(页 118),《笺注》:"本词用前韵再和,当作于同时。"再下一首《同调·生朝》〔花王独占春风远〕(页 119),《笺注》:"本词有'寿祺堂上'、'乳燕双双贺新院'等语,据李弥逊《感皇恩·端礼节使生日》词云'华堂初建'、'花里双双乍归燕',则此词当寿赵端礼生朝,与前《青玉案·燕赵端礼堂成》为同年所作。"所见甚是,然未注出作年。

按李弥逊既称赵端礼为节使,参前文第 12 条引《要录》绍兴十八年(1148)七月癸酉条:"皇叔光山军承宣使、知西外宗正事士樽为岳阳军节度使。"又据词意赵氏生辰在春日,则本词及同调二首当作于绍兴十九年至二十三年间。

参上文第 2 条,《兰陵王》〔绮霞散〕(卷上,页 14)亦与此三首《青玉案》作于

---

① 《全唐诗》(20),卷六七五,第 7732 页。
② 《全宋词》,第 389 页。
③ 《全宋词》,第 1708 页。
④ 《全宋诗》册三二卷一八二九,第 20373 页;册三〇卷一七一六,第 19334 页;册三三卷一八五八,第 20759 页。
⑤ 《建炎以来系年要录》卷四六,第 977 页;卷四九,第 1026 页。

同时。

23.《青玉案》〔平生百绕垂虹路〕(卷下,页124)

《笺注》:"椿老子,即张椿老,生平事迹不详。"

按岳珂《宝真斋法书赞》卷七:"右唐人摹王右军《转胜帖》,真迹一卷,有绍兴小玺,并米友仁鉴定。帖书以冷金纸,方未褾时,策策如银叶,声薄类蝉翼,奇甚。庆元己未岁六月,得之潭州士人张椿老家。其人旧以贡士教授武冈新学。法当用年劳得官。携帖入都,欲荐之时贵,以求所欲。不得意,发病去,痛且恚,悉以帖售人,厥价不及什二三,此其一也。椿老多游名贵人门,故藏帖为多。"①

24.《虞美人》〔广寒蟾影开云路〕(卷下,页133)

《笺注》《年谱》均未编年。参以同卷另一阕作于绍兴六年(1136)重阳日之《虞美人》〔菊坡九日登高路〕(页135),两者用韵皆同,本词"广寒蟾影""菊花轻泛""今宵入梦阳台雨""五更钟"与后者"菊坡九日""西窗一夜萧萧雨""画楼钟"等桴鼓相应,可证亦同时所作。

25.《虞美人》〔西郊追赏寻芳处〕(卷下,页134)

《笺注》:"本词有'西郊追赏寻芳处'、'天涯乐事王孙贵'等语,似早年在汴京时作。"

按"天涯乐事王孙贵"实指赵端礼,即赵士樽,参本文第2条。又同卷《明月逐人来·灯夕赵端礼席上》(页158)作于宣和年间,本词似亦同时前后所作。

26.《好事近》〔梅润乍晴天〕(卷下,页146)

"梅润",《笺注》未注,指梅雨时节之湿润空气。唐皮日休《吴中苦雨因书一百韵寄鲁望》:"梅润侵束杖,和气生空狱。"②宋苏轼《寄周安孺茶》:"苦畏梅润侵,暖须人气燠。"③

本词为寿词,然寿主难考,《笺注》未注,笔者以为或是赵士樽之母。词中"画堂风月",与卷下《青玉案·燕赵端礼堂成》《青玉案·生朝》(页117、119)等多阕赵端礼之新堂相似。参以上文第12条,端礼即宋宗室王孙赵士樽,曾知西外宗正事,"西母醉中微笑,看蟠桃初结"句之西王母,与士樽母亲身份天衣无缝,最为契合。又据葛立方《士樽嫡母王氏吴国夫人制》:

> 礼行于郊,既秩升柴之祀;母贵以子,宜加告第之恩。眷兹女士之贤,媲予属籍之近,肆颁一札,用诏九泉。具官某淑慎柔嘉,温恭婉娩,克懋鹊

---

① 〔宋〕岳珂《宝真斋法书赞》卷七,《丛书集成初编》第1628册,北京:中华书局,1985年,第104页。
② 《全唐诗》(18),卷六〇九,第7027页。
③ 《全宋诗》册一四卷八〇五,第9327—9328页。

巢之德,凤著鸤鸠之仁。胡不永年,蚤沦长夜! 虽小君锡号,已荒定武之封;然大国未加,爰贲东吴之壤。懿灵如在,宠命其歆。①

葛氏绍兴二十一年(1151)六月权中书舍人,九月罢职②,掌外制即在此期间,则士樽母王氏当卒于作该制之前。

又参前文第 22 条,赵士樽"华堂初建"在绍兴十九年(1149)或其后,则本词亦当作于绍兴十九年至二十一年间。

27.《怨王孙》〔霁雨天迥〕(卷下,页 149)

《笺注》:"李文中,曾任主簿,生平事迹不详。《归来集》卷二有《送李文中主簿受代归庭闱》诗","叶子谦,不详"。

按《要录》:绍兴二十四年(1154)四月戊申,"太府寺主簿李文中面对,言:'比岁州县,多侵用常平义仓米,既失经常之数,亦乖惠养之方,望诏有司申严其禁。'从之"。③ 张扩撰《李文中太府寺主簿制》有云"尔临事明敏,见称详练"④。又据潜说友《咸淳临安志》卷八,李文中于绍兴庚申(1140)后曾判登闻鼓院事⑤。

王铚有诗《中秋招叶子谦》《八月十四日送叶子谦自会稽游江观湖归闽》⑥。李弥逊有文《叶子谦研铭》⑦。

28.《满庭芳·为赵西宗寿》〔玉叶联芳〕(卷下,页 175)

《笺注》系本词于建炎元年(1127)夏,以寿主为嗣濮王赵仲湜(1073—1137),并引诸种史传笔记为证,非是。赵西宗当指赵端礼,即赵士樽,参本文第 12 条。

词中"间平襟度",《笺注》已指出"间"为汉河间献王刘德,"平"为后汉东平宪王刘苍,并引《汉书·景十三王传》"河间献王德……修礼乐,被服儒术,造次必于儒者,山东诸儒多从而游",《后汉书·光武十王列传》载明帝手诏云"日者问东平王处家何等最乐,王言为善最乐,其言甚大"。参以上文第 12 条赵士樽展钵诗唱和及《要录》绍兴十一年(1141)十一月丁未所载"其每与朝士结为朋党",与刘德事同类比拟。更参上文第 2 条,芦川词中多以"最乐王孙""最乐贤王子"称赵士樽,又与刘苍"最乐"事若合符契。古典今情,浑然无间,亦可见元

---

① 《全宋文》(201),第 53 页。
② 参王兆鹏《葛胜仲葛立方年谱》,《宋人年谱丛刊》(6),成都:四川大学出版社,2003 年,第 3874 页。
③ 《建炎以来系年要录》卷一六六,第 3156 页。
④ 《全宋文》(148),第 241 页。
⑤ 《宋元方志丛刊》(4),第 3430 页下。
⑥ 《全宋诗》册三四卷一九〇六,第 21295、21307 页。
⑦ 《全宋文》(180),第 350 页。

榦学问才思之一斑。

"濮邸行尊崇",按濮王一支出自太宗,以"元、允、宗、仲、士、不、善、汝、崇、必、良、友"为字派,以分昭穆。太宗之孙、元份之子允让为濮安懿王,即赵士樽曾祖。宗晟、仲御为士樽祖、父,皆曾嗣濮王①。士樽辈属高宗赵构皇叔,而低于仲湜一辈。

"忠孝传大雅""应萱堂齐福"句涉士樽之母,参上文第26条。

"芝兰胜"言士樽诸子,参上文第12条引《要录》绍兴二十三年(1153)八月乙丑条"诸子迁官除职者九人",其名见于《宋史》宗室世系表者则有十三人:不乏、不悦、不刊、不窑、不野、不陧、不臛、不药、不即、不怵、不觌、不羡、不转②。

"丝纶膺重寄,遥防迁美,本镇恩隆"句,本镇指芦川故乡福州,按绍兴三年(1133)正月壬申,高宗命西外宗正移司福州③,又据王应麟《玉海》:"(绍兴)五年(1135)闰二月,知西外宗正士樽置司福州。"④此指赵士樽到任时间。而赵仲湜知西外宗正事至迟在建炎元年(1127),与词中所述"本镇恩隆"不合。

"龙光近,星飞驿马,宜入嗣王封",此为寿词常见之曲终奏雅,乃美好祝愿,非既成事实,如同卷《点绛唇·生朝》《满庭芳·寿》(页128、页171)词末"华夷喜,绣裳貂珥,便向东山起""明年会,双衣对引,谈笑秉钧衡",此物此志也。又赵仲湜于建炎元年六月庚申封嗣濮王⑤,绍兴七年(1137)七月丙子薨逝,八年三月己丑赵仲儡封嗣濮王,九年十一月癸未薨逝,其后罢袭,直至绍兴二十五年十一月庚午赵士佾嗣濮王⑥。故本词当作于绍兴十年后。"龙光近"或与士樽绍兴二十三年(1153)二月权主奉濮安懿王祠事相关,其后最有可能嗣濮王,惜乎当年八月即去世。

29.《瑞鹤仙·寿》〔倚格天峻阁〕(卷下,页180)

《笺注》:"此首寿词大意似寿秦氏女嫁为贵人妇者,时在绍兴十六年(1146)后。"又引冯煦《蒿庵论词》:"其集中寿词实繁,而所寿之人,则或书或不书。其《瑞鹤仙》一阕,首云'倚格天峻阁',疑即寿(秦)桧者。盖桧有'一德格天阁'也。意居士始亦与桧周旋,至秽德彰闻,乃存词而削其名邪?"

按夏承焘先生《瞿髯论词绝句·张元幹》:"格天阁子比天高,万阕投门恻

---

① 《宋史》卷二四五《宗室濮王允让传》,第8708—8714页。
② 《宋史》卷二三一《宗室世系表》,第7385—7392页。
③ 《宋史》卷二七《高宗本纪》,第503页。
④ 〔宋〕王应麟著《玉海》卷一三〇《官制》,扬州:广陵书社影印本,2003年,第2415页上。
⑤ 《宋史》卷二四《高宗本纪》,第445页。
⑥ 《建炎以来系年要录》卷一一二,第2099页;卷一一八,第2202页;卷一三三,第2480页;卷一七〇,第3229页。据《宋史》卷二四五《宗室濮王允让传》:"初,仲儡薨,秦桧专政,罢袭,桧死,始封士佾。"(第8715页)

彼曹。一任纤儿开笑口,堂堂晚盖一人豪。"吴无闻先生注称:"秦桧当权时,文人纷纷献诗词奉承。宋本张元幹《芦川集》〈瑞鹤仙〉词,有'倚格天峻阁'句,当是献给秦桧或秦桧家人祝寿的词。"①吴熊和先生《论词绝句·张元幹其四》:"寿词二阕致人疑,晚盖堂堂不可移。曾傲闲居逾二纪,倒冠落佩未归迟。"自注:"《芦川归来集》卷七《瑞鹤仙》词,有'倚天峻阁'及'庭槐阴转,盆榴红烁'诸语,作于五月,似寿秦桧妻王氏(王珪孙女,时封魏国、韩国两国夫人)。"②

本词寿主当以吴熊和先生所说秦桧妻王氏(？—1161)为是。词中"华阳优渥""从来相门",王氏祖父王珪(1019—1085),成都华阳人,熙宁三年(1070)拜参知政事,九年进同中书门下平章事、集贤殿大学士,元丰五年(1082)拜尚书左仆射兼门下侍郎,八年封岐国公,是年五月卒于位,赠太师,谥文恭,"其文闳侈瑰丽,自成一家,朝廷大典策,多出其手",③著有《华阳集》一百卷。又张扩《秦太师妻王氏封魏国夫人制》称其"蝉貂华胄,诗礼名家,来嫔高门,克配君子"④,亦表明王氏出身。

"长生大乐""木公金母""举家飞升,玉京更乐"等为寿词题中应有之义,然此诸语尤其"道要元微"句,皆用道教典故术语,与王氏生平相契。据《要录》:绍兴二十五年(1155)十月甲辰,"秦桧妻韩魏国夫人王氏乞改赐一道号,诏特封冲真先生"。三十一年三月壬午,"诏秦桧妻冲真先生王氏改赠希妙先生。起居舍人兼权中书舍人虞允文言:'王氏以先生祔于桧之庙,而为之配,不合礼经,乞归先生之告于有司,仍旧秦魏国夫人旧号,于礼为称。'从之"。⑤

30.《瑞鹤仙·寿》〔喜西园放钥〕(卷下,页182)

《笺注》:"本词所寿之人不详,其作年亦不能确知。"

按本词与前一首即《瑞鹤仙·寿》〔倚格天峻阁〕同韵,两阕均有"兰房""流芳"等词,又"禁烟时天气"即五月⑥,寿主生日、作词时间皆吻合,可见亦为秦桧妻王氏所作。

"继踵韦平",《笺注》:"西汉韦贤、韦玄和平当、平晏皆父子宰相,为世所重。"据史载,秦桧有子秦熺(1117—1161),原为桧妻王氏兄焕所出,绍兴十二

---

① 夏承焘《夏承焘集》(2),杭州:浙江古籍出版社、浙江教育出版社,1997年,第534—535页。又段熙仲先生读夏老《论词绝句》后作有《张元幹"晚盖"质疑》文(载1980年10月《文史》第十辑,第221—224页),谓此词伪作或误入,但亦认为其投献秦桧与王氏夫妇,并出笺于绍兴十六年五月。
② 沈松勤编《庆祝吴熊和教授从教五十周年论文集》,杭州:浙江大学出版社,2008年,第39页。
③ 《宋史》卷三一二《王珪传》,第10241—10243页。
④ 《全宋文》(148),第162页。
⑤ 《建炎以来系年要录》卷一六九,第3220页;卷一八九,第3661页。
⑥ 〔宋〕葛立方《韵语阳秋》卷十九:"余观《琴操》云:'介子推五月五日焚林而死,故是日不得发火。'而《异苑》以谓寒食始禁烟。盖当时五月五日,以周正言之尔。"见〔清〕何文焕辑《历代诗话》,北京:中华书局,2004年,第636—637页。

年（1142）进士，十四年以秘书少监领国史，十五年除翰林学士兼侍读，十八年除知枢密院事，二十年加少保，二十一年，"朝散郎王扬英上书荐熺为相"，二十五年十月，"帝幸桧第问疾……熺奏请代居相位者，帝曰：'此事卿不当与。'帝遂命权直学士院沈虚中草桧父子致仕制。熺犹遣其子壎与林一飞、郑柟夜见台谏徐嚞、张扶谋奏请己为相。丙申，诏桧加封建康郡王，熺进少师，皆致仕"①。

31.《瑶台第一层》〔宝历祥开飞练上〕（卷下，页183）

本阕亦寿词，《笺注》系诸绍兴十五年（1145），未说明寿主，然注释"正格天同德，全魏分疆"句，引宋高宗亲书"一德格天之阁"牌匾赐秦桧及封秦氏魏国公事，则寿主为秦桧已昭然若揭。

词中"石城形胜，秦淮风景"切合秦桧出生地江宁（今江苏省南京市），"腊余春色早"符合秦氏生辰十二月二十五日之时令②。

"兆钧璜、贤佐兴王""千官师表，万事平章"，亦非秦桧莫属。《要录》：绍兴十二年（1142）九月乙巳，"少保、尚书左仆射、同中书门下平章事、兼枢密使、冀国公秦桧为太师，封魏国公。是日，桧入朝，至殿门外，上遣干办御药院江咨赐以玉带，使服之而入。桧辞，上曰：'梓宫归葬，慈宁就养，皆卿之功也。此未报百分之一，不必辞。'"二十五年十月丁酉，"执政奏事，上曰：'秦桧力赞和议，天下安宁，自中兴以来，百度废而复备，皆其辅相之力，诚有功于国。'伤悼久之"。同年十一月乙卯，"诏秦桧合该赐谥，令太常寺拟定。于是博士曹冠撰谥议曰：'故太师、赠申王秦桧，光辅圣主，绍开中兴，安宗社于阽危之中，恢太平于板荡之后。道德光天地，勋业冠古今，虽备道全美，不可主一善，名一功。而崇报之典，严于定谥，尤当先其报国之大节，传道之显效焉。谨按谥法：虑国忘家曰忠，文贤有成曰献。宜赐谥曰忠献。'"③

以上乃南宋君主、朝廷对秦桧之评价，其时臣僚、士人亦歌功颂德，投献不断。如康与之《喜迁莺·丞相生日》：

腊残春早。正帘幕护寒，楼台清晓。宝运当千，佳辰余五，嵩岳诞生元老。帝遣阜安宗社，人仰雍容廊庙。尽总道，是文章孔孟，勋庸周召。

师表。方卷遇，鱼水君臣，须信从来少。玉带金鱼，朱颜绿鬓，占断世间荣耀。篆刻鼎彝将遍，整顿乾坤都了。愿岁岁，见柳梢青浅，梅英红小。④

---

① 《宋史》卷四七三《秦桧传》，第13758—13764页。
② 《建炎以来系年要录》卷一四七，绍兴十二年十二月癸未条："以太师秦桧生辰，锡宴于其第。桧辞，不许，自是岁为例。"（第2788页）癸未即当月二十五日。
③ 《建炎以来系年要录》卷一四六，第2767页；卷一六九，第3219页；卷一七〇，第3224页。
④ 《全宋词》，第1304页。

又如胡寅《代张子期上秦太师启》赞秦氏：

> 命世大贤，兴邦元佐。蹈危履险，确然金石之不移；守信资忠，炳若星辰之有度。一登揆路，大振邦荣。横舟楫于风涛，巨川攸济；置盐梅于鼎鼐，众口称和。秦汉已还，勋庸莫二。盖以伊周之术业，赓陪尧舜之都俞。①

32.《瑶台第一层》〔江左风流钟间气〕（卷下，页185）

《笺注》："本首寿词未详所寿之人，作年亦不能确知。"

按"豆花初秀雨"，《荆楚岁时记》："八月雨，谓之豆花雨。"②词中又有"散暑空、洗出秋凉""庆生旦，正圆蟾呈瑞，仙桂飘香"句，可知寿主生辰在八月十五前后。"江左""洲分二水长""凤凰台畔"则点明寿主生于建康（今江苏南京）。

"江左风流钟间气""投怀玉燕、照社神光"与同卷《夏云峰·丙寅六月为筠翁寿》（页201）"钟间气、卓荦天才""正暑，有祥光照社，玉燕投怀"相合，筠翁即李弥逊，然其生日在六月、正暑，又籍贯福建连江，生于苏州吴县，则与寿主明显不符。

参以前文第31、32、33数条及词中"驾云乘鹤下鹓行""紫枢将命，紫微如绹，常近君王"等句，寿主极有可能为秦氏族人。然秦桧生辰在年底，秦熺生日在年初③，与寿主之八月相悖。秦桧之兄秦梓（？—1146），《笺注》同卷有《采桑子·奉和秦楚材使君荔枝词》（页226），可见张元幹与其交往之迹，然其生辰不知，未能遽下判断。

查《景定建康志》卷三二《儒学志五》"进士题名"条④，秦氏族人外，又有建康人王纶（？—1161）、李回较为符合本词寿主情状。王纶字德言，绍兴五年（1135）进士，授平江府昆山县主簿，历镇江府、婺州、临安府教授，权国子正。二十四年为监察御史，论事忤秦桧意，罢去。桧死，召为起居舍人兼崇政殿说书，寻兼权礼部侍郎。二十六年试中书舍人，兼侍讲。又兼直学士院，迁工部侍郎。二十八年除同知枢密院事。二十九年为称谢使赴金觇敌。以旧疾作，力丐外，除资政殿大学士知福州。三十一年卒，赠左光禄大夫，谥章敏⑤。曹勋

---

① 《全宋文》(189)，第276页。又当时政治文化生态下朝野对秦桧之歌颂赞美，可参王曾瑜《绍兴和议与士人气节》，《中国史研究》2001年第3期，第129—137页；沈松勤《从高压政治到"文丐奔竞"——论"绍兴和议"期间的文学生态》，《文学遗产》2003年第2期，第55—69页。
② 〔梁〕宗懔撰，〔隋〕杜公瞻注，姜彦稚辑校《荆楚岁时记》，北京：中华书局，2018年，第64页。
③ 秦熺绍兴十八年（1148）除知枢密院事，"紫枢将命"亦有着落，然据周紫芝《秦少保生日诗三首》之一首句"岁当作噩律始催，杓携龙角星纪回"（《全宋诗》册二六卷一五三〇，第17382页），"作噩"即太岁在酉，切合秦熺出生于政和七年丁酉岁（1117），"律始催"指一年开始之初春。
④ 《宋元方志丛刊》(2)，第1881页下—1882下。
⑤ 《宋史》卷三七二《王纶传》，第11535—11536页。

《王德言枢密生日十首》有"露华澄澹月痕秋""中原秋色入辎轩""八月凉秋草未斑"等句①,则王氏生辰、出生地均与本词寿主相符,且曾知福州,然未得芦川与其直接交往之证据。

李回,字少愚,江宁人,李琮之子。元祐二年(1087)进士及第。政和六年(1116)为监察御史。靖康元年(1126)签书枢密院事、兼大河守御使,还知福州。建炎元年(1127)权伪楚礼部尚书。高宗即位后出知洪州,又为秘书少监,分司南京。建炎四年复端明殿学士、权同知三省枢密院事。绍兴元年(1131)拜参知政事。同年罢为资政殿学士、江西安抚大使,兼知洪州。绍兴三年落职,提举江州太平观,由是不复而卒。绍兴七年追复端明殿学士②。据汪藻《赐知枢密院事李回生日诏》:"素秋分序,凉月腾辉,兹宇宙之佳辰,生庙堂之贤佐。"③则李回生辰亦在秋季,与本词寿主时地兼符,且亦曾知福州,惟与王纶一般,未见芦川与其交往之迹,姑识此俟考。

33.《望海潮·癸卯冬,为建守赵季西赋碧云楼》〔苍山烟澹〕(卷下,页188)

《笺注》:"赵季西,生平事迹不详。"惟引《宋诗纪事》卷四一:"季西,宣和间人。"

按陆心源《宋诗纪事小传补正》卷二:"赵季西,名岍,西安人。忤弟扬之子。绍圣四年,项城尉。大观二年,通直郎,权潭州通判,累知襄阳府。建炎元年,以奉直大夫、福建路转运使徙知平江府,转中奉大夫。"④

《要录》卷七、卷九,《宋会要辑稿》职官六○、六一、六八、六九,食货三二,兵一○,《墨庄漫录》卷二,皆有赵岍(或作赵研)之记载,不一一具引。又王洋《赵岍复直秘阁制》称其"世济之美,为时名家;临政之优,所至称治"⑤。

34.《十月桃·为富枢密》〔蟠桃三熟〕(卷下,页193)

《笺注》:"小试芳菲,即'十月小阳春'之意,因富直柔生日在十月间,故云。"参同卷《卷珠帘·寿》注"谁遣阳和放春透":"富直柔寿辰在十月。十月为小阳春,故以此称之。"(页207)而同卷《点绛唇·生朝》注释引汪藻《赐同知枢密院事富直柔生日诏》:"隆冬方启,上日惟良。今赐卿生日羊酒米面等,具如别录。"并附注者案语:"知富直柔生日在隆冬。"(页128)十月与隆冬,乍看似凿枘不投。《年谱》即因上日为每月初一,称"富之生日在隆冬十一月或十二月初

---

① 《全宋诗》册三三卷一八九四,第21173页。
② 李回生平事迹散见于《要录》卷三、卷四、卷五、卷六、卷三一、卷三八、卷四三、卷四六、卷四八、卷六三,《宋宰辅编年录》卷一四、卷一五,《宋史》卷三三三《李琮传》、《至正金陵新志》卷一三《李琮附子李回传》等,此处撮述而成。
③ 《全宋文》(156),第411页。
④ 〔清〕陆心源《宋诗纪事补遗》,太原:山西古籍出版社,1997年,第2423页。
⑤ 《全宋文》(177),页24。

一"(页430)。

按实则该处隆冬为泛称,崔述《易卦图说》:"阴气弥沦于天地间,故为隆冬,十月、十一月、十二月,是也。"①十月亦属隆冬,如苏辙《寒食赠游压沙诸君》:"隆冬十月我独往,风吹叶尽枝条疏。"②故"隆冬方启,上日惟良"当指十月初一。

又魏齐贤、叶菜编《五百家播芳大全文粹》卷八七收有《上富枢密生辰诗》:"盈数知良月,初弦耿素蟾。"③盈数、良月即十月。《笺注》卷下《满庭芳·寿富枢密》"新月正娟娟"(页173),新月指初一。综上所述,富直柔生日为十月初一,当可定谳。

35.《感皇恩·寿》〔豹尾引黄幡〕(卷下,页199)

《笺注》:"此首寿张浚作。"并引《芦川归来集》卷一《紫岩九章章八句上寿张丞相》、卷二《上张丞相十首》《张丞相生朝二十韵》、卷八《贺张丞相浚复特进启》为证。系之于绍兴十一(1141)、十二年间。

按该寿主疑非张浚,应为赵士樽。本词与同卷前一阕寿赵士樽之《感皇恩·寿》〔荔子著花繁〕(页198)用同韵,且两首均有"君王眷"之句。

"豹尾"句,《笺注》已引岳珂《愧郯录》卷十"旌节"条:"皇朝凡命节度使,有司给门旗二,龙虎旗一,节一,麾枪一二,豹尾二。"参本文第12条引《要录》绍兴十八年(1148)"士樽为岳阳军节度使"。

"搢绅交誉",参上文第12条引《要录》"言者论其每与朝士结为朋党"及展钵诗唱和。

"最乐至诚为善",参上文第2条,最乐为赵士樽号。芦川寿富直柔常以其号洛滨入词,如同卷《十月桃·为富枢密》"洛滨老人星见"、《感皇恩·寿》"难老洛滨风味"(页193、197)等,寿赵士樽词多有"最乐"亦同此。为善,可参前文第12条引张纲《士樽转正任防御使》"雅知为善之乐",并参第25条释"间平襟度"。

"信知宗姓喜",《笺注》:"此谓张浚乃同姓同族。"按宗姓除同姓外,尚有国姓、宗室义。此指"皇叔光山军承宣使、知西外宗正事士樽为岳阳军节度使"

---

① 〔清〕崔述撰著,顾颉刚编订《崔东壁遗书》,上海:上海古籍出版社,2013年,第676页上。
② 《全宋诗》册一五卷八五一,第9847页。
③ 〔宋〕魏齐贤、叶菜编《五百家播芳大全文粹》卷八七,《影印文渊阁四库全书》,台北:台湾商务印书馆,1986年,第1353册,第511页上。此首作者不明,《全宋诗》未收。参祝尚书《宋人总集叙录(增订本)》卷四"圣宋名贤五百家播芳大全文粹"条:"各钞本有一共同情况,即往往隔若干篇才有署名。古书惯例,未署名之篇从前人。然而细考之却不尽然:根据内容,有的明显非前人所作,若从前人则为伪作或误收。"北京:中华书局,2019年,第204页。本首作者未署名,前此一首为杨廷秀《贺皇太子生辰诗》,廷秀乃杨万里字,检阅杨氏《诚斋集》,并无《上富枢密生辰诗》。

（参前第 12 条），宗室以为得人而庆喜。又词中"茅土相"句，《笺注》引经据典，释以"封诸侯谓之授茅土"，亦与赵士樽身份相称。按南宋中兴诸将张俊、韩世忠、岳飞兵权甚重，至有"张家将""韩家将""岳家将"之称，朝廷患尾大不掉之势，绍兴十一年（1141），高宗与秦桧收回三大将兵柄，并杀害岳飞父子及其爱将。揆诸芦川一贯运思之深、炼词之精，若以张浚加官节度而称"宗姓喜""茅土相"，似未为得体。而寿主为赵士樽，则无此忧虑。

"醉拥笙歌夜深院"，可与其他相关赵士樽诸词参证。如卷上《兰陵王》"时节秋千闭深院"（页 14），卷下《青玉案·再和》"归去笙歌常醉拥""雨余深院"（页 118），《青玉案·生朝》"乳燕双双贺新院"（页 119），《感皇恩·寿》"清微庭院"（页 198）等。

"雅称元戎同燕"，雅称者，美称也。张浚南宋名将，曰元戎不必雅称，如张元幹《贺张丞相浚复特进启》："元戎十乘，聊作镇于瓯闽。"①然于遥领节度之宗室士樽而言，则雅称元戎颇为贴切。

"貂蝉面"，参同卷寿赵士樽词《青玉案·生朝》"貂蝉宜面"（页 119）。

合而观之，本词寿主当为赵士樽，作于绍兴十八年。

36.《千秋岁·寿》〔相门出相〕（卷下，页 203）

本词寿富直柔。"和气浓春酿"，参同卷寿富氏词《点绛唇·生朝》"难老中和气"（页 128）。又张元幹《与富枢密同集天宫寺》："和气从容一笑春，如公今是暂闲身。"②《五百家播芳大全文粹》卷八七《上富枢密生辰诗》："小春桃花破红萼，和气帘幕风轻帆。"③

37.《水龙吟·周总领生朝》〔水晶宫映长城〕（卷下，页 204）

《笺注》："本词作年未详。周总领疑指周介卿。"

参前文第 29 条，周石绍兴十七年（1147）二月到任镇江总领所，即周总领称呼之由来，至二十五年（1155）八月除直秘阁、江东运副，方才离任。故本词应作于此数年间。考芦川有《祥符陵老许作先驰归闽，因成伽陀赠别，绍兴甲戌秋七月，书于鹤林山》诗："今年坐在鹤林中，许我先驰海舟便。三山到日已秋深，且看山门骑佛殿。"④镇江、福州皆有鹤林山，福州鹤林山又名霍童山，然题中称"祥符陵老许作先驰归闽"，则诗中所云当为镇江鹤林山，可证绍兴二十四年甲戌（1154）张元幹在镇江居停有日，本词或即此年所作。

---

① 〔宋〕张元幹《芦川归来集》卷八，第 141 页。
② 〔宋〕张元幹《芦川归来集》卷一，第 52 页。
③ 〔宋〕魏齐贤、叶棻编《五百家播芳大全文粹》卷八七，《影印文渊阁四库全书》第 1353 册，第 514 页上。此首作者不明，《全宋诗》未收。
④ 〔宋〕张元幹《芦川归来集》卷一，第 20 页。

38.《醉蓬莱·寿》〔对小春桃艳〕(卷下,页208)

《笺注》:"本词约绍兴九年至十一年间于福州为张浚寿辰作","《归来集》卷一《紫岩九章章八句上寿张丞相(浚)序》:'《紫岩》,大丞相张公生朝善颂也。公帅闽之二年,岁在作噩秋九月中浣,有客作是诗以献焉。'词亦为一时之作"。按此词寿主非张浚,乃是富直柔。

"对小春桃艳",十月小阳春天气,契合富直柔生辰十月初一,参同卷寿富氏词《望海潮·为富枢密生朝寿》"风月小阳春"、《十月桃·为富枢密》"小试芳菲"、《感皇恩·寿》"长对小春天气"、《卷珠帘·寿》"谁遣阳和放春透"(页189、页193、页197、页207),并前文第36条。张浚生日在九月中浣,明显与此相异。

"七叶蕙开",唐李峤《人日侍宴大明宫恩赐彩缕人胜应制》:"桂吐半轮迎此夜,蕙开七叶应今朝。"唐苏颋《人日重宴大明宫恩赐彩缕人胜应制》:"七叶仙蕙月吐,千株御柳拂烟开。"①更参同卷《满庭芳·寿富枢密》"七叶貂蝉"(页173),言其累世富贵。

"梦草银钩",《笺注》:"此谓书法笔力遒劲。"按富直柔生前已有书名,魏介政和八年(1118)所作《魏宜自撰墓志跋》称"门生河南富直柔书"②,又新近出土张泽撰《宋安人范氏(范大珪女、霍丘妻)墓志铭》称"迪功郎新差充京畿转运司勾当公事富直柔书"③。富氏《别久帖》等今尚存世,亦可佐证。

"回天议论",《笺注》:"古代以皇帝为天,凡能谏止皇帝的某种行动以挽回极端困难局势者,称为回天。"然并未举出张浚实例。反观富氏,如《要录》记建炎三年(1129)八月己丑,"是日,通奉大夫范致虚入对。先是,右正言吕祉言:'致虚之才,在今日可当一面。虽有过,宜弃瑕用之。'乃自谪籍中召赴行在。而右谏议大夫富直柔力言致虚不当复用,遂除资政殿学士、知鼎州。祉亦随罢谏职"。同年十月癸卯,"诏:'右谏议大夫富直柔遇事敢谏,皆合大体,艰难之中,赖其献替,以裨朕躬。可特转一官,报行天下,使知朕优贤纳谏之意。'"④故建炎四年十一月戊申《富直柔签书枢密院事制》有云:

> 具官富直柔刚毅粹温,疏通端亮。志虑深于忧国,术略足以济时。朕纂绍丕图,缅怀先正;敷求世类,想见仪刑。爰得异才,置诸近列。谏诤极尽规之义,封驳著直绳之称。简在朕心,擢长宪府。居多謇谔之论,进殚

---

① 《全唐诗》(3),卷六一,第723页;(3),卷七三,第804页。
② 《全宋文》(148),第362页。
③ 洛阳市第二文物工作队编《富弼家族墓地》,郑州:中州古籍出版社,2009年,第67页。该篇《全宋文》失收。
④ 《要录》卷二七,第617页;卷二八,第661页。

密勿之忠。宜参笃于机庭,共协图于兵政。尔其容谋,不怠夙夜。①

"昆台仙裔",参《醉花阴》"昆台宜有神仙裔"、《十月桃·为富枢密》"熊兆昆台"、《卷珠帘·寿》"《流庆》昆台,自是神仙胄"(页108、页193、页207),皆指富直柔,彰彰明甚。

"紫枢勋旧,退步真祠",参前文第21条引《要录》:绍兴元年(1131)八月戊寅,富直柔同知枢密院事;十一月庚戌,提举临安府洞霄宫。又参同卷《望海潮·为富枢密生朝寿》"琳馆奉祠"(页189)。

"简心端扆",简心,关怀、留意;扆为帝王座后之屏风,端扆指帝王临朝执政。此句意为富直柔关心朝政。

"迎日天元",参同卷《满庭芳·寿富枢密》"重数天元"(页173),按该词作于绍兴十四年(1144)。

"听正衙宣制",《要录》:绍兴十四年三月己卯,"左中大夫、提举临安府洞霄宫富直柔复端明殿学士"。②

由上补笺可知本词寿主为富直柔,当作于绍兴十四年。

39.《渔父家风》〔八年不见荔枝红〕(卷下,页216)

《笺注》:"本词与《诉衷情》〔儿时初未识方红〕为同韵同题,当为一时之作。"然笺释《诉衷情》词(页225)时,亦未注明作年。

按首句"八年不见荔枝红",荔枝为张元幹故乡福建特产,揆其生平,参以《年谱》,芦川惟有宣和元年(1119)二十九岁、绍兴元年(1131)四十一岁前有八年及以上时间未曾居闽。此处当指后者,且八年为确数。盖芦川宣和六年(1124)春自闽中出游,流离转徙,直至绍兴元年以右朝奉郎致仕,年底才再回福州,前后恰为八年。词中又有"肠断故园东""今宵归去"等语,亦可证本词作于绍兴元年。《诉衷情》〔儿时初未识方红〕亦当作于同年。

40.《生查子》〔天生几种香〕(卷下,页217)

《笺注》于本词不著一字。审其意当为咏物词,所咏者荔枝也。词中写荔枝之色香,可参同卷《渔父家风》〔八年不见荔枝红〕、《诉衷情》〔儿时初未识方红〕(页216、页225)。该词亦当作于芦川居闽中时。

41.《彩鸾归令·为张子安舞姬作》〔珠履争围〕(卷下,页221)

《笺注》:"张子安,生平事迹不详。李弥逊有《春日奉陪子安诸公游石门》诗,王以宁有《临江仙·和子安》词,可知张子安与李弥逊、王以宁亦有相交。本词云'凤城灯夜旧家时',应是早年在汴京所作。"

---

① 〔宋〕徐自明撰,王瑞来校补《宋宰辅编年录校补》卷一四,北京:中华书局,1986年,第959页。
② 《建炎以来系年要录》卷一五一,第2854页。

按黄庭坚(1045—1105)《怀安军金堂县庆善院大悲阁记》有"余外兄张子安"①云云,年代似嫌略早于本词张子安。又南宋名将张俊(1086—1154)有"侄承奉郎张子安"②,或与本词所涉家有舞姬之张子安为同一人。

与张子安有关之诗词,除李弥逊、王以宁两首外,尚有邓肃《仲子叔明二邦君兼济子安德和文明四使者同过逐客于文殊偶食无肉客既满意而主人略无愧色作诗一首》《子安提举二首》,苏籀《张子安求无外道人挽词》,李正民《寄张子安》等③。邓、苏诸人皆芦川交好也。

---

① 《全宋文》(107),第195页。
② 〔宋〕周密《武林旧事》卷九"高宗幸张府节次略"条,孟元老等著《东京梦华录(外四种)》,上海:古典文学出版社,1957年,第506页。又〔宋〕周煇撰,刘永翔校注《清波杂志校注》卷五第二十条"幸第"亦及张俊之侄子安,北京:中华书局,1994年,第208页。
③ 《全宋诗》册三一卷一七六九,第19682页;卷一七七〇,19687—19688页;卷一七六三,第19624—19625页;册二七卷一五三九,第17476页。

李昂英集版本考

张鹤天*

【内容提要】 南宋李昂英诗文集《文溪存稿》由族子兼门人李春叟于元至元年间编就，明清间其宗族翻刻众多。现存最早版本为明嘉靖残本，李振鹭拾掇嘉靖旧版补刻成崇祯本，乃今存最早的完帙，也是后来诸刻的祖本。清代康熙年间李际明重编卷帙，改题"文溪集"，为其后清本所从。乾隆十八年（1753）李琯朗重刻，雕版又经乾隆三十八年李履中两次重修。道光本、光绪本皆属于清代重编本系统。上海图书馆藏四卷明抄本为残卷，或非出自现存刻本系统，具有一定的校勘价值。清文渊阁、文津阁《四库全书》本的抄写底本是乾隆本，而非今人所称明成化本。现存诸本以崇祯本为善。清刻诸本虽有校改，但校改水平欠佳，讹误增多，渐失本来面目。

【关键词】 李昂英 文溪存稿 文溪集 版本

李昂英（1201—1257），字俊明，号文溪，番禺（今广东广州）人。宋理宗宝庆二年（1226）进士及第，廷对第三。初调汀州推官，累迁至吏部郎官、右正言，敢于直谏，抨击权奸，理宗赞其"南人无党，中外颇畏惮之"。力反权臣史嵩之，直至引上裾跪奏，忤理宗，出知赣州，再除福建提刑，又改漳州，俱辞不赴。淳祐十二年（1252），以徐清叟力荐，除直宝谟阁、江西提刑兼知赣州。宝祐二年（1254），召除大宗正卿，兼国史编修、实录院检讨。抗疏力谏，理宗深嘉纳，寻擢龙图阁待制、吏部侍郎，兼翰林学士、监修国史。复因上疏弹劾卢允升、董宋臣二权阉，解职还乡，归隐于羊城文溪。五年秋病逝，享年五十七，谥忠简。理宗思其贤，御书大字赐匾，堂曰"久远"，里曰"文溪"，洞曰"向阳"[①]。

李昂英作为一位南宋名臣，不仅在南宋历史上具有重要地位，而且在岭南

---

* 本文作者为北京大学中文系古典文献专业博士生。

① 〔宋〕李昂英《文溪存稿》卷十九《李忠简公行实》，转录自〔元〕陈大震编《（大德）南海志》，《宋集珍本丛刊》影印国家图书馆藏明崇祯三年（1630）李振鹭刻本。以下引文除特别标注外，皆据此本。李昂英事迹亦见于《宋史》卷四二四《黄师雍》传、〔明〕邵经邦《弘简录》卷一五三及明清方志。

学术史、广东区域史研究中,也被视为著名的地方先贤,并逐渐成为当地的一个重要文化符号。其后代子孙在当地官府的支持下,陆续翻刻李昴英集,以彪炳先祖,弘扬乡贤,使得李昴英的精神和文章"虽未大行于一时,而实流于百世矣"①。李昴英不畏权贵,劲直不阿,其奏疏亦质实简劲,遒健高迈,如其为人;又以词得名,杨慎《词品》赞其《兰陵王》一首妙绝,可并秦、周。其诗文集名"文溪存稿",又名"文溪集"。本文拟梳理李昴英集数百年来编纂和流传的历史,厘清李昴英集的版本系统和源流关系,并对现存诸本的优劣略作评析。

一 编纂成书

现存诸本所录元至元三十一年(1294)门人李春叟序曰:

> 天收其声,山颓笔绝,遗编散落,浩不可收。仆从先生游旧矣,赐墙及肩,未睹阃域。方将拟集大成以俟识者,世运中更,衣冠祸烈,主家十二楼竟堕昆明劫火中。斯文何辜,例坐此厄……春叟耄矣,于师门无能为役,大惧放失,永负夙心。于是勉收烬余,仅得奏稿杂文一百二十二篇、诗词一百二十五篇,编次成集,命之曰《文溪存稿》。

可知今本文集是门人李春叟在李昴英身后搜集编次而成。李昴英去世后,遗稿散落,难以整理,李春叟拟蒐聚旧稿以"集大成",适逢宋元易代之变,李昴英家又遭火厄,遗稿损失惨重,只能拾掇烬余残稿,共得文122篇、诗词125篇,拟定集名为"文溪存稿"。

李春叟,字子先。该《序》自称为"门人",而今本李昴英集有数首给李春叟的赠诗:《送子先贤归南海》《送魁星与李子先》《子先宗友试兰省送以小诗》②《送族子春叟游西广》③。《寄赠竹隐李聘君》诗小注也提及李春叟及其父亲④,则知李春叟亦为李昴英族子。据《李忠简公行实》,李昴英"丁先太师艰,哀毁终丧。既葬,筑室墓下,聚宗族子弟讲学,若将终身焉"⑤。族子李春叟或许便是在此时拜入李昴英门下,听其讲学授业。

清乾隆时,李昴英十五世孙李履中翻刻该集,书末跋云:"予儿时,尚见子

---

① 《文溪存稿》卷首,吕柟《序》。
② 《文溪存稿》,崇祯本卷十三,康熙本卷十五、十六、十七。
③ 《文溪存稿》,崇祯本卷十四,康熙本卷十六。
④ 《文溪存稿》,崇祯本卷十三,康熙本卷十五。
⑤ 《文溪存稿》,崇祯本卷十九《李忠简公行实》。

先公刻一卷,但煤烂不可读。"①如此语属实,则李春叟编次本已付刻;乾隆时李昂英宗族仍有残卷留存,但历年甚久,早已不堪翻阅。

李春叟编次本的内容,如今仅存李春叟、陈大震两篇《序》文。李春叟《序》前文已述,陈大震亦为李昂英门人,《序》作于"大元大德戊戌(二年,1298)夏",云:"一日,其孙宪文,以文携《存稿》见示,感怆久之",乃赋《序》一篇。"其孙宪文",又见于李春叟《序》后附刻校刊者题名②。陈大震,字希声,番禺人,宋宝祐元年(1253)进士③。今本有《送陈大雷试太学》一诗④,诸本皆作"陈大雷",其人或与陈大震有关。据陈大震序,此本刊刻当在元大德二年之后。李春叟《序》未提及卷数,历代目录亦未见元本踪迹,李春叟编次本的卷数不详。

二 历代翻刻

李昂英集自元至元年间李春叟编定、大德间刊印后,明清两朝其宗族翻刻众多。现以时间为序,叙考如下。

(一) 明成化六年(1470)李祯刻本(简称"成化本")

明成化年间,六世孙李祯重刊李昂英文集,陈献章为之作《序》。该本今佚,仅存陈献章《序》。李祯,字德孚。据陈《序》,"德孚念先绪之落落,遗稿仅存,复多讹缺,乃深自惧恶,悉访诸族之人,得旧所刊本,与所眷本参校,阙其所疑,刻之家塾,命胤子昭董其事,而俾予为序之"⑤。可知成化本是在旧刊本的基础上,参校传抄本,重新校勘付梓而成。

成化本对文集内容有所补充。李祯于成化庚寅(六年,1470)得《林隐君墓志铭》《学士林君墓志铭》两篇于里水林峦先祖学士旧碑⑥,遂录附集中,并增"墓志铭"类。此事经过见于今本"墓志铭"类末李祯识语。

---

① 《文溪存稿》书末,李履中《跋》,国图藏乾隆三十八年李履中刻本。
② 李春叟《序》后校刊者题名:"嗣子志道,嗣孙尚文、郁文、光文、宪文、景文、则文、胄文百拜敬刊。"
③ 〔元〕陈大震编《(大德)南海志》卷九,元大德刻本。〔明〕戴璟修、张岳纂《(嘉靖)广东通志初稿》卷十二,明嘉靖刻本。
④ 《文溪存稿》,崇祯本卷十五,康熙本卷十四。
⑤ 《文溪存稿》卷首,陈献章《序》。
⑥ 《文溪存稿》,崇祯本卷十一"墓志铭"类末李祯识语。

(二) 明嘉靖三十二年(1553)李翱刻本(简称"嘉靖本")与崇祯三年(1630)李振鹭修补本(简称"崇祯本")

李翱,字壁山,嘉靖三十二年(1553)翻刻李昂英集"于闽之官舍"。该本现有中国国家图书馆(简称"国图")残卷①,存卷一至卷五。文集题名"文溪存稿";卷首依次收录郑洛书《序》、陈献章《序》、陈大震《序》、李春叟《序》、阙页、湛若水《立朝像赞》(阙像)、《行乐像赞》、文溪自赞手泽;正文五卷,卷目下题"门人李春叟编";版心刻"文溪卷某",下标页数,白口,无鱼尾;半叶 9 行行 18 字。嘉靖、万历年间的《宝文堂书目》和《红雨楼书目》皆载有"文溪集",但未记版本与卷数,或即成化本、嘉靖本等。

国图残卷的目录已脱落,卷五以后的收录情况不明。然《善本书室藏书志》卷三十一著录有一部嘉靖刊本《李忠简公文溪存稿》,凡二十卷,存五卷,由藏印信息可知应即国图残卷。据书目所载,嘉靖本卷一至卷五为记、序、题跋,卷六至卷十二为奏议及书、状、判、祭文、墓志、杂著,卷十三至卷十九为诗词,卷二十为家书②。

崇祯三年(1630),十四世孙李振鹭又搜集嘉靖旧刻,补缺参校成崇祯新刻。《藏园群书经眼录》卷十四著录即崇祯本③。该本书末李宜权识语对此记述甚详:

> 祖叔壁山翁翱翻升是刻于闽之官舍。字模端楷,堪耐久远。先王父奉政公元祥因商之父老,酬其值于慕山公鼎来,归而藏之,以寿其传。去时已久,复多残缺。权随将弟宜相、侄綦晃搜掇旧刻若干篇,爰命剞劂氏登诸梓,俾残者饰之,缺者补之,计新旧刻书共二百六十九幅,参校成帙,而原卷复完矣。

由该段识语可知,崇祯本使用了嘉靖本的旧版,搜集未全之处,又补刻新版,两相拼配,共计 269 版,李宜权认为已经恢复了嘉靖本的全貌。国图藏有一部崇祯本全帙④,共二十卷,《宋集珍本丛刊》予以影印,实收 264 版,另有阙版 1 幅,相加共计 265 版,距识语 269 之数仍差 4 幅。影印本无封面页和目录页,所差 4 幅有可能就是这几页。

---

① 《李忠简公文溪存稿》,国图藏明嘉靖李翱刻本残卷,索书号 13513。该本残损后,书贾曾剜改文字以充全帙;郑洛书《序》原为"文溪文集二十卷诸体具备",书贾把"二十"改作"五",将残本伪装作全本。这种掩人耳目的修改十分粗率,原来的"备"字剜铲未净,补刻"五卷诸体具备"六字,也使得该行比其他行少了一个字,行字错落不齐。
② 〔清〕丁丙《善本书室藏书志》卷三十一,杭州:浙江古籍出版社,2016 年,第 1278 页。
③ 傅增湘《藏园群书经眼录》卷十四,"李忠简公文溪存稿二十卷"。北京:中华书局,2009 年,第 4 册,第 1062—1063 页。
④ 《李忠简公文溪存稿》,国图藏明崇祯李振鹭刻本,索书号 00401。

比对嘉靖残卷和崇祯全本,可以发现两本的刊刻字体,字迹漫漶、栏线缺损之处吻合,证明崇祯本确属据嘉靖本旧版增刻重印。崇祯本卷首依次收录黄衷《序》、郑洛书《序》、吕柟《序》、姚虞《传》、陈大震《序》、李春叟《序》、陈献章《序》、湛若水《立朝像赞》和《行乐像赞》、文溪《自赞》手泽。其中,黄、郑、吕三人的《序》皆为嘉靖翻刻而作,湛若水的《立朝像赞》在嘉靖残卷中有赞无像;今存嘉靖残卷不包括这三篇序和《立朝像》,应为残卷缺损所致。书末附录卷二十录李昴英祠堂的相关材料和后人追悼文章,依次为海珠寺简介、《海珠山慈度寺记》、《重建海珠慈度寺记》、《重修李忠简公海珠祠像文移》、《重修李忠简公海珠祠像诸贤纪咏》、郑洛书《谒文溪先生祠》、甘学《谒文溪先生祠》二章,最后为李宜权识语及李振鹭校刻字样。

但崇祯本的分卷体例与嘉靖本不同。嘉靖本的前十二卷为文,卷十三至卷十九为诗词,卷二十为家书;而崇祯本的前十一卷收文,卷十二到卷十七为诗词,卷十八为家书,卷十九为采自《南海志》的《李忠简公行实》,卷二十是从方大琮、文天祥、陈献章集采录的李昴英遗文逸事,附录卷二十是与李昴英海珠祠相关的材料。而且前十七卷的卷目下皆题有"门人李春叟编",卷十八至附录没有编纂者题名。说明嘉靖本"去时已久,复多残缺"之后,后人在崇祯年间"搜掇旧刻",补缺饰残,看似恢复了二十卷的完帙,但内容编次已经不同。

卷十九至附录这三卷的体例和内容与前十八卷差异较大,具有较为明显的补遗性质。卷十九的《李忠简公行实》标注采自《南海志》,而《南海志》乃陈大震所编,成书于元大德八年(1304),时间在李春叟编次本两序落款的数年之后。事实上,不仅增补的后三卷存在《南海志》材料,崇祯本前十七卷也已经屡入了《南海志》的内容。崇祯本卷九末尾的《乞罢幸西太乙劄子》《乞行御史洪天锡劾阉寺之言疏》《再疏乞与洪天锡俱贬》三篇奏议篇首皆云"其略曰",未录全文,仅存片段。前两篇题下标"阙全文",第一篇和第三篇文末注"事见《南海志》"。可知这三篇奏议片段,很可能是从《南海志》辑录出来的,或至少与《南海志》有关。由此观之,李春叟编次本编印之后,李氏子孙又从《(大德)南海志》中抄录出李昴英的三篇奏议,且据相关材料编写成李公《行实》,一并增入李昴英集。

卷二十从方大琮、文天祥、陈献章集中搜录李昴英遗文佚诗,有跋语交代收录经过。其中,方大琮十代孙方宗重称,世祖方大琮与李昴英交谊甚笃,"壁山来贰吾郡,修葺乌石先生旧墓,暇而相从,追论二祖遗事,大收文集遗文而尽梓之。重即取《铁庵遗事》中所载外制二、奠章二、挽诗三,哀而献之,以附壁山之梓,因以广文溪之传,亦以章同寮世讲之义"。又有嘉靖辛卯(十年,1531)朱澜跋云:"尝读文山先生文,观其称引菊坡、文溪二先正,愧读书不多,于文溪之行实述作无所于考。近得本集于壁山,连日翻阅,不能释手……文山之文,敬录以备集后之简。"可见自方大琮、文天祥集采录的补遗材料,当为明嘉靖年间李翱翻刻时征集附入,是嘉靖本的附录。

附录卷二十收录海珠寺的相关资料,以一段海珠寺简介开篇,其中述及"国朝洪武二十四年(1391)"清理佛寺、归并僧众等事,可知附录也应蒐集整理于明代。

(三)清康熙七年(1668)李际明重编校刊本(简称"康熙本")

国图藏本卷首十四世孙李际明《序》曰:

> 嘉靖癸丑(三十二年),汇集重梓,板藏宗子家后沙湾,请板往印,遂留于祠。康熙甲辰(三年,1664),奉旨徙村,沙湾在徙中,板遂失落不全……亟取所藏旧帙,订其鲁鱼,分类而编次之,校毕付梓,庶可上质先正春叟、族祖祯、达元、翱群公云尔。然自嘉靖癸丑至今康熙戊申(七年),历年一百一十六,复编次而授之梓,亦此集更新之会也。①

足见康熙本是在明本的基础上,重新分类编次、校订错讹而成。翻阅国图藏康熙本,可知李际明主要做了如下重编工作:

其一,变更集名,将"文溪存稿"改题作"文溪集"。

其二,更改行款,变为半叶9行行20字。

其三,增删序跋附录。卷首增附李际明《序》、李殿苞《行状》、戴璟《传》、黄佐《传》、李际明《忠简先公论》;书末合明本的卷二十、附录卷二十为附录一卷,并增删内容,依次排列从友人诗文集采录的李昴英《制》《跋》,以及《修复海珠祠像记》《海珠祠像祭文》《郡祠春秋祭文》《家庙祭文》《海珠祠祭文》《海珠山祠寺记》《郡城祠堂记》《龙津文溪碑院记》。

其四,重编正文二十卷,即序文所谓"分类而编次之"。现将嘉靖本、崇祯本和康熙本的正文二十卷内容对比如下(表1):

表1

卷次	嘉靖本(据《善本书室藏书志》)	崇祯本	康熙本
卷一、二	记、序、题跋	记	记
卷三		序	序
卷四、五		题跋	题跋

---

① 《文溪集》卷首,李际明《序》,国图藏清康熙刻本,索书号90110。

续表

卷次	嘉靖本（据《善本书室藏书志》）	崇祯本	康熙本
卷六	奏议、书、状、判、祭文、墓志、杂著	奏议	奏议
卷七至九			
卷十		书、状、判	书、状
卷十一		杂著、祭文、墓志铭、行状、赞铭、疏	判、行状
卷十二		诗	祭文、墓志、杂著
卷十三	诗、词		五言古诗、七言古诗
卷十四			五言律诗（笔者注：正文该类后又有"五言排律"类）
卷十五			七言律诗
卷十六		乐府	
卷十七			七言绝句、赞铭
卷十八		（家书）①	诗余
卷十九		（李忠简公行实）	
卷二十	家书	（诸集采录）	家书

纵观全书，可知康熙本删去了崇祯本卷十九的《李忠简公行实》，将崇祯本卷二十从诸集采录的李昴英诗文按照文体散入前面各卷，大体恢复了嘉靖本的整饬体例；同时，"杂著""疏""判""赞铭"等类收录内容有所调整。删去"疏"类，将原属"疏"类的文章分散编入"杂著""赞铭"两类；"诗"全部打乱重排，按五言、七言，古诗、律诗、绝句分体编排，一体之内，基本按照明本的顺序收诗，次第不变；将"乐府"改称"诗余"。

具体诗文篇目的移置情况如下：(1)崇祯本卷十一"疏"《后学者题名疏》、"杂著"《论乡饮酒行礼者》《论乡饮酒观礼者》、卷十"判"《谕峒长文》四篇，康熙本依次移入卷十二"杂著"类之末。(2)崇祯本卷十一"疏"《众建莲社堂求疏语》《行者了宽等题钱买度牒疏》及"又"文三篇共五篇，康熙本移入卷十七"赞铭"之末。(3)崇祯本卷十一"赞铭"《题石室木》《题东坡竹》两首，康熙本移入卷十三"七言古诗"。(4)崇祯本卷二十"采录《铁庵遗事》中载《中大夫太常少卿兼国史院编修官实录院检讨官兼侍讲李昴英等状》"，康熙本移入卷十"状"

---

① 卷十八至卷二十括号里的内容为笔者依据该卷内容所拟，原书此三卷的卷端没有标注文体名。

类之末,改题《请谥李韶、方大琮状》。(5)崇祯本卷二十《祭广帅右史方铁庵太琮公文》《又路祭方右史》两篇,康熙本移入卷十二"祭文"类之末。(6)崇祯本卷二十《挽右史方铁庵诗三首》,康熙本移入卷十四"五言律诗"。

(四)清乾隆十八年(1753)李瑁朗刻本(简称"乾隆十八年本")与乾隆三十八年李履中修补本(简称"乾隆三十八年本")

乾隆十七年(1752),著名学者杭世骏任越华书院山长,将先贤李昂英的神位请入书院,以示崇文劝学之意。次年,在杭世骏的支持下,十七世孙李瑁朗主持重刻李昂英集。日本公文书馆藏乾隆三十八年《文溪集》卷首李瑁朗《忠简先公事文考》记叙校刊原委甚详:

> 乾隆壬申(十七年)秋七月,当事大人延董浦杭太史为吾广书院山长。甫至,既札请诸大人送先公与黄文裕两神位入祀院中,绅士为之称快。今癸酉(十八年)上元,太史顾山舍见先公集板与《海珠旧志》半为朽败,因嘱朗首倡族人重新,更命朗两儿大生、大作监刻,不日而成。忆自曾大父天曹公重刻百余年,集中暨先考为《先公行状》者,俱已蒙坏,而太史力劝重新,与《海珠志》一朝剞竣,诚为忻忻。因并辑先公事文,附录以便考览。①

其后二十年,十五世孙李履中又将乾隆十八年本的旧版重加勘订,增附篇章,重新刷印,是为乾隆三十八年本。国图藏乾隆三十八年刊《文溪集》卷首李履中《乾隆癸巳补镌》序云:

> 癸巳(三十八年)奉旨缴集,履查阅前刻,鱼鲁过多,未堪进览。爰取宋明旧刻,暨他书引用,悉心研校,得字画讹舛者二百七十余字,命工补正……并将《广州志》、《南海志》、《番禺志》、《广州乡贤传》、菊坡公《记》、黄文裕《赞》、山图说、墓志祠图说、《异同考》等篇附入。②

一般来说,距乾隆十八年刻本仅二十年,此时尚无重刻的需要。从序中可以得知,李履中等之所以重刻,是因为要"奉旨缴集",而乾隆十八年本"鱼鲁过多,未堪进览"。乾隆三十八年正是《四库全书》征书的时间,故所谓"奉旨缴集",应即《四库全书》征书。

或许是此次修版距刻版时间过近,现存乾隆刻本皆为修版后的乾隆三十八年本,暂未见乾隆十八年本。日本公文书馆内阁文库藏《文溪集》被标注为清乾隆十八年刊本,乃林家大学头旧藏。然翻检是本,却收录有李履中的《序》、《异同

---

① 《文溪集》卷首,李瑁朗《忠简先公事文考》,日本公文书馆藏乾隆三十八年刻本,索书号315—0115。

② 《文溪集》卷首,李履中《乾隆癸巳补镌》,国图藏乾隆三十八年刻本,索书号22650。

考》《事文考补遗》，因此，该本也应是乾隆三十八年刊本，公文书馆著录有误。

细审公文书馆藏本和国图藏本，可以发现两本李履中补镌的部分（包括《序》《跋》《事文考补遗》《年谱》、李履中辑"附录"）刻字字体比较宽扁，而其余部分的字形则较为瘦长，具体文字的刻法也有些许不同。这也印证了李履中《乾隆癸巳补镌》序题中的"补镌"之说，证明李履中的乾隆三十八年本没有重刻全书，而是在李瑄朗乾隆十八年本旧版的基础上补刻若干新版，修改若干文字，组合刷印成了新本。两个藏本的目录之后都有"十七世孙瑄朗重刻"字样，每卷卷目下皆题"宋岭南文溪李昴英俊明著，宋东莞门人李春叟子先辑，明十四世孙际明樵怀重编，国朝仁和后学杭世骏堇浦校"。表明乾隆三十八年本源自李瑄朗的乾隆十八年本，而乾隆十八年本的底本又是李际明重编之康熙本。

乾隆三十八年本题作"文溪集"，分卷情况也与康熙本相同；但行款变回了半叶9行行18字，与明本相同。刻本内封分三栏："乾隆癸酉重镌/李忠简公集/久远堂藏板"。"久远堂"乃李氏宗祠之名，理宗御书赐匾。故知该本乃宗祠刻本，雕版之后便藏在久远堂内。

公文书馆藏本和国图藏本虽同为乾隆三十八年本，两者却存在多处不同。其一，卷首、书末附录材料不同，由此导致两本目录有别。其内容编次对比如下（表2）：

表2

公文书馆藏本	国图藏本
卷首：陈献章《序》	卷首：陈献章《序》
目录	目录
正文卷首：李履中《乾隆癸巳补镌》、李春叟《序》、陈大震《序》、李际明《序》、郑《序》、黄《序》、吕《序》、<u>《像赞》二、自赞手泽、《海珠恭谒》</u>、李际明《论》、戴《传》、黄《传》、姚《传》、郭《传》、沈廷芳《广州府志》、《行实》、《番禺县志》、《广州乡贤传》、《行状》、<u>李瑄朗《事文考》》、《先公事文考补遗》</u>	正文卷首：李履中《乾隆癸巳补镌》、李春叟《序》、陈大震《序》、李际明《序》、郑《序》、黄《序》、吕《序》、李际明《论》、戴《传》、黄《传》、姚《传》、郭《传》、<u>《行状》、李履中《忠简公年谱》</u>、《广州府志》、《番禺县志》、《广州乡贤传》、《行实》
正文二十卷	正文二十卷
书末附录：《祠堂记》、《复赐田记》、《家庙祭文》、《郡祠春秋祭文》、《修复海珠祠像记》、《海珠祠像祭文》、李履中《异同考》	书末附录：《祠堂记》、《复赐田记》、《家庙祭文》、《郡祠春秋祭文》、《修复海珠祠像记》、《海珠祠像祭文》、<u>李瑄朗《事文考》</u>、<u>《先公事文考补遗》</u>、<u>李履中辑"附录"</u>、李履中《异同考》、<u>李履中《跋》</u>

可见公文书馆藏本比国图藏本多出卷首的《像赞》两幅、自赞手泽一幅和《海珠恭谒》一首；国图藏本比公文书馆藏本多李履中的《忠简公年谱》、《跋》和所辑"附录"。因为收录内容有别，两本目录的"卷首""卷末"部分也随之出现差异：李琯朗《事文考》的位置随正文而异；国图藏本又增加了"山祠图说""附录""异同考"三目，但"山祠图说"有目无文，且"山祠图说"与其下"论传"两目排字参差不齐，补镌重梓的痕迹较为明显。

其二，两本文字存在异文。以李履中《乾隆癸巳补镌》序为例，两本差互颇多（表3）：

表 3

公文书馆藏本	国图藏本
集自公门人<u>李春叟教授</u>先正初刻，公六世孙孝廉祯再刻，十世孙中宪大夫浔州府知府翱三刻，十四世孙奉政大夫吏部郎中际明四刻，<u>十七世孙太学生琯朗五刻，梨枣渐多，鲁鱼帝虎亦因渐夥，庐山面目几失本来。兹不揣固陋</u>，悉心研校，其字画讹舛者，属工镌补，并将《广州志》一篇、《南海志》一篇、《番禺志》一篇、《广州乡贤传》一篇附入，<u>俾读是集者，得有所考镜焉</u>。 十五世孙履中谨识。	集自公门人教授李春叟<u>子</u>先先正初刻，公六世孙孝廉祯<u>德孚</u>再刻，十世孙中宪大夫浔州府知府翱<u>壁山</u>三刻，十四世孙奉政大夫吏部郎中际明<u>樵怀</u>四刻，<u>乾隆癸酉，十七世孙琯朗等与族人五刻。癸巳奉旨缴集，履查阅前刻，鱼鲁过多，未堪进览。爰取宋明旧刻，暨他书引用</u>，悉心研校，得字画讹舛者二百七十余字，命工补正。（小字注：如《元老壮猷之堂记》误刻"嘉定申甲"，改"甲申"，实系"壬申"。……）并将《广州志》、《南海志》、《番禺志》、《广州乡贤传》、菊坡公《记》、黄文裕《赞》、山图说、墓志祠图说、《异同考》等篇附入。 十五世孙履中<u>介堂</u>谨识。 <u>十八世孙祖舆同校</u>。

从该篇《补镌序》的异文来看，国图藏本比公文书馆藏本多出了不少信息。要言之，共计有四：(1)交代了乾隆三十八年补镌的缘由是奉旨缴集。(2)增添了校改讹误的详细信息，共补正 270 余字，并以小字注的形式举 5 处校改为例。(3)附录材料增多，补菊坡公《记》、黄文裕《赞》、山图说、墓志祠图说、《异同考》等篇。然而，《补镌序》所提到的这些增补篇目，却不能和该本附录的实际情况完全对应，详见前表。(4)增加了"十八世孙祖舆同校"字样，也表明该本又经重校。

两本正文也存在异文。以国图藏本李履中序小字注所举 5 处改字为例，国图藏本 5 处皆改，而公文书馆藏本只改了其中 3 处，"承康"/"永康"、"真王"/"郡王"2 处未改。再如卷五,公文书馆藏本有篇名曰《书陇水赵宰汝軏生祠后》,国图藏本"祠"字后多"碣"字。"碣后"两字明显后补,一行字距因此而变得颇不均衡。如此种种,不胜枚举。由此推知,乾隆三十八年李履中在刻完新版之后,应当又做了一些修改订正,于是同为乾隆三十八年本的公文书馆藏本和国图藏本之间便出现了新的差互。现存两本中,公文书馆藏本刷印在前,国图藏本版片再经修补,刷印在后。

(五)清道光二十年(1840)伍元薇《粤十三家集本》(简称"道光本")和清光绪二十三年(1897)李翘芬刻本(简称"光绪本")

道光年间,伍元薇编刻《粤十三家集》,其中收录有李昂英集。该本题"文溪集",分卷同于康熙重编本,但是行款变为半叶 9 行 21 字①。

该本卷首、书末附录芟蒉颇多。因李昂英集为《粤十三家集》的首集,故书前增入伍元薇《序》一篇及《粤十三家目录》。此外,卷首仅存陈献章、黄衷、吕柟、陈大震、李春叟、李际明、郑洛书《序》、两篇《像赞》和文溪自赞。此后为文溪集目录,目录后为正文之"卷首",收戴、黄、郭、虞四人所作《传》和李殿苞《行状》。其后正文二十卷,每卷卷目下署"宋番禺李昂英俊明著",无校勘者信息。书末为伍元薇《跋》。

光绪年间,二十二世孙李翘芬重刻李昂英集,该本现藏于国图。其《跋》云:"是本为家藏崇朴公重刻增益之本,经杭堇浦前辈主讲越华书院时为之校雠,于公集最为完善。道光间,南海伍氏刻入《粤十三家集》。而家刻之本,旋以咸丰甲寅之乱,重遭劫灰……爰取是本,略订讹脱,重付手民。"②崇朴公即李琯朗③,可知道光本和光绪本的底本都是乾隆十八年(1753)本。

道光本、光绪本翻刻年代甚晚,版本价值相对不高。

三 现存抄本

(一)上海图书馆藏明抄四卷残本

上海图书馆藏有《李忠简公文溪存稿》四卷明抄本④,与现存二十卷本的卷数相差甚远。查阅可知,该本书衣虽称"四卷全",但实为残卷。据前四页诸家题跋可知,该本完帙原为明蒋石林家藏,借与外人后,遗脱数页,潦草抄还,明

---

① 《文溪集》,国图藏清道光《粤十三家集》本,索书号 81339:1-3。
② 《文溪集》书末,李翘芬《跋》,国图藏清光绪刻本,索书号 91035。
③ 《(光绪)广州府志》卷一三七《人表》:"李琯朗字崇朴。"清光绪五年刊本。
④ 《李忠简公文溪存稿》,上海图书馆藏明抄本残卷,索书号 829171。

崇祯十六年（1643）时已成残本①；其后沈埏于清乾隆四十一年（1776）购得，题为"李忠简文溪集，四卷"②；韩应陛复于咸丰八年（1858）十月自书商购入，次月重装，封面题为"李文溪文集，四卷全"③；季振宜、韩绳大、邹百耐也曾收藏或经眼该本④。

全本以陈献章《序》起首，各卷题"李忠简公文溪存稿卷之某"，下署"门人李春叟编"，卷端题署与现存明刻本相同。但半叶9行行21字，行款不同。残本四卷对应明清刻本的前四卷（笔者注：明清刻本前四卷收录内容相同），但卷次颠倒，不知是蒋石林从外人处收回借本时已乱，还是韩应陛重装时所改。一卷之内，亦多残缺，且皆发生在换页处，则知乃缺页所致。要言之，残本的卷一对应今本卷三，且脱漏卷末数页，遂缺《送纠曹吴雍之官序》至《吴荜门杜诗九发序》三篇及尾题；残本卷二即今本卷一，全；残本卷三即今本卷二，中脱数页，遂缺《罗浮飞云顶开路记》后半部分、《义鹿记》《诗隐楼记》两篇全部内容和《寿安院记》的前半部分；残本卷四即今本卷四，中间缺漏《题循阳通守黄必昌大学中庸讲义》至《跋录曹吴雍所藏邹南谷书墨》九篇的全部内容。

该本虽是残卷，又因借书人"潦草抄还"而讹舛略多；但作为明本，抄写时代较早，仍保留了一些有价值的异文，足以补正明清刻本，具有一定的版本校勘价值。例如，今本卷三《送陈公储序》，残卷置于卷一，现存诸刻本该篇皆以"疏饮以寿气之豪"终篇，而上海图书馆藏明抄残本在该句后又多出"而后可公储。曰唯。遂书为序"，使得该篇序文的结构更为完整。这段不见于现存刻本系统的文字，表明上海图书馆明抄残卷应非抄自明嘉靖刻本，其底本来源可能更古，或许与早佚的成化本等有关。

（二）清《四库全书》抄本

清乾隆《四库全书》抄本，研究者都认为其底本是失传已久的成化本。祝尚书曰："《四库全书》著录两浙（笔者注："两浙"应为"两江"之误）采进本，《提

---

① 第四页有题跋："予家藏《李文溪集》，本完好无所损缺，适为岭南陈子略借去，遗脱首帙，潦草抄以还予。固然中间漏去数叶，而目录十数叶，亦竟化为乌有。所谓借书有三痴，彼不痴，予乃痴矣。其余尚借秘本数刻，剪刻偷窃，不可胜言。每值展卷，不无痛恨。食肉寝皮，未尽其罪。文溪有鬼，应为予殛之。癸未八月廿七日，石林翘书。据《处士蒋石林墓志铭》："处士名之翘，字楚稚，别号石林，生于明万历甲辰某月日，殁于今康熙丁未某月日，年六十有四。"（清吴翌凤《清朝文征》，任继愈主编《中华传世文选》本，长春：吉林人民出版社，1998年，下册，第1545—1546页。）可知此段识语作者为蒋石林（1604—1667），题于"癸未"，即崇祯十六年（1643），且当时已成残卷，该本为明抄残本。
② 第二页有沈埏题识："此书旧为石林蒋氏、沧苇季氏所弆，乾隆丙申（四十一年，1776）秋仲购自项水村家，他日得足本，当一为雠校，而此册尤应珍藏世守者也。埏识。"
③ 第一页封面有韩应陛题识："咸丰戊午（八年，1858）十月三日贝丁丑，嘉禾书友沈秋臬持来，书有几种，此其奇秘者。十一月冬至日前一日重装。应陛记。"
④ 钤有"季振宜印""沧苇""石林""韩绳大一名熙字价藩读书印""百耐眼福"诸印。

要》称即成化本。"①黄锦君、杨芷华、陈宪猷意见相同②。他们之所以做出这样的判断,皆因《四库提要》称:"两江总督采进本……明成化中重刻,陈献章为之序。"③然而,事实并非如此。

翻检现存文渊阁本、文津阁本《四库全书》,发现所收李昂英集的分卷情况均与清刻本相同,属清代重编本系统。两阁本收录序跋情况略有区别,全书内容编次对比如下(表4):

表 4

文渊阁本	文津阁本
书名:文溪集	书名:文溪存稿
卷首:四库《提要》、李春叟《序》、陈献章《序》	卷首:四库《提要》、李际明《序》、李春叟《序》、陈大震《序》、陈献章《序》、郑《序》、黄《序》、吕《序》、《文溪存稿论》(注:即李际明《忠简先公论》改题)、《文溪存稿传》四篇(注:戴、黄、姚、郭《传》改题)、《文溪存稿行状》(注:改题)、《文溪存稿事文考》(注:改题)
正文二十卷	正文二十卷
书末:《郡城祠堂记》《复赐田记》《家庙祭文》《郡祠春秋祭文》《修复海珠祠像记》《海珠祠像祭文》	书末"附录":同左

从文津阁本收录《事文考》、郭棐《传》来看,其抄录底本应为乾隆本。《四库采进书目》也可以佐证该书进入《四库全书》的底本非明本④。《提要》称李昂英集的底本为"两江总督采进本",现存《两江第一次书目》正有该集:"《文溪存稿》二十卷,宋李昂英著,原作《文溪集》,四本。"⑤这正好解释了文渊阁本和文津阁本书名不同的原因:两江采进本为乾隆本,书名为"文溪集",文渊阁本照

---

① 祝尚书《宋人别集叙录》卷二十七,北京:中华书局,1999年,下册,第1339页。
② 黄锦君《李忠简公文溪存稿》提要,《宋集珍本丛刊》。杨芷华《李昂英》,第七章第一节,《岭南文库》丛书,广州:广东人民出版社,2006年,第127页。陈宪猷《岭南名臣李昂英及其〈文溪存稿〉》,《岭南文史》1997年第3期。
③ 《文溪集》提要,影印文渊阁《四库全书》本。
④ 《四库采进书目》中有多种李昂英集的进呈记录,除《两江第一次书目》外,《浙江省第四次鲍士恭呈送书目》《广东省呈送书目》《两淮盐政李续呈送书目》《编修朱交出书目》中也有李昂英集。李昂英宗族世居广东番禺,与两江相去甚远(康熙本李际明《序》提及康熙三年曾奉旨徙村,也只是将沿海村民内迁以隔绝海寇,未迁往两江地区,见《(光绪)广州府志》卷八十),为何四库馆收录李昂英集时采用两江采进本,不用广东采进本,详情未知。《广东省呈送书目》亦载集名为"文溪集",可知同为清刻重编本。
⑤ 吴慰祖校订《四库采进书目》,《两江第一次书目》,北京:商务印书馆,1960年,第39页。

录原题;《四库采进书目》将书名改回旧名"文溪存稿",故文津阁本抄作"文溪存稿"。

既然《四库全书》本的底本是乾隆本,为什么馆臣撰写提要只提及陈献章《序》、只记叙成化重刻之事,使人产生该本仿佛是成化本的误会?乾隆本把陈献章《序》放在全书之首,其他重刻《序》都放在目录之后(见前表)。四库馆臣在撰写提要时,或许便因此只重点关注到陈献章的《序》,没有仔细翻阅目录后的其他序文,所以只提及成化重刻,不言其他。今人遂误认为《四库全书》本据成化本抄录。

(三) 国图藏清抄本

国图藏有一部清抄本《李忠简公文溪集》[①],杨芷华判断该本的抄写年代在康熙本和乾隆本之间,陈宪猷表示赞同[②]。杨芷华曰:"卷首已录有李殿苞所撰《忠简先公行状》。据考,李殿苞为李昂英十六世孙,其子即乾隆十八年(1753)重刻《文溪集》的李琯朗(十七世),而康熙七年(1668)重刻《文溪集》的李际明则是李昂英十四世孙。如此看来,此抄本的年代可大体断为康熙本之后、乾隆本之前。"[③]似乎是根据作序者和刊刻者的辈分关系来推断版本时间的先后,这不一定可靠。李殿苞的《行状》在康熙本及其后各清本中皆有收录,因此该抄本录有《行状》,只能说明其抄写年代在康熙本之后。《行状》作者李殿苞是乾隆十八年本刊刻者李琯朗的父亲,不能说明收录《行状》的清抄本年代一定在乾隆十八年本之前。

(四) 南京图书馆藏清抄本

《现存宋人别集版本目录》著录南京图书馆藏有一清抄本《文溪存稿》二卷[④],卷数也与今本二十卷差异较大。但南京图书馆馆藏中未见二卷本,只有一部二十卷的《文溪存稿》清抄本二册[⑤]。则《目录》所称"二卷",或为"二册"之误。

[①] 《李忠简公文溪集》,国图藏清抄本,索书号02517。
[②] 陈宪猷《岭南名臣李昂英及〈文溪存稿〉》。
[③] 〔宋〕李昂英撰,杨芷华点校《文溪存稿》,杨芷华《前言》,广州:暨南大学出版社,1994年,第9页。
[④] 四川大学古籍整理研究所编《现存宋人别集版本目录》,成都:巴蜀书社,1990年,第318—319页。
[⑤] 《文溪存稿》,南京图书馆藏清抄本,索书号GJ/EB/113441。

四　李昴英集收录诗文篇数的增益

《文溪存稿》《文溪集》)历代翻刻序跋提及的所收诗文篇数各有不同。

元李春叟《序》称共得奏稿杂文一百二十二篇,诗词一百二十五篇,未及卷数。

明嘉靖本黄衷《序》曰:"所著集凡二十卷,文百十二篇,奏议二十一篇(笔者注:两类相加共计文一百三十三篇),诗词百七十六首。"

清康熙本李际明《序》云:"成化庚寅,族祖祯得先公所撰《墓志》二于里水林峦。正德己卯,族祖达元得先公所撰《清献行状》于崔公文集。嘉靖己卯,族祖翱同知兴化,得先公《请方谥状》及《祭方文》《挽方诗》,并先公转朝散郎《制书》一道于大琮十世孙方宗重。是年九月,复得文文山《跋曾子美书》文于御史朱渊。"此序根据文集中的李祯、李达元识语,和崇祯本卷二十标注的采录来源,总结了数篇诗文的增补经过。这些诗文嘉靖本都已经补入。

乾隆本李履中《异同考》:"按今集中奏稿杂文共一百二十八篇,溢六篇,俱成化、正德、嘉靖年补入。诗词一百八十八首,溢六十三首,俱嘉靖己卯后补入。"称文章增溢六篇,乃成化、正德、嘉靖补入,与李际明所论相同;而诗词六十三首俱为嘉靖后所补,则非。仅从上文各序罗列的数字便可看出,黄衷《序》称嘉靖本收录诗词一百七十六首,已较李春叟编次本多出了五十一首,说明大部分增补的诗词应补于嘉靖本及之前。

以上是历代《序》、《异同考》所记载的诗文篇数情况,现存版本的实际收录数量又如何?

首先看现存最早的全本——崇祯本。该本卷十三有阙版一幅,影印本空出一页以示阙文。而卷十四的末页,在尾题"李忠简公文溪存稿卷之十四"之后,又多出《西樵岩》《碧霄》两首诗,明显为后人抄补。卷十二首页天头注亦云:"《西樵岩》《碧霄》七律二首,刊本所佚,录附卷尾。"这两首崇祯本的"佚诗"从何而来?查阅卷十三阙版次页之首,尚留有前诗最末二字"晚樵",正是《碧霄》诗的最后二字。由此可知,《碧霄》应即是阙版上的最后一首诗。进一步推测,《西樵岩》很可能也是因阙版而"佚"。然而,仅凭这两首诗尚不足以填补阙版的空白,该幅版面上应该还有其他"佚诗"。换言之,现存崇祯本因阙版而收诗不全。

今存康熙本亦为全帙。取两本相对,发现康熙本比崇祯本多收两首诗:《送都运陈炜以烦言去》《白云山见五色雀》。前文已述,康熙本在重编诗歌时,虽然改为分体编排,但各体内基本按照明本的收诗顺序摘录,依次成卷。因此,根据康熙本的收诗次序,可以反推得到该诗在明本中的前后位置。而康熙本的《送都运陈炜以烦言去》,位于《西樵岩》《碧霄》之间,说明该诗在明本中也应位于两诗之间,即在阙版之内。而《白云山见五色雀》一诗,其前为《挽钝斋先生许象州》,其后为《送梁上舍必得大学解试》,明本的阙版正处于两诗之间,故《白云山见五色雀》也应该位于阙版内。四诗相加,再减掉《碧霄》置于次页的最末两字,按照崇祯本行18字的行款规格,恰需18行,正符合崇祯本半叶9行行18字之数。所以,崇祯本卷十三的阙版上应有四首诗歌,依次为《白云山见五色雀》《西樵岩》《送都运陈炜以烦言去》和《碧霄》。换言之,如果崇祯本不阙版,那么崇祯本和康熙本收录的李昂英诗文数量应当是一致的,两本收录内容的差异皆在附录材料。

继续对校公文书馆、国图藏两部乾隆三十八年本,道光本和光绪本,发现今存明清诸本收录的李昂英诗文数量其实都是相同的,只不过明本和清本的收录位置有别而已。文章共一百三十四篇,诗词一百八十六首,与黄衷《序》、李履中《异同考》微有出入,或因二人统计小误。如果将组诗算作一首,则诗词可算作一百七十六首,与黄衷《序》相符。即虽然历代《序》及《异同考》统计的诗文篇数各不相同,表面上看起来李昂英集收录的诗文篇目随着时间的推移在不断增溢,但事实上,自明代嘉靖李翱刊刻以来,李昂英集的收录篇数便固定下来,明清刻本收录诗文篇目无差。

至于在元代李春叟编次本之后,到嘉靖李翱刻本付梓,新增的数十篇诗文,除李际明所总结的几项来源之外,还可知《乞罢幸西太乙劄子》《乞行御史洪天锡劾阉寺之言疏》《再疏乞与洪天锡俱贬》三篇奏议自《南海志》抄出,而其余增补诗文的取材来源已难以确考。

五　诸本优劣

现存明清诸本当以何本为善?祝尚书先生认为"《存稿》今以崇祯修补本为善佳","清刻本大多欠佳"[①];而杨芷华点校本则以道光本为底本,认为道光《粤十三家集》本文字最善。

将崇祯本和道光本两相比勘,参校其余众本,以李昂英集的前两卷为例(明清刻本前两卷分卷相同),两本异文共21处,其中崇祯本正者9处,道光本正者7处,两可者5处。从异文数量上看,崇祯本正字略多。

就异文质量而言,崇祯本的用字往往更加古奥,道光本通常比较浅近。兹举两例:

(1)卷一《增城新创贡士库记》,崇祯本曰"汉制,习先圣之术,与计偕,县实

---

① 祝尚书《宋人别集叙录》,第1340—1341页。

续食",其中"续食"二字,上海图书馆明抄残本、康熙本同,两部乾隆本、道光本则作"给食"。就文义而言,"续食""给食"皆通。但该词出自《汉书·武帝纪》:"征吏民有明当时之务,习先圣之术者,县次续食,令与计偕。"①可见该文使用的是"续食",意为"相继供给膳食"。而"给食"的含义则相对易懂,就是"供给饮食"。两部乾隆本很可能因不解"续食"之意,遂将其替换成了通俗易懂的"给食",道光本则承袭乾隆本之误。

(2)卷一《广州新创备安库记》,崇祯本、上海图书馆明抄残本曰"民信之,租不逋;商乐之,税不谩",其中"税不谩",包括道光本在内的各清刻本皆作"税不慢"。"谩",欺瞒也。商人乐政事清明宽仁,所以缴税不欺瞒,如实上报纳税,崇祯本文意畅达,表意贴切。而清本皆作"税不慢",或是受到前文"租不逋"的影响,认为这里也是拖欠费用的意思,而将"谩"改成了"慢"。

总体而言,清刻本"校改"的可靠性普遍不高。如国图藏乾隆三十八年本李履中《补镌序》小字注所举5处改字,其中就有2处是原本不错而校改致误:(1)卷八《除正言上殿奏疏》,李昂英举出高宗册封普安、确定立储的成事,劝谏理宗尽快立储以稳定民心。崇祯本曰:"普安真王之封,宰臣请以冠属籍,高宗皇帝曰:'可便为皇子。'"康熙本、公文书馆藏乾隆本同,国图藏乾隆本改"真王"为"郡王"。据《建炎以来系年要录》卷一八四,绍兴三十年二月甲子,高宗提出要册封普安郡王为真王:"普安郡王甚贤,欲与差别,卿等可议除少保使相,仍封真王。"其后汤思退议曰:"臣等按典礼,非至亲不封真王,今进封,则当冠以属籍,如环卫官称皇侄之类,不知圣意如何?"高宗答道:"可便以为皇子。"②则知李昂英所述便为此事,此处当以"真王"为是。(2)明本卷十七、清本卷十九《瑞鹤仙·甲辰灯夕》,崇祯本曰:"且茧占先探,芋郎戏巧,又卜紫姑灯下。"康熙本同,两部乾隆本都将"芋郎"改作"蔗郎"。按,芋郎又称芋郎君,用芋头做成人形食物,是唐宋上元节的应节食品,见于旧题冯贽《云仙杂记》。李昂英该词题咏上元灯夕,茧卜、芋郎、紫姑卜正是上元风物,故应以"芋郎"为是。

另外,清本还存在避讳和违碍改字问题。如卷二《元老壮猷之堂记》,崇祯本曰:"碧渥彤融,交晔可鉴。"康熙本同,而乾隆、道光诸本的"晔"字均避讳作"煜"。文渊阁《四库全书》抄本又处理了违碍文字,将"寇""夷""夷狄""金虏""五胡"等修改成中性的"敌""难""兵""兵戈""金人""刘石"等。如卷十一《崔清献公行状》一文,明清诸刻皆作"夹攻金虏,不克,虏乘胜数盗,边蜀大扰",文渊阁《四库全书》抄本则改成"夹攻金人,不克,敌乘胜数入,边蜀大扰"。

---

① 〔汉〕班固撰,〔唐〕颜师古注《汉书》卷六《武帝纪》,北京:中华书局,1962年,第164页。
② 〔宋〕李心传《建炎以来系年要录》卷一八四,北京:中华书局,1988年,第3080—3081页。

总之，现存诸刻实源出一系，崇祯本作为现存最早的全本，收录诗文篇数与清本相同，编排体例未经更改，文字面貌更可靠，因此在现存版本中当以崇祯本为善。

杨芷华点校本收录于《岭南丛书》之中，是目前唯一的整理本和通行本。该本以道光本为底本，参校其余版本和总集而成。然统计其校记中各校本的出现频次，《四库》本出现了 108 次，光绪本 101 次，《两宋名贤小集》86 次，《广东文征》78 次，《宋六十名家词》39 次，《全宋词》21 次；而乾隆本只涉及《补镌序》改字的小字注 4 次、《事文考》1 次、《异同考》1 次，崇祯本仅涉及小注、眉批、门对等文字的有无与位置差异，康熙本未提及。则此次点校很可能多以晚近总集相校，反而忽视了明清单行刻本、抄本，只简单记录其中序跋、眉批、识语等副文本内容，并没有逐字逐句地比勘正文，故校记价值不高。

若要重新整理李昂英诗文集，当以崇祯本为底本，参校嘉靖本、康熙本、两种乾隆本、上海图书馆藏明抄残本和《四库全书》抄本，会更好地反映李昂英集的文字面貌和体例特征。

附记：感谢北京大学中文系王岚老师在本文写作过程中的帮助与指导，以及匿名评审专家提出的宝贵意见，特此致谢。

陆深文集版本略考

廖可斌[*]

【内容提要】 明代文学家陆深的著作主要有《俨山文集》《俨山外集》《陆文裕公续集》《陆文裕公行远集、外集》《俨山尺牍》《诗准》。存世多种《俨山文集》明刻本,各书目一般据卷首徐阶序等,定为嘉靖二十五年(1546)刻本,实际上该书明嘉靖至崇祯间多次修补重印。将清文渊阁《四库全书》抄本《俨山集》《俨山续集》《俨山外集》与明嘉靖刻本《俨山文集》等相比,有后者误而前者校正者,亦有后者不误而前者抄错或删改者,四库本对整理陆深文集具有一定校勘价值,从中亦可见出四库馆臣抄校时的具体情形和微妙心态。摘录《俨山外集》数十条而成的《俨山纂录》(又题《俨山外记》《俨山外纂》),至迟明隆庆、万历间已有其书,四库馆臣认为该书出于明末清初曹溶《学海类编》,不确。日本内阁文库藏明末陆起龙编刊《陆文裕公行远集、外集》应属存世孤本。清康熙六十一年(1722)陆瀛龄补修本《陆文裕公行远集》二十四卷,只是调整了陆起龙编刊本的分卷顺序,没有多收一篇作品。《陆文裕公行远集》收录《俨山文集》《俨山外集》《陆文裕公续集》未收作品136篇。此"外集"乃摘录《俨山外集》中数十条而成。

【关键词】 陆深文集版本 俨山文集 俨山外集 陆文裕公续集 陆文裕公行远集

陆深,字子渊,号俨山,明代南直隶松江府上海县人,生于明成化十三年(1477)八月十日,卒于嘉靖二十三年(1544)七月二十五日,是明中叶重要政治人物、著名学者、文学家、书法家。他于弘治十八年(1505)中进士,历仕孝宗、武宗、世宗三朝,主要在翰林院、国子监、詹事府等部门任职,官至詹事府詹事、翰林院侍读学士,与明孝宗、武宗、世宗有近距离接触,与当时政坛重要人物如李东阳、杨一清、王守仁、张璁、桂萼、顾鼎臣、严嵩、夏言、徐阶等俱有交集,与当时在文坛占主导地位的复古派代表人物李梦阳、何景明、徐祯卿等也颇多交往。陆深一生好学不倦,勤于著述。他生长江南,因科举和仕宦先后到过南

---

[*] 本文作者为北京大学中国古文献研究中心教授。

京、北京、福建、山西、浙江、江西、四川等地,注意了解各地民情风物,搜集文献,随笔札录,精心考订,有《俨山文集》一百卷、《俨山外集》四十卷、《陆文裕公续集》十卷和《俨山尺牍》,记录当时的朝政大事、社会生活和文坛动向,为研究明中叶政治、经济、军事、文化等方面的情况提供了重要资料。同时,陆氏家族是今上海浦东地区的早期开发者之一,现在闻名于世的国际金融中心陆家嘴,即因其故宅与祖茔而得名。他的著作中包含大量关于明代上海特别是浦东地区的史料,对研究上海地区特别是浦东地区开发史具有重要价值。

陆深的主要著作《俨山文集》一百卷、《俨山外集》四十卷、《陆文裕公续集》十卷,在陆深去世不久,即由其子陆楫刻成,以后各本基本上都据此版重印或修补刻印,因此陆深著作的版本总体上并不复杂。但在多次重印中,实际上变化不少。古代许多典籍可能只有一个主要版本,版本源流似乎比较简单,但在千百年的传刻过程中,也会发生许多变化,陆深文集在这一点上颇具代表性。另外,陆深文集的几种修补刻本,修补刻者的行为和心态颇堪玩味,在古代书籍的修补刻者中,也具有一定典型性。关于陆深著作的版本,李玉宝《陆深〈俨山集〉版本流变考》已有所探讨,但比较简略①。我们整理《陆深全集》②,对陆深著作版本做了调查,兹将有关情形论述如下。

一 《俨山文集》

陆深在世时特别注意保存自己的文稿,其子陆楫也用心收集整理父亲的著作。陆深《俨山文集》卷九九《京中家书二十四首》之十九告诫陆楫:"书来欲为吾集文稿,旧曾清出三册,是丙子(正德十一年,1516)以前所作,是姚天霁写清,放在浦东楼上西间壁厨内。丁丑(正德十二年,1517)以后文字俱散漫,稿簿俱留在家,可乘闲清出,令人写净,须我自删定编次也。"此信为嘉靖十八年(1539)陆深扈从世宗南巡承天之后所写。又《俨山文集》卷九九《京中家书二十四首》之二十一曰:"我平生文字稿簿,可一一收束,一字不可失也。交游书札,自可作一柜藏起,楼上俱可架阁也。"

嘉靖二十三年(1544)陆深去世后不久,陆楫即编成《俨山文集》一百卷、《俨山外集》四十卷、《陆文裕公续集》十卷。关于《俨山文集》,后来各种书目、图书馆登记目录,一般都根据该书卷首徐阶等人的序言,著录为"嘉靖二十五年云间陆氏家刊本",实际上此书曾经多次重印,或与《俨山外集》《陆文裕公续集》合印,序、跋、目录等亦屡有补刻变动。兹述代表性藏本如下:

---

① 李玉宝《陆深〈俨山集〉版本流变考》,《图书馆杂志》2014年第6期,第103—106页。
② 〔明〕陆深著,廖可斌主编、林旭文整理《陆深全集》,上海:复旦大学出版社,2022年。

1. 北京大学图书馆藏《俨山文集》一百卷。

32册,4函。

索书号为 NC/5428/7139.22。首有徐阶《陆文裕公集序》:"陆文裕公集一百卷,其子国子生楫所刻……公殁再期,而此集出……嘉靖丙午(二十五年)仲夏望日,赐进士及第通议大夫吏部左侍郎郡人徐阶序。"以往人们都据此序,认为《俨山文集》即刻成于嘉靖二十五年(1546)。

按该书序后有"总目"4页。全书卷末有"姑苏吴应龙书"字样。据《中国古籍版刻辞典》:吴应龙,明嘉靖间苏州著名写刻工人,由他书写上版的有《韵经》(长水书院本)、《古今合璧事类备要》(夏相本)、《类编唐右丞诗集》(奇字斋本)、《书经集传》、《诗经集传》、《春秋四传》、《四书合刻》(四种均吉澄本)、《荆川先生精选批点史记》、《靖江县志》、《天马山房遗稿》(张秉铎本)。吴也是刻工,参与刻过《集录真西山文章正宗》(孔天胤本)。① 由此可见,该书应刻于嘉靖年间。此本的特点是只有徐阶序,很有可能是初印本。

2. 北京大学图书馆藏《俨山文集》一百卷、《别集》四十卷。

28册,4函。

索书号为 LX/4187。首有费寀《陆文裕公文集序》,称"陆文裕公集凡百卷",署"赐进士出身荣禄大夫太子太保礼部尚书兼翰林院学士纂修玉牒国史经筵讲官钟石费寀书",未署年月;次徐阶《陆文裕公集序》,署"嘉靖丙午(二十五年)仲夏望日,赐进士及第通议大夫吏部左侍郎郡人徐阶序"。此时费寀官衔高于徐阶,所以后来居上。序后有"总目"4页。按,费寀序字体为隶书,徐阶序字体与正文相同为楷书。嘉靖三十六年(1557)陆郯补修本文征明《陆文裕公文集后序》(见后)只提到陆楫刻本有徐阶序,未提到有费寀序,费寀序当为补刻。据《明史》卷一一二《七卿年表二》,费寀嘉靖二十三年任礼部尚书,二十四年七月加太子少保,二十六年六月加太子太保,二十七年八月晋少保,十二月卒。② 根据其署衔,此序应作于嘉靖二十六年六月至二十七年八月之间。或陆楫嘉靖二十五年刻成《俨山文集》时,只有徐阶序。嘉靖二十六年六月至二十七年八月间即将其与《俨山别集》40卷合并重印,此时补刻了费寀序。黄山书社《明别集丛刊》第二辑据此本影印。

3. 北京大学图书馆藏《俨山文集》一百卷。

存1册(正文卷一至卷六)。

索书号 SB/810.64.7437a/C2。此册含正文卷一至卷六,分册与2同;板框同2;但纸张高于2(天头高于2),应为又一次印刷。

---

① 瞿冕良编著《中国古籍版刻辞典(增订本)》,苏州:苏州大学出版社,2009年,第353页。
② 《明史》,北京:中华书局,1974年,第3460—3462页。

4. 北京大学图书馆藏《俨山文集》一百卷。

20册，2函。

索书号为SB/810.64/7437a。首有费寀序、徐阶序。末有文征明《陆文裕公文集后序》，其中云："文裕公既卒逾年，《文集》梓成，凡一百卷，《外集》若干卷。其子太学生楫所葺，今大学士徐公既序首简。楫以余于公雅有事契，俾识其后。未几楫死。嗣孙郯复以为请，属余多病未暇，而郯请弥勤。盖自丙午（嘉靖二十五年）极今，十有二年矣，意益弗懈。"此盖为陆楫嘉靖三十一年（1552）去世后，陆楫嗣子陆郯于嘉靖三十六年重印本。文征明既称"文集梓成"，则陆楫送给文征明请序的，当为已有徐阶序的初刻本，其意盖准备将《俨山文集》与《俨山别集》合并重印，拟将文征明的序补刻上去。这次重印应该就是上述嘉靖二十六年六月至二十七年八月间补刻了费寀序的刻本。因文征明没有及时写序，就没有赶上这次重印。但他还是按照陆楫送交的版本写序，所以就没有提到费寀序。

5. 台北"故宫博物院"图书文献馆藏《俨山文集》一百卷。

8册。明嘉靖间陆氏刻本，框18.5cm×13.1cm。

该本台北"国家图书馆"有胶卷。

6. 台北"国家图书馆"藏《俨山文集》一百卷、《陆文裕公续集》十卷。

22册。明嘉靖间云间陆氏家刊本，框18.4cm×14cm。

7. 台北"国家图书馆"藏《俨山文集》一百卷、《外集》四十卷、《续集》十卷。

30册，明嘉靖间云间陆氏家刊本，框18.4cm×14cm。

这是三书的合印本，《陆文裕公续集》刻成于嘉靖三十年（1551）（见后），此合印本当印于其后。

8. 台北"国家图书馆"藏明崇祯十三年（庚辰，1640）陆钫校补刻本《俨山文集》一百卷。

12册。框18.4cm×14cm。

首有徐阶序、费寀序，与嘉靖刻本比，两序位置互换。盖因费、徐身后，费之声誉远逊于徐，故陆深裔孙陆钫等做如此改动。徐阶序后加刻"崇祯庚辰春玄冢孙钫重订"字样，费寀序后加刻"如皋冒起宗重较"字样。嘉靖刻本费寀、徐阶两序后有"总目"4页，崇祯补修本省去。全书末有文征明《陆文裕公全集后序》，其后复加刻有"崇祯庚辰春玄冢孙钫重订"。凡此都是为了打上补刻者的印痕。从上述变化来看，陆钫确实有所修补，但与诸嘉靖刻本行款相同，实际上还是用嘉靖旧板。

9. 北京大学图书馆藏《俨山文集》一百卷、《续集》十卷。

12册，2函，旧抄本，黑格。

按，此本照嘉靖刻本行款抄写，所抄底本间有缺则照缺。又贴有若干签条校补，纸张上有"吴正裕号"印章。卷一首页有"御诏（永？）景赐堂印"字样。卷六以下多卷卷首有"钦定四库全书"字样。按，清康熙五十年（1711）内府刻本《佩文韵府》第 40 册等册扉页上有"吴正裕号"印章，天一阁藏万斯同《明史稿》稿本纸张上亦有"吴正裕号"印章。此殆属四库全书抄本而被废弃者。

10. 四库全书本《俨山集》一百卷、《俨山续集》十卷。

按该抄本"以兵部侍郎纪昀家藏本"为底本，该底本"不载《外集》，盖《外集》皆其笔记杂著，又自别行也"①。该抄本与嘉靖刻本的异同见后。1986 年，台湾商务印书馆将在台北的文渊阁《四库全书》全部影印，《俨山集》《俨山续集》在第 1268 册；1993 年，上海古籍出版社据台湾商务印书馆影印本压缩版面重新影印。

11. 选本。

明隆庆中（1567—1572）俞宪编刻《盛明百家诗》本《陆文裕公集》一卷。《盛明百家诗》324 卷，收录 330 余家，陆深《陆文裕公集》一卷与潘恩《潘尚书集》一卷合为一册。中国国家图书馆、云南大学图书馆、台北"国家图书馆"等有藏。按陆深诗文集主体部分，虽然费寀、徐阶、文征明等序都称之为"陆文裕公集""陆文裕公文集"，但正式书名为《俨山文集》，《四库全书》作《俨山集》，各种目录一般都著录为《俨山文集》《俨山集》。著录为《陆文裕公集》者，一般指《盛明百家诗》本《陆文裕公集》一卷。但也有以《陆文裕公集》指《俨山文集》者。

二 《俨山外集》

陆深兼具多重身份。后世对他在政治、文学方面业绩的评价并不太高，或者说存在一定争议，而对他在历史学、书法理论与创作方面的成就和贡献，则看法比较一致，认可度较高。所以，陆深在中国古代历史学、书法理论与创作领域的地位，高于他在政治史、文学史上的地位。陆深也致力于诗文创作，努力成为一个文学家，因为这是当时成为一个士大夫的必备条件。但他像中国古代很多文人一样，给自己人生的定位并不是仅做一个文学家，而是希望成为治国、平天下的士大夫。尤其他在进入翰林院以后，更以远大自期，留心于历代典章制度、朝政得失，以及当时各种社会问题、民情风俗等，加上他天性勤勉，凡有所见，均予以札录，详加考订。因此，就总体而言，其著作的史学价值高于文学价值。徐献忠《陆文裕公外集序》云陆深"平生无他好弄，饮食、政事

---

① 《四库全书总目》卷一七一"《俨山集》一百卷、《续集》十卷"条，北京：中华书局，1965 年，第 1500 页。

之外,必与翰札相亲",所言确属实情。徐阶《陆文裕公全集序》云:"公尝言,文以通达政务为尚,以纪事辅经为贤,非颛颛轮辕之饰已也。"此说准确表达了陆深的著述宗旨。《四库全书总目》卷五三"《南巡日录》一卷、《北还录》一卷"条称"深最留心史学,故随所见而录之云",也指出了陆深治学的这一特点。《俨山文集》《陆文裕公续集》《俨山尺牍》就含有大量史料,《俨山外集》收著作24种,共四十卷,尤其具有重要的史学价值。陆深本人也很重视《俨山外集》中的这些著作,据何良俊《俨山外集序》:"良俊有友董宜阳,盖雅从陆文裕公俨山先生游。先生尝语之曰:'余集欲不传。余有撰著数种,虽不敢自谓成一家之言,其于网罗旧闻、纪记时事,庶不诡于述者之意矣。使后世有知余者,其在兹乎,其在兹乎?'后见先生之子楫与其甥黄子标,讯之良然。"

《俨山外集》中,《史通会要》三卷,"摭刘知几之精华,櫽括排纂,别分门目,而采诸家之论以佐之,凡十有七篇,专为史学而作"。《书辑》三卷,皆论六书八法,据卷首所开列书目,辑录有关史书16种,书法论著共126种。两书均是自成体系的名著,在相关学术领域具有重要地位。辑录明初史事的有《平胡录》(《四库全书》改称《平北录》)一卷,记载当代史事的有《圣驾南巡日录》一卷、《大驾北还日录》一卷,记录科举考试制度的有《科场条贯》一卷,均有重要史料价值。辑略文史考证古义的有《传疑录》二卷,关于古董文物的有《古奇器录》(附《江东藏书目录小序》)一卷,录理学家言论的则有《同异录》二卷,都很有学术意义。记亲身游历见闻和读书所得的有《淮封日记》一卷、《南迁日记》一卷、《河汾燕闲录》二卷、《知命录》一卷、《停骖录》一卷,《续停骖录》三卷、《蜀都杂抄》一卷、《豫章漫抄》四卷、《金台纪闻》二卷、《玉堂漫笔》三卷、《春风堂随笔》一卷、《中和堂随笔》二卷、《愿丰堂漫书》一卷、《春雨堂杂钞》一卷、《溪山余话》一卷等,均随笔记录时事,间有考订。《四库全书总目》评云:"《同异录》为进御之本,采择古人嘉言,撮其大略,分上、下二篇,上曰《典常》,下曰《论述》,专为治法而作。《古奇器录》皆述珍异。……其余则皆订证经典,综述见闻,杂论事理。每一官一地,各为一集,部帙虽别,体例则一。虽谰言琐语错出其间,而核其大致,则足资考证者多。在明人说部之中,犹为佳本。"①

《俨山外集》因可读性较强,更受欢迎,所以刊刻次数较多。像对待《俨山文集》一样,后来各种书目、图书馆登记目录,一般都根据传世《俨山外集》卷首徐献忠序言等,将之著录为"嘉靖二十四年(1545)云间陆氏家刊本",实际上此书除曾与《俨山文集》《陆文裕公续集》合印外,还多次单独重印,并被选入各种丛书。兹述代表性藏本如下:

---

① 《四库全书总目》卷一二三"《俨山外集》三十四卷"条,第1063页。

1. 北京大学图书馆藏《俨山外集》四十卷。

4册,1函。

索书号 SB/088.6/7437。首有徐献忠《陆文裕公外集序》:"先所次诗文集共若干卷,此因名外集,子楫校,授中表黄子标铨次如此云。嘉靖乙巳岁(二十四年)八月既望后学郡人徐忠献撰。"卷末有何良俊《陆文裕公外集后序》:"唯先生撰著成书凡二十三家,通计四十卷……是刻也,黄子实事编校,最为详审。楫又以先生之命,命良俊序于简末……嘉靖乙巳(二十四年)九月望后学郡人何良俊撰。"以往人们都据上述序、跋,认为《俨山外集》即刻成于嘉靖二十四年(1545),稍先于《俨山文集》刻竣。之所以如此,可能一是因为《俨山外集》比《俨山文集》规模要小,比较容易完成;二是因为《俨山外集》更有可读性,陆楫、黄标等人预计该书更有市场。当然也不排除是因为该书原稿比较齐整,或因黄标整理比较尽力,效率较高。该本中国国家图书馆、台北"中央研究院"历史语言研究所傅斯年图书馆等亦有藏。

2. 北京大学图书馆藏《俨山外集》24种四十卷。

5册,1函(第2册抄配本)。

索书号 NC/9115/7139.22。

3. 北京大学图书馆藏《俨山外集》四十卷。

1册,1函,存卷十一至十七。

索书号 SB/088.6/7437/C2。

4. 中国国家图书馆藏《俨山外集》四十卷。

6册。

5. 中国国家图书馆藏《俨山外集》四十卷。

12册。

6. 中国国家图书馆藏《俨山外集》四十卷。

8册。

按台北"国家图书馆"藏有明嘉靖二十四年(1545)年云间陆氏家刊本《俨山外集》四十卷,8册,有清钱德震手书题记。框18.5cm×13.6cm。或为同次印本。

7. 台北"国家图书馆"藏《俨山外集》四十卷。

16册,明嘉靖二十四年(1545)年云间陆氏家刊本。

8. 澳门大学图书馆藏《俨山外集》四十卷,10册。

明嘉靖二十五年至三十年(1546—1551)印本。

《俨山外集》中的部分作品,后来被分别收入多种丛书,这些丛书后来又多次重印或影印,《俨山外集》相关作品的影响也因此更加广远。相关丛书主要有:

1. 台北"国家图书馆"藏明嘉靖间吴郡袁氏嘉趣堂刊《金声玉振集》本。

该书共收书50种、58卷,其中有陆深《俨山外集》中的《平胡录》一卷等。

2. 台北"国家图书馆"藏明嘉靖三十三年(1554)原刊、隆庆万历间增补本《俨山纂录》。

按,《俨山纂录》又题作《俨山外记》《俨山外纂》,内容一致,乃从《俨山外集》诸作品中摘录数十条而成。《四库全书总目》卷一三一著录《俨山外记》一种云:"旧本题明陆深撰……此书载《学海类编》中,乃曹溶于深《俨山堂外集》之中随意摘录数十条,改题此名,非深自著之书也。"清初曹溶编有《学海类编》,共收书 422 种,清道光十一年(1831)六安晁氏木活字排印本,内含陆深《俨山外纂》一卷。《四库全书总目》指斥《学海类编》所收"真本仅十之一,伪本乃十之九。或改头换面,别立书名,或移甲为乙,伪题作者,颠倒谬妄,不可殚述"①。按台北"国家图书馆"藏有明嘉靖甲寅(三十三年,1554)原刊、隆庆万历间增补本《俨山纂录》,复藏有该书明隆庆戊辰(二年,1568)刊本、明隆庆戊辰刊万历甲申(十二年,1584)重编印本、上海商务印书馆民国二十七年(1938)据隆庆刊本影印本。《俨山纂录》后又收入清顺治四年(1647)李际期宛委山堂刻本《说郛》,该本亦应略早于曹溶编刻的《学海类编》。故《俨山外记》(《俨山外纂》《俨山纂录》)最初摘录者非曹溶,明嘉靖间已有此书。

3. 台北"国家图书馆"藏明万历三十四年(1606)绣水沈氏尚白斋镌"陈眉公订正秘笈"本。

陈继儒编录《宝颜堂秘笈》,分正、续、广、普、汇、秘六集,收著作 229 种、457 卷,每集题名不同。陈氏对所收作品多有改窜删节。秀水沈氏尚白斋刊行了"正集""秘集",其中收录陆深《俨山外集》中的《溪山余话》一卷、《知命录》一卷、《玉堂漫笔》一卷、《蜀都杂抄》一卷、《古奇器录》一卷、《传疑录》一卷、《春风堂随笔》一卷、《燕闲录》一卷、《金台纪闻》一卷、《愿丰堂漫书》一卷等。

4. 台北"国家图书馆"藏明万历四十五年(1617)沈节甫辑、陈于廷刊《纪录汇编》本。

沈节甫辑《纪录汇编》共收书 123 种、216 卷,陈于廷刻于江西巡按任上,其中收录陆深《俨山外集》中的《圣驾南巡日录》一卷、《大驾北还录》一卷、《平胡录》一卷、《玉堂漫笔摘抄》一卷、《停骖录摘抄》一卷、《续停骖录摘抄》一卷、《金台纪闻摘抄》、《豫章漫抄摘录》一卷、《科场条贯》一卷等。沈节甫对有关作品也做了节录。

5. 明万历中高鸣凤辑刊《今献汇言》本。

该书当为 28 卷,收录陆深《平胡录》一卷,台北"中央研究院"文哲研究所据以影印。

---

① 《四库全书总目》卷一三四"学海类编"条,第 1139 页。

6. 台北"国家图书馆"藏明冯可宾辑《广百川学海》本。

冯可宾辑《广百川学海》共收书133种、156卷,约刊于明天启、崇祯间(另有119种、129卷本;110种、117卷本)。该书收录《俨山外集》之《愿丰堂漫书》一卷。

7. 台北"国家图书馆"藏清顺治四年(1647)两浙督学李际期宛委山堂刊《说郛》本。

按《说郛》初编于元末陶宗仪,后陆续有补编和刊刻。李际期宛委山堂刊本《说郛》共120卷,其中收录陆深《俨山外集》中的《愿丰堂漫书》一卷、《南巡日录》一卷、《北还录》一卷、《玉堂漫笔》一卷、《溪山余话》一卷、《燕闲录》一卷、《春风堂随笔》一卷、《古奇器录》一卷等,还收录摘录《俨山外集》中数十条所编成的《俨山纂录》一卷。

8. 四库全书本《俨山外集》三十四卷抄本。

以浙江汪汝瑮家藏本为底本,"旧刻本四十卷,今简汰《南巡日录》《大驾北还录》《淮封日记》《南迁日记》《科场条贯》《平北录》六种,别存其目,故所存惟三十四卷焉"①。四库馆臣之所以删去这六种六卷,是因为其中多牵涉明代史实,有可能触清朝统治者之忌讳。1986年,台湾商务印书馆将在台北的文渊阁四库全书全部影印,陆深《俨山外集》与其子陆楫编《古今说海》并在第885册。1993年,上海古籍出版社据台湾商务印书馆影印本压缩版面重新影印。

三　《陆文裕公续集》

《陆文裕公续集》十卷的编刻时间晚于《俨山文集》和《俨山外集》。唐锦《陆文裕公续集序》:"先生既敛神观化,其子太学生楫字思豫发所藏稿,类而成编,凡为集百卷,外集四十卷,咸登诸文梓,寿其传矣。兹复访搜散佚,随遇札录,编为续集十卷,刻附集后以传……嘉靖辛亥岁(三十年)仲春朔旦。"陆师道《题陆文裕公续集后》也说:"右《陆文裕公续集》,其子楫既刻前集百卷,外集四十卷,复搜集遗佚,以成是编,为十卷,合百五十卷。呜呼,富矣哉……嘉靖辛亥夏五月朔长洲陆师道谨题。"则《陆文裕公续集》编刊于嘉靖三十年(1551)左右。

1. 清华大学图书馆藏《陆文裕公续集》十卷。

2册,明嘉靖三十年(1551)云间陆氏家刊本。

按台北"故宫博物院"图书文献馆藏《陆文裕公续集》十卷,2册,明嘉靖三十年云间陆氏家刊本,框18.2cm×13.2cm。台北"国家图书馆"藏《陆文裕公续集》十卷,2册,10行,行20字,明嘉靖三十年云间陆氏家刊本。德国巴伐利

---

① 《四库全书总目》卷一二三"《俨山外集》三十四卷"条,第1063页。

亚州立图书馆藏《陆文裕公续集》十卷，2册。以上应属同一次印本。

2. 美国国会图书馆藏《陆文裕公续集》十卷。

4册，1函，10行，行20字，明嘉靖间刻本。

有满汉"翰林院"大方印，与1行款相同，而分册不同，或为另一印本。

《俨山文集》《俨山外集》《陆文裕公续集》三书的刊刻方式，很可能当时是以《俨山文集》一百卷、《俨山外集》四十卷、《陆文裕公续集》十卷为三个单元，既分别单独刊刻过，也根据需要，分别将《俨山文集》和《俨山外集》、《俨山文集》和《陆文裕公续集》、《俨山文集》和《俨山外集》《陆文裕公续集》拼合印过。

顺便要指出的是，三书虽主要由陆楫编成，但黄标发挥了重要作用。《俨山文集》卷一题下注"门生黄标校编"，卷三一《诗微一》题下亦注"门生黄标校编"。又徐献忠《陆文裕公外集序》称《俨山外集》由"子楫校，授中表黄子标铨次如此云"，何良俊《陆文裕公外集后序》称"唯先生撰著成书凡二十三家，通计四十卷……是刻也，黄子实事编校，最为详审，则黄标对《俨山外集》的编校出力尤多。①

陆楫编纂其父三书的同时，还编成《陆文裕公年谱》。唐锦《陆公（深）行状》云："适楫修公《年谱》初成，事详且核。谨掇其大端，编次如右。"康熙六十一年（1722）陆瀛龄重编《陆文裕公行远集》卷首所收林树声《陆文裕公年谱序》云："宗伯陆文裕公卒之明年，其孤楫手撰《年谱》既成，奉以告林子曰：'……愿开首简，以信来者。'嘉靖乙巳（二十四年，1545）夏五月吉赐进士出身翰林院庶吉士后学郡人林树声序。"此《年谱》曾否刊刻，是否尚存于世，现不得而知。

四　陆深文集的嘉靖刻本与《四库全书》本

《四库全书》抄本《俨山集》一百卷、《俨山续集》十卷，以纪昀家藏《俨山集》一百卷、《俨山续集》十卷刻本为底本，这个底本是《俨山集》一百卷、《俨山续集》十卷的一个合印本，不知具体刻于何时。《四库全书》抄本《俨山外集》三十四卷，以浙江汪汝瑮家藏四十卷旧刻本为底本，而删去其中六卷。

2016年，黄山书社《明别集丛刊》第二辑影印《俨山文集》《俨山外集》《陆文裕公续集》共一百五十卷，其中《俨山文集》《俨山外集》据北京大学图书馆藏明嘉靖陆楫刻本《俨山文集》一百卷、《俨山外集》四十卷共28册4函本影印，《陆文裕公续集》据清华大学图书馆藏明嘉靖陆楫刻本《陆文裕公续集》十卷本

---

① 《俨山文集》卷九十五《与黄甥良式十五首》之七："刻书复成几种？可草草印来一阅。病余因清出杂记，略有数卷，写得十叶去，就烦一校勘。若雷同侧说，抹去可也。予此等文字，大意欲穷经致用，与小说家不同，幸着眼。可命照人刻行款写一本来，有商量处也。"可见陆深在世时，黄标已着手校刻陆深《俨山外集》中的作品。

影印。

试将文渊阁《四库全书》本《俨山集》一百卷、《俨山续集》十卷和《俨山外集》三十四卷(以下简称"四库本"),与黄山书社影印明嘉靖陆楫刻本《俨山文集》《陆文裕公续集》和《俨山外集》(以下简称"嘉靖本")相应部分比较,差别很小(见下),可见纪昀家藏本《俨山集》一百卷、《俨山续集》十卷和汪汝瑮家藏本《俨山外集》四十卷,当即嘉靖陆楫刻本之某次印本。

嘉靖本与四库本有如下几个方面的差异:

1. 嘉靖本误,四库本不误。

应为四库馆臣校改。如:

嘉靖本《俨山文集》卷十四《十二月朔雪夜宿宣风馆次壁间韵》"深惭未遂还吴计,独谱《离骚》调楚魂",四库本改"调"为"招";

卷十八《雨中同严介溪张碧溪怀宋西溪地官》"今与怀人一水遥,小堂深竹坐萧萧",四库本改"与"为"雨";

卷十九《春日书事用十二生肖体》"磔鼠真渐狱吏词,饭牛甘结主人知",四库本改"渐"为"惭";

卷二十三《太清歌》"鼓腹含哺囿太平,九有享清宁",四库本改"囿"为"诵";

卷二十四《念奴娇》"开头捱拖,长年也是人杰",四库本改"拖"为"柂";

卷四十一《古文会编后序》"得纵观前代之文而扬确之",四库本改"确"为"榷";

卷五十七《周大记》"始周与秦国合而列,列五百载复合",四库本改两个"列"为"别";

卷八十三《愚庵李府君诔》"如材梗楠",四库本改为"如材楩楠";

卷八十三《祭郑可斋文》"庇护未阶",四库本改为"庇护未加";

卷八十四《责志论》"刑丧神驰",四库本改为"形丧神驰";

卷八十五《策:癸亥南监季考》"括磨拔擢",四库本改为"刮磨拔擢";

卷八十八《跋师子林图》"可谓本教中之喝捧手",四库本改"喝捧手"作"喝棒手";

卷九十五《与顾世安十六首》之九"不必介带",四库本改作"不必芥蒂";

嘉靖本《俨山外集》卷一《传疑录上》:"《周礼》多幽、蓟、并而少青、徐、梁"。按这里是说《周礼》所记"九州"与《禹贡》所记的差别。《周礼》所记有"青",少的是"冀、徐、梁",嘉靖本上下文也不误,唯此处误。四库本改正为"少冀、徐、梁";

卷十六《玉堂漫笔卷中》:"嘉靖庚子四月廿日,晨起偶观,柳书所疑,南窗下两目作花,投笔浩叹。""柳"应是"聊"字而讹。四库本乃改为"因"字;

卷二十一《续停骖录卷下》两处提到前秦君主"符坚",四库本均改为"苻坚"。

由上述各例可见，四库馆臣的校改还是比较细心的，他们的这些校改都是正确的，因此《四库全书》本可作为整理陆深文集的校本，具有一定校勘价值。

2. 嘉靖本不阙，而四库本有阙。

可见四库本的底本并不一定是嘉靖原刻本，也有可能是所据原刻本已有破损。如：

《俨山文集》卷三十一《诗微》，四库本"卷耳""樛木""螽斯""桃夭"几条，都有不少阙字，以"中阙"表示，但嘉靖本不阙。

也有相反的情况。《俨山文集》卷九二《与沈西津方伯三首》之三"黄金垂带"后二字嘉靖本漫漶，四库本完整。

3. 嘉靖本不误，而四库本误者。

如：《俨山文集》卷九十八《京中家书二十三首》，嘉靖本分段非常清楚，四库本却几次将两封信连写，导致篇数与题目不一致。

《陆文裕公续集》卷二《送朱玉洲游南雍》后，嘉靖本依次是《大风》《山鸡歌示徐元度》《岐阳石屏歌》《题郑侠流民图》《月潭歌》《吕梁行》《题文征明画》《七十歌》《十一日安陵始得风过桑园》《赠别殷子》《和王元章梅花酬时望》，而四库本卷二《送朱玉洲游南雍》后依次是《岐阳石屏歌》《题郑侠流民图》《月潭歌》《吕梁行》《题文征明画》《七十歌》《十一日安陵始得风过桑园》《赠别殷子》《和王元章梅花酬时望》《大风》《山鸡歌示徐元度》。诸诗顺序不同，可能是《四库全书》抄手抄漏了几首，如果重抄的话太费力，因此采取了补抄的方式，以蒙混过关，即使被发现了也比漏抄责任要轻。由此可见出《四库全书》抄校者在抄校过程中的微妙心态。

卷四《自天姆山望天台》后，接《慈化寺早起喜晴遂发》，四库本则将后一首诗省去题目，直接接在前一首后。按《俨山外集》卷二十四《豫章漫抄二》"袁州万载县西北行百里，有慈化寺，为普庵道场"，则陆深所经历的慈化寺在江西，与浙江天姆山不相干。四库本应该是漏抄了题目。

《俨山外集》卷十六《玉堂漫笔卷中》提到"袭封诚意伯刘廌"，"廌"字嘉靖本阙，四库本作"基"，误。刘基本人受封诚意伯，袭封诚意伯者乃其孙刘廌。

卷三十三《春雨堂杂抄》论及宋代宰辅制度曰："参知政事者，与参庶务，以毗大政。其除授不宣制，不押班，不知印，不预奏事，不升政事堂，殿廷别设砖位于宰相后，及敕尾署衔降一等。"嘉靖本、四库本均脱"后"字，或为陆深原稿有误。四库本又改"砖位"为"专位"。按，据《续资治通鉴长编》卷五、卷四等，"砖位"不误。四库馆臣殆不知"砖位"之义而误改。

卷三十四《同异录卷上》引宋祁《庆历兵录序》，其中谓"唐季乱生置帅，其弊乐，故群不逞糜溃而争"。按嘉靖本作"弊乐"不可解，四库本改"乐"为"弱"，亦不顺。据《全宋文》卷五一六所录宋祁原文，当作"其弊乐姑息，厌法度"。

由上述各例可见，四库馆臣也难免疏失。

4. 嘉靖本不误，四库本因顾忌而删改。

如：《俨山外集》卷三《河汾燕闲录上》第一条，嘉靖本为："杜诗'风吹沧江树，雨洗石壁来'，自是以实字作虚字用。树，树立之树。晦翁以为误字，欲更为'去'，对'来'字，恐未然。东坡《有美堂诗》：'天外黑风吹海立，浙东飞雨过江来。'祖此。但长公不若老杜之简雅远矣。"四库本没有这一条。像这种缺一条的情况很少见，不排除是漏抄，但故意删去的可能性更大，因为这一条批评了朱熹。

卷十七《玉堂漫笔卷下》一条，嘉靖本作"宋徽宗宣和六年，礼部试进士至万五千人，是年赐第八百余人。宋朝故事：每廷试前十名，御药院先以文卷奏，御定高下。高宗建炎间始曰：取士当务至公，考官自足凭信，岂容以一人之意，更自升降？自今勿先进卷子。此真帝王之体。古所谓君明乐官，不明乐音者，正如此"。四库本将"高宗建炎间始曰"改为"高宗建炎间始罢之"，以下各句全删。按：此下数句为赞美宋高宗之语，陆深殆为明世宗在科举鼎甲录取上肆意弄权而发。清朝皇帝也特别喜欢专断弄权，对科举多加干预，这段话戳中了他们的痛处。四库馆臣为避祸，所以删去。

卷二十一《续停骖录卷下》："及观汪彦章之奏劾，有曰：刘光世、韩世忠、张俊、王瓌之徒，身为大将，飞扬跋扈，不循法度，所至驱虏甚于夷狄。"末句四库本改为"所至驱掠甚于敌人"。

《陆文裕公续集》卷二《送朱玉洲游南雍》末尾："千金骏骨非难事，万里鹏风有壮图"以下，嘉靖本作"太史近占乾象好，文星明岁照三吴"。四库本作"太史近占乾象好，题诗赠汝还怜吾。听我题诗作吴话，终当把酒话莼鲈"。嘉靖本无而四库本多出者，似只有这一处，殆因"文星明岁照三吴"一语有忌讳，馆臣自由处理乎？

从上述例子可以看出，四库馆臣为了避祸，在校改时是如何的小心翼翼。一斑窥豹，由此我们可以窥见《四库全书》编纂过程的真实情形。

五 《陆文裕公行远集》

陆深子陆楫娶唐氏，礼部郎中唐祯之孙女、太学生唐儒号竹溪之女。陆楫四举子而不育，陆深临终前以侄陆标之季子为陆楫嗣，取名郊。据《（同治）上海县志》载：

> （陆深）子楫，字思豫，号小山。少颖敏，读书过目不忘，属文善议论，以父荫由廪生入太学。著有《蒹葭堂稿》《古今说海》。年未四十卒。无子，深择族孙郊为之子。郊，字承道，号三山，以荫官都察院都事。时台长

以郯世族少年,心易之。及集议,援据典故,风发泉涌,始肃然改礼。后授石阡守。苗獠错居,徭役庞杂,仿吴下条编法,著为令,吏民德之。郡处僻陋无书籍,郯自家辇经史教之,士始向学。播酋思乱,先事经画,剪其角距。推苑马寺少卿,力辞,归家居二十余载。内行纯备,无愚智皆尊礼之,与深并祀郡邑乡贤。郯子堣,字舜封,以博闻强识称;垈,字舜陟,书法妍秀,出入苏、米之间,董其昌器之,有二陆词翰之目。堣子钂,字元美,砥砺名行,于书无所不窥,辑《宗谱》四卷、《文裕遗稿》十卷,补刻《俨山文集》百余篇,著有《百一诗集》。钂弟铠,亦敦孝友,工诗。①

按陆深五世嗣孙陆钂(字元美)崇祯十三年(1640)曾补修重印《俨山文集》一百卷,已见前述。其所辑《文裕遗稿》十卷,是否尚存世,不得而知。至于所谓"补刻《俨山文集》百余篇",应该就是下面要提到的《陆文裕公行远集》。

1. 陆起龙编刻《陆文裕公行远集、外集》,皆无卷数。

《四库全书总目》"《行远集、行远外集》皆无卷数内府藏本"条云:"明陆深撰。深有《南巡录》已著录。其《文集》《续集》刻于嘉靖中,此集则崇祯庚午,其曾孙休宁县知县起龙所编。前有起龙《述言》一篇,称深随地著述,散见四方者,邈不可购。所镌正、续集一百五十卷有奇,十不得五,迄今模糊散佚又十之二三。起龙眷怀先泽,多方搜购,见辄笔之,又积至二十余卷,以次校编。又称附以《年谱》,重开生面云云。今考此本所载,皆《文裕集》所已收,盖其时旧刻散佚,因掇拾所存,重刻此版,故称搜购,实则非续获于正、续二集之外也。所称《年谱》,今亦不存,或装缉偶漏,或岁久板又佚缺欤?"②

按《四库全书总目》提到的这个"《行远集、行远外集》皆无卷数"本,国内似已失传。据严绍璗《日藏汉籍善本书录》,日本内阁文库藏有陆深撰、陆起龙编《行远集》二十五卷、《外集》一卷,共8册。原昌平坂学问所等旧藏③。这个藏本应属存世孤本。台湾汉学研究中心网站显示所影印的该藏本只有"行远集二十卷",另"外集"一卷缺。按,日本内阁文库藏《陆文裕公行远集》《外集》实不分卷④,《四库全书总目》的说法是准确的。它以文体编排,每种文体自为起讫,每种文体前均标有"陆文裕公行远集",给人以分卷的印象。有的文体不过三页。后人认为它分卷,又在它究竟为多少卷上意见不一,都是因统计方式不同所致。

日本内阁文库藏本第一册实为第二册,第二册实为第一册。日本收藏者

---

① 〔清〕应宝时修,〔清〕俞樾等纂《(同治)上海县志》卷十八,清同治十一年(1872)刊本。
② 《四库全书总目》卷一七六,第1569—1570页。
③ 严绍璗《日藏汉籍善本书录》,北京:中华书局,2007年,第1667页
④ 感谢侯荣川教授、李华雨博士帮助复印日本内阁文库藏《陆文裕公行远集》《外集》。

见第二册所收作品为陆深所作"序"体文,以为是全书之序,故误题为第一册。

该书卷首有"国朝名公品鉴",收录明朝王世贞、董其昌、莫云卿、莫中江等对陆深的评价。继为陆起龙"先文裕公行远集述言",称:"先宗伯文裕公抢元步玉,文章气节,岩岩天表。足迹半天壤。随地著述,散布四方者,邈不可购。存笥属草,一字一金。先年巨公较编,珍为帐中之秘,不欲尽泄。所镌正、续集一百五十卷有奇,十不得五。迄今模糊散佚,又十之二三。起龙眷怀先泽,图所以为剑合计。家咸元美钃凤有同心,多方搜购,见辄笔之,又积至二十余卷。偕先兄际卿维埏以次校编。余兄弟叔侄意欲并正、续集汇成合璧,卷帙浩繁,遽难就绪。山城无事,手辑一二,出入讽咏,附以《年谱》,重开生面,奉以周旋,兢兢陨越是惧。缅怀先公敭历中外,四十余载,无远弗届,义命自安。况西江旧游,羹墙如在。藐予小子,自愧不才,不能阐扬先德于万一……时皇明崇祯十年仲夏不肖曾孙起龙百拜谨识。"按此"述言"与《四库全书总目》所言一致,当为同一本。唯陆起龙"述言"中称"附以《年谱》",而《四库全书总目》著录本、日本内阁文库藏本《陆文裕公行远集、外集》均不见《陆深年谱》,不知何故。或以上两本均非陆起龙所编刻《行远集》原刊本,或陆起龙当时并未刻《年谱》。

该本陆起龙"先文裕公行远集述言"之后,是陆深文集原有各种序,包括徐阶序、费寀序、唐锦序、文征明后序、陆师道"题续集后"、徐献忠"外集序"、何良俊"外集后序"、林树声《陆深年谱序》。(末有注:"时大宗伯陆文定公平泉先生初登仕籍,未归本宗,尚仍林姓云。")

按北京大学图书馆藏陆郯嘉靖三十六年(1557)补刻重印本《俨山文集》一百卷20册2函本、台北"国家图书馆"藏明崇祯十三年陆钃校补刻本《俨山文集》一百卷12册本,末尾都收录了文征明《陆文裕公集后序》,其中云:"文裕公既卒逾年,《文集》梓成,凡一百卷,《外集》若干卷。其子太学生楫所葺,今大学士徐公既序首简。楫以余于公雅有事契,俾识其后。未几楫死。嗣孙郯复以为请,属余多病未暇,而郯请弥勤。盖自丙午极今,十有二年矣,意益弗懈。"日本内阁文库藏本《陆文裕公行远集》《外集》卷首收录各种序,也收了文征明的这篇后序,但将其中"属余多病未暇,而郯请弥勤。盖自丙午极今,十有二年矣"几句删去,不知何故。

该书第三册"墓表诔辞祭文"部分中,《祭少宗伯》题目后半未完,被剜成墨钉。此"少宗伯"当为皇后之亲,名声或不佳,故刻成其名后剜去。这再一次证明日本内阁文库藏本可能不是初刻本

2. 陆起龙编、陆瀛龄补修本《陆文裕公行远集》。

北京大学图书馆藏有明陆起龙刻、清康熙六十一年(1722)陆瀛龄补修本《陆文裕公行远集》,二十四卷,8册,1函,9行,行20字,白口,四周单边。中国国家图书馆亦藏有该本。

卷首为曹一士《重编陆文裕公行远集序》："文集岁久漫漶，耳孙景房（陆瀛龄）取其伯祖永宁公（陆起龙）明季时所刊《行远集》，重加编校，定为二十四卷，示余读之。"

其次为陆起龙《行远集跋》："先曾叔祖文裕公《文集》一百卷、《续集》四十卷、《外集》四十卷，嘉靖时从叔祖小山公校刻，行世已久。卷帙繁重，学者往往苦其难购。岁丁丑，小子承乏江右之永宁，出入庐山、彭蠡间，追念先公昔尝参藩是邦，政事文章与江山相映发。迄今求其遗集者，所在多有。……小子不敏，愧无以塞贤士大夫之请，簿书之暇，属从弟元美日录数篇，积久成帙，爰付开雕，既成，识之曰《行远集》……非敢谓掇其菁华，尽于斯集。尝一胾而知全鼎，谓之知味；睹一斑而窥全豹，谓之辨色。"按，该"跋"不见于《四库全书总目》之著录，也不见于日本内阁文库藏本《陆文裕公行远集》《外集》，这可能又一次说明，两本均非陆起龙原刻本，原刻本上可能有此"跋"，或可能还有《陆深年谱》。

但此"跋"也有可能并非陆起龙作，亦非陆起龙刻本所载，而是陆瀛龄删去陆起龙刊本上的陆起龙所作"先文裕公行远集述言"后，掇取其大意而伪造此"跋"。证据有二：一、如此"跋"亦为陆起龙作，则与陆起龙刊本上所载陆起龙所作"先文裕公行远集述言"内容有交叉；二、陆起龙"先文裕公行远集述言"中，只说陆深作品"所镌正、续集一百五十卷有奇"，与陆楫等所编刻实际情况相符。而此"跋"中却出现了陆楫所刻陆深文集为"《文集》一百卷、《续集》四十卷、《外集》四十卷"共一百八十卷的说法，与上述陆起龙"先文裕公行远集述言"的说法不一致，却与后面陆瀛龄"识"中说法一致。至于陆瀛龄"一百八十卷"之说有何依据，则不得而知。

据陆起龙此"跋"，陆楫刻本当时"行世已久"，似不难获见，只是"卷帙繁重，学者往往苦其难购"，他才与陆鑨（字元美）合作编辑《行远集》这个选本。他们是否以陆楫刻本为依据选录，没有明说。但如直接以陆楫刻本为底本，则应该不会提出"一百八十卷"的说法。

又次为陆瀛龄重编《陆文裕公行远集》"识"，云："龄自总角时，先君子尝手裒全集，庭立而诏之曰：'我陆氏家学在是，立身行己，当以公为法。'小子识之未敢忘。全集原刻凡一百八十卷，先伯祖吉云公宰永宁时，重付剞劂。虑其繁也，十存一二，簿书鞅掌，未暇编定，公诸当世。今藏版尚存，龄谨奉庭训，重编卷次，且补其漫漶阙失者。"

内阁文库藏陆起龙编《陆文裕公行远集》《外集》收录的陆起龙"先文裕公行远集述言"，陆瀛龄重编《陆文裕公行远集》删去。

然后是陆深文集原有各种序，包括徐阶序、费寀序、唐锦序、文征明后序、陆师道"题续集后"、徐献忠"外集序"、何良俊"外集后序"、林树声《陆深年谱序》，排列顺序与内阁文库藏《陆文裕公行远集》《外集》一致。日本内阁文库藏

《陆文裕公行远集》《外集》所收文征明《陆文裕公集后序》删去"属余多病未暇，而鄹请弥勤。盖自丙午极今，十有二年矣"几句，此本与之相同，应该也是沿袭陆起龙编本。唯陆起龙编本所收林树声《陆深年谱序》末注"时大宗伯陆文定公平泉先生初登仕籍，未归本宗，尚仍林姓云"数句，陆瀛龄重编《陆文裕公行远集》删去。

黄山书社《明别集丛刊》第二辑据北京大学图书馆藏明陆起龙刻清康熙六十一年(1722)陆瀛龄补修《陆文裕公行远集》二十四卷本影印。将之与日本内阁文库藏明崇祯十年(1637)陆起龙编刻《陆文裕公行远集》《外集》相比，情况如下(表1)：

表 1

版本	日本内阁文库藏明崇祯十年陆起龙编刻《陆文裕公行远集》《外集》不分卷	北京大学图书馆藏明陆起龙刻清康熙六十一年陆瀛龄补修《陆文裕公行远集》二十四卷本
书名	封面题《陆文裕行远集》，内文题《陆文裕公行远集》	陆文裕公行远集二十四卷
册一	第二册(实为第一册)： 国朝名公品鉴 先文裕公行远集述言(署：时皇明崇祯十年仲夏不肖曾孙起龙百拜谨识)(该"述言"正好2页) 徐阶序； 费寀序； 唐锦"续集序"； 文征明序 陆师道"题续集后"； 徐献忠"外集序"； 何良俊"外集后序"； 林树声"年谱序"(末尾注有"时大宗伯陆文定公平泉先生初登仕籍，未归本宗，尚仍姓林云"一句，陆瀛龄本删去) 赋三首	曹一士《重编陆文裕公行远集序》； 无 陆起龙原"跋"； 陆瀛龄"识"； 徐阶序； 费寀序； 唐锦"续集序"； 文征明序 陆师道"题续集后"； 徐献忠"外集序"； 何良俊"外集后序"； 林树声"年谱序"； 国朝诸名公品鉴 目录 卷之十四，篇目同；

陆深文集版本略考 247

续表

版本	日本内阁文库藏明崇祯十年陆起龙编刻《陆文裕公行远集》《外集》不分卷	北京大学图书馆藏明陆起龙刻清康熙六十一年陆瀛龄补修《陆文裕公行远集》二十四卷本
册一	传八首 册表赞颂七首 碑四首 奏议六首	卷之五,篇目同; 卷之一,篇目同; 卷之六,篇目同; 卷之二,篇目同;
册二	第一册(实为第二册) 序五十首	卷之三,篇目同;
册三	记二十首 墓表诔辞祭文九首(其中《祭少宗伯》题目后半未完,被剜成墨钉) 行状八首	卷之四,篇目同 卷之八,篇目同(《祭少宗伯》题目后半亦被剜为墨钉,再一次证明陆瀛龄本用陆起龙本板片) 卷之九,篇目同(唯《顾府君遗事状》删去"状"字)
册四	题跋四十七首 铭赞十八首 志铭十七首	卷之十二,篇目同 卷之十,篇目同 卷之七,篇目同
册五	说引十一首 平夏录 书启三十二首	卷之十一,篇目同 删去(原因见后) 卷之十三,篇目同
册六	歌十七首 七言古诗十六首 七言律诗二百十三首	卷之十六,七言古诗上,篇目同 卷之十七,七言古诗下,篇目同 卷之二十,七言律诗,篇目同
册七	七言绝句八十六首 五言古诗四十六首 五言律诗十五首 五言排律七首 五言绝句三十四首 四言古诗《修竹篇》三首 《春山辞》以下杂体十二首、诗余八首	卷之二十二,七言绝句,篇目同 卷之十五,四、五言古诗共四十九首(四言古诗《修竹篇》三首) 卷之十八,五言律诗,篇目同 卷之十九,五言排律,篇目同 卷之二十一,五言绝句,篇目同 已移入卷之十五 卷之二十三,诗杂体、诗余,篇目同

续表

版本	日本内阁文库藏明崇祯十年陆起龙编刻《陆文裕公行远集》《外集》不分卷	北京大学图书馆藏明陆起龙刻清康熙六十一年陆瀛龄补修《陆文裕公行远集》二十四卷本
册八	行远外集（即摘录自《俨山外集》各书一百三十一条）	卷之二十四，行远外集，篇目同（唯每条下加刻几字，注明出自《俨山外集》中之何书，如第一条"洪武二年三月"条，末加刻注明"豫章漫钞"）
	"《明夷》'箕子以之'，汉赵宾训：箕子者，阴阳之气，万物方荄滋，非商箕子也。宾，蜀人。"	此条全部剜去，造成空白。
	"栝松百年"条	为加刻"以下《春风堂随笔》"字样，将若干文字改刻为双行小字，以避免改动太多

根据上述比较，特别是从两本"墓表诔辞祭文"部分对《祭少宗伯》一文题目的处理、"外集"部分对于"《明夷》'箕子以之'"一条的处理也可以看出，陆瀛龄本就是利用陆起龙本的板片修补重印。

陆瀛龄的"重编"主要体现在如下方面：

一是陆瀛龄本删掉了陆起龙本陆起龙作的"先文裕公行远集述言"，增加了一篇署名陆起龙的"原跋"、曹一士《重编陆文裕公行远集序》、陆瀛龄"识"。

二是陆起龙本分体排列，不分卷，无目录。陆瀛龄本"重加编校，定为二十四卷"，卷首列出目录。

三是陆瀛龄本将各种文体的位置做了调动。因陆起龙本按文体编排，每种文体自为起讫，所以陆瀛龄本移动每种文体的板片的位置非常方便。至于陆瀛龄本的这种变动，如将陆起龙本居首的"赋"调整为卷之十四，将陆起龙本的"歌"改称"七言古诗上"等，是否必要，此不具论。

四是陆起龙本每类文体题下均注"曾孙陆起龙谨编"，陆瀛龄本每卷卷首下题"从曾孙陆起龙谨编"，"从"字明显是加刻上去的。另陆瀛龄本每卷末尾，均加刻"五世从孙陆瀛龄重编补刻"字样。据前引《(同治)上海县志》的记载，陆深嗣孙陆郯共有二子垹、埧，陆埧有二子鑨（元美）、铠。据《(嘉庆)松江府志》等，陆深从兄弟陆沂有子明扬、明允。陆明扬字伯师，号襟玄，万历三十一年（1603）举人，官靖江教谕，有《紫微堂集》。陆明扬子陆起城，诸生。陆起城子陆鸣虞，字亮公，有《稽古斋集》《偶然吟稿》。陆明允字臣受，号襟宇，有二子起龙、起凤。陆起龙字吉云，万历四十年（1612）举人，任永宁知县。陆起凤有子鸣球、鸣珂。陆鸣球有子瀛龄，字景房，号仰山，又号柳村，雍正元年（1723）拔贡。陆瀛龄有子秉笏，乾隆六年（1741）举人。陆秉笏有子锡熊，乾隆二十六年（1761）进士，官至都察院左副都御史、四库全书总纂官。陆鸣珂为顺治十二年(1655)进士,官提学使,有《使蜀诗草》。陆鸣珂有子瀛华。陆氏家族明清两代富贵绵延,人才众多。陆起龙于陆深为第三代,陆鑨为第五代,陆鑨应为陆起龙侄孙。陆起龙称其为"家咸元美",盖活用阮籍、阮咸故事。陆起龙非陆深一系,自署"曾孙陆起龙谨编",是在较宽泛的意义上使用"曾孙"的概念。陆瀛龄改称其为"从曾孙",符合事实。陆瀛龄于陆深为第五代,故自称"五世从孙",于陆起龙(吉云)为第三代,故称之为"先伯祖"。

五是陆起龙本与陆瀛龄本所收陆深作品一致,后者没有多收一篇作品。陆起龙本收有《平夏录》,陆瀛龄本删去。关于《平夏录》的作者,历来说法不一。该书最早见于陆楫辑《古今说海·说选四》,末署"东海黄标校编"。沈节甫辑《纪录汇编》卷三一《平夏录》题下署"黄标"。此后焦竑《国史经籍志》卷一、黄虞稷《千顷堂书目》、丁立中《八千卷楼书目》、范邦甸《天一阁书目》、《明史》卷九七《艺文志二》等,均以《平夏录》为黄标著。《四库全书》本《古今说海》中亦以黄标为《平夏录》的作者。陆瀛龄本将之删去,殆以当时一般认为该书非陆深作品。

六是陆瀛龄本卷二十四"外集"部分,每条加刻数字注明出自《俨山外集》何书。如第一条"洪武二年三月"条,末加刻注明"豫章漫钞"。

另,陆起龙本与陆瀛龄本所收陆深每篇作品的文字也一致,如陆起龙本第1册《送曹主事序》"可以为理矣","可"当作"何",陆瀛龄本照误。

又,正如《四库全书总目》所言,两本所收作品,大部分《俨山文集》《俨山外集》《陆文裕公续集》已收录,但经过比对,《陆文裕公行远集》中有136篇诗文上述三书没有收录。我们此次整理的《陆深全集》,为避免重复,不收整本《行远集》,只收上述三书未收入的这136篇作品,系于《陆文裕公行远集》题下。

六 《俨山尺牍》《诗准》及其他

1.《俨山尺牍》

陆深《俨山文集》《陆文裕公续集》中,都收了较多尺牍,但并未收全。另有《俨山尺牍》一册,不分卷,唯见复旦大学图书馆藏有"寒木春华馆藏钞本",其中所收尺牍均为《俨山文集》《陆文裕公续集》未收者。

2.《诗准》

陆深搜集早期四言诗的著作《诗准》,今唯见北京大学图书馆藏有一本,三卷,1册,索书号SB/811.108/7437。封面题"诗准 精钞本 黄川吴氏藏",右侧题"戊午五月世经堂"。卷首有"国立北京大学藏书""潘承弼藏书印""曾为云间韩熙鉴藏""甲子丙寅韩德均钱润文夫妇两度携书避难记""璜川吴氏收藏图书"等印。末页有"乙卯七月初五阅一过,小莲戈襄"字样,及"小莲、半树斋戈氏藏书印"和"韩绳大一名熙字价藩读书印""国立北京大学藏书"印。明嘉靖间华亭徐阶和清康熙间钱塘徐旭旦均号世经堂,未知孰是。戈襄(1765—1827)为清中叶藏书家,词学家戈载之父。"潢川吴氏"为清嘉庆间苏州藏书家吴志忠家族,因祖籍安徽新安之潢溪,故署"潢川吴氏",又作"潢川""黄川"。韩德均为清中叶云间藏书家韩应陛之孙,韩载阳之子。韩熙(绳大)为韩德均之子。潘承弼(1907—2003),字景郑,现代藏书家,1935年曾任章太炎创办的章氏国学讲习会讲师,其藏书楼为宝山楼。按该书末尾有《刻〈诗准〉小序》:"郡守高子登氏读我俨山先生汇次《诗准》……乃谋余引而刻焉……愿刻而是正之。后学彭汝寔拜书。嘉靖丙申(十五年,1536)冬十月望日嘉定州刻";《刻〈诗准〉后序》:"俨山陆公以国子师暂寄藩翰,西蜀之政秩焉以和。乃于其暇,旁览载籍,取石鼓、蚕丛若而诗既,手自参定,名曰《诗准》,属司谏彭子汝寔暨凤韶校之,嘉定高守登刻之……嘉靖丙申九月甲寅,属吏麻城毛凤韶谨书"。则此书或曾刊刻,此本或为写刻本。

3. 其他

陆深以《诗经》中科举,有研究《诗经》的著作《诗微》,仅存二卷,收入《俨山文集》卷三十一、卷三十二。卷三十二末尾陆楫注:"先公《诗微》成,携入京师,为朝士借录亡去,仅存《二南》《邶风》耳。余俟访获,当别梓成书以传。"[①]

有《戍航杂记》。《俨山外集》卷九《南还日记》(嘉靖八年贬延平同知南还途中,四月廿七日)载:"得友郑廉宜简书。锦衣百户黄链字良器,为予刻《戍航杂纪》寄至。良器能诗辞,皆徽产也。"其中作品应已收入《俨山文集》和《陆文裕公续集》。

有《见月录》一卷。《俨山文集》卷三十六《见月录小引》:"余性疏,口且多言,与人交辄得罪。"他与戴子孝同行四千里,共处五十日,而相处融洽,他感到惊异,也感到欣慰。故专门编录两人同行时所作为《见月录》一卷。此书不知是否曾单独刊刻,其中作品不知是否已收入《俨山文集》和《陆文裕公续集》。

有《知命集》。《俨山文集》卷三十六《知命集引》称,嘉靖十二年(1533)从江西右参政,升陕西右布政使,道转四川左布政使,由江西、京口、维扬、开封、

[①] 《俨山文集》卷四十一《诗微序》:"深承父师之训,以《诗经》发科,自少诵习,中岁业举如制。反复讽咏之余,各有所疑,辄用札记。迨通籍禁林,获交英俊,间于僚友间稍出一二质之,颇有合焉,而亦未敢遽以为是也。念今六十年矣。虽于经术之大,终身难闻,而一得之愚,不忍自弃,聊复稿存,将以示子孙。题曰《诗微》,其章句篇什,多仍乎旧。是编也,盖欲折衷传、序,兼采众长,以明诗人之旨。其疑者存焉,其阙者拟焉,而因以附见鄙说,求为朱子之忠臣而后已。呜呼,僭妄之罪,安所逃焉,粗令后世知予之苦心,岂所谓皓首一经者耶。"

洛阳、咸阳,至梓州,一路之作,编为《知命集》。其中作品应已收入《俨山文集》和《陆文裕公续集》。

有《海潮集》。《俨山文集》卷三十九《海潮集序》,作于庚子(嘉靖十九年,1540)夏四月望。他观察上海、浙江沿海潮水来源,集录古今论潮水者类为集。今未见。

陆深曾欲辑录松江前辈诗,未就。《俨山文集》卷四十二《草堂遗稿序》:"深方欲辑录郡中诸前辈诗,自为一编,以致景仰之意,愧寡陋未就。"

陆深曾抄药方。《俨山文集》卷五十一《为己方序》:"予喜手抄书,方时少壮,夜寒炉炙不废颖。今五十有六年矣,衰病垂及,乃喜抄药方。"今未见。

陆深还曾编古文选本《古文选》。沈懋孝《古选序》:"《古文选》者,东海俨山陆司成所编缉。上自春秋,下讫两汉、晋、魏以来,如戴《记》、左氏、庄生、孙武、屈、贾、班、马之文,取其著者为十卷,冠于前。若宋玉、司马相如、扬雄、刘向之徒,得文六十余首,又为四卷,列于后。友人乔君刻以传,属余序其义……陆先生为馆阁前修,自许甚□,斯编大约多取于周末汉初,自与唐宋人霄渊迥别。世无下生,谁则知之者。"①按陆深著作中未提及此书,各种书目亦不载,疑此书未刻,或曾刻而已失传。

---

① 〔明〕沈懋孝《沈长水集·长水先生四余编》,明万历刻本。

《徐文长佚草》两种版本以及重新整理的再思考

李利军[*]

【内容提要】《徐文长佚草》有清初息耕堂抄本和民国《抱经楼丛刊》本两种版本。前者为足本,仅见于朱鼎煦《别宥斋藏书目录》著录,为《续修四库全书》所收;后者为残本,被中华书局本和"传世藏书"本《徐渭集》用作底本。虽然均为十卷,但后者问题颇多,突出表现为遗落大量徐渭诗文,改造息耕堂抄本残本五卷为八卷,又篡入明代方谷《医林绳墨》第七、八卷以补足十卷之数。中华书局本《徐渭集》删汰《抱经楼丛刊》本部分文本,进一步破坏了息耕堂抄本的原貌。息耕堂抄本能补正两种《徐渭集》的失收、误收及文字讹误。因此,《徐文长佚草》作为重要的徐渭诗文文本,有继续整理修复的必要。

【关键词】《徐渭集》《徐文长佚草》 版本

徐渭涉猎广泛,著述颇丰,生前身后,对其著述的整理未曾断绝。经后人辑录和整理的《徐文长佚草》(以下简称"《佚草》")有息耕堂十卷抄本(以下简称"息抄本")和《抱经楼丛刊》十卷排印本(以下简称"抱刊本")两种版本。中华书局整理的《徐渭集》(以下简称"中华书局本")和郑利华先生整理的《传世藏书·徐渭集》(以下简称"'传世藏书'本")都选择抱刊本《佚草》为底本[①],与《佚草》原貌相去甚远。被收入《续修四库全书》的息抄本是《佚草》的足本,具有十分重要的文献价值。孙良同对息抄本与抱刊本、中华书局本《徐渭集·补编》的卷目编排、内容、诗文数量等差异作了例举说明,认为息抄本作为《佚草》最早的底本,可以补漏正讹,"对于全面展示徐渭作品风貌,正确评价其文学成就具有重要价值"[②],但对息抄本与抱刊本文本流变、抱刊本篡入他人著述、"传

---

[*] 本文作者为西北大学文学院2020级博士生、天水师范学院副教授。

[①] 中华书局本以"研究价值不大"为由删去《佚草》第八卷"灯谜",第九、第十卷"医学",竖排繁体,每卷冠以文体类型,校改13处文字(〔明〕徐渭撰《徐渭集》,北京:中华书局,1983年;"传世藏书"本将《佚草》统编在《徐渭集》卷五十四至卷六十三,简体横排,据文义校改80处文字,〔明〕徐渭撰,郑利华整理《徐渭集》,《传世藏书·集库·别集10》,海口:海南国际新闻出版中心,1996年)。

[②] 孙良同《息耕堂抄本〈徐文长佚草〉考》,《时代文学(下半月)》2008年第16期,第85页。

世藏书"本《徐渭集·补遗》收录《佚草》等情况尚未涉及,对《佚草》编者、抱刊本不足、息抄本文献价值等情况也未作深入辨析,本文就以上问题开展进一步考察。

一 《续修四库全书》所收息抄本《佚草》的来源

息抄本《佚草》是清初人徐沁"采辑其未传者,野店僧寮、世家故族搜访几遍,虽风雨寒暑饥渴醉劳中,闻之必匍匐往抄而归,盖如是者数十年"①辑录而成。徐沁(1626—1683),字野公,号水浣、野畦、委羽山人、若邪野老、镜曲花农,会稽人,父母早丧,励志自节,博涉经史,广阅历,善交游,志笃孝友,慷慨好施,被陈子龙誉为国士。有经世之能,朱之锡治河,蔡毓荣备楚,李之芳破闽寇,均聘其入幕府筹划而见成效②。张则桐先生据郑梁《徐文长佚草序》"野公者,文长之宗族"和郑梁《题野公小影》诗序"埜公,文长族孙"的记述,推定徐沁是徐渭的族孙③。但徐沁息抄本自序有"(李春芳)嘱帘官'毋失徐渭'之语",不避名讳,又兼自序以及与徐渭有深广关联的张岱在《再刻文长逸稿序》中,都未提及徐沁与徐渭的关系,因此"族孙"说法存疑。徐沁曾助张岱编纂《有明于越三不朽名贤图赞》④,著有《越书小纂》《明画录》《谢皋羽年谱》《谢皋羽游注录》《墨苑志》《三晋纪行》《楚游录》《香草吟》《春草》《水笈》等。孙良同引《浙江古今人物大辞典》考证徐沁生卒年为(?—1683年)⑤。《(康熙)山阴县志》卷三一《人物志·儒林》载徐沁"享年五十有八",据徐沁《香草词》之《水龙吟·戊午自寿》有"浮生五十三年,独怜弹铗平原早"之句⑥。按其行年大略,"戊午"为康熙十七年(1678),可确认徐沁生于1626年(古人年龄以虚岁计算,马兴荣按周

---

① 〔清〕郑梁《徐文长佚草序》,〔明〕徐渭撰,〔清〕徐沁辑《徐文长佚草》,《续修四库全书》1355册,上海:上海古籍出版社,2002年,第470页。
② 据邓长风《〈香草吟〉和〈载花舲〉的作者之再探索——美国国会图书馆读书札记之八》发布据美国国会图书馆藏康熙癸亥刻本《山阴县志》卷三十一《人物志·儒林》徐沁小传,见氏著《明清戏曲家考略》(上),上海:上海古籍出版社,1994年,第444—494页。
③ 张则桐《息耕堂抄本〈徐文长佚草〉与徐沁家世生平》,《书品》2006年第5期,第65页。
④ 〔明〕张岱《越人三不朽图赞小叙》云:"余少好纂述国朝典故,见吾越大老之立德、立功、立言以三不朽垂世者多有其人,追想仪容,不胜仰慕,遂与野公徐子沿门祈请,恳其遗像,汇成一集,以寿枣梨,供之则堂,朝夕礼拜,开卷晤对。"《张岱全集·三不朽赞》,杭州:浙江古籍出版社,2017年,第29页。
⑤ 单锦珩总主编《浙江古今人物大辞典 上》,南昌:江西人民出版社,1998年,第393页。
⑥ 马兴荣《论徐沁及其词》记述其获得徐沁《香草词》抄本始末,并抄录数首词作分析,《词学》2000年,第147—155页。

岁推算为1625年,误)。息耕堂为徐沁晚年居处和藏书处①。

息抄本《佚草》自序云:

> 文长公诗文,商景哲汇梓其《三集》,陶文简公序之。今所称中郎选本乃钱塘钟瑞先假托行世,非完书也。及张陶庵《逸稿》出,公生平撰著窃谓无遗。比余游泰宁寺、龙南山居,壁间皆有佚句。辄兴采辑之役。已得《秋千诗》十余首,即公《春兴》所谓蠹饱经箱者,欣喜备至。于是故家藏卷好事秘迹,展转借索,无虑数百本,残笺断楮一时毕出,若有神助。编成题曰《佚草》,志补亡也。②

徐沁概述辑录该书的始末:万历四十二年(1614),杭州书商钟人杰删减之前行于世的《徐文长三集》,刻《徐文长文集》三十卷,托名袁宏道评点,影响力取代《三集》③,张岱编《徐文长佚稿》,自认为蒐集无遗,徐沁却以游历时发现的佚句为起点,辗转辑录,四处借索,汇抄成《佚草》十卷,卷前有张岱《再刻文长逸稿序》、郑梁《徐文长佚草序》、徐沁自序、陈勋《读徐文长集》,收录诗221首,文183篇,杂著16篇,榜联93幅,灯谜9条,小调6首。

息抄本《佚草》于清代以来公私书目所罕闻,《续修四库全书》据"天一阁博物馆藏清初息耕堂抄本影印"。此书张岱序及正文各卷首有"萧山朱鼎煦收藏书籍"章,卷一至卷九末有"别宥斋"章。别宥斋又名香句室,是浙东著名藏书家朱鼎煦(1886—1968)的藏书楼。1979年8月,家人遵其遗嘱将战后劫余藏书捐赠给天一阁。天一阁博物馆于2008年整理《别宥斋藏书目录》并作提要,其中的《佚草》提要为"明徐渭撰,徐沁编,张岱跋,清息耕堂抄本,十册,有'维则曾观''徐氏''别宥斋'印"④。"维则"指晚清至民国年间绍兴藏书家徐维则,与其父徐友兰营构铸学楼、述史楼,藏书十余万卷,参与编纂《越中文献辑存书》,校对《明于越三不朽名贤图赞》,与朱鼎煦同为绍兴府人。

---

① 〔清〕郑梁《寒村诗文选》之《寒村五丁集》卷一《息耕堂寿宴序》转述徐沁"吾所居息耕堂在若耶溪上,虽城市而饶有水竹之盛。余好聚书,积卷已不下数万,今将归而与吾妻子徜徉其中。一坛花影,十亩稻香,非得吾子之文张诸上,恐不足掩映其间也。且以吾昔之游而得以有斯堂也,以吾今之归而以乐斯堂也,吾妇实与有力焉。"康熙紫蟾山房刊本第八册。
② 〔清〕徐沁《徐文长佚草序》,《续修四库全书》1355册,第471页。
③ 参见付琼《〈徐文长文集〉与〈徐文长三集〉的读者之争及其版本问题》,《古籍整理研究学刊》2004年第3期,第37—42页。
④ 天一阁博物馆编《别宥斋藏书目录》,宁波:宁波出版社,2008年,第426页。按:朱鼎煦编所藏书目为《别宥斋藏书目录》三册,1979年,家属将其家藏所有藏书10万余卷,又字画900余幅,器物800余件捐赠给天一阁。天一阁博物馆据此整理并作提要。

二　抱刊本《佚草》存在的问题

抱刊本《佚草》是晚清藏书家沈德寿在民国十六年(1927)排印的《抱经楼丛刊》之一种。沈德寿(1862—1934?),字长龄,号药庵,别号窳民,浙江慈溪北乡师桥人①,为药商。光绪十年(1884),沈德寿参观皕宋楼藏书,得陆心源藏书心法,建抱经楼,积书五万余卷,仿范氏天一阁、卢氏抱经楼藏书规则,整理编目为《抱经楼书目记》(通行本名《抱经楼藏书志》,未著录《徐文长佚草》),收录1486种共35000余卷藏书,全书64卷,按经、史、子、集分为四部。另择取宋谢枋得《诗传注疏》三卷、宋张世南《游宦纪闻》十卷、宋车若水《玉峰先生脚气集》、宋赵湘《南阳集》六卷、明徐渭《徐文长佚草》十卷、《抱经楼藏书志》汇编为《抱经楼丛刊》,有丙寅(1926)美大印局代排本。抱刊本《佚草》自序云:

> 余家所藏旧书不下数万卷,竭毕生精力旁搜博采始成巨秩,贮于抱经楼中久矣,除文人硕士踵门求请借阅外,本不愿任人翻刻放弃版权,奈近来竞尚新学,于古书几束阁不观,恐国粹陵夷,有心人未免抱向隅之憾。当此一发千钧之际,德寿何人,敢心存胶执?不得不出问世,遇有诚心访求,岂敢靳而不予,为世诟病?故今所藏者已十去其五,又恐历久数典忘祖,爰将各书目悉数刊印以昭众见。近复于旧藏中捡有文长《佚草》钞本二册,查此书于各书目无著录,亦无刊本,真希世之珍,矧文长公人品古今同仰,其书文诗画尤精奇特兀,兹仅存钞册,远近辗转传抄,"鲁鱼豕亥"在所不免,识者憾焉。伴鹤居士陈君一见即拍手叫绝,属付梓以共同好,余不敢秘,遂如所请以锓版。②

又,陈师范《佚草》序云:

> 乙丑春(1925)王月,承药庵沈君(沈德寿)招饮,谈次间出其所藏《佚草》十卷见示,归而寻绎其句,有所谓传、志、书、铭及所谓画赞、论医、联语等类,奥衍古峭,文如其人。宜当时胡公闻之悦服,英主一见倾心,身虽未显,名自千古。其《佚草》历久不可磨灭,但孤本仅存,希如星凤,力劝药庵君急付梨枣,以共同好,是宜嘉惠士林之一助也。③

可见,沈德寿有早年"旁搜博采"得来的家藏《佚草》钞本二册,见示于陈师

---

① 详见骆兆平《天一阁杂识》,上海:上海古籍出版社,2016年,第85页;童银舫、王孙荣《沈德寿抱经楼》,贾亚炜主编《甬城藏书楼》,宁波:宁波出版社,2015年,第183页。
② 沈德寿《徐文长佚草序》,抱经楼丛刊本《徐文长佚草》,美大印局代排本,1926年,第7—8页。
③ 同上书,第5页。

范,在其鼓动下刊印。抱刊本所用底本与息抄本同为十卷,二者内容却大相径庭,具体编目对比如下(表1):

表1

版本	息抄本《佚草》	抱刊本《佚草》
目录	文体及著目(首/篇)	文体及著目(首/篇)
卷一	五古(7)、七古(12)、五律(36)	序(12)
卷二	七律(35)、五言排律(2) 七言排律(1)、五绝(31)	题跋(25)、赞(6)、铭(6) 记(2)、碑(1)
卷三	七绝(86)、长短杂体(11)	书(5)
卷四	表(9)、启(44)	尺牍(48)
卷五	论(5)、判(14)	行状(1)、墓志铭(3)、 传(2)、祭文(1)
卷六	序(12)	杂著(16)
卷七	题跋(25)、赞(6) 铭(5)、记(2)、碑(1)	榜联(97)
卷八	书(5)、尺牍(48)	灯谜(9)
卷九	行状(1)、墓志铭(3) 传(2)、祭文(1)	医学(11)
卷十	杂著(16)、榜联(93) 灯谜(9)、小调(6)	医学(13)

　　据上表,抱刊本与息抄本各卷编目和内容迥异,再结合文本对勘和版本考证,可得出基本结论:抱刊本遗落大量徐渭诗文,是在改造息抄本残本的基础上篡入他人著述的产物。

(一) 遗落大量徐渭诗文,改造息抄本《佚草》残本

　　沈德寿自序中指出抱刊本底本为"二册",息抄本却为"十册"。经笔者核实,现藏于天一阁博物馆的息抄本《佚草》确为十册,与《别宥斋藏书目录》著录一致。抱刊本无息抄本《佚草》卷六之前的全部内容,即卷首序文4篇、卷一至卷三的诗221首、卷四至卷五的文72篇以及卷十的"小调"6阕。考察沈德寿家藏《佚草》"远近辗转传抄,'鲁鱼亥豕'在所不免"[①]的流通情况,很可能出现

---

① 沈德寿《徐文长佚草序》,第8页。

抄本遗落了徐渭上述诗文,遗失的诗文正是息抄本《佚草》的精华。他请人再次精抄时拆分了残本卷次。沈德寿在确认无书目著录《佚草》的情况下,为了树立其版本权威性,以此新钞本为底本刊印抱刊本《佚草》。

结合上表可见,抱刊本对息抄本残本的具体改造有二:一是整体前移。息抄本遗存的卷六至卷十被编排为抱刊本卷一至卷八,其中息抄本第六、七、九卷,依次前移为抱刊本第一、二、五卷,各卷篇目次序相同。二是按文体拆分。息抄本卷八"书"和"尺牍"分别被拆分为抱刊本卷三("书")和卷四("尺牍"),息抄本卷十的"杂著""榜联"和"灯谜"分别被拆分为抱刊本卷六("杂著")、卷七("榜联")和卷八("灯谜")。

抱刊本对《佚草》残本的拆分不仅破坏了《佚草》原貌,而且造成各卷体例失当、容量不均。如以短短九条灯谜列为一卷,与卷二的"题跋、赞、铭、记、碑"、卷五的"行状、墓志铭、传、祭文"等同类的多文体合为一卷的容量相差悬殊,而且把"榜联""灯谜"等历来不受重视的著述独立成卷,显失妥当。

(二) 篡入他人著述

抱刊本第九、十卷为24篇医学著述。考察徐渭《畸谱》所列一生行事,无一语道及行医之事,梁一成、徐朔方、盛鸿郎等学者梳理徐渭年谱生平甚详,也不见徐渭行医之举,但"医学"各篇均为有关医理和诊治的论见,卷十《产后》有"吾尝治产后,不用芍药者,恐其有酸寒收敛之性"①之语,更是临床实践的心得。经笔者考证,抱刊本《佚草》第九、十卷实系明代医书《医林绳墨》第七、八卷②。《医林绳墨》是明代医官方谷的代表作。方谷,字号及卒年不详,据该书《自序》落款"万历甲申八月既望七十有七老人钱塘医官方谷书"可知,其生于正德三年(1508),除该书外,《明史·艺文志》著录其《脉经直指》《本草集要》。该书系方谷"日与门弟子讲解"所得,其子方隅集成,再由方谷加"愚按"及"治法主意",于万历甲申(1584)初刊。全书八卷,论述多种常见病,基于《黄帝内经》、张仲景学说,酌参诸名家之医论,本于内、外、妇、儿诸科临床实践,多有创新,治疗强调辨证求因,随证施方,因证加减,较全面地反映了方氏的学术观。抱刊本第九、十卷文本内容与篇目次序完全照搬《医林绳墨》第七、八卷。沈德寿在《抱经楼书目记》述其访书经历云"遍搜书肆,兼采旧藏,书家遇有不成卷帙及亡其版者,出赀精钞"③,说明沈德寿曾对所收残本进行过精钞加工。沈氏三代经营药业且热衷于藏书,抱刊本《佚草》卷三《沈君画赞》题注"沈善医"又

---

① 〔明〕徐渭撰,郑利华整理《徐渭集》,第388页。
② 〔清〕方隅著集,方谷校正《医林绳墨》,北京:商务印书馆,1957年,第114—148页。
③ 沈德寿《抱经楼藏书记》,抱经楼丛刊本《徐文长佚草》,第8页。

提示了徐渭与医者交往的痕迹,因此在对《佚草》残本"精钞"时篡入了《医林绳墨》的内容,即陈师范所见沈家抄本含有的"医学"内容。

抱刊本比息抄本多著录《砚铭》1篇以及榜联《江南孙夫人庙》《三元店》《张氏书室》《家居》4首,但榜联有目无篇,实际多出者仅为《砚铭》:"润如玉,能发墨。面无鸲斑而眸无鹡鸰,此石瑶也,而乃近出端砚。"①按,张岱《琅嬛文集》卷五有13篇砚铭,其中的《端砚铭》与《砚铭》文字完全相同,《琅嬛文集》为张岱生前手自编订,可见抱刊本还篡入了张岱作品。

(三) 分卷目录编排混乱

息抄本于各卷首列本卷目录,又以具体文体统分细目,如卷六的文体冠以"序",卷七冠以"题跋""赞""铭""记""碑",卷八冠以"书""尺牍",卷九冠以"行状""墓志铭""传""祭文",卷十冠以"杂著""榜联""灯谜""小调"。抱刊本各卷目录编排则没有统一的规范,或冠目类,如第四、七、八、九卷分别冠目类"尺牍""榜联""灯谜""医学"于卷首;或不冠目类,如第一、二、三、十卷;或一卷之中有冠有不冠者,如第五卷包含四类文体,仅"祭文"冠以目类。抱刊本分卷目录编排的不统一,反映出编者分类粗糙、编目不严谨,实质是在改造息抄本残卷的基础上对原本的进一步破坏,使息抄本原来清晰的文体归类目录显得茫无头绪。

三 重新点校整理《徐文长佚草》十卷的必要性

(一) 息抄本《徐文长佚草》的文献价值

息抄本《徐文长佚草》作为底本和足本,具有重要的文献价值,主要表现在以下四个方面:

1. 辑佚价值

徐渭"一有当意,即衰童踢妓,屠贩田仆,操腥熟一盛,螺蟹一提,敲门乞火,叫拍要挟,征诗得诗,征文得文,征字得字"②。这些诗文书法作品往往流落民间,而且在刊刻《徐文长三集》时"文取五、诗取八"③,之后流行的《徐文长文集》再次删削。大量被删弃于文集外的诗文和散落民间的题画诗文成为徐渭诗文辑佚的文本基础,张岱"不遗其皮毛齿角,欲仍文长以还文长"④,校辑《徐

---

① 沈德寿《抱经楼藏书记》,抱经楼丛刊本《徐文长佚草》,第66页。
② 〔明〕王思任《徐文长逸稿序》,〔明〕徐渭《徐渭集》,第1350页。
③ 〔明〕陶望龄《刻徐文长三集序》,同上书,第1347页。
④ 〔明〕王思任《徐文长逸稿序》,同上书,第1351页。

文长佚稿》二十四卷在前，徐沁积数十年之功"采辑其未传者"①，抄成《徐文长佚草》十卷在后。息抄本《佚草》不仅保存了抱刊本《佚草》缺失的诗歌221首、文72篇、小调4首，也比中华书局本《徐渭集·补编》多辑录诗歌182首、文37篇（"传世藏书"本《徐渭集·补遗》仅从《盛明百家诗》《徐文长文集补遗》《一枝堂稿》《选古今南北剧序》四种文献辑录诗歌14首，表、启、序三类文章29篇，被《补编》囊括），对全面了解徐渭诗文面貌和开展研究很有价值。

除徐渭诗文外，息抄本《佚草》还附录了时人诗作9首。如卷一"七言古诗"《禹陵宴集诗》诗序："海棠既谢，新松甫花，光禄君携榼禹陵，飞觞空樹，春禽弄曲，鼯鼠跃藤，诗思蔚然，翻然命笔，同会有作，并次于篇。"诗末附注云："时隆庆壬申二月之望，同游者□君道，张君采，章君兄恭，陈君维府，袁君大崔，胡君学孔、学孟，冯子樱。"并附"同人诗"六首：

其一（玉衡子名采）
徐穉美天语，笔精妙无比。飞觥大如斗，我亦附其尾。
新枫照衣绿，细云在山底。遮莫酒成酏，春光能有几？

其二（雪堂崔）
昨夜溪头醉海棠，扁舟载两又山堂。苍松影挂八百丈，都吸闲云三两缸。
鉴湖关龙梅已老，绝壁遗镞光如霜。却忆秦越隔云里，太湖罢舞衫即当。

其三（玉屏维府）
水面萍浮绿，堤边柳放青。乘舟出东郭，著屐拜皇陵。
两过梅梁润，山空石窆明。相逢拚酪酊，鸥鹭亦相亲。

其四（胡学孔）
两袖绿衣如染，千尺苍崖不断。小雨着青鞋，双屐二回重换。零乱，零乱，梦后远山如线。

其五（胡学孟）
朱门半启云中，其下百本青松。忽讶龙蛇入袖，翻惊蓑笠堆蓬。
出郭初晴乍雨，归舟带酒支风。今日不成烂醉，明朝何处重逢？

其六（樱）
城市少高风，出郭相从。酒贤况是竹林翁。可惜追陪今日始，一向难逢。

这6首诗词包括五古、七律、五律、《如梦令》词、六律和《卖花声》词各一首。

---

① 〔清〕郑梁《徐文长佚草序》，同上书，第470页。

"隆庆壬申"为隆庆六年(1572),诗序记载的"禹陵宴集"当是在徐渭出狱后举行,其后抄录了这些唱和诗词。据徐渭自著《畸谱》记载,其因杀妻获罪,终隆庆一朝系狱,隆庆三年"生母卒,出襄事",丧事毕,回解狱中,至万历二年(1574)除夕才被释①,《畸谱》是徐渭七十三岁自撰,记述生平经历难免有差池,徐朔方先生已指出《畸谱》载徐渭八岁解经义、十岁谒山阴县令刘昺、十四岁嫡母卒、十四岁学琴于王政、二十岁进山阴学诸生等五处有关早年经历的记忆参差②。此外,《畸谱》记中年时事也有抵牾之处,《畸谱》以"岁"系事,在人生的三次重大事件后都附记帝王年号和干支纪年,如"一岁"(1521年)附"时正德十六年,年为辛巳"(1521年),"四十六岁"(1566年)"杀张入狱"附"隆庆元年丁卯"(1567年),"五十二岁"(1572年)"狱"附记"万历元年癸酉"(1573年),然而,"隆庆元年丁卯""万历元年癸酉"都比对应岁数晚一年,此诗表明徐渭已于隆庆六年出狱游赏,或可证《畸谱》之误;据盛鸿郎推断,徐渭有多首诗文记述于万历元年游历禹陵③,或当据此重新考证。这几首诗词不见于其他著述,是考察徐渭生平交游和晚明诗人雅集的重要资料。

从息抄本《佚草》还辑出张岱佚文1篇。《佚草》卷前有题署为"陶庵老人张岱撰"的《再刻文长逸稿序》,其八行手书行楷的字体格式大异于后文的九行工楷,版心有"石匮书""凤禧堂"字样,该文不见于张岱文集。孙良同对照南京图书馆藏《石匮书》纸张版式,与其相同④。序云:

> 晋人云:簸之扬之,糠秕在前;淘之汰之,砂砾在后。以余观之,簸扬之始,糠秕虽去,岂无玉粒湮弃其中?淘汰之后,砂砾虽存,亦有金银夹杂其内,知此则可以选文长之文矣。文长之文,前有《三集》,司簸扬之任者则陶石篑、谢宛委,宛委漫作芟除,留七漏三。后有《逸稿》,操淘汰之权者则家大父、王谑庵,谑庵狠加删削,在十去八。余年才十七,少不更事,因搜罗之艰,方欲夸多斗靡,不肯轻弃。故谑庵序曰:"予有搏虎之思,止录其神光威沈,欲严文长以爱文长。宗子有存羊之意,不遗其皮毛齿角,欲仍文长以还文长。"此言深中余病,使当时用谑庵之言,并前三集句栉字沐,既事簸扬复加淘汰,俾成全璧,以示后人,洵属美举。乃小子何知,悉

---

① 《畸谱》在"五十三岁(万历二年)"条记载"除,释某归,饮于吴"。(《徐渭集》,北京:中华书局,1983年,第1329页)误。《徐文长逸稿》卷二《除夕通宵饮吴景长斋》(同上,第723页)诗注"时久系初出"有"我系六年今始出"之句。
② 徐朔方《晚明曲家年谱》第二卷《徐渭年谱》,杭州:浙江古籍出版社,1993年,第54—196页。
③ 盛鸿郎《徐文长先生年谱》考述有《纪游》一文,《寓香炉峰下注郭子竟清明夕两客携笋茗来拟登》《次日游云门买醉溪桥店梨花树下云门有大树相传树自盘古》《禹陵》《南镇》《雨后观南镇两瀑》5首诗记其事。首都师范大学中国诗歌研究中心编《中国诗歌研究》(第五辑),北京:中华书局,2008年,第15页。
④ 孙良同《息耕堂抄本〈徐文长佚草〉考》,第85页。

取文长称觞诔墓之文，不分妍丑，尽付剞劂。盖余初意实欲尽发文长之长，而不知反揭文长之短。事后思之，悔无及矣。今野公徐子复蹈前辙，广搜遗稿，积聚盈笥，虽其求法、购法、辨法、选法比余之潦草卤莽大相悬绝，但文长生平每于醉梦之余逞才卖弄，伸纸直书，不加点窜，字虽逼真，语多草率。野公须大出手眼剪棘除茅，得合选三刻以作全书，一藏文长之拙，一践谑庵之言，以补小子之过。盖一举而□善备之矣。敢以数语忠告野公。

张岱评价《三集》《逸稿》《佚草》整理编辑时复杂矛盾的心理变化斑斑可见，其间揭示徐渭"逞才卖弄，伸纸直书，不加点窜，字虽逼真，语多草率"的缺点，提醒徐沁要"大出手眼剪棘除茅"。该序为研究张岱散文和徐渭对张岱的影响提供了具体线索和文本。

2. 校勘价值

以息抄本《佚草》校抱刊本《佚草》之误。息抄本保存了《佚草》的原貌，不仅据以补足抱刊本之残缺，校出伪作如前。还能发现抱刊本的文字讹误。如息抄本第八卷《致少滨先生》，抱刊本第四卷作《致沙滨先生》。按，"沙"为"少"字之讹。《徐文长逸稿》卷四有七律《少滨篇为金子》诗注"乃翁知惠州府，号铿滨，金子时盛刻已集"，说明徐渭受金少滨的赞助刻印了自己一部文集，关于金少滨，史传无载，王慎中有七律《题少滨书屋赠金生》[①]。少滨之父金志，号铿滨，为嘉靖十七年（1538）进士，初任惠州府知府，终按察副使[②]，湛若水有七律《送惠州守金君铿滨入觐诗》[③]。

以息抄本《佚草》校中华书局本《徐渭集·补编》之误。徐沁编《明画录》，传述明代画史，列徐渭入"花鸟"卷，他辑佚徐渭诗文必然取之于存世经眼的徐渭书画。随着时代推移，徐渭书画赝品充斥市坊，晚清潘曾莹说："予见青藤墨迹甚夥，真赝各半。"[④]中华书局本《徐渭集》从《筹海图编》、《绍兴与青藤书屋》、《享金簿》、《香祖笔记》、《式古堂书画汇考》、《石渠宝笈》、《吴越所见书画录》、《澄兰室古缘萃录》、《听帆楼书画记》、《穰黎馆过眼录》、《虚斋名画录》、《神州国光集》、《潘氏三松堂书画记》、邓实辑《谈艺录》、《湘管斋寓赏编》、《十百斋书画录》、《梦园书画录》、《南画大成》、故宫博物院藏《徐青藤自书诗文册》、北京

---

① 〔明〕王慎中《遵岩先生文集》卷九，《明别集丛刊》第二辑第八十三册，合肥：黄山书社，2013年，第121页。
② 〔明〕萧良幹修，张元忭、孙鑛纂，李能成点校《万历〈绍兴府志〉点校本》，宁波：宁波出版社，2012年，第658页。
③ 〔明〕湛若水《湛甘泉先生文集》卷二十七，桂林：广西师范大学出版社，2014年，第1653页。
④ 庞元济《虚斋名画录》卷十二，中国书画全书编纂委员会编《中国书画全书》第十二册，上海：上海书画出版社，2009年，第540页。

图书馆馆藏抄本、故宫博物院藏画、中国历史博物馆藏画、南京博物馆藏画、上海博物馆藏画、广东博物馆藏品等二十五种书籍、图录、字画文献中辑录各体诗歌92首，尤以七绝题画诗居多（51首），辑录书、启、赞、记、传、跋等类文章10篇，榜联12副。蒐集文献范围之广、名目之众、篇目数量之多远胜《徐渭集·补遗》，但其中有不少文字讹误和误收伪作情况。《补编》与息抄本有16首诗、8篇文完全一致，另有21首诗和2篇文与息抄本有文字出入，以息抄本《佚草》校勘，考订中华书局本《徐渭集·补编》文字讹误和作品真伪如下：

甲，误校

如，《送季子牙入燕》："师席老门生，南冠岁两更。不堪将楚泪，送尔向燕京。史馆方罗俊，贤科屡拔英。徐生未需赠，宝剑且随身。"（《补编》据《盛明百家诗·徐文学集》）"随身"，息抄本作"随行"。按，"身"当作"行"，"行"字与诗中"更""京""英"等韵脚均押"庚"韵，而"身"属"真"韵，"庚""真"韵不通押。

又如，《菖蒲石》："虎须无处买，褚上写空容。"（《补编》据上海博物馆藏画）息抄本"褚"作"楮"，"空"作"真"。按，"褚"当作"楮"，"空"当作"真"。《毛诗草木鸟兽虫鱼疏》："楮，幽州人谓之穀桑，或曰楮桑。荆、杨、交、广谓之穀，中州人谓之楮。江南人绩其皮以为布，又捣以为纸。""楮"为纸的代称。《说文解字》："褚，一曰装衣。""褚"指衣物。此处言画虎，自然在"楮上"绘写，"褚"为"楮"形近误字；"真容"指画像，于古诗中习见，元稹《度门寺》"由旬排讲座，丈六写真容"，王建《宫词》"看着中元斋日到，自盘金线绣真容"，用"空容"则难以索解。

乙，误刻

如，《送高叟入燕二首之二》："偏以布衣傲，投亭野马真。马嘶将别意，剑啸不平嗔。"（《补编》同题诗据《盛明百家诗·徐文学集》）按，息抄本、《明别集丛刊》本首句"亭"作"予"，"马"作"性"。"亭""马"二字均为误刻。

丙，脱文

如，息抄本卷二《送府学训林先生之华容》题注"林治春秋"，《补编》据《一枝堂稿》卷上录作《送友人楚游》，脱去题注。

又如，息抄本卷四《题蕉石牡丹》，《补编》据上海博物馆藏画附录于《牡丹蕉石》诗注后，无诗题，且脱"尝亲见雪中牡丹者，杜审言：'吾为造物小儿所苦'"一句。

再如，息抄本卷四《代贺阁老郊祀受赐启三首》，《补编》脱去"恭惟相公阁下"一句。

丁，存疑或误收

《补编》有55首诗不见于息抄本，部分存疑，如《梧竹》："消夏荒斋拮俸修，蒸人暑气我能收。"（据《虚斋名画录》录入）《山水》："扁舟一叶下瞿塘，巫峡千峰插剑芒。"(据《虚斋名画录》录入)按:徐渭一生并无官职获得俸禄,《梧竹》之"拮棒修"何从谈起?《山水》组诗有"下瞿塘"之语,徐渭足迹未至楚湘,此二首诗存疑。

又如,《徐渭集·补编》据《十百斋书画录》录入《人物》,残句("林间暖酒烧红叶")为白居易《送王十八归山寄题仙游寺》的颔联,《秋容》残句("佳色含霜向日开")系唐寅《题菊花》七绝组诗其二,均已被张淼辑出[①]。亦为误收。

3. 版本价值

首先,通过郑梁序和自序可见,徐沁以其读书之博、阅历之广、交游之富,兼以编撰《明画录》的鉴别力,积数十年之功,访求于寺观店宇、世旧故家,考得徐渭"田水月""大环""笋孤漱者""蔚蓝生""青藤道人""金垒道人""天池山人""石芝山人""宛委山人""芝罘山人""白鹇山人""鹏飞处人""西河老人""鹅鼻山农"等十四个别号,抄借辑录徐渭散佚的诗文作品,汇抄成《徐文长佚草》十卷,成为继《徐文长三集》《徐文长佚稿》后又一重要的徐渭诗文集,具有重要的版本价值。

其次,张岱序和徐沁自序勾勒出《佚草》之前的徐渭诗文辑录和删削的版本信息。二序佐证了陶望龄《刻徐文长三集序》反映的删削徐渭诗文的事实,而且把主要责任人明确为谢伯美(即张《序》之谢宛委)。还记载了在《三集》后,张岱的父亲张耀芳和王思任汇集《徐文长逸稿》文稿"狠加删削,在十去八",经张岱重新辑校才得保存《逸稿》全貌的情况。

再次,该书保存了徐渭诗文的异文。如《佚草》卷三十七绝《题前画赠朱东武》题注云:"朱伯再北,仓卒检旧绘以当饯觞,故更题如此。伯比来鉴赏颇精,见之末句。"徐沁在诗题下有小字注"与《逸稿》所刻微异"。诗曰:"惭无竹叶倾三斗,聊取梅花拓一条。却惜古瓶冰裂尽,无人着眼认柴窑。"该诗与《徐文长逸稿》卷八的诗题《书插瓶梅送人》及诗注"瓶作冰裂纹"不同,且《逸稿》"苦""差一梢",《佚草》分别作"惭""拓一条"。

4. 文史资料价值

此书辑录了徐渭的258首诗、71篇文以及大量榜联、灯谜、小调等杂著,其中既有因"严文长以爱文长"被删除在《三集》外的作品,也有被认为"研究价值不大"而删略于中华书局本《徐渭集》的"灯谜",文本反映了徐渭作品内容丰富、思想多元、风格多样、创作水准良莠俱在的整体面貌,这些文本与诗注、题解等内容,对全面考察和把握徐渭思想、诗文和俗文学创作,准确研究和评价其人和作品,都提供了重要资料。

---

① 张淼《徐渭诗歌研究》,复旦大学2008年博士学位论文,第182页。

此书收录了他人唱和诗作9首,这些诗作及其小引、诗注包含了徐渭诗歌唱和活动的时间、地点、人物、唱和始末等丰富信息,如卷二七律《题龙南山居》题注云:"新秋同王竹泉、张海山道人醉于龙南山居,时有二美,期之不至,故三、四及之。"三四句为"昨夜美人俱有约,今朝词客未曾攀"。该诗附录的张珠七律和诗末注云"万历丁亥七月海山张珠题",为考索徐渭行迹和诗歌编年提供了重要证据。七律《次守经父除夕》附有陈守经《除夕》七律倡诗一首,七律《次元旦作》附陈守经《元旦》七律倡诗一首,对考察徐渭生平交游、研讨当时文人风气具有研究价值。另外,卷首的张序、自序、梁序及陈勋《读徐文长集》也为深入探析明末清初的徐渭诗文接受概况提供了重要材料。

(二) 以息抄本《佚草》为主的徐渭佚诗文整理

徐沁对《佚草》的辑录未听取张岱"大出手眼剪棘除茅,得合选三刻以作全书,一藏文长之拙,一践谑庵之言,以补小子之过"的忠告,而是通过审慎考订最大限度地收录了徐渭的佚诗佚文。如吴宽《家藏集》有一篇《咎髯文》①,被收入《佚草》卷十,名为《责髯文》,徐沁在题下小字校勘"此吴文定公宽作,或文长手书以贻潘者。本名《咎髯》"。徐沁澄清了文章作者及归属,但未予以删削,就为了保存徐渭"万历三年中秋前一日,会饮于门人王海本之太和堂内。潘绍,越少年,长髯且斑,因感而作。海本出纸索书,刻意小楷,非醉笔也"的题序。

徐沁编辑态度的严谨,还体现在通过小注提示《佚草》诗文和《三集》《逸稿》诗文的联系。如《徐文长三集》卷十一《上古边词廿六首》之第十三至十八首是徐渭以诗补史,集中笔墨赞美俺答汗夫人三娘子力主促成"俺答封贡"②的贡献,《佚草》卷三《塞上曲》四首与之主题一致,徐沁题注"俺答女甥事外六首,已载入《边词》",印证了张岱对徐沁"求法、购法、辨法、选法比余之潦草卤莽大相悬绝"的高度评价。

综上,息抄本《佚草》的版本价值远胜于中华书局本《徐渭集》和"传世藏书"本《徐渭集》所采用的抱刊本《徐文长佚草》,以之核校,还可纠补中华书局本《徐渭集·补编》和"传世藏书"本《徐渭集·补遗》阙载和误收的内容,因此很有必要重新校点整理,以惠学林。

整理当以《续修四库全书》影印息抄本《佚草》为底本,校以抱刊本,再以明嘉靖刻本《盛明百家诗·徐文学集》、明嘉靖刻本《筹海图编》、明万历清响斋刊本《一枝堂稿》、明万历钟人杰刻本《徐文长文集三十卷补遗一卷》、民国影印本

---

① 〔明〕吴宽《匏翁家藏集》卷五十七,《明别集丛刊》(第一辑第55册),第586页。
② 〔清〕谷应泰《明史纪事本末》卷六十《俺答封贡》,北京:中华书局,1993年,第2367页。

《石渠宝笈》、徐建融整理《徐渭书画全集》等典籍为参校本。凡底本误而他本不误者,均据他本改正,并出校记说明;凡底本不误而他本误者,一律不出校。书后附录当代学者吕靖波发现的佚诗1首、佚文4篇[①],余晓栋发现的佚诗4首、佚文4篇[②],朱刚发现的佚诗1首、佚文5篇[③]。

[①] 吕靖波《徐渭诗文摭遗》,《滁州师院学报》2015年第4期,第4—9页。
[②] 余晓栋《徐渭〈天池杂稿〉考略及诗文辑佚》,《文献》2017年第4期,第35—45页。
[③] 朱刚《宗谱所见徐渭诗文辑考》,《浙江方志》2020年第3期,第44—50页。

王渔洋《诗问》的版本与流传*

张宇超**

【内容提要】 清代康熙年间,郎廷槐、刘大勤二人先后请教王渔洋、张历友、张萧亭诗学问题。郎廷槐分别将三人答语19则以一问一答的形式编为三卷,乾隆时以一问三答的形式融合成一卷,是为《诗问》,亦题作《师友诗传录》《梅溪诗问》《渔洋定论》等。后郎氏又同样以一问三答的形式将续问12则编为三卷,此部分内容在乾隆时已极难得见,嘉庆时雪北山樵《花薰阁诗述》中出现了答语文字淆乱的版本,并被后来丁福保《清诗话》继承,产生较大影响。另一方面,刘大勤只对渔洋一人提问,此部分多以渔洋居住的古夫于亭命名为《古夫于亭诗问》,或与郎问并举为《师友诗传续录》。此卷答语没有淆乱,各种版本只是存在则数多寡的差异。厘清《诗问》的版本与流传情况,有利于准确地探讨渔洋诗学。

【关键词】 王渔洋 诗问 版本 渔洋诗学

在清代诗学中,王士禛(1634—1711)的影响力是最持久且广泛的①。其诗学著作传世甚夥,既有一卷本与三卷本《渔洋诗话》,又有问答形式的《然灯记闻》与《诗问》。到乾隆年间,更有张宗柟编《带经堂诗话》、喻端士编《谐声别部》等大型汇编式著述。《四库全书》集部诗文评类收录清人诗学著述八种,其中便有王渔洋的三卷本《渔洋诗话》与《诗问》。《诗问》在《四库全书》中实际题作《师友诗传录》《师友诗传续录》。此外,该书还有《梅溪诗问》《古夫于亭诗问》《渔洋定论》等多种题名。《诗问》版本繁多,在流传过程中又产生了诸多文本的淆乱,可以说是王渔洋诗学著述中情况最复杂的一种。民国年间,丁福保编《清诗话》时保留了这些文本的错乱,今人未加辨析从而产生的误读一直延续到现在。因此,本文拟从《诗问》一书编纂刊刻开始溯流追源,考察其最初版本形态,探讨在流传过程中出现的各种变化,从而厘清文本错乱问题,使得对

---

* 本文为国家社科基金青年项目"清代中后期渔洋诗学的接受研究"(项目号18CZW028)阶段性成果。

** 本文作者为上海大学文学院副教授。

① 蒋寅《清诗话的写作方式及社会功能》,蒋寅《清代文学论稿》,南京:凤凰出版社,2009年,第145页。

渔洋诗学的研究能建立在准确的文本基础之上。

一 问答活动与康熙本的刊刻

《诗问》收录王士禛、张笃庆、张实居对郎廷槐、刘大勤关于诗学问题的回答之语。张笃庆(1642—1720)字历友,与渔洋为中表,著有《昆仑山房集》。张实居(1633—1715)号萧亭,为渔洋妇兄,其《萧亭诗选》为渔洋编选并评点。

关于《诗问》的诗学问答活动以及郎廷槐的生平事迹,在法式善《八旗诗话》中有相关记载:

> 郎廷槐字梅溪,汉军人。官山东新城知县。有《江湖夜雨集》。改官新城,适值渔洋解组,时过从池北书库,凡有撰著,渔洋亲为丹铅。目染耳濡,臻精诣。《诗问》十九则,官新城时所辑。诗论精切,言近旨远,渔洋一生得力,具见于兹,可谓该而当矣。是集亦经渔洋点定,俗调曼声,淘汰殆尽。朱竹垞亦谓其善学渔洋,盖所取者神明,于离处见其合也。①

作为国子监祭酒的法式善(1753—1813)认为渔洋平生得力处都见于《诗问》,评价可以说是很高的。郎廷槐(1667—?)字梅溪,盛京广宁人,著有《江湖夜雨集》。《江湖夜雨集》卷首载《上渔洋先生论诗书》云:"及服阕,以赞皇司铎改令桓台。遂谒夫子于司农官第,得执弟子礼,录置门墙,与海内诸俊髦比肩伯仲。趋跄函丈殆两月余,随以简书郑重束装之官。"②蒋寅先生据"谒夫子于司农官第"考订郎氏拜于渔洋门下在康熙三十七年(1698)七月前,改官新城(桓台)也在同一年③,渔洋罢官则在康熙四十三年(1704)④。诗学问答活动即发生在此年之后的新城。

郎廷槐《江湖夜雨集》有三卷初刻本和四卷重刻本两种版本⑤。四卷本编年,从康熙三十五年(1696)至三十八年,每年一卷。四卷本由渔洋点定,前有宋荦、朱彝尊、张贞、张实居序,宋荦序言时间最晚,作于康熙四十五年。从复旦大学图书馆藏本来看,版框外右下角处有"萝筵斋"三字,知其康熙四十五年刻于新城官署。《江湖夜雨集》中有郎氏为张实居《萧亭诗选》所作之序。康熙

---

① 〔清〕法式善《八旗诗话》第四十九则,张寅彭、强迪艺编校《梧门诗话合校》,南京:凤凰出版社,2005年,第479页。
② 〔清〕郎廷槐《上渔洋先生论诗书》,《江湖夜雨集》卷首,复旦大学图书馆藏清康熙四十五年(1706)刻本。
③ 蒋寅《王渔洋事迹征略》,北京:中国社会科学出版社,2014年,第437页。
④ 同上书,第499页。
⑤ 柯愈春《清人诗文集总目提要》,北京:北京古籍出版社,2001年,第419—420页。

三十七年四月,渔洋取徐夜(东痴)、张实居(萧亭)二家诗刊刻于京师,郎氏序可能作于此时①。郎氏在赴任新城前,已与张实居订交,两人是熟知的。

渔洋于康熙四十三年(1704)解组归居新城,曾谈及张笃庆(字历友)"丙戌(康熙四十五年)客新城,与余唱和,不下数十首"②。同时,《渔洋山人自撰年谱》卷下"康熙四十五年"条惠栋补云:"山人既归里第,闭户著书,不以一字通朝贵。门无杂宾,唯与张萧亭实居、历友笃庆诸君茗饮焚香,往来倡和,积成卷轴。"③郎廷槐《上渔洋先生论诗书》又云:"《诗问》一册,记录之余,竟忽忽如有所失。"④可见在《江湖夜雨集》刊刻的康熙四十五年前问答活动已完成。

至康熙四十九年(1710),郎廷槐擢四川达州知州,张笃庆有诗赋赠⑤。乾隆三十五年(1770),渔洋曾从孙王祖肃云:"《诗问》一书,自郎梅溪原刻携归北平,六十年来,大江南北,竟若无传,余心怃然。"《诗问》当是郎廷槐在新城任上所刊刻。《诗问》初刻本一般著录为康熙四十五年萝筵斋刊本⑥,综合上述考证来看是符合实际情况的。

需要提及的是,问答活动应该是以书信往复的方式进行。郎廷槐问第3则渔洋答语有"来教'必具悬解,另有风神,无蹊径之可寻,乃入其室',数语尽之"可证之⑦。另外,有研究者指出张实居答语(卷三、续卷三)有抄自张揔《唐风怀诗话》者,两卷31则答语中可以明确肯定的有10则,达到近三分之一⑧。这种回复时直接摘抄《唐风怀诗话》等书的行为也间接说明问答活动不是随问随答的现场记录,通过书简进行的可能性更大。

另一方面,刘大勤的生平交游情况比较少见。刘大勤字仔臣,号业庵,山东长山人。康熙四十七年(1707)举人,著有《吹剑草》。《诗问》卷四刘大勤问语第1则"萧亭先生尝以平中清浊、仄中抑扬见示,究未能领会"⑨,言及张萧亭(尚有第12则、第16则),应当与郎氏问答在同时,而后由郎氏刊刻。

---

① 蒋寅《王渔洋事迹征略》,第436页。又康熙四十七年(1708),郎廷槐在渔洋《十种唐诗选》重刊后记云:"廷槐康熙三十七年令桓台,至今年为十年。"亦可知其赴新城的时间。
② 〔清〕王士禛《渔洋诗话》卷下,张寅彭编纂《清诗话全编·顺治康熙雍正期》第七册,上海:上海古籍出版社,2018年,第4253页。
③ 〔清〕王士禛《王士禛年谱》,北京:中华书局,1992年,第57页。
④ 〔清〕郎廷槐《上渔洋先生论诗书》,《江湖夜雨集》卷首,复旦大学图书馆藏清康熙四十五年刻本。
⑤ 〔清〕张笃庆《庚寅初夏梅溪郎令君擢蜀郡通守赋赠五十韵奉别》,《昆仑山房诗集》卷一,《山东文献集成》第二辑第31册,济南:山东大学出版社,2006年,第235页。
⑥ 蒋寅《清诗话考》,北京:中华书局,2007年,第116页。
⑦ 蒋寅《王渔洋与康熙诗坛》,南京:凤凰出版社,2013年,第224页。但蒋先生接着谓"《诗问》直到乾隆年间才刊行于世",则与事实不符。
⑧ 郭星明《论清代诗话汇编的"转录"现象》,巩本栋、蒋寅主编《中国诗学》第28辑,北京:人民文学出版社,2019年,第1—8页。
⑨ 〔清〕王士禛等《诗问》卷四,张寅彭编纂《清诗话全编·顺治康熙雍正期》第七册,第4167页。

通过上述的诗学问答活动,郎廷槐将其文字刊刻成《诗问》四卷续三卷,即康熙初刻本。此本先载有郎廷槐序一篇。卷一19则,署"郎廷槐梅溪问、渔洋老人答"。卷二、卷三同为19则,分别署"千山郎廷槐梅溪问、般阳张笃庆历友答","千山郎廷槐梅溪问、梁邹张实居萧亭答"。此三卷均是郎氏问,每卷中问题相同,重复三次,即"一问一答"的形式。卷四62则,署"长山刘大勤问、渔洋老人答"。此卷只有渔洋答语,不涉及二张。接下来的续问亦先载郎氏序一篇。续卷一12则,署"郎廷槐梅溪问、渔洋老人答"。续卷二、续卷三同为12则,分别署"郎廷槐梅溪问、张笃庆历友答","郎廷槐梅溪问、张实居萧亭答",与卷二、卷三相同,也是问题重复的"一问一答"形式。为便于直观了解,可整理如下表(表1):

表1

卷次	问者	答者	则数
卷一	郎廷槐	王士禛渔洋	19则
卷二	郎廷槐	张笃庆历友	19则
卷三	郎廷槐	张实居萧亭	19则
卷四	刘大勤	王士禛渔洋	62则
续卷一	郎廷槐	王士禛渔洋	12则
续卷二	郎廷槐	张笃庆历友	12则
续卷三	郎廷槐	张实居萧亭	12则

这种"一问一答"的形式使得各卷秩序井然,独立地展现出问答的过程。缺点是卷一至卷三、续卷一至续卷三都会重复出现问语。

卷帙完整的康熙本极为罕见,管见所及仅国家图书馆和浙江图书馆有馆藏[①]。值得一提的是,周维德先生《诗问四种》中收有渔洋《诗问》,即以康熙本为底本,是难得一见的全本,颇具参考价值。周先生可能据地利之便以浙图藏本为底本,又参校乾隆本、《清诗话》本等多种版本,详加校勘、注释。书中除有明显的讹字、误字、漏字外,亦存在着一些问题。比如续问前同样载有郎氏序文一篇,此篇后续各种版本皆无,因而不会出现异文,但周先生整理本中"然而诗之四始"一句,浙图藏康熙本实作"然而上媲四始"[②]。这些文本的来源出自何处便不得而知。总而言之,康熙本刊刻时间最早且内容最全,很好地保存了原始面貌,是《诗问》最善之版本。

---

① 按,国家图书馆藏本著录为《诗问》四卷续一卷,与浙图藏本不同。
② 〔清〕王士禛等著,周维德笺注《诗问四种》,济南:齐鲁书社,1985年,第126页。

二 缺失与融合:乾隆间的四种版本

进入乾隆时期,张宗柟汇辑的三十卷《带经堂诗话》是渔洋诗学著述中最为流行的一种,其中卷二十九"答问类"收录的便是《诗问》。据《带经堂诗话》卷前所载《汇纂书目》来看并没有记载《诗问》的相关版本信息。幸运的是,张宗柟所据《诗问》的底本正好藏在上海图书馆,卷末有其手书跋文:

> 渔洋诗说二种,囊时芷斋从云间抄得。其曰《晚年定论》,即此册首卷中语;曰《夫于亭问答》,即此册四卷中语也。抄本元有脱讹,《定论》中夫□问语致答语,间有可疑。又七古平韵一条,则历友所答,后三条则萧亭所答,俱见是书二卷、三卷中。盖传写者展转失真耳。愚方纂缉《带经堂诗话》,拟附录二种于后,适芷斋复购得此。喜而校勘其误,□数语以归之。戊寅四月廿有五日度香庵主识。①

这篇跋文写于乾隆二十三年戊寅(1758)。芷斋即张宗柟弟张载华(1718—?),倾心搜集康熙诗坛另一大家查慎行评诗之语,辑成《初白庵诗评》。跋文中提及的"七古平韵"条是指郎问第 12 则"七古平韵、仄韵句法同否?"张宗柟通过校勘张载华购得的刻本,得知抄本中第 12 则的答语实际为张历友,后续第 13 则至第 15 则的答语则为张萧亭,从而使得"可疑"之处得以厘清。这里也可进一步推知,至少在乾隆二十年左右已经有答语淆乱的抄本在流传。《带经堂诗话》即据此刻本为底本编入,总共 81 则,即郎问 19 则、刘问 62 则。其中郎问以渔洋答语为主,二张答语则是"有可疏通而证明者,取其一二,附录各条之后,以备参览焉"②。三人的答语并未出现淆乱情况,只是张宗柟摘录而造成二张答语部分缺失。更为重要的是,此本没有郎氏续问 12 则,足见在乾隆年间即使肆力于渔洋诗学者也颇难得见续问。

类似的情况也存在于乾隆三十五年(1770)渔洋曾从孙王祖肃重刊本中。王祖肃在跋文中讲述其刊刻缘由云:

> 先曾祖兄弟四人俱有著作,凡家刻三十六种,季曾祖父文简公居十之六。其《精华录》《居易录》《文略》诸书,士大夫几案罗列,而《诗问》一书,自郎梅溪原刻携归北平,六十年来,大江南北,竟若无传,余心怒然。言学者必言问,非问则学或几乎晦。古者授业解惑,而蓄疑之败以祛此,如辅

---

① 〔清〕王士禛《诗问》,上海图书馆藏清康熙刻本。
② 〔清〕张宗柟《带经堂诗话》卷二十九,张寅彭编纂《清诗话全编·乾隆期》第五册,上海:上海古籍出版社 2020 年版,第 3044 页。

车相依,斯须不可去矣。文简公任斯文之重,尤邃于诗。所著《诗问》二卷,大叩大鸣,小叩小鸣。①

自郎廷槐将《诗问》刻版带回北平后,流传渐少,王祖肃于乾隆三十五年(1770)重刻时,又邀金魁、郑虎文等人作序,刊成两卷。卷上为答郎梅溪问十九条,卷下为答刘大勤问六十二条。答语仅载渔洋而无二张,故名《渔洋山人诗问》。同样,总81则,也没有郎氏续问12则。

乾隆三十八年(1773)开"四库"馆,广泛搜罗各种典籍版本,集部诗文评类收清代著述八种,《诗问》即为其中之一,著录为编修程晋芳家藏本。《四库全书总目》对于此书描述道:

> 《师友诗传录》,国朝郎廷槐编。《续录》,国朝刘大勤编。二人皆学诗于新城王士禛(禛),各述其师说,以成其书。以郎录在前,故刘录称续焉。郎录虽以士禛为主,而亦兼质于平原张笃庆、邹平张实居,故每一问而三答。……刘录所载皆士禛语。……郎录中士禛之语或钞出别行,名"渔洋定论",刘录亦有本别行,名"古夫于亭诗问"。实皆一书。今附存其名,不别著录焉。②

《师友诗传录》一卷《续录》一卷在《景印文渊阁四库全书》第1483册中。第一卷其实即郎问19则,改题《师友诗传录》;第二卷则是刘问62则,改题《师友诗传续录》,仍然缺少郎氏续问12则。但值得注意的是,四库本在形式上体现出一个较大的变化——郎问19则的一问一答的形式改作一问三答,即在同一则问题下依次胪列渔洋、二张三人的答语。

这样一问三答的形式变化,在乾隆年间似乎成为当时士人的共识。乾隆四十二年(1777)洪熙重刻本《诗问》的跋语中,洪氏云:

> 余小子随侍官署,获窃窥《诗问》一编,字画精楷,尤异于他钞。过庭之暇,先严从容谕之曰:"此渔洋山人所著也,附二张先生之论。向虽镌行,久而漫漶,且问与答厘为各卷,观者不能了然。余汇而录之,问答如在一堂。夫山人为诗文钜手,著作等身,《诗问》特其绪余耳。然学者从此问津,可以究四始之旨、六义之精,登风雅之堂奥。汝小子何知?惟熟读《三百篇》,然后从事夫汉魏三唐,涵濡讽咏。按之山人,讨论上下千古风诗真谛,胥于是乎备。"余小子谨志,朝夕不敢忘。痛夫先严见背已三十年,贱子发苍齿豁,椎鲁无文,安能穷研力学以续先绪哉。用滋愧矣。既念先人手泽如生,又际文明极盛之世,衡文校士,且必以声韵为先。坊本久缺,爰

---

① 〔清〕王士禛《渔洋山人诗问》,上海图书馆藏清乾隆三十五年刻本。
② 〔清〕永瑢《四库全书总目》卷一九六,北京:中华书局,1965年,第1793—1794页。

付之剞劂以公同好,敢略叙其颠末如此。乾隆丁酉清和上浣借山洪熙识。①

洪熙整理其父洪楠云编辑的《诗问》时,乃根据"汇而录之,问答如在一堂"的宗旨而刊行。全书为两卷,卷上郎问19则,一问三答;卷下刘问62则。内容、形式与四库本相同,只是书名依旧使用最早的标题仍称《诗问》。

乾隆时期流传的各种版本表现出两个特点:首先是缺少郎氏续问12则,无论是官方还是族人,这些较为彻底的网罗搜集都没有续问的踪迹。其次是郎氏与三人的19则问答,形式上逐步由一问一答的三卷变成一问三答的一卷。这两个特点也延续到后世的版本中。

三 答语的混淆:花薰阁本与清诗话本

到嘉庆时期,雪北山樵(张承纶)编《花薰阁诗述》十卷,专门收录关于体式声调方面的诗学文献,如王渔洋《律诗定体》、赵执信《谈龙录》、钱良择《唐音审体》、冯班《钝吟杂录乐府论》等。各书为康乾间体式声调论的代表,张氏加以删编,间有识语,因此颇有参考价值,历来受到学者重视。其中卷一之二至卷一之五收录《渔洋答问》四种,张氏云:

> 渔洋诸书衣被海内,有示余渔洋问答数叶者,读而说之。后见刻本数种,不无异同。闲窗较正,录为定本,而以《律诗定体》冠于卷首,后学披读何异亲承教迪也。顷又从覃怀抄得《梅溪诗问》二卷,次卷为诸本所无。口颊亦微别,以其持论无可议,因依样录入,未敢臆断,读者试辨之。张萧亭实居、张历友笃庆皆有答语,亦摘其合者附后。雪樵识。②

《梅溪诗问》二卷即郎问,而次卷即续问,极为罕见,诸本均无。但是雪北山樵发现其中"口颊亦微别",由于没有其他版本可以参校,所以仍然照录以保存文献。《花薰阁诗述》中所收《渔洋诗问》四种的具体情况如下:

卷一之二为诗问一,乃郎问18则,缺康熙本第6则"七言律诗而外",各则答语多不全。第1则有渔洋、萧亭答,第2则仅有渔洋答,第3则有渔洋、历友答,第4则仅有渔洋答,第5则有渔洋、历友、萧亭答,第6则有渔洋答,第7则有渔洋、萧亭答,第8则有渔洋、萧亭答,第9则有渔洋、历友答,第10则有渔洋、历友、萧亭答,第11则有渔洋、历友答,第12则仅有渔洋答,第13则有渔

---

① 〔清〕王士禛《诗问》,《山东文献集成》第三辑第47册影印山东大学图书馆藏乾隆四十二年姚江洪熙春晖草堂刻本,济南:山东大学出版社,2009年,第36页。
② 〔清〕雪北山樵《花薰阁诗述》,上海图书馆藏清嘉庆刻本。

洋、历友、萧亭答,第14则仅有渔洋答,第15则有渔洋、萧亭答,第16则有渔洋、萧亭、历友答,第17则有渔洋、历友答,第18则有渔洋、萧亭答。答语时有一人、时有二人、时有三人,去取标准似乎没有规律。答语虽不完整,但并未出现张冠李戴的情况。

卷一之三为诗问二,乃郎氏续问12则,第3、8则有萧亭答语,其余仅有渔洋答语。第1则"诗自三百篇后",仅有渔洋答语,无二张答语。第2则"间读阮步兵陶渊明诗",仅有渔洋答语,但答语中"阮公殿魏诗之末而绰有汉音"以后,实际是历友答语,将渔洋、历友两人答语混为一条。第3则"诗自李杜以来",有渔洋、萧亭二人答语,实际上渔洋答语当为历友所作,萧亭答语才是渔洋所作。第8则"昔人云辨乎味",有渔洋、萧亭二人答语,同样渔洋答语当是历友,萧亭答语则无误。剩下的部分,除第8则外,第4则"古之作者"至第12则都只有渔洋答语,比勘康熙本可知实际全为历友答语,均是张冠李戴。这是出现答语淆乱情况最早的刻本。

卷一之四为诗问三,乃刘问58则,缺4则,分别是康熙本第9则"谢茂秦论绝句之法"、第11则"沈休文所列八病"、第56则"虞待制谓诗有十美"、第57则"范德机谓广唐人李淑诗苑六格为十三"。卷一之五为诗问四,乃何世璂问,即《然灯记闻》一书,不在本文讨论范围之内,故略之。

综上所述,花薰阁本最显著的优点就是有郎氏续问12则,但是续问中答语的淆乱又是其最大的缺点。这些优点和缺点都被后世继承,花薰阁本成为《诗问》流传过程中一个关键性的转折。

民国年间,丁福保编《清诗话》是第一部汇集清代诗话的丛书,一直都是学界广泛使用的文献资料,其中收录《诗问》,称作《师友诗传录》与《师友诗传续录》。现代点校整理本中有郭绍虞先生撰写的提要,云:

> 三人之论旨也比较接近。案此书内容与名称,各本不一。有称为《渔洋定论》者,则专录士禛之语,删去二张之说。有称为《梅溪诗问》者,则为二卷本。上卷与各本相同,凡十九条。下卷为诸本所无,此卷并非一问三答,大都为士禛之语,惟二条有萧亭答,故雪北山樵以之辑入《花薰阁诗述》中时,谓"口颊微别……未敢臆断",稍存怀疑之意。亦有称《师友诗传录》者,大都为不足本。如《学海类编》本、《谈艺珠丛》本、《诗法萃编》本、《国朝名人著述丛编》本皆只十九条,与《清诗话》本不同。故知《清诗话》本即据《花薰阁诗述》之《梅溪诗问》,不过易其名称,仍题《师友诗传录》而已。[①]

---

① 丁福保辑《清诗话》,上海:上海古籍出版社,2015年,第14页。

郭先生简明扼要地梳理了郎问各种版本的书名及内容则数,充分肯定了花薰阁本中次卷续问的重要性。郎氏续问12则的文献来源确实是花薰阁本。不仅条目答语完全一致,在文字上也延续了花薰阁本中的错误。如第7则问语:"诗贯六义,讽喻抑扬,停蓄渊雅,皆在其中。至直著所得,以格自奇,前人并不专工于此。"花薰阁本、《清诗话》本的"停蓄",应当为康熙本的"渟蓄","至直著所得"当作"至直署所得"。答语中"涵蓄渊停"当作"涵蓄渊渟","流极其后"当作"流极其侈","苍凉悲壮"当作"苍壮悲凉"。第8则答语"易牙烹敖"当作"易牙烹熬"。这些文字的细微差别可以看出花薰阁本与《清诗话》本之间的传承关系。当然,郭先生并未寓目最早的康熙本,不清楚答语的淆乱情况,因此也未能指出《清诗话》本同时继承了花薰阁本的缺点。

郭先生接着说:"丁氏所辑,于郎《录》则取《花薰阁诗述》本兼采次卷,于刘《录》则取六十二问之足本,亦是一个优点。"实际上,《清诗话》本中只有续问12则是根据花薰阁本而来。郎问19则完整,一问三答,比花薰阁本多1则。而刘问仅有60则,比花薰阁本58则多出2则,但比康熙本缺第56则"虞待制谓诗有十美"、第57则"范德机谓广唐人李淑诗苑六格为十三"两则,又将康熙本第31则"诗有平仄字一句纯用而音节自谐者"移作第55则,可知仍然不是"足本"。

要之,由花薰阁本所带来的文本淆乱现象,经过《清诗话》的广泛流布,一直影响到现代学界,使得学者在征引讨论渔洋诗学时产生误读,偏离了渔洋的本意。

四　流传与影响

渔洋论诗精切,言简旨远,在清代诗学中发挥持久的影响力。《诗问》作为其"一生得力"之作,篇幅适中,在后世多次刊刻,成为渔洋诗学代表作之一种。现在可以看到最早讨论《诗问》的是刊刻于雍正十三年(1735)的薛雪《一瓢斋诗话》,其中一则云:

> 郎梅溪问张萧亭:"《竹枝》《柳枝》自与绝句不同,音节亦有分别否?"萧亭答曰:"语度无异,末语加'竹枝''柳枝',即其语以名其词,音节无分别也。"余谓亦有不加"竹枝""柳枝"者,何以为语度无异,音节不分?若果如此,则仍是绝句,何必别其名曰《竹枝》《柳枝》邪?要知全在语度、音节间分别。①

---

① 〔清〕薛雪《一瓢斋诗话》,张寅彭编纂《清诗话全编·顺治康熙雍正期》第十册,第6289页。

这里引用的是郎问第 10 则,其实问语并非如此,"《竹枝》《柳枝》自与绝句不同,而《竹枝》《柳枝》亦有分别否",是问《竹枝》与《柳枝》的区别。渔洋认为"《竹枝》泛咏风土,《柳枝》专咏杨柳,此其异也"①,就其内容加以分别。张萧亭则认为《竹枝》《柳枝》与绝句在音节上无分别,薛雪对此表示反对。这里约略可以看出渔洋与二张意见的异同。

整体而言,渔洋的意见与二张是不同的。如郎问第 5 则关于李于鳞"唐无五古"说的讨论,渔洋极表赞成,二张则明言反对。《诗问》中的渔洋答语乃平生经验之谈,较之其他著述,尤为初学津逮,而二张答语则较为平常普通。因此,乾隆时史承谦(1707—1756)在《青梅轩诗话》中已对一问三答并举的形式表示不满:

> 《渔洋诗问》一书,郎廷槐所刻。渔洋答郎之问,所言皆浅浅者,而以为初学诗者之津梁,则甚切近可从。以二张之所答杂之,殊可厌。张之与王相去可以道里计哉?郎不知何许人,大约北方学者之无识人耳。②

渔洋答语浅近易晓,大受欢迎,也成为初学津梁。而二张答语远不及渔洋,不应该以一问三答的形式并列刊行。

《诗问》同样得到了四库馆臣的肯定,其提要是诗文评类最长的一篇,达千余字之多。提要繁长不录,总的来说,馆臣认为"三人所答,或共明一义,或各明一义,然大旨皆不甚相远"③,仅对其中个别细节问题进行考辨④。馆臣的评语没有着眼于渔洋与二张答语的高下,而是分别对其答语进行补正。如郎问第 2 则谈《古诗十九首》的写作时间问题、第 7 则二张对于乐府与古诗的区别、刘问第 42 则截句与律诗的关系等,馆臣都提出了自己的新看法。再如刘问第 54 则中石延年诗句、第 57 则李淑生活时代等处的疏漏,则予以指摘订正。要言之,四库馆臣对此书的评价较高,谈诗宗旨亦汇于此。

另一方面,在渔洋身后,赵执信写成《谈龙录》专攻渔洋声调之说,成为清代诗学最大的公案。至乾隆末年,翁方纲视学山东,以渔洋再传弟子的身份详加辨析两家声调论撰成《小石帆亭著录》,提出三平正调之外的各种变化体式等观点,使得渔洋诗说更趋精审,是渔洋诗学流传后世最大的功臣。

---

① 〔清〕王士禛《诗问》卷一,张寅彭编纂《清诗话全编·顺治康熙雍正期》第七册,第 4150 页。
② 〔清〕史承谦《青梅轩诗话》卷二,张寅彭编纂《清诗话全编·乾隆期》第二册,第 983 页。
③ 《四库全书总目》卷一九六,第 1793 页。
④ 同上书,第 1793—1794 页。

王一元《词家玉律》稿本发覆*

王琳夫**

【内容提要】 无锡市图书馆藏有王一元康熙四十二年(1703)编纂的词谱稿本《词家玉律》十六卷。此书序言、漫言中宣称的考证成果与正文实际情况有较大差距，不仅收录内容并未超出《词律》，且从字句细节判断，其编纂过程是对《词律》的直接抄录，本质当是《词律》之抄本。王一元虽生于梁溪，但幼失怙恃，改吴姓，入籍铁岭，一直在关外居住，与当世词坛有一定的疏离，《词家玉律》的编纂其实并无梁溪学脉。

【关键词】 王一元 《词家玉律》 《词律》

王一元《词家玉律》十六卷，无锡市图书馆藏稿本（索书号：102829），半页八行，行二十字。全书共小令五卷、中调四卷、长调七卷、补遗一卷，卷首有罗振常题识、王一元康熙四十二年(1703)自序、漫言、目次，目次最后为"误编"，全书最后有"一调各体"，综述每调所收词数与各体字数。1916年王蕴章《梅魂菊影室词话》曾提及此书："月前过城中旧书肆，见吾宗一元所著《词家玉律》钞本……红友之失，攻之者众，一元以并世之人而纠正其误，必有可观。青毡是吾家故物，行购求之，不至流落天壤间也。"[①]其后此书转归罗振常，罗氏跋语言："此书厘正《词律》，精审周详，实红友之功臣。"[②]2010年颜庆余发表《稿本〈词家玉律〉札记》辑录了此书的序言、漫言，肯定了此书补订《词律》之功[③]。赵友永《清代〈词律〉学史》认为此书为"未能定稿之四声谱"[④]，能够代表阳羡词派的词谱研究水平。提及此书的学者大多对其赞誉有加，但笔者经过逐调统计核验，认为王一元并没有独立编纂一部词谱，也谈不上修订了《词律》。其卷首"漫言"中宣称的考证成果与正文实际情况有较大差距，《词家玉律》本质上只

---

* 本文系国家社科基金重大项目"明清词谱研究与《词律》《钦定词谱》修订"（项目号18ZDA253）阶段性成果。

** 本文作者为华东师范大学博士研究生。

① 红鹅生《梅魂菊影楼词话续》，《春声》1916年第3期，第4页。
② 〔清〕王一元《词家玉律》罗振常跋，无锡市图书馆藏稿本。
③ 颜庆余《稿本〈词家玉律〉札记》，《图书馆理论与实践》2010年第1期，第63—64页。
④ 赵友永《清代〈词律〉学史》，华东师范大学博士论文，第17页。

是《词律》的抄本。王一元虽是梁溪人,但幼年离乡,改姓入籍铁岭,此后数十年皆在关外活动。《词家玉律》的编纂与梁溪词坛几乎没有关联。

一 王一元生平事迹考述

王一元,字畹仙,又姓吴,字宛先。生于康熙五年(1666)五月二十五日,康熙二十九年北榜乡试中举,康熙四十二年进士,授灵台知县,《无锡金匮县志》有传①。王一元有两个身份,王家虽是锡山望族,但王一元"幼失怙恃"②,北上出关,改籍铁岭,入赘吴氏③,在乡试、会试的榜单上皆为铁岭"吴一元"④。王一元在自己的著作中仍自认为锡山或梁溪人,自称"畹仙",如《辽左见闻录》作"锡山王一元畹仙"⑤,《岁寒咏物词》作"梁溪王一元畹仙"⑥。但是在对外活动中则以铁岭吴一元示人,改字"宛先",比如其为赵吉士校评的《万青阁诗余》卷首记作"受业铁岭吴一元较评"⑦,《寄园寄所寄》卷首作"受业吴一元宛先校订"⑧。

王一元以词名家,创作数量惊人,有说"数千首"的,也有说"几万首"的,其中咏物词尤得赞誉,刘绍攽言其"《岁寒咏物词》儒林争脍"⑨。

王赍《岁寒咏物词跋》言:

> 二兄负不羁之才,幼孤食贫。予兄弟同研席时尚未弱冠,其才情意气,已卓荦不群。稍长,好为诗歌俪体,惊才绝艳,下笔有神。而嗜词尤甚,游历闽二十年,一切临水登山、吊古言情之作,多半托之于词。顾旋作旋弃,不甚爱惜,散佚居多。年来始加珍重,手录成帙,尚存数千首。其绮丽香艳、豪放沉雄,直兼周秦、辛苏而成一家言。至其卷帙之多,又未知词人中谁堪比数者。⑩

---

① 《无锡金匮县志》载:"王一元,字畹仙,康熙四十二年进士,授灵台知县,好为诗,兼工大小令,所著凡五十余卷。"见〔清〕裴大中修,秦湘业纂《(光绪)无锡金匮县志》卷二十二,清光绪七年(1881)刻本,第25页。
② 张曾禔《怀王宛先》:"宛先本锡山望族,幼失怙恃,好古博学,屡踬小试,发愤孤身走关外,入铁岭籍,举庚午乡榜。"见〔清〕张曾禔《何求集》四编,国家图书馆藏清抄本。
③ 赵吉士诗注"宛先久赘关东",见〔清〕赵吉士《万青阁全集》"林卧遥集",清康熙刻本,第148页。
④ 《江南通志》:"吴一元,无锡人,本姓王。"见〔清〕尹继善修,黄之隽纂《(乾隆)江南通志》卷一百三十二,清文渊阁《四库全书》本,第31页。
⑤ 〔清〕王一元《辽左见闻录》,国家图书馆藏稿本。
⑥ 〔清〕王一元《岁寒咏物词》卷一,国家图书馆藏清芙蓉坊刻本,第1页。
⑦ 〔清〕赵吉士《万青阁诗余》小令,清康熙刻本,第1页。
⑧ 〔清〕赵吉士《寄园寄所寄》卷十,清康熙刻本,第1页。
⑨ 〔清〕刘绍攽《九畹古文》卷一,清乾隆八年(1743)传经堂刻本,第25页。
⑩ 〔清〕王一元《岁寒咏物词》王赍跋,国家图书馆藏清芙蓉坊刻本,第1页。

丁绍仪《听秋声馆词话》载：

  孙文靖论词绝句云："作者谁能按谱填，乐章琴趣调三千。谁知万首连成璧，眼底无人识畹仙。"盖为吾乡王畹仙中翰作。畹仙寄籍奉天，冒吴姓，举京兆，康熙癸未捷南宫，工骈体文，善倚声，所作几万首……（咏物词）言外均有意在，非漫然咏物而已。①

王一元词全稿今已不闻，尚有《岁寒咏物词》康熙四十一年（1702）刻本存世，国家图书馆有藏，载词102首。《全清词·顺康卷》据之收录，并从《国朝词综补》等书辑录10首，共112首。其词内容虽然较为单一，但流利老练，气韵通畅，时有机趣。虽然王一元有着极大的创作热情，但在王一元的交游圈中，有词学专长的文人并不多。康熙二十年，王一元十五岁初入京师，源于赵吉士②的赏拔。赵吉士《王宛先孝廉访予万安禅林信宿还都》小注言："宛先同业师侯薇屏就馆吴陵，备尝艰苦，辛酉为予赏拔始入都门。"③此后王一元寄居赵吉士家之寄园，与赵吉士第三子赵景行交好，频繁参与寄园燕集唱和。寄园是王一元在京中的居所④，每次入京皆住于此。赵吉士集中提到王一元的唱和诗词有康熙二十二年除夕、三十二年秋、三十三年春、三十五年春、三十六年闰月，王一元每次会试都居住于赵氏家中，而《词家玉律》也正是编于"寄园之虹青阁"。

康熙二十年（1681）至康熙四十二年中进士以前，王一元主要活动于北京与辽宁地区，其《辽左见闻录》记载了在沈阳、铁岭、锦州等地的见闻。康熙二十四年王一元首次出关，改吴姓入籍铁岭："己丑五月，余初出关至宁远。"⑤二十五年："丙寅，巡山官军遇朝鲜挖参者……"⑥二十六年："丁卯五月余往辽阳过太子河。"⑦二十九年："庚午夏，辽左大旱，至七月二十日不雨。"⑧三十一年："壬申秋有丹阳贺某至铁岭，善扶乩，余往默祷。"⑨三十六年："丁丑中秋夕，铁

---

① 〔清〕丁绍仪《听秋声馆词话》卷十二，北京大学图书馆藏清同治刻本，第1页。
② 《休宁县志》："赵吉士，字天羽，号恒夫，旧市人。由举人任山西交城县知县……升户部主事，权扬州关，修《会典》及《盐漕》，书成擢户科给事中。著有《交山平寇录》《徽州府志》《万青阁自订集》。"见〔清〕何应松修，〔清〕方崇鼎纂《（道光）休宁县志》卷十三，清嘉庆二十年（1815）刊本，第50页。
③ 〔清〕赵吉士《万青阁全集》燕山秋吟，清康熙刻本，第65页。赵吉士诗注又言："宛先与三儿景行莫逆。"
④ 吴衡照《莲子居词话》："宛先，初为钱唐赵恒夫给谏吉士扬州观风所拔士，久居寄园，后官内阁中书。无子，以女适给谏孙。今《芙蓉舫集》二十卷，在钱塘赵氏。"见〔清〕吴衡照《莲子居词话》卷四，北京大学图书馆藏清嘉庆刻本，第5页。
⑤ 〔清〕王一元《辽左见闻录》，第60页。
⑥ 同上书，第16页。
⑦ 同上书，第60页。
⑧ 同上书，第22页。
⑨ 同上书，第68页。

岭雪深尺余。"①书中记载的康熙年间事迹最早为康熙二十一年,最晚为康熙三十八年,虽然有些事件王一元可能并未亲眼得见,但记载如此详细,几乎每年都有记载,其必然是久居关外的。除了辽宁铁岭吴氏王一元妻子家,王一元中进士以前,主要居住在辽宁锦州。赵吉士《宛先王孝廉自晋中携姬赴燕邸》一诗有言:"医闾占籍十年余,辟地诛茅摈久居。"②"医闾"即医巫闾山,在锦州境内。

王一元首次入都为十五岁,首次出关为十九岁,其后主要居住于关外铁岭、锦州,在康熙四十二年(1703)中进士以前,接触较多的名家只有赵吉士,而在赵吉士的交游圈中也少有以词学专长者,赵吉士的《万青阁诗余》还是王一元评点的。也就是说,没有人能够为王一元的词学研究提供指导,这导致王一元与江南词坛、与当时词学研究的主流思想存在很大的差距。王一元虽出生于梁溪,但长于关外,与梁溪学脉相离甚远,根本不了解梁溪词坛的情况,在《词家玉律》中甚至将顾贞观的词作改作"无名氏"。顾贞观是梁溪词坛名宿,在王一元编纂《词家玉律》时尚还在世,这种改动是非常不可思议的,足见王一元并没有什么梁溪根底。王一元自幼失去父母,贫困非常,要靠入赘妻子母家生活,也根本没有大范围阅读、购买宋人词集作为编纂词谱参校底本的条件,这些生平事迹对于理解《词家玉律》这部词谱有着重要意义。下面笔者将从整体选调与谱中编纂细节两方面来介绍《词家玉律》的实际制谱情况。

二 《词家玉律》的成书与选调备体情况

《词家玉律》编纂于康熙四十二年(1703),编书过程序言俱见:

> 余不解音律而雅好填词,刻羽引商,惟谱是赖。顾《啸余》《图谱》《选声》诸书,舛错相仍,余心识其非而莫能正也。迨万子红友《词律》一书起而驳正之,缕析条分,了如指掌,金荃一道,几于力砥狂澜。然其间亦有矫枉太过者,且序次前后未尽画一,披阅为难。思得数月余闲,重为厘订,而拘于括帖,迫于饥驱,忽忽未果。今春捷南宫,需次京邸,应酬少暇,始取唐宋诸词而参酌焉。会阴雨累月,剥啄久断。湿翠入帘,独坐小楼,灯光荧荧,漏三下不休,惟闻檐声树声,若与余相赠答者,雨霁而书适成。③

此书编纂起于会试放榜之后,成于当年七月初一。书名《词家玉律》是因为:"折衷于万子之成书,不敢忘所自来也。"序后有"漫言"十九条,此十九条颜

---

① 〔清〕王一元《辽左见闻录》,第35页。
② 〔清〕赵吉士《万青阁全集》林卧遥集,清康熙刻本,第148页。
③ 〔清〕王一元《词家玉律》序。

庆余《稿本〈词家玉律〉札记》有全文录入。漫言前六条为论述词史,第一则论南宋词,首推白石、玉田;第二则论雅词,认为柳永词俗,读柳词"不能终阕";第三、第四则论词曲之辨;第五、第六则论明清词,清词首推陈维崧;第七至第十则是从各个角度赞扬《词律》,第七则言:"余于诸家中独宗《词律》";第八则称赞《词律》对同调异名的考证,"《词律》考订详明,归于专一,真觉眉目清朗";第九则称赞《词律》对平仄通融处的标注,"《词律》力为廓清,庶几拨云见天矣";第十则称赞《词律》对句读的标注,"《词律》——详指。缕析条分,遵此填词,体裁庶无舛错"。

第十一则以后方为对本书体例的设想,其中第十三、十四、十五、十六、十七、十九共六则皆是围绕选调备体情况,归纳起来要点如下:

一、不收《柳枝》等五、六、七字齐言词调。

二、不收字句"有错漏"的词调。

三、不取俳体词,去俗存雅,但精力有限,未及实操。

四、增收明以后的自度曲。

五、与《词律》一样,分体不分"第一""第二"之数。

六、各调各体按字数排序,有遗失错误的,在"补编""误编"中修正。

虽然王一元并没有掩饰《词家玉律》与《词律》的关系,但这些漫言中的设计很容易使读者误以为《词家玉律》像其他独立编纂的词谱那样,是从宋人词集中收集词调,有自己独特的去取规范。然而,实际上王一元只是照着《词律》抄写,在抄写过程中将《词律》收录的词作按字数重新排列,并按照自己的喜好少抄了一些词调而已。

《词家玉律》全书共645调,1142体。较《词律》删去的词调有:《竹枝》共三体、《纥那曲》、《罗唝曲》、《醉妆词》、《塞姑》、《回波词》共两体、《舞马词》、《三台》第一体、《章台柳》共两体、《乐游曲》、《小秦王》、《采莲子》、《杨柳枝》第一体、第三体、《浪淘沙》第一体、《八拍蛮》、《阿那曲》、《欸乃曲》、《清平调》、《字字双》、《抛球乐》、《怨回纥》、《女冠子》第五体、《望远行》第四体、《临江仙》第三体、第七体、《朝玉阶》第一体、《西施》第二体、《祭天神》第二体、《长寿乐》、《八六子》第二体、《法曲献仙音》第一体、《尾犯》第三体。

这些删去的词调主体部分是齐言词调,剩下的多是王一元抄录《词律》的时候不够仔细,即使在"补编"中加以补充,仍有不少遗漏。在全本最后有"一调各体",上面记录了每调应有的分体数目,与《词律》是完全对应的,比如"《朝玉阶》二首:五十九字、六十字。""《八六子》五首:八十八字、九十字、八十九字、八十四字、九十一字。""《法曲献仙音》二首:九十一字、九十二字。"但实际正文中《朝玉阶》第一体、《八六子》第二体、《法曲献仙音》第一体并没有收录,当是无心之失。

全书较《词律》新增的词调仅有四调：杨慎《误佳期》《落灯风》、徐渭《鹊踏花翻》、顾贞观《踏莎美人》。这四调皆已见于《填词图谱》，《词律》也多有提及，如杨慎《误佳期》就是出现在《词律》中《竹香子》一调的"附论"之下，是收录了全词的，所以《词家玉律》多出的这四调也不能算增辑。很有意味的是，在《词家玉律》中，这四调的作者皆署"无名氏"。这四调在《填词图谱》中作者标注得非常清晰，王一元在序言、漫言中明确提到自己是阅读过《填词图谱》的，何况《词律》中对这些明清词调的作者也有很清晰的说明，王一元一定是知道真实作者的，并且四调皆为"无名氏"，排除了笔误疏忽的可能。王一元明知这些词调的作者，却仍改作"无名氏"不知是出于何种考虑，尤其是这些作者中还有王一元的梁溪同乡顾贞观，更令人觉得有些不可思议。

王一元其实并不具备编纂词谱的能力，其序言第一句就能窥见端倪："余不解音律而雅好填词，刻羽引商，惟谱是赖。"真正对词调声律有一定了解的作者是要模拟、解析唐宋词人原作的，王一元作为一部词谱作者，填词却"惟谱是赖"，这是不合理的。结合王一元抄录《词律》却以为是自己编写了一部词谱的情况来看，笔者认为由于与当世主流词坛的距离较远，王一元可能并不是很清楚编写词谱应遵循哪些学术规范。王一元于会试放榜之后开始编书，新科进士必然应酬不断，然而当年七月初一书就编成了，历时最多两三个月。《词家玉律》全书多达十六卷，以两个月的编撰时间来看，此书表现出的抄袭、疏漏情况并不使人意外。

三 《词家玉律》的制谱细节

《词家玉律》与《词律》的例谱相似，不标具体字声，在例词上标注韵、句、读。韵、句后用"〇"标注，韵旁注"叶"，读用"·"标注。要强调的是，由于王一元抄录过于粗疏，只有少部分读使用了"·"，大部分读都没有标出或标成了"〇"。与《词律》不同的是，《词律》用"可平""可仄"来表示可通融处，而《词家玉律》将两者统一为"平仄不论"，用"丨"表示。

例如《月上海棠》陆游一体：

> 兰房绣丨户厌厌病〇仄叹春醒和丨闷甚时醒〇叶燕子空归〇几曾传玉关春信〇叶伤心处〇独展团窠瑞锦〇叶　薰笼消丨歇沉烟冷〇叶泪痕深·展丨转看花影〇漫拥余香〇怎禁他峭寒孤枕〇西窗晓几声银瓶玉井〇叶①

---

① 〔清〕王一元《词家玉律》中调二。

此谱除了句、读之处有不少缺漏以外，整体与《词律》的标注是一样的。《词家玉律》中句读缺失的情况非常普遍，此调的情况是比较有代表性的。

在王一元的漫言中谈及具体制谱的共有三则，这三则其实都有一些问题。第十一则言此书标注了上声、去声：

> 平仄二音不可混乱，人皆知之，至于上去入三音，填词家大约通用。《词律》于各调中多为拈出，吟咏数过，更觉神采跃然。作者苦心一一传出，几于僧繇点睛矣。红友真金荃功臣哉。余遵其论，于或上或去处，用小绿圈识之。①

王一元宣称要标注上声、去声，然而纵观全书未见有此体例，不仅一般的上声字、去声字没有标注，《词律》里强调的上、去声的"绝妙处"也没有标注。比如《词律》言《卜算子慢》柳永一体"'渐老''对晚''念远''念两''纵写''万种'等用六个去上，妙绝"②。但《词家玉律》中的同一首词并没有任何特殊标注。

第十八则言将换头二字误入上片的改入下片：

> 《词律》各调有因旧词所载，将换头数字误入前段者。考订既明，原非臆断，红友尚仍其旧，余则竟行改正矣。③

此例在书中确有，但全书仅有四处，皆依《词律》所言更改。《词律》中有一些考证换头句上、下片归属的论述，有一些词调万树已经按自己的判断做了更改。例如《临江仙》九十三字一体："旧刻将'萧条'二字缀于前段之尾，传误已久，此正是换头处，今为改正。"④《碧牡丹》："'事何限'是换头起句，子野、正伯各词皆同，因旧刻误连前结，《图谱》因之，谬矣。"⑤但是还有一些词调万树并不完全确定，所以只是在论述中提及，例词上没有更改，共有周邦彦《隔浦莲近拍》、柳永《镇西》、陈亮《彩凤飞》、柳永《洞仙歌》（一百二十三字体）、柳永《笛家》五调。王一元遗漏了《彩凤飞》，所以实际上这条漫言所指的就只有四调。

这种改动没有什么原创性可言，但更大的问题是，即使是这四调，也是有问题的。第一，《词律》的判断不一定正确。比如柳永的《笛家》上片末"别久"二字在汲古阁本与劳抄本中都是归于上片的，朱雍的《笛家》在此处为"立久"，也是归于上片的，万树的猜想并不一定正确。第二，万树也非常清楚地表明了自己对这些猜想并不肯定，所以并不是王一元宣称的已经论定。例如《词律》

---

① 〔清〕王一元《词家玉律》漫言。
② 〔清〕万树《词律》卷三，清康熙二十六年堆絮园刻本，第35页。
③ 〔清〕王一元《词家玉律》漫言。
④ 〔清〕万树《词律》卷八，第7页。
⑤ 〔清〕万树《词律》卷十一，第10页。

载《隔浦莲近拍》下注:"愚谓'水亭小'三字是后段起句,观千里和词'野轩小'属后段可信,盖前尾不宜有此赘句,用作换头为妥。然各家如放翁、梅溪、竹屋海野、梦窗属后起,则此句自来传刻参差,无有定例。不敢凿然,姑仍旧系于'池沼'之下。"①万树说得很清楚,有放在前段的,也有放在后段的,慎重起见,没有乱改原词,这显然是值得赞扬的做法,王一元实是曲解了万树的意思。

最后再来谈一谈漫言第十二则:

> 《词律》一书考订精详,其注可平可仄处,宁严毋宽,具有深意。余取诸家词对勘,略加通融,未审得其平否。②

这则例言很有迷惑性,"取诸家词对勘,略加通融"听起来仿佛做了修订,使读者对此书抱有很大期待。然而,万树《词律》正是由诸家词集对勘而来,已经关注到了绝大部分常见词集、词选,收录的文献数量虽然相比晚出的《钦定词谱》来说仍有不足,也当不会少于身处关外的王一元。王一元在没有新的文献底本的情况下,斧正万树结论的可能性很小。就实际情况来看,《词家玉律》"可通融处"的标注与《词律》不同的地方多是疏漏所至,偶有王一元有意修改,情况也不尽如人意。比如《渔歌子》"斜风细雨不须归"一句,《词律》没有标注可平可仄,而《词家玉律》除韵脚外前六个字全标可以通融。这种一句全可通融的做法是万树极力反对的,此句本应是七言律句,有填"仄仄平平仄仄平",也有"平平仄仄仄平平",王一元能做出这种全句平仄不论的谱,足以说明其并不能完全读懂《词律》。

仔细阅读此书可以发现,书中存在大量因抄录导致的字句错误。比如柳永《思归乐》抄成了"思乐归",柳永《浪淘沙令》抄成了"浪淘沙念",吴文英《花上月令》抄成了"月上花令",李琳《六幺令》抄成了"六幺子",葛立方《春光好》"禁烟却酿春愁"调名抄成了"春方好",杨缵《八六子》"怨残红"调名抄成了"八十六子"。字句错误虽然在所难免,但如此多的调名错误足见编者的粗疏,甚至可以说,王一元抄录完成后,可能自己都没有阅读过一遍,否则这样明显的错误重新誊抄一页即可,当不至此。正文中的字句疏漏也很多,比如黄庭坚《品令》第一句"凤舞团团"抄成了"风舞团团"。再如《江城子》一调本为"晚日金陵岸草平,落霞明,水无情",王一元误作"落日金陵岸草平。落霞明,水无情"。"落日""落霞"明显相犯,这是抄录才能犯的错误,只要读过一遍就能发现。一般来说,编纂词谱要对一个词调的多首同体词作进行平仄、句读的比

---

① 〔清〕万树《词律》卷十一,第9页。
② 〔清〕王一元《词家玉律》漫言。

较，文字尚且有错也就谈不到校订字声，如果依王一元漫言中所说，他真的采用了多家词集参校，这些字句错误在第一轮互校中就会发现，不至于有如此多的错漏。

还有很多错误是因机械抄袭导致的。比如《青玉案》张槃词本六十八字，因《词律》误标六十七字，《词家玉律》亦作六十七字，小注又言"此系六十八字，误在此"。同样的情况还有黄庭坚《少年心》"心里人人"词，本六十七字，因《词律》误标六十六字，《词家玉律》亦入六十六字，小注又言"此系六十七字，误在此"。万俟咏《卓牌子》本九十五字，《词律》误标九十七字，《词家玉律》亦入九十七字，又注"此系九十五字，误在此"。究其缘故，当是王一元以正楷一列二十字抄写，三列即六十字，抄完之后才发现与前后词作有字数差异。出现这样的小注正说明此书的"编写"是一次性完成的，没有经过编排、调整、誊写等过程，只是机械照抄《词律》，抄之前甚至连字数都没有数过，抄完以后发现字数有异，这才以小注标出。

《词家玉律》中有些词调下有简短的按语，也都是《词律》按语的原话或缩写。例如《词家玉律》载《解红》："似前调三种而二三句平仄略拗。"《词律》载同体词："似前三调而第三句平仄略拗。"①再如《词家玉律》载《赤枣子》注："第二句与《捣练子》平仄相反。"又《桂殿秋》载："三四句与《赤枣子》平仄皆反。"这也是《词律》的缩写："第三句《捣练》用'仄仄平平仄仄平'，《赤枣》反是，《桂殿》则两者不拘。后二句《捣练》《赤枣》用'平仄平平平仄仄''平平仄仄仄平平'，《桂殿》反是。"②

综上所述，判断《词家玉律》对《词律》抄袭情况的主要原因有两点：第一，其内容没有超出《词律》之范围，是全本抄录；第二，从字句细节判断，王一元是直接抄录《词律》的，并没有经过先期的比较研究或是如其序言、漫言所说的词集校勘。

结　语

知晓此书的学者大多对这部稀见词谱稿本抱有期待，如王蕴章所言："一元以并世之人而纠正其误，必有可观。"③系统阅读过此书的学者尚少，就笔者所见，《词家玉律》的实际情况恐怕是有些令人失望的。《词家玉律》虽然将《词律》原来的例词顺序做了调整，但这并不困难。《词律》本来就是以字数为序

---

① 〔清〕万树《词律》卷一，第16页。
② 同上书，第15页。
③ 红鹅生《梅魂菊影楼词话续》，《春声》1916年第3期，第4页。

的,只有少数词调因为"合调"的原因没有完全按字数排列,而且《词律》每首例词前本就都标有字数,重新编排并不需要花费很大力气。也有学者认为此书为未完之稿,但是从现有的情况来判断,《词家玉律》作为《词律》抄本,其实是不可能刊刻的。这本书编纂之初就是从抄录《词律》开始的,即使在康熙年间,也是比较严重的抄袭行为,如果因此盈利,必然会引起《词律》书版所有方的声讨,此书如果在学林流传,人们必然也会发现王一元的抄袭行为。王一元进士出身,断不会因为业余爱好而坏了名声,所以这部《词家玉律》在抄完之后立刻就被雪藏了,无人提及,也无人知晓。不过,王一元并没有掩饰其对《词律》的推崇,这种抄袭不是恶意的。缘由如前文所言,王一元生于梁溪,长于关外,与南方的主流词学群体距离较远,不是很了解编纂词谱有哪些方式、有哪些学术规范,《词家玉律》表现出的真实情况与其生平经历是完全吻合的。

张惠言手稿《应酬诗》辑考

徐新武 裘 石[*]

【内容提要】 武进庄鹤礽家藏《阳湖张惠言先生手稿》，先后经张惠言侄张曜孙、曜孙婿庄允懿（心嘉）、外孙庄钟澂（秉瀚）等迭藏护持，其间范当世、庄蕴宽、杨长年等人皆得睹此册而为撰跋，庄氏后人庄鹤礽1949年前赴台而独携此册，可见珍秘之极。张惠言古文、词大抵已刊行于《茗柯文集》，惟其诗歌未见刊本及各整理本，亦少为研究者所注意。《手稿》录张氏《应酬诗原稿》一册，计诗十七首，这直接提供了张惠言"被动"写诗时的一个样貌，对补苴张惠言的作诗轨迹、生平交游乃至其诗学思想皆有十分重要的参考价值。《应酬诗》主要内容为赠答、课试、题图，涉及与倪模、阮承信、刘大观、李㻫等人的交游，当为张惠言嘉庆四年（1799）中进士以后至嘉庆五年秋宦居京师、辽海期间所作。张氏诗歌是典型的学者之诗，带有浓重的复古气息，其勉力为诗，生硬粗犷之处十分明显，但亦有质朴可喜的一面。

【关键词】 张惠言 手稿 《应酬诗》 价值

一 《阳湖张惠言先生手稿》递藏流传考

1976年，旅台武进同乡会决计影印庄鹤礽旧藏《阳湖张惠言先生手稿》，先交台湾学古斋文物印刷社影印出版，后收入《近代中国史料丛刊续编》第六十九辑。《手稿》收录张惠言《手钞自定文》两册，文十七篇；《茗柯词原稿》一册，词四十七阕（较通行刊本多一阕）；《茗柯应酬诗原稿》一册，诗十七首。《手稿》扉页有程沧波题签并程氏《影印张惠言先生手稿序》，卷首另有庄蕴宽、杨长春二人跋语，庄跋后有"思缄""毗陵庄氏"二印。庄蕴宽（1867—1932），字思缄，阳湖人。曾任广西平南知县，庄跋即作于此时。跋云："辛丑岁，蕴宽摄官南平，函约族叔秉瀚于广州，瀚叔以新秋三日乘小轮来过。……夜半出皋闻先生

---

[*] 徐新武，中国计量大学人文与外语学院讲师。裘石，浙江大学人文学院博士研究生。

传世作共读之,乐甚。"①辛丑即光绪二十七年(1901),庄跋即作于是秋,跋中另述庄秉瀚舟没于水而极力保存《手稿》事,不具录。又杨长春亦曾睹此稿,其跋作于戊申(1908)三月,谓"庄秉瀚观察插架万卷,独珍秘是编,不轻示人,以春略能为文,得以优读。观察手加护乘,拂拭蠹蚀痕,珍惜备至……今与观察别有日矣,爱书数语归之"②。综上,知《手稿》为阳湖庄秉瀚旧藏,秉瀚族侄庄蕴宽、好友杨长春曾予借观。庄钟澂,号秉瀚,其父为庄允懿(？—1919),字心嘉,监生,光绪末年曾署广东前山同,民国初年曾参与勘探澳门界务。范当世与庄秉瀚交尤密,其曾睹秉瀚家藏《茗柯文集》手写稿,并为撰跋,其《题茗柯文集手写本》云:"是四编三册者,皆先生手写定之稿,其自《文质论》以下十八首为一册,盖集外之文,观之可以得其去取之雅意。先生犹子仲远先生,为庄君心嘉之外舅,庄君之子秉瀚持视余。"③张曜孙(1808—1862),字仲远,号升甫,阳湖人。张琦子、张惠言侄,道光二十三年(1843)举人,官至湖北督粮道。有《升甫词》三卷,另辑《同声集》。张曜孙与庄受祺交密,其女适受祺子允懿(心嘉)为妻,故张曜孙为庄秉瀚外祖。至此,我们大致可以梳理出张惠言手稿在阳湖张氏、庄氏家族的基本流藏情况。张惠言殁后,其《手稿》原为张氏家藏,经其弟张琦、其侄张曜孙流传至姻戚庄受祺家,又经受祺子允懿、孙钟澂(秉瀚)及庄氏后人庄鹤礽迭相护持而得以保全。庄鹤礽当为秉瀚后人,抗战期间曾任三民主义青年团上海支团书记,后赴台任国民党台湾省党部副主委。其赴台之时独携皋文《手稿》,可见珍爱备至。

  张惠言并非不能作诗或无诗作留存,保存下来的《应酬诗》即是其"能诗"的明证,然而《应酬诗》并未刊刻流传,以至后人所知甚少。张惠言或其后人为何不刻其诗,这背后又有何隐情？实际上,张惠言在其《杨云珊览辉阁诗序》中早已夫子自道:"余学诗久之无所得,遂绝意不复为""余不工诗,岂足以论云珊之诗"④。其《应酬诗》另有《李沧云府丞见赠长句次韵奉酬》,亦自谓"自问善诱喜且汗,愧我骨性非诗人"⑤。这并非自谦之词,或因学诗久无所得,或对其应酬诗

---

  ① 〔清〕张惠言《阳湖张惠言先生手稿》卷首庄蕴宽跋,《近代中国史料丛刊续编》第六十九辑,台北:台湾文海出版社,1979年,第7页。
  ② 〔清〕张惠言《阳湖张惠言先生手稿》卷首杨长年跋,《近代中国史料丛刊续编》第六十九辑,第11—12页。
  ③ 〔清〕范当世《范伯子文集》卷七,马亚中、陈国安校点《范伯子诗文集》,上海:上海古籍出版社,2003年,第504页。须注意,范当世当日所见《茗柯文集》手写本并非今日流传之张惠言《手稿》,其所谓"自《文质论》以下十八首为一册,盖集外之文",并未见庄鹤礽所藏之《阳湖张惠言先生手稿·手钞自定文》,或别有所本,或范氏当日所见皋文手稿更夥,而庄氏后人在流传过程中有所遗失,以至今本不存。
  ④ 〔清〕张惠言《茗柯文三编》,〔清〕张惠言著,黄立新校点《茗柯文编》,上海:上海古籍出版社,1984年,第114页。
  ⑤ 〔清〕张惠言《阳湖张惠言先生手稿·茗柯应酬诗原稿》,《近代中国史料丛刊续编》第六十九辑,第156页。

稿并不惬意,而最终存以手稿而未刻,这或是不善为诗而有意藏拙的一种方式。

杨长年跋又谓"先生殁于嘉庆七年,岁在壬戌,年四十又二,距手定是稿才四年耳",据此则《手稿》当编定于嘉庆四年(1799),然《应酬诗》中最晚之作《五月十日李府丞招饮纪之以诗次和原韵》,据考当作于嘉庆五年五月十日,故《手稿》定稿当在是年以后,杨氏跋不确。《手稿》编成不久,张惠言即下世,其身前除《茗柯词》与弟张琦《立山词》合刻于嘉庆二年以外,文稿俱未刊刻。由于张惠言在古文、经学方面的影响力,这两方面的著作自然是被后人首先关注的,其文稿早年刻本如嘉庆十四年阮元序刻本《茗柯文编》、嘉道间刊《张皋文笺易诠全集》、道光三年(1823)杨绍文所刻《受经堂汇稿》收乃师《茗柯文编》附《茗柯词》等皆注重其文稿的辑刻。再加上《应酬诗》仅存数十首,不成规模,故门弟子及后人抑或有意藏其拙而不刻。此外,张惠言《手稿》始终由阳湖庄氏家族秘藏,外人很难一睹,自然也不知晓皋文能诗,且有诗作留存。庄鹤礽赴台后,随身携带此稿,后旅台武进同乡会筹资影印,而《应酬诗》终于重见天日。

二 《应酬诗》的主要内容与价值

《手稿》中所书茗柯文、词皆已刊行于《茗柯文集》,惟《应酬诗》未见刊本及各整理本,亦少为研究者所注意[①]。研究张惠言经学、古文与词者,又几乎不及其诗,甚有论者谓皋文一生未有诗作[②],这与张惠言作为经学大家、阳湖文派开创者以及常州词派的开山祖师等身份并不相应。因而,对《应酬诗》的整理研究,对补苴张惠言的作诗轨迹、生平交游乃至其诗学思想皆有十分重要的参考价值。

《应酬诗》主要内容为赠答(七首)、课试(五首)、题图(三首),另有寿诗、咏物诗各一首。其中课题之作注明大课、小课以及诗作排名,成绩最好的一次为《赋得玉壶冰》五言八韵诗,得大课第一名,而成绩较差的一次为《赋得土美养

[①] 复旦大学图书馆藏稿本《笺易注元室文集》五卷,附《茗柯诗》一卷、《词》一卷及《拟名家制义》一卷,前有张琦跋语,知张惠言确有《茗柯诗》一卷,稿本未刊,此卷诗当即本文所论之《应酬诗》,惜未详二稿本源出之关系。金武祥《粟香五笔》卷二载"武进张皋文编修惠言以经术文章名,刊有《经学丛书》十余种及《茗柯文四编》,惟诗无传本。近得其古体诗十二首,皆应酬之作,非所惬意也"(民国上海扫叶山房石印本《粟香五笔》卷二,第5a—b页)。金武祥所得之皋文古体诗皆应酬之作,当为《应酬诗》之残稿本,金武祥并录其中二首为《宜山令歌题杨右侯遗照》及《倪韭瓶同年五十寿诗》。又朱德慈《张惠言事迹新证》引《毗陵张氏族谱·大南门分世系》卷三三载张惠言事迹,其中明载张惠言著有"《茗柯诗》一卷、《茗柯词》一卷"(载《文学遗产》2018年第5期,第187页)。另冯乾《张惠言〈茗柯词〉系年辨证》据手稿重为张氏词稿系年,仅在文末补录张氏《应酬诗》诗题,未录其完诗,是为遗憾。(《古典文献研究》第九期,南京:凤凰出版社,2006年,第61—62页。)

[②] 如严迪昌先生认为"张惠言一生精力专注在经学与古文上",因而"一生未有诗作,《茗柯文编》中甚至没有论诗的文字",参严迪昌《清词史》,北京:人民文学出版社,2011年,第446、450页。

禾》,亦为五言八韵,仅得大课第六名。清代作诗课题之风兴盛,举凡诗词均有涉猎,张惠言所在的时代更是以诗课作为文人士大夫打发闲散时光、附庸风雅、锻炼诗艺、逞才炫巧的一种方式,举凡诗会结社、唱和赠答、祝寿佳节、春秋科考,文人士子大量聚集,以诗词相较量的社课成为一种常见的文学活动。张惠言参与诗课活动,亦是此一诗坛风气的体现,虽所作诗不免游戏应酬,却是其参与诗歌创作的显证。

此外,《应酬诗》中还涉及许多当时名流,主要有杨右侯、倪模(韭瓶)、阮承信(湘圃)、刘大观(松岚)、李棪(沧云)等人,这对考察张氏交游极为重要。而据诗之内容,或歌咏馆阁生活,或与达官显贵如刘大观、李棪等相酬赠,故《应酬诗》当为张惠言嘉庆四年(1799)中进士以后居京城所作。又据《应酬诗》中《研堂箴》诗序云"研堂歌卷……嘉庆四年月日,张惠言读之,为箴以系后",知此诗作于嘉庆四年。又《倪韭瓶同年六十寿诗》"即今君年已五十,我亦四十明年丁",作此诗时张惠言三十九岁,张氏生于乾隆二十六年(1761),因知此诗亦作于嘉庆四年。又《五月五日次刘松岚刺史韵》天头上注"庚申",据笔迹当为张氏自注,是"庚申"当为嘉庆五年,故《应酬诗》当作于嘉庆四年至五年之间。

就《应酬诗》的价值来看,张惠言在诗歌方面的造诣确实远逊于其经学与古文。一方面,其诗全部内容为课试、赠答、题画之什,确属应酬之具,题材单一,情韵失调,艺术价值十分有限。另一方面,张惠言的诗虽然粗糙,却和乾嘉时代的诗学风气相应,也与其古文和词作方面的复古倾向相应,以五言为主,崇古尚质,讲究辞藻,善用僻字典故,是典型的学者之诗。如《题杨右侯遗画》有句"昏鸦自有归,焉知羁雁心",意有所寓,而"翔集各有志,谁能辨高深",则颇有汉魏古诗之风神,亦清新可喜之作矣。

向之论者未及皋文之诗论,而《李沧云府丞见赠长句次韵奉酬》却表达了皋文对诗文创作的态度,诗云:"维诗道与风雅亲,骚赋古律迁流频。宋唐六代溯两汉,代有作者皆殊伦。格律有变义不变,万卉各态同分春。别裁伪体辨畛域,正始乃得观其真。"又谓"先于流派得源别,要向浇伪求真淳"。张惠言的诗学主张无疑是复古崇正的,其《诗鸢赋》云:"吾闻诗之为教兮,政用达而使专。何古人之尔雅兮,今惟绣乎帨鞶。岂缘情之或非兮,固同川而改澜。亮余志之不芳兮,虽薜茝其孰玩。曲有变而殊奏兮,言有畸而异方。……将编仁义以为藩兮,结道德而葺之。峙六义以为壁兮,楹四始以相持。"①以儒家正统诗学观之,张惠言自然强调诗教的政治功用,即"仁义道德",进而要求"诗道"接续《风》《雅》之醇,以"六义四始"为准的,但在具体创作层面,张惠言又持以多元通融的体性观念,认为诗歌体裁无论骚赋古律,自两汉至宋,代有作者,万卉同

---

① 〔清〕张惠言《茗柯文编》,第140—141页。

春。这与同时代诗坛或宗唐、或崇宋,流派纷然,门户之见而动辄意气相争,判然有别。当然别裁伪体,核心只在一"真"字,惟真才能言之有物,才能"缘情"而发,真正接近风雅正声。客观来说,张惠言的诗论观并不新鲜,杜甫《戏为六绝句》之六早已明言"别裁伪体亲风雅",其中的关键词"别裁伪体""亲风雅"皆为张氏所继承,不过张氏更强调作诗之"真淳",惜其所作甚少,离风雅之诗道尚有距离。

总而言之,《应酬诗原稿》为我们提供了张惠言"被动"写诗时的一个样貌,对补苴张惠言生平事迹和完善其诗文研究有着极大的参考价值。《应酬诗》多为社课咏物之作,这也表明乾嘉之际诗坛普遍存在的社课风尚。张惠言在诗歌方面的影响力虽远不及其古文与词,但他"别裁伪体辨畛域,正始乃得观其真"的诗学观,实际上仍是在儒家传统诗教氛围中形成的,与其经世致用的经学观、文以济世的古文观以及意内言外的词学观在内在理路上是一致的。不过也应注意,张氏自以"应酬"名其诗卷,可见其对待诗稿的谨慎态度,或如金武祥所论,皋文对其诗"非所惬意也"①。

三 《茗柯应酬诗原稿》辑考与整理

《应酬诗原稿》乃张惠言以行楷、行草书就,张氏书法早年学钱伯坰,后学邓石如,风格上"属于帖学系统"②,其神韵类赵、董。现录其手书诗稿十七首如下,简作考辨,并为系年,以飨同好。稿中漫漶不清处,仅以"□"代之,然个别词句不免识读之误,敬请方家指正。

1. 赋得"五星连珠"得"今"字,小课

璇图开圣纪,玉烛见天心。五曜分躔聚,连珠一□寻。推元闻自昔,符治□方今。照乘扶杨轴,辉渊媚汉浔。璘云含玓瓅,璧月映森森。聚舍祥何数,同光命匪谌。皇休超象缔,至德有璆琳。大瑞征箕毕,隅陬远献琛。

2. 宜山令歌,题杨右侯遗照

四座且勿喧,听我歌宜山。宜山在何许,乃在百粤间。户杂猺狪人民顽,耕作不事事剽劫,有田在草谁能芟。深林何丛丛,猛虎昼啸来腥风。吏能杀人不杀虎,虎公食人人敢怒?宜山令,来几时,麦陇四郊青满畦。

---

① 〔清〕金武祥《粟香五笔》卷二,民国上海扫叶山房石印本,第5b页。
② 曹建《晚清帖学研究》,天津:天津人民美术出版社,2005年,第97页。

昔闻合颖，今见两岐。有虎食六畜，令言罪当笞。吏被符，驱虎来，杖之阶下，两足前跪耳帖垂。宜山民，昔何愚犷今何驯；宜山虎，昔何咆哮今伏处。乃知政化不择地，蛮徼夷荒尽邹鲁。浔之水悠悠，上有千盘山。令惠在民，民思不得闲，播以图画青若丹。宜山令，亦有孙，宝君图，述君仁。用诘邦刑刑罔冤，后来者谁拜君颜，千载为吏德可传。宜山令，孰与俦，姓者杨，字右侯。

按此诗又见于金武祥《粟香五笔》卷二，文字同稿本。又今人谢永芳点校之《粟香随笔》下册，点读此诗末句作"宜山令，孰与俦姓者，杨字右侯倪韭瓶"[①]，盖与《应酬诗》第六首《倪韭瓶同年六十寿诗》粘连致误。

3. 题杨右侯遗画 画题"晚景寒雅集，秋风旅雁归"，画唯有雁而无雅

夕阳下空山，西风动疏林。昏鸦自有归，焉知羁雁心。词人写清景，此意殊可寻。一行点空碧，中有嗷嗷音。栖林虽万族，睨之若无禽。翔集各有志，谁能辨高深。永惟志士怀，浩然激素襟。

按以上三首诗当作于嘉庆四年（1799）夏秋之际。杨右侯，生平不详，其遗画所题诗"晚景寒雅集，秋风旅雁归"，乃唐张均《岳阳晚景》诗中句，张均乃张说长子。

4. 赋得"土美养禾" 得"时"字，七月廿六，大课第六名

要识栽培意，凭观树艺时。嘉禾原并种，沃土有偏滋。自运阴阳德，能兼雨露施。品田推上用，论岁岂迟迟。长育资神化，中和应物宜。广生真不习，大造本无私。坤载符天德，灵图告帝期。作人征雅化，长愿奉轩墀。

按此诗当作于嘉庆四年七月二十六日。

5. 赋得"露下天高秋气清" 得"高"字，七言六韵，八月二十大课第三名

虚檐暮色净尘嚣，玉露三更点客袍。秋到中分知气爽，城临尺五觉天高。清光早许层楼得，凉意先容独夜叨。伫月几人攀桂苑，临风何处问兰皋。椅桐朝涊恩方湛，阊阖霄通路可翱。彩笔怪来干气象，洗兵银汉入拈毫。

按此诗当作于嘉庆四年八月二十日。

---

① 〔清〕金武祥著，谢永芳校点《粟香随笔》下册，南京：凤凰出版社，2017年，第888页。

6. 倪韭瓶同年六十寿诗①

大雷岸头有倪生,长髯一尺双瞳青。读书往往追许郑,一字考校穷诸经。拄床撑屋尽积卷,吉金乐石纷纵横。尤有癖嗜古莫比,考论刀布搜泉名。高阳之金太公货,肉好分寸详模形。乾隆年间岁壬癸,与君联袂游春明。四门博士饭不足,三载共食盘盂倾。君时蓄泉苦汲汲,日走街市无时停。徘徊常使僮仆笑,驱遣每令儿童争。归来一一书作谱,商文权字如渭泾。相如献赋苦未成,五斗薄禄何足营。飘然拂袂归江汀,余亦遁迹穷南征。长安三月花冥冥,六年重见世事更。龙门老树枝还荣,人生得失浮云轻。巢父掉头入东溟,高气令我心神清。题君泉谱送君去,鸿鹄寥廓高天晶。君之生辰我同物,招摇在子维周正。每逢初度忆前事,学舍朝旭辉窗棂。到来一笑互相寿,间处岁月殊安宁。要我同归结邻里,菜甲正熟餐吴秔。年年此日一樽共,江海浩荡寻鸥盟。即今君年已五十,我亦四十明年丁。买山何时计迂远,有田羡尔真归耕。北风悠悠南雁鸣,作诗远将介兕觥。明年迟我泛舟去,同折梅花江上行。

按此诗又见金武祥《粟香五笔》卷二,文字与手稿小异,诗题"倪韭瓶同年六十寿诗","六十"金武祥录作"五十";"买山何时计迂远"句,金武祥录作"远迂"。又倪模(1750—1825),字迂存,一字预抡,号韭瓶,安徽望江人。嘉庆四年(1799)与张惠言同年中进士,官凤阳教授,喜藏书,有藏书楼名"江上云林阁",编有《江上云林阁书目》四卷。据倪氏《江上云林阁自序》,其先后与同乡王灼、王宗诚往来,中进士后同年石韫玉、张惠言、鲍桂星等交,又与洪亮吉、孙星衍、冯敏昌、张问陶等交善②。又按倪模生于乾隆十五年(1750)十一月二十六日,据前考张惠言此诗当作于嘉庆四年八月二十日以后、倪模生日之前,又据诗中"即今君年已五十,我亦四十明年丁",可知此诗是为预祝倪氏五十大寿而作,并非如诗题"六十寿",另外诗题下已有名为"心卢"者注为"六宜作五",是张氏作此诗时尚未详考致误。

7. 研堂箴

研堂歌卷,杨斐园别驾受之其尊府可庵先生,以传之子孙者也。嘉庆四年月日,张惠言读之,为箴以系其后,辞曰:

石之礐确兮,琢之则贞。木之朴樕兮,室以之成。夫孰无研兮,孰且

---

① 题下注:"六宜作五,心卢。"此处笔记与张氏手稿不一,当非张氏自注,"心卢"未审何人。卢或作庐。

② 〔清〕倪模《江上云林阁书目自序》,刘尚恒、郑玲《安徽藏书家传略》附录一,合肥:黄山书社,2013年,第272页。

无堂。以堂居研兮,世德之将。申之以诗兮系以文,训言孔明兮遗其后人。故受之者,毋曰余贵,维德之类,孰是肯堂而其构不大;毋曰余文,维德不勤,孰是贞石而其光不新。战战蹑蹑,以有勿败,受兹匪荣,用志永诫。守贵以廉,视尔大参,守文以方,视尔素堂。研之用不匮,诗之志不坠。方交司箴,敢告执笥。

按此诗当作于嘉庆四年(1799)秋冬之际。按杨维坤(1666—1745后),字地臣,号研堂,一号素堂、安定居士,江苏武进人,有《研堂诗稿》,其中《拾遗》部分附《赠言》一卷,中有潘玠(长卿)作《研堂歌》,中有"研堂我友读书处,牙签插架万卷充"①,因知"研堂"乃杨氏读书处,又名"素堂"。杨长年《阳湖张惠言先生手稿跋》亦云:"集中《研堂箴》,我杨氏故寓也。"又张远《书研堂记后》记"毗陵大参杨公以研遗其后人,其孙杨子以名其堂"②,因知杨维坤祖曾以砚遗其父杨可庵,而维坤复受研于可庵,并以其名建堂记之。

8. 赋得"玉壶冰" 得"如"字,五言八韵,十一月初六大课第一名

皎澈光由洁,空明鉴在虚。玉原将德比,冰亦拟心如。况复双清合,凭看一片储。寒加为水后,润出蕴山初。错致晶花密,盘纡雪缕舒。月疑随老蚌,露欲滴方诸。大宝知能受,澄辉不讶疏。素怀宁敢化,珍重获瑶琚。

按此诗当作于嘉庆四年十一月初六日。

9. 赋得"黄钟为根本" 得"钟"字,五言八韵,十二月初一大课

子半微阳始,元初四德崇。统天由赤纪,制法本黄钟。度量榘无爽,钧衡数尽逢。纵横求秬黍,高下立均钟。冪径周还九,清宫候白童。合中符五六,贞岁继春冬。本以声为律,何殊义作从。八能调圣治,长此颂时雍。

按此诗当作于嘉庆四年十二月初一日。

10. 题阮湘圃太老师三花图小照

草木有殊理,能为君子容。紫芝怀商皓,带草依郑公。吾师专钧和,毓物如春风。搴薿既盈亩,树杜亦千丛。众芳发其英,三花动昭融。清心与莲静,馨德比兰崇。甘露名最佳,泽物彰元功。婀嬛有老仙,佩茝纫蘅

---

① 〔清〕杨维坤《研堂诗稿·拾遗》卷末赠言,《清代诗文集汇编》第219册,上海:上海古籍出版社,2010年,第357页。又参《江苏艺文志·常州卷》,南京:江苏人民出版社,1994年,第281—282页。
② 〔清〕杨维坤《研堂诗稿》,《清代诗文集汇编》第219册,第311页。

劳。持以引曼寿,为乐无终穷。

按此诗当作于嘉庆四年末至五年春夏之际。阮承信(1734—1805),字得中,号湘圃,江苏仪征人,阮元之父,有《呻吟语选》二卷。①

11. 五月五日次刘松岚刺史韵②

周鼎与康瓠,分谁列筵几。郢中和巴人,楚客唱流徵。物性自有适,遭尚徒为尔。我读《离骚》篇,兴言怀美子。昌舜发奇服,钩带挽抢履。至今一尊蒲,谁解撷湘芷。芳馨自易沫,皓质我何恃。百年亦浮云,古今一川水。贾生苦赋服,投吊情何已。子云劳识字,纵记漫高企。悲达两为蔽,减谷纷难理。不如乐今夕,醉乡几千里。

按此诗天头上注"庚申",即作于嘉庆五年庚申(1800),是年五月五日与刘大观相唱酬。刘大观(1753—1834),字正孚,号松岚,山东临清州邱县人,官至山西布政使,与钱大昕、张问陶、张惠言、黄仲则、洪亮吉、阮元等交好,有《玉磬山房诗文集》。本年四月,张惠言出山海关,奉命诣盛京,索居辽海③,约于秋间返京。又据《刘大观年谱考略》,张惠言作此诗时,刘氏正在宁远(今兴城)知州任上,因杨和春控案受盛京刑部质询,遂于闰四月十七日抵沈阳④,故张、刘二人之交并以诗相唱酬必在沈阳,时间约在四月下旬至五月上旬。又手稿《茗柯词》有《念奴娇》(海云一朵),词序云:"东方之美者,有医巫闾之珣玗琪焉,今锦川文石殆是也。刘松岚刺史见赠一枝,周圆内好,作水云漾月之文,莹澈可爱,赋此酬之。"刘大观赠玉石予张惠言,张氏作词报之,亦当在本年夏秋之际。

12. 李府丞沧云强属作诗,因次其集首拟古四章韵(四首)

南禽望日徂,朔鸟候春还。偏隅限物性,判决天与泉。处之一乖方,局促天地间。大哉造化心,物与覆载宽。坎蛙方海若,各自得奇观。

东风乘青条,百草羊其香。曜灵□朝穹,百幽被其光。有谷独不照,有□独不芳。曷不均陶甄,俾之共仿伴。岂非天地憾,念之使我伤。

大鹏起穷□,九台凌缥缈。□然集大□,乃睹希有鸟。东王与西母,两□霞已了。不食□不鸣,讵矧羽毛好。方知逍遥游,求穷□气表。

龙门有奇树,宋意斫为琴。明徽昔善手,清息唱悲音。匪娱听者耳,贵抒弹者心。心苦杂为调,一弹涕沾襟。成连可同归,海水深复深。

---

① 《江苏艺文志·扬州卷》上册,第464页。
② 此诗题天眉处注有"庚申"二字,据笔迹,当为张氏自注。
③ 谢忱《张惠言先生年谱》,《常州工业技术学院学报(社会科学版)》1998年第1期,第50页。
④ 许隽超《刘大观年谱考略》,北京:人民文学出版社,2013年,第75、80页。

按李楘,字沧云,江苏长洲人,乾隆三十七年(1772)进士,有《惜分阴斋诗钞》。本年二月任奉天府丞兼学政,四月二十二日接印行事①,本年四五月间,张惠言居沈阳,二人之交当在此时,沧云《拟古》四首见其《惜分阴斋诗钞》卷一《平江集》卷首,是集题下注"甲戌至乙酉",因知《拟古》作于乾隆甲戌(十九年,1754)年。

13. 李沧云府丞见赠长句,次韵奉酬

维诗道与风雅亲,骚赋古律迁流频。宋唐六代溯两汉,代有作者皆殊伦。格律有变义不变,万卉各态同分春。别裁伪体辨畛域,正始乃得观其真。先生诗才本学术,陶冶情性和其神。海涵地负富生蓄,珠贝玓珠罗奇珍。泉源涌出不择地,波澜怒起轩无垠。手持玉衡周四海,历览楚蜀观周秦。川腾岳踊入吟笔,光气着纸争鲜新。缥装缥里十六卷,斡运造物开洪钧。贱子读书苦不勇,泛滥沧海鹜涯津。每当下笔辄自耻,若对文石羞罢民。以兹笔砚遂焚弃,一扫下乘声闻因。竭来辽左得请益,示我轨辙堪徇遵。先于流派得源别,要向浇伪求真淳。自问善诱喜且汗,愧我骨性非诗人。先生学术世莫比,岂特文字严醇醲。杜陵许身稷与禼,廊庙仰望参调均。车攻六月古有作,韩碑柳雅何其纯。他年珥笔纪殊绩,愿从大雅扶华轮。

按以上五首诗当作于嘉庆五年(1800)五月初五至初十日之间。

14. 五月十日李府丞招饮,纪之以诗,次和原韵

当代推元礼,龙门雅望深。何人论钜集,不数惜分阴。(下注"府丞诗集《不惜分阴》"。)六度持衡鉴,双旌出海岑。观民到藜薄,问字盍□簪。闭阁分书草,开尊集艺林。客来先索句,礼简许披襟。绮候过湘黍,熏风应妙琴。暄妍名士气,长卷使臣心。筋政何须理,宾筵岂待箴。坐深迟顾菟,山晚动栖禽。凤有文章癖,恭闻正始音。十年仰山岳,千首诵璆琳。况结应刘契(下注"谓刘刺史松岚、徐大令栗斋"),同为吴会吟。当歌情顾盼,怀古意萧森。此会应难偶,他乡思可禁。预愁离别处,黄菊一篱金。

按此诗当作于嘉庆五年(1800)五月十日。按徐之宽,字南度,号栗斋,浙江桐庐人。

又《应酬诗》下附对联五首,现一并录下:

1. 赠宁远刺史刘松岚

千里独来觇古治,万山初起得诗人。

---

① 许隽超《刘大观年谱考略》,第87页。

2. 送丁小山之官江西

送君两度仍为吏,传子一经今教孙。

按丁杰(1738—1807),原名锦鸿,字升衢,号小山、小雅(一作小疋),浙江归安人。乾隆辛丑(四十六年,1781)进士,官宁波府教授,与戴震、朱筠、翁方纲、邵晋涵、程晋芳等交善,有《小酉山房文集》。张惠言曾为丁氏《郑氏易注后定》撰序,赞其所著"一字之异,必比附群书以考其合"[①]。

3. 赠李沧云府丞

尽收五岳归诗笔,时有三都乞叙文。

4. 送管象九之官

三花伫结齐年社,一叶应传到处清。

按管象九,俟考。

5. 寄王□□[②]同年

忠信之统富恭有本,安静之吏悃愊无华。

---

① 〔清〕张惠言《丁小雅郑氏易注后定序》,《茗柯文编》二编卷上,第60页。
② 原缺。

《王静安手录词曲书目》稿本初探

梁 帅

【内容提要】《王静安手录词曲书目》是王国维亲手编订的词曲目录,书目编于1912年夏至1916年2月王国维离开京都之间。书目的著录项丰富,且在词曲名称、卷数、册数的写定上谨严周密,这与早年《静庵藏书目》有着明显区别。核检《王静安手录词曲书目》所录词曲,在结合学界相关研究成果的基础上,并注重利用《词录》《曲录》等书,可以得知此目录所记应为王国维所藏词曲。书目写订后,王国维又将其借予罗振玉,并由后者编入《大云精舍藏书目录》;在1919年春罗振玉返回国内前,京都大学再将其录副,即《罗氏藏书目录》。由于王国维曾将所藏词曲赠予罗振玉,受这一事件的影响,学界对《大云精舍藏书目录》《罗氏藏书目录》的编订多有失实考察。从《静庵藏书目》到《王静安手录词曲书目》,可窥见王国维词曲研究的学术转向,并一观其戏曲与词学研究的学术际缘。

【关键词】 王国维 罗振玉 《王静安手录词曲书目》 《大云精舍藏书目录》与《罗氏藏书目录》

宣统三年(1911)秋,王国维(1877—1927)与罗振玉(1866—1940)携家眷同赴东瀛避难。1916年2月迫于生计所需,王国维先于罗振玉返回国内,"自辛亥十月寓居京都,至是已五度岁,实计在京都已四岁余。此四年中生活,在一生中最为简单,惟学问则变化滋甚"[①]。罗振玉则至1919年春才返回国内,"(1919年)春,谋携家返国,海东友人闻之多方絷维"[②]。初到京都,王国维、罗振玉面临的首要任务即是整理、编目从国内运抵日本的藏书,"叔翁在此现与维二人整理藏书,检点卷数。因此次装箱搬运错乱太甚,大约至明春二月方能就绪,目录亦可写定矣"[③]。

---

* 本文为国家社科基金项目"清代宗室戏曲活动研究"(项目号:20CZW016)阶段性成果。
** 本文作者为郑州大学文学院副教授。
① 王国维《丙辰日记》,《王国维书信日记》,杭州:浙江教育出版社,2015年,第735页。
② 罗继祖《永丰乡人行年录》,《罗振玉学术论著集》(十二),上海:上海古籍出版社,2020年,第419页。
③ 《王国维致缪荃孙》,《王国维书信日记》,杭州:浙江教育出版社,2015年,第37页。

关于这份目录,目前已知存世的版本有以下三种。其一,京都大学图书馆藏《罗氏藏书目录》,山鹿诚之助(1885—1956)在此书扉页上有一段识语:"从大正元年(1912)到二年交际的时候,罗振玉氏有意将其藏书寄托给京都大学,而本学附属图书馆在一段时期内保管了他的藏书,并于开始制作目录时将其誊写。"①北京大学出版社 2015 年曾影印此本。其二,稻叶岩吉(1876—1940)过录的《罗氏藏书目录》,今藏辽宁省图书馆,《中国著名藏书家书目汇刊》(2005)第 23 册据之影印,萧文立《雪堂类稿》戊集《长物簿录》(2003)、《王国维全集》(2010)第二卷据其整理。上述两部均为传抄副本,而王国维亲自编定的手稿,学界仅知有《大云精舍藏书目录》,藏于大连图书馆,西泠印社《罗雪堂合集》(2005)据之影印。关于《大云精舍藏书目录》与《罗氏藏书目录》的关系,道坂昭广指出:"这正是京大本普通目录的原本目录。"在经过比勘后,他还总结:"大连图书馆本中遗失的书页,也可在京大本中找到,以下列举笔者发现的几处。……'集部'也是一样,京大本从第四十五叶 b 到第五十三叶 b 著录有'词曲类',并有朱墨订正,说明应该存在原本,但是在大连图书馆本中并不存在'词曲类'。"②

其实,《大云精舍藏书目录》"词曲类"的底稿并未遗失,现已归入四川省图书馆,题为《王静安手录词曲书目》(下文简称《词曲书目》)。2021 年 4 月 20 日,笔者专程前往四川省图书馆翻阅《词曲书目》手稿③。该份目录不仅不见于以往诸版本的《王国维全集》,此前亦未见学界提及,因而是王国维一部极为重要的佚稿。它也是现今仅存的王国维亲自手录的两部藏书目录中的一部,另一部即为《人间词话》手稿本所附《静庵藏书目》,学界已多有熟悉④。检视《词曲书目》,虽然《罗氏藏书目录》"词曲类"是《词曲书目》的誊清稿,但二者在细目排序上仍多有相异。与此同时,目录究竟是应依四川省图书馆题为"王静安手录词曲书目",即明确所录书册为静安所藏;抑或改从"大云精舍藏书目录""罗氏藏书目录",书目反映的实为雪堂所藏词曲,这一问题又关涉到王国维与罗振玉互赠藏书一事。近年彭玉平、黄仕忠等学者多有考察王国维的词曲目

---

① 罗振玉《罗氏藏书目录》(上册),北京:北京大学出版社,2015 年,第 4 页。
② [日]道坂昭广《关于京都大学图书馆藏〈罗氏藏书目录〉》,《罗振玉藏书目录》(下册),第 243、244 页。
③ 在查阅资料的过程中,特别感谢西华师范大学蒋玉斌老师、四川省图书馆付玉贞副馆长给予的帮助。
④ 周一平《〈王国维手钞手校词曲书二十五种〉读后》(《华东师范大学学报(哲学社会科学版)》1986 年第 4 期)率先将《静庵藏书目》披露,彭玉平《〈静庵藏书目〉与王国维早期学术》(《复旦学报(社会科学版)》2010 年第 4 期)亦附有书目的整理本,谢维扬、房鑫亮主编《王国维全集》(第二十卷)(浙江教育出版社 2010 年)同样是据王氏手稿整理。近来北京出版社还出版有《王国维〈人间词话〉手稿》(2018),并影印了《静庵藏书目》手稿。

录,然均未提及《词曲书目》①。故笔者特撰此文,在厘定相关史实的同时,亦求正于诸方家。

一

《词曲书目》,《李一氓捐赠四川省图书馆藏书书目》有著录:

> 王静安手录词曲书目不分卷,王国维辑,稿本,一册,李 0224。开本 27.5 厘米×18.1 厘米;半叶十一行,行字不等。稿纸栏线外印:唐风楼校写。批校题签:茅盾题签(词曲书目/王静安手写本/茅盾为一氓题)、李一氓跋。钤印:兔(肖形印)、李(押)、李一氓、一氓五十、击楫词翰、无是楼藏书、李一氓五十后所得、一氓搜藏词书种种/一九七七年记、茅盾。②

书目总计 16 页,全文誊写于藏青色"唐风楼校写"稿纸上。开篇顶格书"词曲类",故在此之前当接续有其他类的书目。《罗氏藏书目录》的普通本书目分"经""史""子""集"和"丛书部"各一册,善本书目为"宋元本之部""钞本各部"各一册,"词曲类"位于"集"部册末尾。由此推知《词曲书目》前接续的当为《大云精舍藏书目录》《罗氏藏书目录》集部的"总集类",此后是另起一册的"丛书部"。

《词曲书目》著录有词集 10 页、曲集 6 页。词、曲内的每一类目间皆有空行,如第 2 页首起"又,前六集",上承前一页《小檀栾室汇刊闺秀词》,之后空行记柳永《校宋本乐章集》;第 5 页最后为刘恩黻《麋楼词》、朱祖谋《强村词》,第二页先空行再记赵崇祚《花间集》;第 11 页过录完《暖红室传奇汇刻》后,空行记王实甫《西厢记》。早在《静庵藏书目》中,王国维即采取了空行、分页的方法来区分不同典籍,这便于快速寻找所需文献,体现出目录务求实用的目的。

《词曲书目》的编订时间当是在 1912 年夏之后。书目著录的嘉靖李谨刊本《草堂诗余》、崇祯沈泰刊本《盛明杂剧(初集)》以及《曲录》《戏曲考原》,皆是王国维或得于、或刊于宣统元年(1909)的词曲。王国维以黄虞稷抄《梅苑》校以棟亭本完成于宣统二年(1910)夏:"宣统庚戌孟夏,以温陵黄氏藏旧钞本校勘一过。"③此书亦见于《词曲书目》。据现有文献判断,书目所记最晚的当属王

---

① 围绕此诸问题,可参见彭玉平《王国维〈词录〉考论》(《文学遗产》2010 年第 4 期)、黄仕忠、徐巧越《王国维所编〈罗振玉藏书目录〉原本及罗王互赠藏书考》(《文献》2019 年第 5 期)、黄仕忠《王国维旧藏善本词曲书籍的去向》(中国人民大学国学院主编《国学的传承与创新:冯其庸先生从事教学与科研六十周年庆贺学术文集》,上海古籍出版社 2013 年)等文。笔者在撰述过程中亦多有参考,特此致谢。
② 何光伦、何芳编《李一氓捐赠四川省图书馆藏书书目》,成都:巴蜀书社,2020 年,第 36 页。
③ [日]榎一雄《王国维手抄词曲书二十五种》,吴泽主编《王国维学术研究论集》(三),上海:华东师范大学出版社,1990 年,第 330 页。

炎《双溪诗余》："《双溪诗余》，一卷，宋王炎，钞本，一本。"①王国维曾在《词录》中著录此书："《双溪词》，四印斋本，宋王炎撰。"②1912年夏，王国维于同在京都客居的董康(1867—1947)处得见嘉靖本《双溪文集》："壬子夏，于董氏诵芬室见《双溪文集》残本(明嘉靖刊)，幸诗余尚全。因假归，令儿子潜明影写之。夏至后四日，国维记。"王潜明(1899—1926)后手录《双溪文集》的诗、词部分，"词虽不甚工，亦一家眷属也"③。由此推断《词曲书目》的编订不会早于此时。

《词曲书目》并非王国维信笔抄录，而是其有意编排。它著录词集87种、97部，曲集52种、59部，目录对词部分的倾向十分明显。词类依次为词总集、词别集、词选，曲类先后记有戏曲总集、戏曲别集、小令套数类、曲谱与韵书、戏曲目录，其体例分别与《词录》《曲录》相近。词类中首先著录的《宋六十家词》等10部词总集，与别集后的《花间集》《尊前集》词选不同，前者具有独立的版本价值。以《词录》为例，汲古阁《六十家词》、侯文灿《名家词集》、江标《宋元名家词》、王鹏运《四印斋所刻词》皆是作为词集的版本出现。如赵以夫《虚斋乐府》，《词录》著录："侯文灿《十名家词》本，元和江氏《宋元名家词》本。"④至于赵崇祚《花间集》、顾梧芳《尊前集》等，王国维多是从中辑录词作，《唐五代二十一家词集》《聊复集》《赤城词》等王国维的自辑录词主要是据它们完成。

《词曲书目》的著录项包括名称、卷数、著者、版本与册数。在词曲名称、卷数的写定上，王国维记载得颇为周密细致。如书目记有两部同名《宋六十家词》，其一为汲古阁七十二卷本，其二为钱唐汪氏重刊九十卷本。然而在复检时，王国维又作核定，并将汲古阁本改为"《宋六十家词五集》六十九卷"，汪氏重刊本改为"《宋六十家词六集》九十卷"。《词曲书目》多有对书名的调整，如《乐章集目并补遗》前补"校宋本"，"《词综》三十七卷"改为"《词综》三十卷《补》六卷"等。黄昇《花庵词选》原是《唐宋诸贤绝妙词选》《中兴以来绝妙词选》的合称，王国维起初写为"《花庵词选》十卷《中兴以来绝妙词选》十卷"，后将《花庵词选》改为《唐宋诸贤绝妙词选》。

在版本著录上，除少部分如《四印斋所刻词》《西泠词萃》《小檀栾室刊闺秀词》等习见词集未注版本外，其余皆有写明。王国维还多对版本进行复核。如《草窗词》原注为王鹏运"四印斋刊本"，后改成朱祖谋"无著盦校"；《录鬼簿》原注"影写明钞本"，后改记为"影写明尤贞起钞本"。《词曲书目》还提示了部分典籍的庋藏源流。如《词苑英华》本《词林万选》为焦循的藏书，夏言《桂翁词》则是弘晓旧物，张可久《小山乐府》钞本出自吴枚庵处，等等。王国维更尤为详细

---

① 王国维《王静安手录词曲书目》，稿本，四川省图书馆藏。下文所引皆出自此版本，不再出注。
② 王国维《词录》，北京：学苑出版社2003年版，第26页。
③ [日]榎一雄《王国维手抄词曲书二十五种》，第320页。
④ 王国维《词录》，第29页。

地记录册数,若干种合为一本时,在最末种下注明。如《词曲书目》记载了两部《暖红室传奇汇刻》,一种为十八本,另一部缺少《还魂记》。王国维原本将后者标为十四本,后改成十六本。今查光绪三十四年(1908)暖红室所刻《还魂记》确实为两本,诚如王国维所改。

通览《词曲书目》,王国维严格按照作家生年、作品刻印时间的先后顺序编排,为此他对底稿进行了许多调整。在词籍中,王国维将冯煦《宋六十一家词选》提前至王鹏运《庚子秋词》前。王鹏运生于道光二十九年(1849),冯煦生于道光二十二年,确如王氏所改。相较于词籍,曲籍部分出于顺序调整的勾画更多。王国维将明闵寓五刻《六幻西厢》、宣德刊本《周宪王乐府三种》、钞本《明剧七种》提前至汲古阁本《六十种曲》前;并将舒位《瓶笙馆修箫谱》与洪昇《长生殿》对调,前者生于乾隆三十年(1765),后者生于顺治二年(1645)。此外王国维本在眉批处一并补入汤显祖《南柯记》《紫钗记》、张凤翼《窃符记》、纪振伦《折桂记》、张叔楚《明月环》、范希哲《双锤记》、叶宪祖《金锁记》、朱素臣《翡翠园》与无名氏《金貂记》。然而在将其插入书目正文时,纪振伦前的三位被补入汤显祖后,张叔楚后的五位增入屠隆后,这与《曲录》对作家顺序的载录相一致。

审视王国维在编纂《词曲书目》时的周详谨严,这与早先《静庵藏书目》形成了迥然有异的面貌。彭玉平指出:"(《静庵藏书目》)可能只是王国维存以备查的一份简目,除了大体按照书目性质分类之外,在书写上还是颇为随意的。……大多数书目后未注明版本情况,今人欲一明版本究竟,殊为不易。故此书目的版本价值并不显著。"[1]《词曲书目》虽不求留之于后世,但的确全面、详细、准确地著录了书册。如前文所述,《词曲书目》与《大云精舍藏书目录》皆为王国维初到日本之后,协助罗振玉整理罗氏及自己藏书的底稿。这批书刚到日本时被堆放在京都大学图书馆,凌乱无序、多有损毁,罗振玉在寄给妻弟范兆昌的信中提及:"此次运动各件,大半破损,从高处掷下,可恨至极。"[2]整理目录持续了将近一年的光景,多年后王国维回忆起仍然心有余悸:"辛壬之交初抵日本,与叔言参事整理其所藏书籍,殆近一年。"[3]王国维的藏书也暂置在京都大学图书馆内,"在图书馆三楼的一个角落里,罗氏寄存的图书堆边上,整齐地摆放着数十本外文书,其中有康德、叔本华等西洋哲学家的名著,我不禁好奇地打听书的主人,当被告知这些是王君的藏书时,我才知道王君的学

---

[1] 彭玉平《〈静庵藏书目〉与王国维早期学术》,《复旦学报(社会科学版)》2010年第4期,第24—25页。
[2] 萧文立《永丰乡人家书释文》,《罗雪堂合集》第七函第二册,杭州:西泠印社,2005年,第47页。
[3] 《王国维致柯劭忞》,《王国维书信日记》,第491页。

问汲取了西哲的思想"①。初到京都的罗振玉、王国维急需清点运抵京都的书籍。当然《词曲书目》也有粗略的记述。如"臧懋循"简称"臧循","范文若"简写为"范"等,体现出目录还处于草拟的状态。

与《人间词话》手稿本相同,《词曲书目》的眉批处也出现了○△圈识符号。其中9种词集、15种曲集标有○,明刊本《盛明杂剧(初集)》标△。标○的具体细目为:词集部分,毛晋《宋六十一家词五集》(汲古阁原刊本)、张孝祥《于湖先生长短句》(钞本)、夏言《桂翁词》《嘉靖刊本》、《新刊古今名贤草堂诗余》(嘉靖李谨刊本)、《花间集》(明仿宋晁谦之刻本)、《类编草堂诗余》(嘉靖刊本)、《重刊类编草堂诗余评林》(万历刊本)、《草堂诗余》(汲古阁刊《词苑英华》本)、《梅苑》(楝亭十二种本,以明钞本校);曲集部分,《元曲选》(明刊本)、《传奇十种》(明文林堂刊本)、《六十种曲》(明刊本)、《西厢记》(明闽齐伋校刊本)、《明剧七种》(钞本)、《西厢记》(明归安凌氏朱墨本)、《乐府新编阳春白雪》(徐氏影元刊本)、《梨园按试乐府新声》(影钞常熟瞿氏藏元本)、《雍熙乐府》(明嘉靖楚憨王刊本)、《词林白雪》(万历刊本)、《中原音韵》(影写常熟瞿氏藏元本)、《音韵须知》(内府刊本)、《录鬼簿》(影写尤贞起钞本、过录明钞本、曹楝亭十二种本)。分析这些符号,王国维著录的明刊本词集、曲集全被标出○;在曲集中,除明刊本外,王国维以元、明钞本为底本的影写本也被标○。未被标识的或为习见之书,它们多刊于晚清,且以刻本、排印本居多;或为王国维的过录本,它们大多抄录于光绪三十四年(1908)至宣统元年(1909)间。

关于《词曲书目》,持藏者李一氓(1903—1990)曾撰有《王静安手录词曲书目》:

> 王静安手录《词曲书目》,计九叶。一九五五年秋,阿英同志检赠。王手写本,余别藏《唐五代二十家词》及《阳春集》。此目用"唐风楼校写"钞稿纸,不知书为王藏目,或罗振玉藏目。其中影写元镌周德清《中原音韵》,予数年前得于大连冷摊,似王原藏后归罗氏者。查《花间集》仅有明仿绍兴本,存八、九、十,三卷,别无善本。即汲古阁本与汤评朱墨本,皆《花间集》之常见本,亦不见于写目。惟曲类明刻本尚多,不知近刊《古本戏曲丛书》有漏收者否?寓布拉格,阴云密布,时值圣诞节,甚寂,因记。②

该书原题为"词曲书目",是茅盾(1896—1981)应李一氓之邀为其题签;在李一氓生前经其审定出版的《一氓题跋》中,亦作"词曲书目"。从此文得知,《词曲书目》先后经阿英、李一氓递藏。

---

① [日]日新出《海宁的王静安君》,《王国维全集》(二十),杭州:浙江教育出版社,广州:广东教育出版社,2010年,第391页。
② 李一氓《一氓题跋》,北京:生活·读书·新知三联书店,1981年,第288页。

阿英(1900—1977)，原名钱德富，安徽芜湖人。阿英早年参加革命，1930年与鲁迅、夏衍等人筹建"左联"；1941年转战苏北抗日根据地，主管新闻、文化、统战等工作；1949年后，历任天津市文化局局长、中国文联副秘书长等职。阿英是现代著名文学家、剧作家及戏剧研究学者，在词曲文献方面贡献尤著，编有《晚清戏曲小说目》《晚清文学丛钞》。解放战争时期的阿英曾在大连短暂工作，1947年9月就任大连市委宣传部文教委员会主任，并于1949年3月离任。就在阿英来大连前的不久，位于旅顺的大云藏书楼刚刚经历了苏军的一番胡乱搜检，"书已被搞得乱七八糟"[①]；加之书籍又被频繁搬运，散佚难免发生。鉴于《词曲书目》与《大云精舍藏书目录》的渊源关系，笔者认为这份目录恐还是出自罗振玉的大云楼书库。

李一氓，原名民治，四川彭县人。早年求学于大同大学、沪江大学、东吴大学，1925年加入中国共产党。1932年李一氓来到中央苏区，后跟随红一方面军参加长征。之后历任新四军秘书长、中共淮海区行政公署主任、苏皖边区政府主席，新中国成立后历任中国驻缅甸大使、中纪委副书记等职。李一氓也是知名藏书家，并担任第二届全国古籍整理出版规划领导小组组长。他在《谈〈古本戏曲丛刊〉的出版》中言及自己"原来是收藏字画的，也买一些有关词的书籍，后来也赶时髦，跟着它们竞相买小说、戏剧、木刻画"，他与郑振铎"两人也在琉璃厂争书，因为他(郑振铎)长期在琉璃厂活动，面子大，我总争不过他"[②]。在李一氓藏书中，最得其心的是词："实在的，我的书主要是词。这是从1948年在大连就开始收起了，到'文革'为止。以后看见我没有的，也还收一些，现总计2300余册。……最好的是《唐五代二十一家词》的王国维手稿本。"[③]1948年春，李一氓来到大连出任旅大行政公署副书记，并于第二年六月离职，正是在这期间他开始措意于词集的收藏。李一氓的藏书今分散在国家图书馆、四川省图书馆、成都杜甫草堂博物馆等地，四川省图书馆藏有其词类总计1114部、2313册[④]。

二

除《词曲书目》及《罗氏藏书目录》的"词曲类"外，目前已知与王国维有关

---

① 罗继祖《大云书库藏书、搜集、破坏、整理、归宿纪略》，《社会科学战线》1986年第1期。
② 李一氓《谈〈古本戏曲丛刊〉的出版》，《箫韶九成——〈古本戏曲丛刊〉编纂纪程》，北京：国家图书馆出版社，2021年，第3、4页。
③ 李一氓《李一氓回忆录》，北京：人民出版社，2015年，第301页。
④ 王嘉陵《李一氓捐赠四川省图书馆藏书书目·序》，《李一氓捐赠四川省图书馆藏书书目》，第6页。

的词曲目录还有两部。一是《静庵藏书目》的词曲部分，据彭玉平考察它编订于1909年5月之前，"汇集了王国维从儿时一直到改治词曲之时所收藏的主要书目"①。二是王国维去世后，罗振常（1875—1942）预备将王国维旧藏词曲书目分售以供"恤孤之资"②，为此他铅印了一份《海宁王静安（国维）手抄手校词曲目录》（下文简称《手抄手校目录》）③。这份目录虽非王国维手录，但所载书籍均为词曲，笔者亦将其视为王氏重要的词曲藏目。

由于《大云精舍藏书目录》缺少善本目录和集部"词曲类"，《罗氏藏书目录》却有著录；加之在1916年2月王国维预备离开京都时，其在日记中也提及将所藏词曲赠与罗振玉："临行购得《太平御览》《戴氏遗书》残本，复从韫公乞得复本书若干部，而以词曲书赠韫公，盖近日不为此学已数年矣。"④黄仕忠先生便认为"京大藏五册本书目，已经收录了王国维回赠罗氏的词曲（即《罗氏藏书目录》的"词曲类"），故应编成于1916年3月之后"。罗振玉又于1919年3月归国，《罗氏藏书目录》当抄成在此前不久，黄仕忠还有进一步总结：

> 《大云精舍藏书目录》所录五部的体例，与京大藏五册本"罗氏藏书目"完全相同，但"集部"未收"词曲类"书籍。这当是因为直到1913年元月《宋元戏曲史》定稿之前，王国维的主要精力都是为其戏曲研究作收尾工作，为方便王国维使用，罗氏的词曲类藏书也一直置于王氏案头，没有放到京大图书馆，所以也未编入目录。从中可见罗氏给予王国维的学术研究的尽力支持。⑤

此段表述似有主观推测的嫌疑。京大藏《罗氏藏书目录》"词曲类"并非等到王国维离开京都后（1916）才由罗振玉编订，其底本正是《词曲书目》。《词曲书目》以及《罗氏藏书目录》"词曲类"所录词曲书目，不仅与王国维早年所编《静庵藏书目》多有重合，罗振玉得到的王国维旧藏词曲也能在其中寻得大半。黄仕忠曾结合《静庵藏书目》《手抄手校目录》及目验所及，详细考察《罗氏藏书目录》的"词曲类"与王国维旧藏词曲之间的关系，笔者还可再就《词曲书目》与王氏旧藏词曲之关系作补充。

光绪三十四年（1908）夏王国维草拟完成《词录》。此书是受到吴昌绶（1868—1924）《宋金元现存词目》启发。在《词录》中，王国维或注明词籍的版

---

① 彭玉平《〈静庵藏书目〉与王国维早期学术》，《复旦学报（社会科学版）》2010年第4期。
② ［日］内藤湖南《西厢记·识语》，大谷大学藏明末朱墨套印本。
③ 罗振常《海宁王静安（国维）手抄手校词曲目录》，见于黄仕忠《日藏中国戏曲文献综录》（广西师范大学出版社2010年版）书前所附书影。
④ 王国维《丙辰日记》，《王国维书信日记》，第736页。
⑤ 黄仕忠《王国维所编〈罗振玉藏书目录〉原本及罗王互赠藏书考》，《文献》2019年第5期。

本,抑或标明存、佚:"诸家词集或注佚,或注未见。"①对于佚失者,王国维多是从总集、别集中辑出词集之名,并将其标为"佚""未见"。而对于前者,其当目验有原书,且它们多是王国维、吴昌绶所藏:"近惟钱唐丁氏、归安陆氏藏词最富。……丁氏藏词除元三数家外,仁和吴氏皆有副本;陆氏藏词之与丁氏别出者亦不多,吴氏亦间录之。"②因此,《词录》既可以视作王国维搜述整理词集的目录,那些著录有版本的也能看作王氏、吴氏的藏词目录。具体来看,《词录》所录四印斋本朱敦儒《樵歌》、吴文英《梦窗词》见于《静庵藏书目》与《词曲书目》。《词录》记载的部分版本信息也能与《词曲书目》相佐证。《词录》记:"《草窗词》二卷《补遗》二卷,四印斋单行本。《知不足斋丛书》中《蘋洲渔笛谱》未足,宋周密撰。"③《词曲书目》记为:"《蘋洲渔笛谱》二卷,宋周密,知不足斋本,一本。《草窗词》二卷,《补》二卷,宋周密四印斋刊本,一本。"再如《词录》分别记载张孝祥《于湖集》(汲古阁本),以及卢祖皋《蒲江词稿》(汲古阁《六十家词》本、董康藏《南词》本),并言:"(《蒲江词稿》)汲古本不足,故别录《南词》本。"④光绪末年董康(1867—1947)购得《南词》四十二种,并于光绪三十一年(1905)将《于湖词》《蒲江词》一同交付吴昌绶:"光绪乙巳岁除,授经比部以所校《于湖》《蒲江》二集精钞见寄,欣快无极。"⑤此后吴昌绶再将二书转交王国维抄录。《词曲书目》所载:"《于湖先生长短句》,五卷,《补遗》一卷,宋张孝祥辑,钞本;《蒲江词稿》一卷,宋卢祖皋,钞本;二种合一本。"当是指此。

王国维所藏部分词书的皮藏源流也能与《词曲书目》相印证。《词曲书目》与《静庵藏书目》皆著录有刘履芬《鸥梦词》稿本。此书是光绪三十一年(1905)王国维在吴中所获:"江山刘彦清先生(履芬)《沤(鸥)梦词》手稿一卷,光绪乙巳,得于吴中。上有彦翁手录同时词人评骘商榷之语,小者杜小舫文澜,少者勒少仲方锜,瘦者潘瘦羊钟瑞也。"⑥至光绪三十四年七月,王国维又于厂肆购得焦循旧藏《词林万选》:"前有焦氏藏书印,乃理堂先生故物,尤可宝也。"⑦该书后著录于《静庵藏书目》与《词曲书目》。宣统元年(1909)春,王国维再得夏言《桂翁词》。此书原为怡亲王弘晓藏书,钤有"明善堂书画印记""安乐堂藏书记",王国维曾撰《桂翁词》读书记,《词曲书目》也有记载。

与此同时,王国维在编纂《唐五代二十一家词辑》《词录》《人间词话》时,还

---

① 王国维《词录序例》,第2页。
② 同上书,第1页。
③ 王国维《词录》,第32页。
④ 同上书,第29页。
⑤ 吴昌绶《蒲江词稿·跋》,董康诵芬室校定稿本,南开大学图书馆藏。
⑥ [日]榎一雄《王国维手抄手校词曲书二十五种》,第322页。
⑦ 同上书,第331页。

频繁征引叶申芗《天籁轩词谱》《天籁轩词选》《闽词钞》《本事词》《小庚词存》、侯文灿《十名家词集》、丁丙《西泠词萃》、黄昇《花庵词选》、陈耀文《花草粹编》附《乐府指迷》、朱彝尊《宋元词综》、吴衡照《莲子居词话》、蒋春霖《水云楼词》、纳兰性德《饮水词集》、杨慎《词品》、周密《绝妙好词笺》、况周颐《玉梅词》等书，它们也同样见于《词曲书目》。

  相较于词集，《词曲书目》所录曲集源自王国维旧藏的痕迹更为明显。汪康年(1860—1911)曾经罗振玉向王国维转赠一部《曲目新编》①。王国维藏影铁琴铜剑楼藏元本《中原音韵》后归李一氓，今也藏于四川省图书馆。王国维过录的尤贞起钞本《录鬼簿》，今藏国家图书馆。上述三种均见于《词曲书目》。

  与《词录》相同，王国维编纂《曲录》时多有参考自己所藏曲本。他在宣统元年(1909)三月《曲录》序言中言及《曲录》"共得三千余种，箧中所藏尚不逮十分之一"②，由此可得王国维的藏曲数量在三百种上下。编订《曲录》时，王国维持有明刊本《元曲选》、汲古阁本《六十种曲》、文林阁本《传奇十种》，总计一百七十种，《曲录》均有标注，《词曲书目》也有著录。《曲录》虽然标示出源自沈泰《盛明杂剧》、息机子《元人杂剧选》与陈与郊《古名家杂剧》《新续古名家杂剧》等书的剧目版本，但王国维在编纂时始终是只知其目而未见原书，他在《曲录》中袭用的是顾修《汇刻书目》记载③。现将出自《元曲选》《六十种曲》《传奇十种》以及从其他目录转载的剧目剔除，共得《曲录》著录有版本的元明清杂剧13种，明传奇2种，清传奇53种，总集21种，总计97种。加上《元曲选》《六十种曲》《传奇十种》，《曲录》著明版本信息的剧目为267种，这与三百种的数量已颇为接近，王国维当是持有这些剧目。在这当中，就包括《词曲书目》著录的张坚《玉燕堂四种曲》、吴伟业《秣陵春》、舒位《瓶笙馆修箫谱》、无名氏《菉斐轩词林韵释》、李书云《音韵须知》等。

  除了依靠王国维于词曲札记、题跋中提供的线索，以及其在研究过程中频繁提及、引用的书目，来判断《词曲书目》所录诸书为王氏旧藏外，还可以根据书册上的钤印来作考察。然而《词曲书目》共著录王国维旧藏词曲一百五十余部，它们在其下世后的不久便难以寻觅踪迹，赵万里(1905—1980)《王静安先生手校手批书目》言："先生于词曲各书，亦多有校勘，如《元曲选》则校以《雍熙

---

① 《汪康年致罗振玉》："(宣统元年)钱某溪《曲目表》，不仅静安，弟亦未见也。""《曲表》收到，即示静安。"上海图书馆《汪康年师友书札》，上海：上海书店出版社，2017年，第2921、2924页。
② 王国维《曲录·序》，宣统元年三月稿本。
③ 孙楷第："王静安先生撰《曲录》，所注元曲版本，虽有《古名家杂剧》《续古名家杂剧》《元人杂剧选》《元曲选》诸本，实则所见者只有《元曲选》一书，无他本也。"孙楷第《也是园古今杂剧考》，上海：上杂出版社，1953年，第209页。

乐府》《乐章集》则校以宋椠。因原书早归上虞罗氏,今多不知流归何氏。"①故百余年来学界难以一窥静安旧藏词曲原本之全貌。直至榎一雄于1977年发表《王国维手抄手校词曲书二十五种——东洋文库所藏特殊本》,学界才知王国维所藏部分词曲已流入东瀛。21世纪以来黄仕忠多有赴日访书,所编《日藏中国戏曲文献综录》也著录了多种今藏于日本各公私图书馆的静安旧藏戏曲。近半年来笔者欲步学界前人之夙愿,以《词曲书目》为参考,多次走访国家图书馆、南京图书馆、上海图书馆、浙江图书馆、四川省图书馆、河南省博物院等处,以求亲自目验了王国维旧藏词曲,较之前人所知又多出近二十种。现结合学界已有研究成果和笔者新见,编成《王国维旧藏词曲书籍的著录及馆藏(部分)》(表1)。此表提及的馆藏线索虽不及《词曲书目》著录的三分之一,尚有百余种有待继续访求,但它已可供学者大体了解王国维旧藏词曲的具体去向。

表1 王国维旧藏词曲书籍的著录及馆藏(部分)②

序号	书名	目录文献	馆藏
1	《宋六十家词五集》	《静庵藏书目》《手抄手校目录》	东洋文库
2	《校宋本乐章集目并补遗》	《手抄手校目录》	东洋文库
3	《聊复集》		河南省博物院
4	《王周士词》	《手抄手校目录》	东洋文库
5	《竹友词》《赤城词》《诚斋乐府》《宁极斋乐府》	《手抄手校目录》	东洋文库
6	《寿域词》《审斋词》《东浦词》	《手抄手校目录》	东洋文库
7	《双溪诗余》	《手抄手校目录》	东洋文库
8	《蜕崖词》	《手抄手校目录》	东洋文库
9	《桂翁词》		国家图书馆
10	《湘真阁词》		韦力芷兰斋
11	《紫鸾笙谱》	《手抄手校目录》	东洋文库
12	《鸥梦词》	《静庵藏书目》《手抄手校目录》	东洋文库
13	《尊前集》	《静庵藏书目》《手抄手校目录》	东洋文库
14	《新刊古今名贤草堂诗余》	《静庵藏书目》《手抄手校目录》	东洋文库

① 赵万里《王静安先生手校手批书目》,《国学论丛》第一卷第三号,1928年。
② 笔者以《词曲书目》为线索,列出已知馆藏的王国维旧藏词曲,其中"目录文献"不再著录《词曲书目》,仅参考《静庵藏书目》以及罗振常《海宁王静安(国维)手抄手校词曲目录》,曲类藏书的馆藏还多有参考黄仕忠《日藏中国戏曲文献综录》。

续表

序号	书名	目录文献	馆藏
15	《梅苑》(楝亭本)	《静庵藏书目》《手抄手校目录》	东洋文库
16	《梅苑》(淮南宣氏本)	《静庵藏书目》《手抄手校目录》	东洋文库
17	《词学丛书》	《静庵藏书目》《手抄手校目录》	东洋文库
18	《词林万选》	《静庵藏书目》《手抄手校目录》	东洋文库
19	《词辨》	《静庵藏书目》《手抄手校目录》	东洋文库
20	《元曲选》	《静庵藏书目》《手抄手校目录》	东洋文库
21	《盛明杂剧(初集)》		国家图书馆
22	《西厢记》(闵齐伋刊)		国家图书馆
23	《周宪王乐府三种》		京都大学文学部
24	《明剧七种》	《手抄手校目录》	东洋文库
25	《传奇十种》		京都大学文学部
26	《西堂曲腋》		京都大学文学部
27	《西厢记》(归安朱氏刊)		大谷大学
28	《牡丹亭还魂记》	《静庵藏书目》	国家图书馆
29	《南柯记》		大谷大学
30	《紫钗记》		大谷大学
31	《窃符记》		大谷大学
32	《折桂记》		京都大学
33	《上林春》		国家图书馆
34	《昙花记》		大谷大学
35	《明月环》		国家图书馆
36	《金锁记》		上海图书馆
37	《翡翠园》		上海图书馆
38	《金貂记》		上海图书馆
39	《财星照》		上海图书馆
40	《小山乐府》		国家图书馆
41	《梨园按试乐府新声》		国家图书馆
42	《雍熙乐府》	《静庵藏书目》《手抄手校目录》	东洋文库

续表

序号	书名	目录文献	馆藏
43	《词林白雪》		东京大学东洋文化研究所
44	《中原音韵》		四川省图书馆
45	《录鬼簿》(影尤贞起钞本)		国家图书馆
46	《录鬼簿》(过录明钞本)	《静庵藏书目》《手抄手校目录》	东洋文库
47	《录鬼簿》(楝亭本)		辽宁省图书馆
48	《曲品》	《静庵藏书目》《手抄手校目录》	东洋文库

需要指出的是,将《静庵藏书目》与《词曲书目》比较,尚有《白仁甫词及蚁术词选》《张子野词》《冰蚕词》《传奇汇考》四种不见于后者。笔者推想在编订《词曲书目》时,它们或已离开王氏案头。比如《传奇汇考》一书,王国维曾极为珍视,在编纂《曲录》时有过详细参考:"《传奇汇考》,不知何人所作。去岁中秋,余于场肆得六册,同时黄陂陈士可参事毅亦得四册。互相钞补,共成十册,已著之《曲录》卷六。"①宣统元年(1909)前后,陈毅(1873—?)与王国维同时任职于清学部。陈毅所得是包括《传奇汇考标目》在内的前四卷,王国维购得后六卷。王国维藏精钞本《传奇汇考》后归入诵芬室主人董康,此书后来又入藏日本大仓集古馆,1912年7月15日的《朝日新闻》曾报道大仓喜八郎(1837—1928)购入董康藏书的新闻②。至2014年北京大学图书馆再将"大仓文库"整体购入,此书遂归藏至北京大学图书馆。《张子野词》今藏台北"国家"图书馆,另外两种并不知去向。

综上所论,无论是根据王国维所撰词曲札记、题跋,抑或通过钤印判断确属王国维旧藏的词曲,它们均载于《词曲书目》。

三

虽然《罗氏藏书目录》辟有"词曲类",但细细寻绎,罗振玉所藏词曲全然不见于其中,这令笔者更加确信《词曲书目》所录当为王国维所藏。

罗振玉治学本与王国维是殊途,当王国维专注于西洋哲学时,他早早地就确立了以经史为基础的治学门径:"若就先生治学之根柢门径言之,其发轫之

---

① 王国维《录曲余谈》,《王国维戏曲论文集》,北京:中国戏剧出版社,1957年,第280页。
② [日]大仓喜八郎《董氏の藏书を购へる》,《朝日新闻》1912年7月15日第3版。

始,大体仍在经史也。……先生在中年时……尤为世界所注重者,凡有三事:即殷墟甲骨、西陲木简、敦煌石室佚书是也。"①罗振玉还屡有劝勉王国维调整治学方向,然其并未即刻听从:"公虽加浏览,然方治东西洋学术,未遑专力于此。"②不过在王国维"渐由哲学而移于文学"③,并首先将词学确立为研究对象后,唐风楼藏书中的词曲便成了其首先可以随时获读的书籍。

《静庵藏书目》《词曲书目》均记有影钞《尊前集》,此书是王国维从罗振玉处假抄而得。王国维《明刻尊前集残本·跋》记:"明顾梧芳刻《尊前集》二卷,自为之引。毛子晋刻入《词苑英华》,疑为梧芳所辑。朱竹垞跋称'吴下得吴匏庵手抄本,取顾本勘之,靡有不同,因定为宋初人编辑'。……光绪戊申仲夏,借书蕴先生竹垞藏本,跋而归之。"④东洋文库所藏影钞《尊前集》后也有王国维跋:"唐风楼藏有朱竹垞藏明顾梧芳原刊《尊前集》,精雅之至,因影钞一过。惜缺下卷,以汲古阁刻《词苑英华》本补之。"⑤罗振玉所藏明刻《尊前集》仅有上卷,王国维便据此影抄,下卷则用《词苑英华》本补足。《静庵藏书目》《词曲书目》也著录了楝亭藏书十二种本、淮南宣氏刊本《梅苑》,后者出自罗振玉的相赠。宣统元年(1909)二月,王国维先得淮南宣氏刊本:"《梅苑》素无刻本,唯楝亭十二种中,始一刻之。此系淮南宣氏据曹本重刻,刖存先生出以见赠。"⑥刖存先生即罗振玉。王国维又在本月再得楝亭藏书十二种本,一月内两得《梅苑》,这使他颇为欢喜:"宣统改元闰二月,唐风楼主人赠余以淮南宣氏所刻《梅苑》。不旬日又得此本(即"楝亭本"),数年之所求者,一月两得之,欢喜无量。"⑦

再如王国维《杂剧十段锦·跋》记有罗振玉曾藏三种朱有燉杂剧:"宪王乐府独步明初,音调谐美,中原弦索多用之。……其流传零种,平生所见,仅黄陂陈氏所藏……六种。上虞罗氏所藏《洛阳风月牡丹仙》《十美人庆赏牡丹园》《天香圃牡丹品》三种,与此书(即《杂剧十段锦》)复出者仅一种。"⑧罗振玉后来则将三种剧目悉数赠予王国维。1930年罗振常的蟫隐庐书店预备出售王国维所藏词曲,并将出售信息刊发在新近出版的《蟫隐庐旧本书目》第十六期上,其中便记有:"《周宪王杂剧三种》,明周宪王有燉撰,宣德刊本,江山刘氏、海宁王

---

① 柯昌泗《吊上虞罗先生》,罗继祖主编《罗振玉学术论著集》(十二),上海:上海古籍出版社,2020年,第319、320页。
② 罗振玉《海宁王忠悫公传》,《王国维全集》(二十),第228页。
③ 王国维《三十自序》,《王国维全集》(十四),第121页。
④ 王国维《明刻尊前集残本·跋》,《王国维全集》(十四),第528页。
⑤ [日]榎一雄《王国维手抄手校词曲书二十五种》,第330页。
⑥ 同上书,第331页。
⑦ 同上书,第330页。
⑧ 王国维《杂剧十段锦跋》,《王国维戏曲论文集》,第363页。

氏藏书。"① 既然《词曲书目》著录有此书,那么罗振玉的让归也就当是在这之前了。

王国维在一些题跋中也偶有提及罗振玉所藏词籍,数量虽然不多,但多为精善秘籍,然而它们却都不见于《词曲书目》。如宣统元年(1909)王国维提及自己所藏三种《草堂诗余》:"《草堂诗余》行世者,以毛氏《词苑英华》本为广。……余所见此书,别本独多:一、嘉靖庚戌顾从敬刊本;一、嘉靖末安素荆聚刊本;一、万历李廷机刊本;一、嘉靖己酉李谨刊本,即此本也。荆聚本在唐风楼罗氏,余三本均在敝箧。"② 王国维持有顾从敬、李廷机与李谨三种刊本的《草堂诗余》,《词曲书目》皆有著录,罗振玉处则有荆聚刊本。再如宣统三年(1911)王国维作《花间集·跋》,此书为"明覆刊宋本,前有蜀广政三年武德军节度判官欧阳炯序,后有绍兴十八年济阳晁谦之跋"③。早在光绪三十四年(1908)王国维编写《词录》时,仅获见明末《词苑英华》刻南宋陆游跋本、光绪十四年徐幹《邵武徐氏丛书》(二集)覆刻宋绍兴晁以道本,以及清末王鹏运四印斋翻刻鄂州公使库刻本。关于这部明覆宋刊本,王国维并未获知,此次他所见便是罗振玉藏明正德十六年(1521)吴郡陆元大刻本,《大云书库藏书题识》记:"《花间集》明仿宋济阳晁氏刻本。……前有'武德军节度判官欧阳炯撰',后署'大蜀广政三年夏四月日叙'。"④

与此同时,倘若"词曲书目"为罗振玉的词曲藏目,《大云精舍藏书目录》《罗氏藏书目录》的"别集类"中便不应再有词曲,然实际却非如此。两书的"别集类"共著录有十三部诗词合刊,特别是它们与《词曲书目》均分别记载有姜夔、陈维崧的诗词合集。《大云精舍藏书目录》《罗氏藏书目录》记:"《白石道人诗集》二卷,《外集》一卷,《诗说》一卷,《歌曲》四卷,《别集》一卷,宋姜夔,知不足斋仿宋本,一本。"⑤《词曲书目》:"《白石道人诗集》二卷,《集外诗》一卷,《附录》一卷,《诗说》一卷,《歌曲》四卷,《歌曲别集》一卷,宋姜夔,知不足斋仿宋本,四本。"《大云精舍藏书目录》《罗氏藏书目录》还记陈维崧:"《词》十二卷,陈维崧。"⑥《词曲书目》则记:"《陈检讨词》十二卷,陈维崧,二本。"若《词曲书目》所录确为罗振玉藏书,缘何出现同一部书被分置于"别集类"与"词曲类"。之所以出现这一情况,当是因为王国维、罗振玉各自藏有姜夔、陈维崧的词集,《词曲书目》与《大云精舍藏书目录》《罗氏藏书目录》才会分而记述。

---

① 罗振常《蝉隐庐旧本书目》,1930 年铅印本。
② 王国维《庚辛之间读书记》,《王国维全集》(二),第 447 页。
③ 王国维《花间集·跋》,《王国维全集》(二),第 443 页。
④ 罗振玉《大云书库藏书题识》,《罗振玉学术论著集》(七),第 355 页。
⑤ 王国维《大云精舍藏书目录》,《罗雪堂合集》第三十八函第二册,杭州:西泠印社,2005 年。
⑥ 同上。

再比较《罗氏藏书目录》"词曲类"与《词曲书目》,前者还多出一部汲古阁本《花间集》:"《花间集》,十卷,汲古阁《词苑英华》本,二本。"①这是《词曲书目》遗漏掉的一部王国维旧藏词曲,因为《蝉隐庐旧本书目》第十六期曾著录王国维确实藏过此书:"《花间集》十卷,蜀赵崇祚辑,汲古阁刊本,王观堂藏书。二册,六元。"②

从唐风楼到大云书库,与缪荃孙、董康、王国维等好友不同,罗振玉并不属意于词曲收藏。结合王国维所撰词曲题跋及相关线索,笔者也可大致列出罗振玉曾持有的部分词曲(表2):

表2 罗振玉旧藏词曲

序号	书名	出处	著录	备考
1	《尊前集》上卷	王国维《明刻尊前集残本·跋》		今藏国家图书馆。
2	《花间集》	王国维《花间集·跋》	《大云书库藏书题识》	今藏四川省图书馆。
3	《梅苑》	王国维《梅苑·跋》	《静庵藏书目》《词曲书目》《手抄手校目录》	罗振玉赠予王国维,今藏东洋文库。
4	《周宪王杂剧三种》	王国维《杂剧十段锦·跋》	《词曲书目》	罗振玉赠予王国维,今藏京都大学。
5	《尊前集》下卷③			国家图书馆藏。钤有"至乐莫若读书""程思斋""罗印振玉""长乐郑振铎西谛藏书""长乐郑氏藏书之印"。
6	《遗山新乐府》		《大云书库藏书题识》④	

---

① 罗振玉《罗氏藏书目录》,第393页。
② 罗振常《蝉隐庐旧本书目》,1930年铅印本。
③ 此书为笔者在国家图书馆善本库检得,索书号:16255。
④ 此为罗继祖汇集罗振玉藏书题跋而成:"《题识》四卷,为曩岁录自藏书简端,详于版刻源委,体制得失,突宋人《解题》。置杂书中,久且失其处。先祖不复措意,以本随笔疏记,非有意撰述。继祖窃检得之,按以为稽,已间有散失,或割贻同好。"罗继祖《大云书库藏书题识·跋》,《罗振玉学术论著集》(七),第356页。

续表

序号	书名	出处	著录	备考
7	《乐府新声》		《贞松堂秘藏旧钞善本书目》①	

《尊前集》《草堂诗余》《遗山新乐府》《乐府新声》均为罗振玉于清末所得，但它们全然不见于《词曲书目》，目录反倒载有罗振玉赠予王国维的《梅苑》《周宪王杂剧三种》。姜夔、陈维崧的词集又被分置于《王静安手录词曲书目》与《大云精舍藏书目录》的集部，这也不符合著录规范。因而《词曲书目》反映的当为王国维所藏词曲而非罗振玉所藏，罗氏只是假借其来补《大云精舍藏书目》所缺。

四

既往的研究者并不知晓《词曲书目》，因而错误地将《罗氏藏书目录》词曲部分认为是罗振玉所藏词曲，这一观点的产生、形成有着繁杂的文献依据与学术史背景。

这一认识肇始于王国维与罗振玉互赠藏书的史实。就在王国维离开京都前，他在日记中记下："复从韫公乞得复本书若干部，而以词曲书赠韫公，盖近日不为此学已数年矣。"②罗振玉《海宁王忠悫公传》也记有："公先予三年返国，予割藏书十之一赠之。"③据黄仕忠统计，《大云精舍藏书目录》经史子集中被涂去的"又一本"总计有116种、2168卷，它们可能正是王国维从罗振玉处得到的"复本书若干部"。王国维从罗振玉处得到的书籍种类多样、数量较大，以王国维的性格断然不会无偿接受，所以他将自己所藏词曲让与了罗振玉。这既是对从罗振玉处所得复本书的回馈，更是对罗振玉给予自己多年来的帮助照料以答谢。半个多世纪以来，王国维旧藏词曲也的确与罗振玉及其后人有着殊难分解的关系。在王国维去世后的不久，罗振玉弟罗振常蟫隐庐书店开始分批出售王国维旧藏词曲书。最集中的一批是民国十七年（1928）七月，罗振常经日本文求堂书店，向东洋文库一次性出售王国维手批手校25部、总计240册的词曲书。直至21世纪以来，王国维的词曲藏书仍然不断地从罗氏后人手

---

① 此为罗振玉预备出售的藏书目录，"底本乃雪堂公居旅顺时所手写，仍是草稿式，其间或称名或称字。写成以付羽叔清缮，中多夹签，乃写成追补"。罗继祖《贞松堂秘藏旧钞善本书目·后记》，《罗振玉学术论著集》（七），第422页。
② 王国维《丙辰日记》，《王国维书信日记》，第736页。
③ 罗振玉《海宁王忠悫公传》，《王国维全集》，第229页。

中流出,其中就包括《词录》《曲录》等珍贵手稿。①

　　将《罗氏藏书目录》、稻叶氏过录本所著录的词曲书目误认为是罗振玉所藏,这根本上与学术界对王国维向罗振玉赠予词曲的误读有关。王国维逝世后的半个世纪以来,学界一直对其早年所藏词曲去向不了解。榎一雄文经盛邦和翻译后,刊于《王国维学术研究论集》第三辑(1990),在学界产生了极大影响。在这之后,李庆《东瀛遗墨》又据东洋文库藏原本进行了整理。榎一雄特别提及:"这些书分别盖有罗振常读书记之印,并有罗振常署名的校记、跋文。由此确知这些书先由罗振玉处转到其弟,即在上海经营'蟫隐庐'书店的罗振常之手。"②21世纪以来,《雪堂类稿》(2003)、《王国维全集》(2010)又相继整理了稻叶氏过录的《罗氏藏书目录》。王国维《丙辰日记》、赵万里《王静安先生手校手批书目》所记,以及东洋文库所藏二十五种王国维手抄手校词曲的披露,加之《罗氏藏书目录》中的二十四种词曲(目录缺少王国维抄《半山老人歌曲》)正为东洋文库所购,这使学界颇为笃信《罗氏藏书目录》"词曲类"著录的即为王国维在离开京都时赠与罗振玉的词曲。对于这一问题,彭玉平、黄仕忠两位先生的论证颇有代表性。彭玉平《〈人间词话〉手稿四论》首先引罗振常女罗庄(1895—1941)在整理《人间校词札记十三种》时所言:"辛亥后,公及伯父(即罗振玉)、家大人避地东瀛,尝为伯父编大云书库藏书目,见经部经说、小学之书重本甚多,而集部中词曲竟无一种,以为偏枯。时,公欲研究经学、小学,乃悉取其重本,而以所藏之词曲补其缺。"③接着顺言而下"其实罗庄说的意思,王国维的《丙辰日记》也有类似记载",进而得出结论:"将罗庄的记叙与王国维的日记对勘,可以确定,王国维确实将自己收藏的词曲书在回国前赠予罗振玉。"④黄仕忠《王国维所编〈罗振玉藏书目录〉原本及罗王互赠藏书考》以王国维让归罗振玉词曲书籍在前、《罗氏藏书目录》著录词曲书目在后为论证起点,并认为:"京大藏五册本书目,已经收录了王国维回赠罗氏的词曲,故应编成于1916年3月之后。"⑤

　　其实关于《大云精舍藏书目录》《罗振玉藏书目》中的"词曲类",彭玉平所引罗庄之语实已隐晦透露了一些线索。罗庄(1896—1941),字瘴生、婺深、孟康,祖籍浙江上虞,生于江苏淮安,罗振常长女,周子美妻,少好诗文,尤喜作

---

① 参韦力《〈曲录〉〈词录〉——落锤价令人发疯的王国维手稿本》,收入《失书记·得书记》,桂林:广西师范大学出版社,2015年,第55—63页。
② [日]榎一雄《王国维手抄词曲书二十五种》,第317页。
③ 罗庄《人间校词札记十三种》附《录鬼簿·按语》,上海蟫隐庐刊本,转引自陈鸿祥《独上高楼:王国维传》,北京:团结出版社,2019年,第205页。
④ 彭玉平《〈人间词话〉手稿四论》,《安徽大学学报(哲学社会科学版)》2010年第4期。
⑤ 黄仕忠、徐巧越《王国维所编〈罗振玉藏书目录〉原本及罗王互赠藏书考》,《文献》2019年第5期。

词。罗庄提及正是由于罗振玉藏书中无词曲类，难称全目；加之彼时，即1912年夏之后，王国维渐渐转向治甲骨、金石等领域，也不再留心于词曲之道："观堂辛亥侨居日本京都以后，专意治古史及古文字学，对往日研究的西洋哲学、倚声、戏曲'绝口不道'。"①不过，罗庄随后又讲"公欲研究经学、小学，乃悉取其重本"，逻辑似有混乱。以王国维寓日期间的学术活动和《丙辰日记》参照，王国维自是先研治经史小学，至离开京都时才有"取其重本"。最后她再次强调王国维"以所藏之词曲补其缺"，所指当是王国维用《词曲书目》来补《大云精舍藏书目录》的"词曲类"。王国维协助罗振玉编纂《大云精舍藏书目》，并将自己的《词曲书目》补入《大云精舍藏书目录》，这与其向罗振玉让归善本词曲实是两件不无关联的事情。编目在前，赠书在后；前者是为了"以所藏之词曲补其缺"，后者是在离开京都时出于对罗振玉的感谢而采取的回报之举。罗庄之语为我们打开了逼近历史的门径，而历经阿英、李一氓辗转流传的《词曲书目》则是幸运留存的实物，殊为不易。

笔者以为在大连图书馆所藏《大云精舍藏书目录》之前，当还有一份底稿，此底稿与《词曲书目》共同构成了《大云精舍藏书目录》的底本。《大云精舍藏书目录》全文誊录在半叶12行稿纸上，开本24.8厘米×18.12厘米；《词曲书目》则是半叶11行，开本27.5厘米×18.1厘米，二者并非同一纸张。《词曲书目》字迹更为潦草，书中涂抹、校改、勾画、略写极多，这与《大云精舍藏书目录》的版本面貌也相去甚远。对于《大云精舍藏书目录》《罗氏藏书目录》，道坂昭广推测：

> 作为京大本之原本的大连图书馆本，通过分析那些后添和删除的内容，可以推断作为基础的目录在来日前已经制作完成，而他们在京大图书馆中以此目录为准，整理了混乱的书籍，又删除了转让给他人或卖掉的书目，加入了新入手的书籍，罗振玉和王国维曾经这样进行了再度整理。②

《罗氏藏书目录》总计收书三千五百三十四部、三万多册、十万多卷。面对如此巨大的藏书量，正是由于存在一份基本目录，王国维、罗振玉等人才能够在比较短的时间里整理从国内运来的藏书。其实关于道坂昭广的猜测，罗振玉的书信中已提供了文献依据。就在罗振玉准备赴日之前，他曾给妻弟范兆昌去信，托其帮助装箱、整理藏书运日之事，并特意嘱咐："各物装好后，速将藏书底（账目）寄东，交王静翁，恐兄已启行返都也。"③因而在罗振玉、王国维赴日前，王国维实已编了一份《大云精舍藏书目录》的基本目录。《词曲书目》则至早在

---

① 罗继祖《观堂书札三跋》，《王国维学术研究论集》（二），第399页。
② ［日］道坂昭广《关于京都大学图书馆藏〈罗氏藏书目录〉》，《罗振玉藏书目录》（下册），第244页。
③ 萧文立《永丰乡人家书释文》，《罗雪堂合集》第七函第二册，第46页。

民国元年(1912)夏才开始,二者并非编纂于同时。上述诸目录间的关系可以用下图展示(图1):

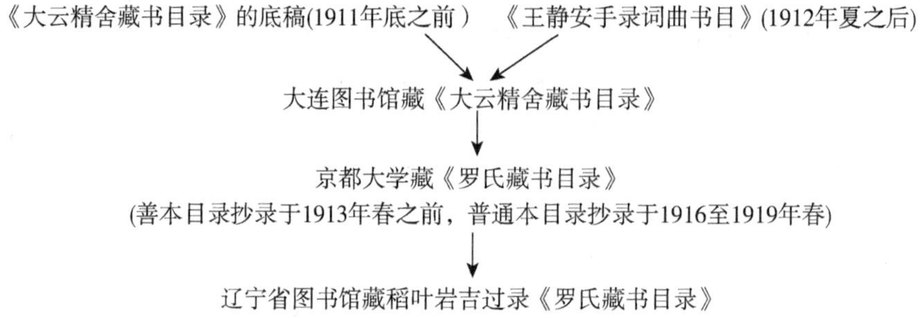

《大云精舍藏书目录》的底稿(1911年底之前)　《王静安手录词曲书目》(1912年夏之后)

大连图书馆藏《大云精舍藏书目录》

京都大学藏《罗氏藏书目录》
(善本目录抄录于1913年春之前,普通本目录抄录于1916至1919年春)

辽宁省图书馆藏稻叶岩吉过录《罗氏藏书目录》

图1　罗振玉藏书目录的版本源流关系图

五

从《静庵藏书目》到《词曲书目》,王国维的词曲收藏经历了一个动态变化过程。《静庵藏书目》著录词类42种、曲类24种,《词曲书目》则载录词类87种、曲类52种,体现出此期正是王国维的词曲研究迅速开展阶段。自光绪三十年(1904)至光绪三十四年间,王国维措意于作词之道,他首先以《人间词》甲、乙稿之名刊于《教育世界》。之后又对历代词集进行辑补、校勘,如从《花间集》《尊前集》《历代诗余》《全唐诗》等书中辑录而成《唐五代二十一家词辑》(1908年5月),并在本年完成《词录》(1908年夏)、《人间词话》(1908年秋),之后又校刊十三种宋人词集(1909)①。受《词录》启发,王国维开始编纂《曲录》。《曲录》两易其稿,从两卷扩充为六卷,后刊于《晨风阁丛书》(1909),至此开启了王国维戏曲研究的时代。从两份目录的数量变化来看,尽管王国维在宣统元年(1909)后主要转入了戏曲研究,却并没有抛弃词学;这与其早年毅然从哲学折向文学,乃至待《宋元戏曲考》完成后彻底转入金石、甲骨文都不同。它与王国维的词曲通史观有关。王国维在编写《词录》《人间词话》时,便有意下探词曲间的文体转换;此后编纂《曲录》《戏曲考原》时,亦是以词体为媒介,向上蠡测由诗到词、再至曲的韵文学发展脉络。我们还应看到,《静庵藏书目》《词曲书目》著录的词类数量远多于曲类,且即便是在王国维沉潜于戏曲后,词类书目的增长速度也远快于曲类。这诚然与词曲书目的存世状况、获取难易有关,但也折射出王国维的戏曲研究实是萦绕在其词学研究当中。王国维在词

---

① 王国维逝世后,由罗振常长女整理成《人间校词札记十三种》,编入罗振常蟫隐庐书店所刊《观堂诗词汇编》中。

学上的心领神会,也必然影响到他对戏曲的判断与认识,最明显的即是王国维在《宋元戏曲考》袭用《人间词话》的意境理论来赏读元杂剧。《人间词话》有言:"大家之作,其言情也必沁人心脾,其写景也必豁人耳目,其辞脱口而出。"①至《宋元戏曲考》:"何以谓之有意境?曰:写情则沁人心脾,写景则在人耳目,述事则如其口出是也。"②只是因为元杂剧的叙事特色而加入了"述事"的特征。王国维的戏曲研究体现出明显的"以词观曲"的特征,词类在《词曲书目》中的较高比例正为这一学术观念提供了思想来源。

---

① 王国维《人间词话》,北京:人民文学出版社,第56页。
② 王国维《宋元戏曲考》,《王国维戏曲论文集》,第106页。

《燕行录》诸家释解汉语字词例析续(50条)

漆永祥[*]

【内容提要】《燕行录》研究近些年来蔚为热门,但研究者对诸家《燕行录》中涉及的汉、韩特殊词语的词义与用法等关注并不多。笔者在校读《燕行录》的过程中,对燕行使所记载与解释的汉语字词兴味浓甚,这些字词或为朝鲜习惯用语(包括朝鲜本地产生的汉语词),或为中国用语,或为官方用语,或为民间俗语,或为当时朝鲜仍用而彼时中国已不用者,或为误读误解误用者。笔者曾选择诸家《燕行录》中50组字词进行分析,现再选出50组做类比研究。相信对这些字词的追踪与比对研究,不仅可以使我们了解彼时两国相用之惯用字词与名物典制,而且对研究明清时期汉语词汇与纠补各类辞典的不足,也有积极的参考作用。

【关键词】《燕行录》 朝鲜半岛用语 训诂 俗语 误读误用

一 任译 象译 诸译

燕行使团所率之译官,由首译统领,或称象译(象舌),或称任译,或称诸译等。象译,犹翻译。《吕氏春秋·慎势》:"凡冠带之国,舟车之所通,不用象译狄鞮。"高诱注:"《周礼》,象胥,古掌蛮夷闽越戎狄之国使,传通其言也。东方曰羁,南方曰象,西方曰狄鞮,北方曰译。"高丽忠烈王时,经金坵启奏,始设通文馆,朝鲜朝改为司译院,培植译官,又称象院。如朴齐家诗称:"可笑周旋凭象译,栅门才启一丸封。"[①]又李晚秀《象译》"近者象译弊,患在额员广"等。[②]

任译者,盖取任职译官之义也。南一佑《燕记》称,一行在沈阳时,"盖此处人自经丙丁,见我国人必指笑诟骂,使行每从城外迂路作行,只使任译呈纳岁币"[③]。又韩德厚《壬子闻见事件》:"近来诸使之行,译官之随者,多至三十余

---

[*] 本文作者为北京大学中国古文献研究中心、北京大学中文系教授。
① [朝鲜王朝]朴齐家《贞蕤阁集三集·再次冬至韵》,《韩国文集丛刊》,261/521。
② [朝鲜王朝]李晚秀《蓱车集》,《燕行录全集》,060/473。
③ [朝鲜王朝]南一佑《燕记·渡江录》,《燕行录全集日本所藏编》,003/361。

人,而入彼之后,使行干事,只任译数人,其余随行,逐队无一所干,只以八包之故,巧充名目,额数渐加。"①又李商凤《北辕录》:"自近年以来,庙堂轸念燕货失利,象译凋瘵之弊,出松都、平壤、安州、宣川、义州六处官银,合四万两,贸易帽子,禁人私商,存本取利,一行收息六千两,付之任译,以当往来路费云。"②此则象译、任译并用焉。

诸译,即众位译官之义,又称任译辈、象译辈、诸译辈等。如李渲《燕途纪行》:"今日是开市终日,诸译舌与众汉人,至夜咻咻异音,喧闹一馆,买卖竟亦不利云。"③又洪大容《湛轩燕记》:"宗顺死,宗孟承其余业,性又挚悍贪欲,善朝鲜语,临事机警过人,诸译畏恶之如虎狼也。"④李鼎受《游燕录》:"此又有可笑者,一行象译辈,目余以外不知。"⑤元在明《芝汀燕记》:"商贾辈与通官辈,符同操纵,屡退行期,旷日滞留,任译辈多般严督,始以明日发程为定。"⑥

二 伴倘

伴倘之名,始于高丽末,为宗亲、功臣或高官之宿卫。《高丽史·兵志》载,辛禑三年十二月,"命翼卫军宿卫于阙外四隅,宰枢各以伴倘宿于私第"⑦。入朝鲜朝,国王可赐伴倘于他人,故有宗亲伴倘、功臣伴倘、私伴倘等,且随官员品级高低,拥有伴倘之人数亦有多寡。成宗五年(成化十年,1474),内官李孝智、曹疹上言,称高官三品则三人,二品则六人,请给伴倘,朝廷以内官之有伴倘非旧例而拒之⑧。然至后来,遂有私相授受之滥,如成宗元年(成化六年,1470)五月初八日,司宪府大司宪韩致亨等上疏曰:

> 功臣伴儿,所以报伴役之劳也。今功臣之家,以伴儿为自家私物,任意赠与,而兵曹亦顺其意以与之,初不考伴倘官案,非立法之本意也。夫伴倘,授兵曹差帖,誊姓名于伴案,而每于春秋点考,则虽属于功臣之门,而亦国家之军卒也。其递儿,非功臣所得擅予夺者也,请功臣伴儿使不得妄与他人。⑨

---

① [朝鲜王朝]韩德厚《壬子闻见事件》,《同文汇考补编》卷五《使臣别单五》,002/1661。
② [朝鲜王朝]李商凤《北辕录》,《燕行录续集》,116/443—444。
③ [朝鲜王朝]李渲《燕途纪行》卷下,《燕行录全集》,022/171。
④ [朝鲜王朝]洪大容《湛轩燕记》,《燕行录全集》,049/046。
⑤ [朝鲜王朝]李鼎受《游燕录》卷九《日记五·留馆下》,《燕行录续集》,125/452。
⑥ [朝鲜王朝]元在明《芝汀燕記》卷三,《燕行录丛刊(增补版)》网络本,第149页。
⑦ 孙晓主编标点校勘本《高丽史》卷八十二《兵志·宿卫》,重庆:西南师范大学出版社,2014年,007/2603。
⑧ [朝鲜王朝]《成宗实录》卷四十五,成宗五年(成化十年,1474)七月二十五日戊寅条。
⑨ [朝鲜王朝]《成宗实录》卷五,成宗元年(成化六年,1470)五月初八日乙酉条。

燕行使团中随行之伴倘，如冬至使团则正使携带三员、副使两员（或一员）、书状官一员，或称伴倘贤良，或称伴倘军官，或称伴倘幼学等，多为使臣之子弟、亲族与友朋，多为私自招徕。如纯祖三年（嘉庆八年，1803），随其友冬至行书状官徐长辅出使之伴倘李海应曰："伴倘名号，不载渡江《状启》，故代充于驱人中，又例无驿马，渡江后所骑，皆把刷马。"①又纯祖十一年（嘉庆十六年，1811），随冬至兼谢恩行书状官韩用仪出使之幼学生李鼎受，为韩用仪外从弟，故以书状伴倘身份入燕。其曰："凡赴燕人员，各有定额，而余于是行也，无名色。盖节使往者，非军官则无一定可借之称。所谓伴倘，即我境路文中借名也。不载于入栅报单，然则与额外冒人何以异也。"②又纯祖三十一年（道光十一年，1831）七月，随其岳父谢恩使洪奭周出使的韩弼教亦称"凡无官而从使者，谓之伴倘"③。

伴倘往往借出使之机，私贩物货。如李有骏《梦游燕行录》曰："北京交通四国，财货咸聚。译员以下皆持参货，以交易为主，便作利窟。故近年以来，所谓伴倘，每为牟利辈争槖，三使族亲士夫文学者，罕得入来。"④哲宗元年（道光三十年，1850）春，领议政郑元容启曰：

> 今年使行之稠叠，即近古初有也。以今西路凋败之状，虽应行常例，固当权减，况欠紧繁冗之弊，不可不一切省减。使行带率之军官外，伴倘名色，系是私人，有无不关，若或有多率，则彼我境贻弊致扰，不可胜言，俟使行中，已减人员，则今不可以常例言。使行各房军官及伴倘名色之中，可以权减者，自使行量宜务简。虽译官之有差备者，可以兼行可以权减者，并斟量减定，以为一分省弊之地事。⑤

此类启奏，时时皆有。然伴倘之牟利，使臣并皆有份，甚至代使臣走私物货，故朝廷虽命权减，然皆不过具文而已。

三 打角 打角夫

打角，又称打角夫，在燕行使团中，或称打角进士、打角子弟、打角通事等，其人自使臣子弟与友朋、离任官员中带率，为三使打杂。如韩弼教《随槎录》：

---

① ［朝鲜王朝］李海应【原题徐长辅】《蓟山纪程》卷五《附录·行总》，066/478。
② ［朝鲜王朝］李鼎受《游燕录》卷六上《日记一·我境》，《燕行录续集》，124/467。
③ ［朝鲜王朝］韩弼教《随槎录》卷四《闻见杂识》，《燕行录续集》，131/195。
④ ［朝鲜王朝］李有骏《梦游录【原题梦游燕行录】》卷上，《燕行录全集》，076/484。
⑤ ［朝鲜王朝］《承政院日记》卷二千五百，哲宗元年（道光三十年，1850）二月二十五日条。

"东使赴燕时,子婿之从行者,必称打角。打角者,水路朝天时军官之号也"。①

成宗七年(成化十二年,1476)五月,司宪府大司宪尹继谦等上疏曰:

> 我国邈在海表,与中国语音殊异,而朝聘贡献往来陆续,以为译学不可以不重。故设司译院以专其事,置习读官以肄其业,又惧通事之赴朝者,未得循环均往,故立三等之法,于通事之中,择其精通谙练者为一等,其次为二等,又其次为三等。赴京之际,一等以拟之通事,二等以拟之押物、押马,三等以拟之打角。②

又中宗三十九年(嘉靖二十三年,1544)三月,承政院以礼曹意回启曰:

> 押物,例必以通事差去,打角夫二人之中,一人则以其子弟率去矣。今若四学通事例去者外,一切以有前程士族之人率去,则为当。且庶孽之属,虽家门子弟,嗜利之心,无异于市井之人。使臣亲子弟外,一切勿率,则庶不违于上教,而国事得矣。③

此可知打角既有通事,亦有子弟。而"打角通官",为水平较低之三等译官,携其出使,亦为多与中国士人接触,勤加习练,以提高汉语水平焉。

四　虾　高丽虾

肃宗五年(康熙十八年,1679)年初,进贺陈奏兼冬至行书状官金海一等在馆期间,清廷"招去崔医俾诊病人,系是皇帝所宠一等虾"④。又八年三月十七日,沈阳问安使闵鼎重还到凤凰城,状闻清国事情,称"皇帝本月初四日,来到沈阳,从行者幸姬三人,侍妾百余人,亲王八人,虾六百人"。《肃宗实录》注:"虾即清官名,如我国宣传官。"⑤又显宗十一年(康熙九年,1670),冬至行书状官慎景尹返国后上《闻见事件》记清廷兵制,称"又有所谓虾者一千人,又有所谓佐银大者五六百人,皆皇帝扈卫亲兵。他高山各领虾二十人,一高山所领,通计二千余人"⑥。又英祖三十七年(乾隆二十六年,1761)二月初一日,随其父冬行书状官李徽中出使之李商凤,记往香山路途,有行者指点曰:"'彼高丽之武官也',或曰'高丽之虾也'。"⑦

---

① [朝鲜王朝]韩弼教《随槎录》卷四《闻见杂识》,《燕行录续集》,131/162。
② [朝鲜王朝]《成宗实录》卷六十七,成宗七年(成化十二年,1476)五月十五日丁巳条。
③ [朝鲜王朝]《中宗实录》卷一〇二,中宗三十九年(嘉靖二十三年,1544)三月十八日丙辰条。
④ [朝鲜王朝]金海一《檀溪先生文集》卷三,《韩国文集丛书》,1559/175。
⑤ [朝鲜王朝]《肃宗实录》卷十三,肃宗八年(康熙二十一年,1682)三月十七日乙丑条。
⑥ [朝鲜王朝]《显宗修改实录》卷二十二,显宗十一年(康熙九年,1670)二月初八日乙未条。
⑦ [朝鲜王朝]李商凤《北辕录》卷四,《燕行录续集》,117/498。

案清宫侍卫，满语称"虾"。清韩泰华《无事为福斋随笔》："乾清门侍卫差使，谓之挑虾。"又清张际亮《金台残泪记》："数年前，有某伶，为满洲二等侍卫某所宠。一夕，在侍卫宅侑酒。问伶：'嗜何食物？'伶戏云：'嗜二等虾耳！'侍卫怒，遽令家奴数辈掖出递污焉。"①《肃宗实录》所谓"宣传官"者，盖虾兼内廷出入传唤之差。明清时中国人仍习惯称朝鲜为"高丽"，故称军官打扮之李商凤等为"高丽虾"耳。

五　披甲的（被甲的）

正祖七年（乾隆四十八年，1783）夏秋间，李田秀随其叔父问安使李福源入沈阳。八月十八日，游览至一古寺，见"两庑皆置弓箭，披甲的数百人，方会射"②。李氏于"披甲的"下注曰："华语，军兵。"又洪大容《湛轩燕记》："民家正供之外无他繇役，旗下选入披甲的者，有月俸银二两，其余同民家。"③披甲的，又作"被甲的"。如肃宗三年（康熙十六年，1677），谢恩兼冬至行书状官孙万雄，在凤凰城察院，被掳人崔光远、金千一等来拜，原为朝鲜定州宣川人。"问其身役，则被甲的也"④。

六　右秦遮牛

景宗元年（康熙六十年，1721）四月二十八日，朝鲜谢恩副使李正臣等前往北京途中，夜宿于三河县胡冲霄家。李氏曰："此处民人有三种：一曰汉人也，一曰清人也，一曰右秦遮牛也。若以此号加之于汉人，则汉人大怒；虽加于清人，清人亦怒，盖贱之甚也。"⑤

案此"右秦遮牛"，晦涩难懂。笔者求教于北京大学中文系汪锋教授，汪兄复辗转咨问于同行，告以"右秦遮牛"，盖满语 ujen cooha，即"汉军"之记音。金昌业《老稼斋燕行日记》载，在馆期间与序班潘德舆笔谈：

> 问："今日蛮子与㺚子结婚么？"答："是汉人而非汉人者，名曰汉军，多与㺚子结婚，汉人从未。"问："所谓汉人而非汉人是何如？愿闻其详。"答："我朝初进来时，将山海关百姓亦谓己人，后平定之后，分谓汉军。"问："乌

---

① 〔清〕张际亮《金台残泪记》卷三《杂记》，民国六年上海扫叶山房石印《清人说荟二编》本，第4a页。
② [朝鲜王朝]李田秀【原题李宜万】《入沈记》卷上，《燕行录全集》，030/170。
③ [朝鲜王朝]洪大容《湛轩燕记》卷二《沿路记略》，《燕行录全集》，042/222。
④ [朝鲜王朝]孙万雄《燕行日录》，《燕行录全集》，028/322。
⑤ [朝鲜王朝]李正臣《燕行录》，《燕行录全集》，034/284－285。

金朝是何样人耶？"答："即是汉军。"问："大江以南无汉军么？"答："也有，是从京中分出去的。"问："汉人与汉军结婚否？"答："十分之内，可有五分。"①

考清崇德二年（明崇祯十年、朝鲜仁祖十五年，1637），分汉军为两旗。七年，设汉军八旗，以祖泽润等八人为都统。燕行使臣入辽东半岛，常与当地人笔谈。如英祖三十七年（乾隆二十六年，1761）二月，李商凤记返程至新辽东，"入汉军吴登刚家，登刚年八十一，犹强健"②。又正祖四年（乾隆四十五年，1780）四月二十二日，冬至兼谢恩使书状官洪明浩，进《闻见事件》称："兵民之政，则满洲人自十六岁，编之于八旗之下，岁给二十四两银，随级加之。娶妻则不论贫富，必给二十两银以助之。汉人则听其自愿，名曰汉军，并与其子孙充之行伍。"③七年八月，李田秀一行渡江至葱秀，"夕后，有三胡过去，伯父教马头双同叫来，初见异类，不觉骇眼，问之云是旗下"。田秀自注云："凡问人，称民家者汉人，称旗下者满人也。"④

即此可知，当时满、汉等级分明，旗下、汉军亦判然迥别。称汉人为"汉军"，则以为颇感羞耻；呼满人为"汉军"，则以为贬低身份。故称其为"右秦遮牛"，则满、汉皆怒也。

七　察院

"察院者，即接待朝鲜使之客舍。"⑤清朝"自义州至凤凰城为二站，无人家，露宿"⑥。"自凤城至北京为三十一站，旧则各站有察院（沿路使行所入之馆，谓之察院），以备使行止宿。"⑦

显宗三年（康熙元年，1662），进贺兼陈奏使郑太和称："宿玉田察院，新修理。"⑧翌年出使之朗善君李俣一行，六月初六日，至凤凰城察院。其称"所谓察院者，作草家四五间，以为三使臣入接之所，外以木栅周之而已。其后有凤凰山，山势险峻，其外植木为栅，名曰栅。察院屋宇，为雨水渗漏，坑上沾湿，已不堪其苦"⑨。又康熙三年，谢恩兼陈奏使洪命夏称，大通官李一善谓徐译等曰：

---

① ［朝鲜王朝］金昌业《老稼斋燕行日记》卷三《山川风俗总录》，《燕行录全集》，033/032。
② ［朝鲜王朝］李商凤《北辕录》卷五，《燕行录续集》，118/201－202。
③ ［朝鲜王朝］《正祖实录》卷九，正祖四年（乾隆四十五年，1780）四月二十二日庚午条。
④ ［朝鲜王朝］李田秀【原题李宜万】《入沈记》上，《燕行录全集》，030/080。
⑤ ［朝鲜王朝］姜浩溥《桑蓬录》卷一，《燕行录续集》，112/458。
⑥ ［朝鲜王朝］李敬臷《燕行录》，《燕行录全集日本所藏编》，001/483。
⑦ ［朝鲜王朝］徐有素《燕行录》卷一，《燕行录全集》，079/052。
⑧ ［朝鲜王朝］郑太和《壬寅饮冰录》，《燕行录全集》，019/373，379。
⑨ ［朝鲜王朝］李俣《朗善君癸卯燕行录》，《燕行录全集》，024/404。

"沿路察院颓破之处,即为修改事,既已定夺,今方行会,而恐未及于行次回还之时也云。"①康熙八年十一月二十四日,冬至使闵鼎重记曰:"所谓察院,圜以木栅,有大门,察院北庸南户,东西有坑,木栅东西处亦有家。"②又康熙九年随进贺兼谢恩使团出使之李海澈,在狼子山察院,目见院为学童之书堂。蒙学五六之中,有石得禄者,年最少而文最达,能诵《论语·学而篇》,不错一字③。此可知康熙初年,察院新建及修补之大致情状。

清代察院之设施与管理,多不尽人意,故燕行使团不愿入察院,而愿宿民家。如肃宗四十年(康熙五十三年,1714),谢恩兼冬至使晋平君李泽,称十一月二十八日,入栅。"宿凤凰城察院,炕甚陋,且久废云。故欲入村家,使湾上军官定下处于村家,则清城将使军卒驱打人马,使不得向村家,至令卸轿道中,其苦可言,使译辈十分开释,而终不能听,盖以礼单不填欲也。"④英祖三年(雍正五年,1727),随谢恩兼冬至行副使李世瑾入燕之姜浩溥,称到凤凰城察院后,"我使以其久废荒凉之故,例入于间阎,前路宿所皆然"⑤。又英祖十一年(雍正十三年,1735),谢恩兼冬至行副使李德寿称,时兵部左侍郎德沛奉使朝鲜,与德寿一行相先后,译官崔寿溟乘机谓一行往来时,迎送官操纵甚苛,察院颓废不可居,而不许赁民屋,设赁索价又太高,俺等唯有露宿而已。德沛谓此则吾所目见,当归奏善处耳。一行留馆时购见灿报,德沛果以此陈疏,而皇帝纳其议,归路见察院已多修治,或有始役未了者,而迎送官亦不复如前操纵,皆德沛一疏之力也⑥。

此可知雍正朝始,燕行使团已往不愿入宿察院。纯祖二十二年(道光二年,1822),冬至兼谢恩行书状官徐有素称:"废馆疏冷,冬月不可留宿,故取便每止于店舍,察院因废,今其屋尽毁为民居,惟沈阳有察院,下卒辈或得留宿。"⑦又哲宗二年(咸丰元年,1851),陈奏兼谢恩使金景善称,过沈阳"沿路诸站,并有察院,为待我国使价之设,而过辄空废,留接不便,不如店舍,且距大路多迂回处,今皆不入,便以为例"⑧。据徐、金二氏所言,则道光之后,察院已多废置矣。

---

① [朝鲜王朝]洪命夏《燕行录》,《燕行录全集》,020/305。
② [朝鲜王朝]闵鼎重【原题成后龙】《赴燕日记【原题燕行日记》》,《燕行录全集》,021/293。
③ [朝鲜王朝]李海澈《庆尚道漆谷石田村李海澈燕行录》,《燕行录续集》,108/405。
④ [朝鲜王朝]李泽《燕行日记》,《燕行录全集日本所藏编》,001/131。
⑤ [朝鲜王朝]姜浩溥《桑蓬录》卷一,《燕行录续集》,112/458。
⑥ [朝鲜王朝]李德寿《燕行录》,《燕行录续集》,115/117。
⑦ [朝鲜王朝]徐有素《燕行录》卷一,《燕行录全集》,079/052。
⑧ [朝鲜王朝]金景善《出疆录》,《燕行录全集》,072/449。

八　草家　瓦家　土屋　无梁屋

燕行使臣入栅后，多记辽东半岛公私屋制，有草家、瓦家、土家、无梁屋等说。草家者，屋顶覆草之屋；瓦家，屋上盖瓦之屋；土家与无梁屋，则既无屋脊，亦不履瓦，屋顶如平台在脊梁者也。如金昌业《老稼斋燕行日记》："自凤城至周流河，草家居多；自周流河至山海关，土屋居多。自有土屋以后，间有瓦家，而绝不见草家。此无草而然也。"①又郑尚愚《闻见别单》："诸省中水患最甚处，瓦家一间银五钱，草家一间银三钱，更构奠接。"②

据诸家记载，自间阳驿向山海关，无梁屋始此。因何无梁，使臣屡有打问与猜测。如郑光忠《燕行日录》："所过村舍店房，多有无梁平屋，故问之，则或以为近海之处，恐为海气所伤而作，或以为明亡之后，汉人之不服于清者，寓其无君之意而作。较此两说，虽未知其何是何非，而后说似有意义矣。"③而李坤《燕行记事》所记，较涉实情。其曰：

> 或有土屋，而屋上无梁，其平如砥，积土甚厚，几至数尺，其上生草。或有涂灰，而盖瓦于檐端者，大雨则犹未免渗漏之患。自凤城至周流河多草家，自周流河至山海关多土屋，关内则多瓦家，而间有土屋，绝无草家，此则盖薍草甚褙之致也。凡土屋多是汉人，皆无梁，问之则曰："我无君上，故不为梁云。"然清人亦多如此。其实则贫者不能办得瓦与盖草，只以土覆之，而若梁高而檐低，则土必流下，故不得已作此制。富豪之家，或飞甍连云，而外廊别室，则间有多仿此屋，似取其制样别异也。④

所谓"我无君上，故不为梁"，实亦为使臣自家之曲解。洪奭周《无梁屋》诗曰："低垂凤翼戢鱼鳞，棋局方铺一样均。忍说中原瓦解尽，空留白屋表华人。"⑤更以无瓦、无梁，寓以前明之瓦解与清朝之无君，可谓联想丰富而臆解之甚者也。

九　炕堗

案堗，同突，灶之烟囱。刘向《说苑·权谋》："臣闻客有过主人，见灶直堗，

---

① ［朝鲜王朝］金昌业《老稼斋燕行日记》卷一《山川风俗总录》，《燕行录全集》，032/320。
② ［朝鲜王朝］《正祖实录》卷四十二，正祖十九年（乾隆六十年，1795）二月十七日己亥条。
③ ［朝鲜王朝］郑光忠【原题未详】《燕行日录》，《燕行录全集》，039/030－031。
④ ［朝鲜王朝］李坤《燕行记事》卷下《闻见杂记》，《燕行录全集》，053/038－039。
⑤ ［朝鲜王朝］洪奭周《渊泉先生文集》卷二《记俗绝句·无梁屋》，《韩国文集丛刊》，293/053。

傍有积薪。"《吕氏春秋·喻大》:"灶突决,则火上焚栋。"燕行使臣所记之堗,偶有指烟囱者。如徐文重《燕行日录》:"窗下为炕,未满一丈,或当中为灶堗,出于灶上,或于左右设釜,而堗出于外,或灶堗俱在壁外,或穴下为灶,爇之以炭。"①凡称灶堗、烟堗、曲堗者,多指烟囱也。

然诸家所记之堗,多数指炕,有炕堗、房堗、火堗、温堗、冷堗、湿堗、废堗等说。使团渡江后,在温井坪露宿。而"三使所处露地作堗,上设房幕"②。入栅后,抵栅内察院。"使衙课送言于城将,以院房不意火,其堗多有湿气,伤人可虑之意措辞,借得闾家温堗经宿,则城将颇欲许之。"③又李器之《一庵燕记》载,一行在闾阳驿见冶铁术,"且以火红铁块,纳铁店炕灶口,终不用一束薪,而堗暖。此处人凡事妙用省费多此类。"④此则利用炉火,使热气烧炕。抵北京入玉河馆,则改修馆所之炕堗。如李泽《燕行日记》:"玉河馆馆宇荒凉,炕堗窗户皆破坏,招馆夫改涂窗,招堗匠改涂灰,然后始得入。"⑤

至其炕制,如金昌业《老稼斋燕行日记》:"室中附窗为炕,炕即堗也。其高可踞,长竟一间,广可卧而足不可伸。炕外皆铺砖,而贫者否。"⑥又佚名《随槎日录》:"室中皆置炕,坑即堗也。假如室中周径三分,用一分作坑,二分纯铺甓,其无甓者,露地或用二分作对坑,其一分则空虚。店舍多半是长炕,横亘四五间,坑高计数尺,前置火喉向外穿烟囱,用砖高筑若层塔,虽恶风阴雨,火喉不咽,坑亦均燠。"⑦而记述炕堗最详者,莫过于朴趾源《热河日记》,记其在通远堡所见炕制,并论朝鲜"堗制有六失"⑧,文繁不录焉。

一○　胡同(胡衕、胡衚)　洞

胡同,亦作胡衕、胡衚等,源于蒙古语 gudum,汉语音读或作咕嘟、骨朵者。元人呼街巷为胡同,后即为北方街巷的通称。诸家《燕行录》中,释解胡同,各有其义。如金景善《燕辕直指》:"大街阔二十四步,小街十二步,胡衕总二十九,小巷总三百八十四。"⑨其注曰:"俗呼大巷曰胡同。"又朴思浩《应求漫录》,记其在北京,与钟元甫笔谈,钟问曰:"仆等江南人也,闻先生惯说江南风物,久

---

① [朝鲜王朝]徐文重《燕行日录》,《燕行录全集》,024/197—198。
② [朝鲜王朝]徐庆淳《梦经堂日史》卷一《马訾轫征纪》,《燕行录全集》,094/171。
③ [朝鲜王朝]赵玠《翠屏公燕行日记》,《燕行录全集》,020/210—211。
④ [朝鲜王朝]李器之《一庵燕记》卷一,《燕行录续集》,110/471。
⑤ [朝鲜王朝]李泽《燕行日记》,《燕行录全集日本所藏编》,001/138。
⑥ [朝鲜王朝]金昌业《老稼斋燕行日记》卷一《山川风俗总录》,《燕行录全集》,032/319。
⑦ [朝鲜王朝]佚名《随槎日录》,《燕行录全集日本所藏编》,001/554。
⑧ [朝鲜王朝]朴趾源《热河日记》卷一《渡江录》,《燕行录全集》,053/332—335。
⑨ [朝鲜王朝]金景善《燕辕直指》卷三《留馆录上·五城街坊位置》,《燕行录全集》,071/214。

客之余,乡思悠然而起。贵国住居必称洞,俱近山否？不然何以称洞也？"云庵曰:"胡衕之称甚陋,故以洞称也？"对:"非陋也,方言各异耳。凡山溪之间曰洞,此必借以名之耳,江南巷名亦曰弄。"① 权时亨《石湍燕记》:"入路右边胡同,有副房下处。"权氏注曰:"小洞谓之胡同。"② 又赵文命《燕行日记》载,在沈阳察院,打听孝宗当年为质时处所,则任译李枢曰:"自前传在于察院后不远地,而曾于十数年前过此时,适见察院后巷榜以'朝鲜胡衕'。胡衕即如我东街巷之称,故处处街巷悬'某某胡衕'之榜。"③

案赵文命以朝鲜之"洞"喻"胡同",然"洞"类似社区单位,相当于中国城市之街道,如今日首尔之祭基洞、新设洞、安岩洞等是也。而朴思浩答钟元甫,谓"胡衕之称甚陋,故以洞称"者,则唯恐为钟氏等所讥,故为高言以自壮耳。

一一 野坂

哲宗六年(咸丰五年,1855)十一月初七日,随陈慰进香兼谢恩使徐憙淳出使之徐庆淳,在沈阳游览时曰:"尝闻孝庙在沈时,清人进一区莱田,在河边建亭,名之曰野坂,今不知其处。"④ 案未详《沈阳日录》载,仁祖十九年(清崇德六年、明崇祯十四年,1641)二月二十九日,"衙门折给菜田一日耕于阿里江边,俾设野坂"。其注曰:"野坂者,犹场圃之称。"然则野坂者,即农场之义也。

时朝鲜以仁祖长子世子李澄为质于沈阳,并设吏、户、礼等曹衙门,俨然一小朝廷。初期诸种费用,清廷供给。后清廷以为"朝鲜王子入来,今过五年,不可年年给料,自明年春耕作,到秋谷成,当撤料,以八固山农田折给千日耕。王子以下诸臣质子,计口量力而耕,耕夫则自本国调来,一日耕当用十二三丁"⑤。自翌年春间起,相继于沙河堡、王富村(沈阳东郊四十里许)、老家塞(东南郊四十里许)、土乙古城(距沈阳百五十余里),各受田百五十日耕。翌年二月初,又往铁岭卫(距沈东北一百二十里云)、柳千户(距沈东北六十里)近处各受田二百日耕,因衙门闻前秋谷物所获甚尠,又给四百日耕,以准千日耕之数。

野坂在沈阳城十里许,离沈阳最近,世子立庄社,并屯田于此,故野坂亦为地名也。如未详《昭显沈阳日记》:"初七日,锦州递粮夫马到野坂。"⑥ 时久质沈阳,世子遂广建馆宇,私殖货利,酬应清将之求索。又以其赢余,赎得朝鲜人之

---

① [朝鲜王朝]朴思浩《心田稿·应求漫录》,《燕行录全集》,086/037。
② [朝鲜王朝]权时亨《石湍燕记》天卷,《燕行录全集》,090/393。
③ [朝鲜王朝]赵文命《燕行日记》,《燕行录续集》,112/。
④ [朝鲜王朝]徐庆淳《梦经堂日史》卷一—《马訾轫征纪》,《燕行录全集》,094/210。
⑤ [朝鲜王朝]未详《沈阳日录》,《燕行录续集》,107/162。
⑥ [朝鲜王朝]未详《昭显沈阳日记》卷五,《燕行录全集》,025/638。

被掳男女,至于累百人,或留止馆中,或移置野坂,以备使令。皆不许放还本土,且不欲使仁祖知情。宫僚谏之不从,又令征求白蜡、网巾于济州。后仁祖知之,遂下教曰:"讲官之职,劝学、匡救而已。不此之思,乃敢贻弊于海外之民,事极非矣。当该官员,姑先从重推考。"于是宾客李昭汉、辅德柳景缉、文学李袗、司书李正英等,皆被推勘之命,及翌年世子东还,并命罢职①。是世子不听诸臣谏言,不思忍耻含垢,卧薪尝胆,而反增建馆宇,用度奢华,宜其返国不久,旋即暴卒,其祸基未尝不萌于野坂之时焉。

一二　一日耕

案上条中所谓"一日耕",为当时计地亩之数。清林佶《全辽备考》卷下:"宁古塔地,不计亩而计晌。晌者,尽一日所种之谓也。约当浙江田四亩零。(《金·食货志》:量田以营造尺五尺为步,阔一步长二百四十步为亩)。一夫种二十晌。"②

考朝鲜半岛计土地亩数,亦用"一日耕"之法。如宣祖三十一年(万历二十六年,1598)二月初六日载,庆尚、忠清两道计开屯田播种石数单子,"庆尚水田播种只四百余石,旱田二百三十一日耕;忠清道水田播种三百余石,旱田二百十九日耕"③。又宪宗六年(道光二十年,1840)三月二十五日,宪宗召见回还使臣于熙政堂。书状官李正履进《闻见别单》曰:"臣自辽东,至山海关外,询问老农及民户一年税纳之数,则四十亩为一日耕,而所纳税谷三斗二升,丁役则一年所纳,为银六钱三分。"④

案以"晌"为地亩单位,今西北关陇一带农家亦如之。犹记余三十年前务农时,山乡量地亩之法,以"粪"为计量单位。粪者,即一块地所需粪肥多寡之义。丈量之法:入地后平踏(横向)三十步,再立踏(竖向)六至八步,此区间为一粪。因山地有平、斜、陡之分,故立向为"平六斜七陡八步",以照顾地势。若以中间数计之,则一粪为二百一十平方步(30步×7步=210平方步)。八粪为一亩,二十粪为一晌。地亩计量之法,历代有异,南北不同,今以六百六十六平方米为一亩,乃据西人之尺以量中华之地者也。

若地亩丈量之法,三十年前,田夫农妇,尽人皆知,而今高居馆阁之大学教授,懵懂不明。昔顾炎武曾谓:"三代以上,人人皆知天文。'七月流火',农夫之辞也;'三星在天',妇人之语也;'月离于毕',戍卒之作也;'龙尾伏辰',儿童

---

① [朝鲜王朝]《仁祖实录》卷四十五,仁祖二十二年(崇祯十七年,1644)正月初六日乙未条。
② 〔清〕林佶《全辽备考》卷下"地亩"条,《辽海丛书》第七集,第4b页。
③ [朝鲜王朝]《宣祖实录》卷九十七,宣祖三十一年(万历二十六年,1598)二月初六日辛酉条。
④ [朝鲜王朝]《宪宗实录》卷七,宪宗六年(道光二十年,1840)三月二十五日乙卯条。

之谣也。后世文人学士,有问之而茫然不知者矣。"①亭林此语,若预为今日而设者,岂不令人扼腕而叹哉!

一三　站里

洪大容《湛轩燕记》:"高桥堡店主周姓,自称站里。站里者,驿人。周言当站里者,每年俸银十二两,驿丞俸银三十六两、米三十六担。每站有驿马五十匹,每年自沈阳给银一百三十五两,为病死立代之资,剩缩任驿丞。使客有表文者,皆与焉。支饭之费,亦受于沈阳,以时会计,而一人一顿支用钱七陌,一陌为十六文云。"②

案站,即驿站,或称站驿,为蒙古语之音译。《元史》:"元制站赤者,驿传之译名也。盖以通达边情,布宣号令,古人所谓置邮而传命,未有重于此者焉。"③驿站有陆站、兵站、马站、牛站、旱站、水站等,从役人员称站夫、站役、站户等。明清沿用元代驿站系统,洪大容所记此高桥堡周姓人,自称"站里",即驿站役夫也。今西北方言中,"站"亦有歇停、住宿之义。如"天黑路远的,你就站下么"。"站下",即住下、停宿之义焉。

一四　拨站　拨便

案拨站,即急递驿站,设于朝鲜境内各道,尤以西路为重。《大东地志》卷二十八《里程考·拨站》:"宣祖三十年(丁酉),承旨韩浚谦,请依中朝例,设摆拨以传边书。"后所设立,自京城至义州共四十一站一千五十里,有骑拨、步拨等。如《承政院日记》载,仁祖十六年(崇祯十一年,1638)三月,"畿内之民,似无得马之路。无已,则密排拨站,每十五里为一站,则其传之速,必胜于拨马"④。又肃宗三十八年(康熙五十一年,1712)正月初三日,洪阳营将尹济万疏启:"沿路各驿,别立能走马四五匹,名之曰'报警马'。而边报递传,一如西路拨便之为,则五六日之内,可到京城,烽火虽绝,警马之报,陆续来到。则边情缓急,可以详知;庙堂吁谟,亦不窘迫。备边之策,此亦紧务也。"⑤朴齐寅《燕槎

---

① 〔清〕顾炎武著,黄汝成集释,栾保群等校点《日知录集释》下册卷三十"天文"条,上海:上海古籍出版社,2006年,第1673页。
② [朝鲜王朝]洪大容《湛轩燕记》,《燕行录全集》,049/143。
③ 〔明〕宋濂等撰《元史》卷一百一《兵志四·站赤》,北京:中华书局,1973年,第2583页。
④ [朝鲜王朝]《承政院日记》卷六十四,仁祖十六年(崇祯十一年,1638)三月二十日条。
⑤ [朝鲜王朝]《承政院日记》卷四百六十五,肃宗三十八年(康熙五十一年,1712)正月初三日条。

录》称，"自顺安至冷井拨站三十里，肃川三十里，共六十里止宿"。①

拨便，即拨站员役，类似急递员。"凡拨便，不计昼夜，例也"②。需追日赶月，星夜兼程，以飞递急件。燕行使臣若遇奏咨文有误，即付拨便，急递至京，启请修改。如英祖三年（雍正五年，1727）十一月十六日，赵趾彬以承文院官员以都提调意启曰：

> 即接冬至兼谢恩正副使状本，则表文中"岁"字迭入，纸头显有污痕。令该院急急改本，速付拨便事驰启矣。表文改送时，再三查准，而迭字终未觉察，不审之失，极为惶恐。至于污痕，则似是京外屡次查对时，手按指痕之误，而元不大段。今若改本，则日子迁就可虑，在前亦有刀擦改送之规，迭字中"岁赟"之"岁"字，改以"壤"字，刀擦改书，污痕亦轻轻刮去，纸色混然，未觉其有擦刮之迹。以此本仍为入用，依前别定禁军，给拨驰送于使行所到处。③

又如纯祖元年（嘉庆六年，1801），冬至等三节年贡兼陈奏使曹允大、副使徐美修、书状官李基宪等。七月二十八日，宿坡州。李氏称："是日，陈奏草本来到，与上使、副使略加笔削，回付于拨便。"④

燕团渡鸭江出境前，或返渡鸭江至义州后，均在拨站收发家信，更多时候则直接付于拨便。如李基宪《燕行日记》："付家书于拨站，崔生昌文至此落后。"⑤又洪命夏《甲辰燕行录》："朝封状启，作家书付拨便，朝食后发行。"⑥使行在义州时，称当地拨便为"湾拨"或"湾拨便"，则因义州称"湾上"故也。如南履翼《椒蔗续编》："朝，湾拨追到栅外，见家书。仍付家书于湾尹，使之待便传至。"⑦又朴来谦《沈槎日记》："是日行八十里，湾拨便见八天书。"⑧

一五 倡市

金照《观海录》："正月初八日，过盛京，城中大街，竞设戏场。结彩为棚，架簟起楼，此即所谓倡市也。"⑨又南履翼《椒蔗续编》载，一行于九月初三日，方抵

---

① ［朝鲜王朝］朴齐寅【原题朴齐仁】《燕槎录》，《燕行录全集》，076/024。
② ［朝鲜王朝］《承政院日记》卷二百二十五，显宗十二年（康熙十年，1671）十一月十七日条。
③ ［朝鲜王朝］《承政院日记》卷六百五十，英祖三年（雍正五年，1727）十一月十六日条。
④ ［朝鲜王朝］李基宪《燕行日记》卷上，《燕行录全集》，065/020。
⑤ ［朝鲜王朝］李基宪《燕行日记》卷上，《燕行录全集》，065/023。
⑥ ［朝鲜王朝］洪命夏《甲辰燕行录》，《燕行录全集》，020/251。
⑦ ［朝鲜王朝］南履翼《椒蔗续编》，《燕行录续集》，128/169。
⑧ ［朝鲜王朝］朴来谦《沈槎日记》，《燕行录全集》，069/025。
⑨ ［朝鲜王朝］金照《观海录》【原题未详《燕行录》］，《燕行录全集》，070/092。

十里河堡之路,男女不知几千百,骈阗塞路,中间架起篁棚,棚上有铮鼓稽琴之声,"如我国山野之戏,而此处谓之倡市云。驻轿暂看,别无意味"①。又十月十六日,"平明发行,至邦均店四十里,路边方设倡市,驻马少立,无足观也"②。又任百渊《镜浯游燕日录》称,正月初三日,"所谓倡市,又不知几所。日向夕,愚山连促还归,遂出贯车,从西安门大街而归。夜与黄坡、汾西夸说曹馆戏具之盛,皆以不同往为恨"③。

案此"倡市"者,即场戏也。朝鲜"倡"与"唱"混用,如倡随、倡优等。使团于逢年过节,在馆在途,屡逢戏场演出,往往驻足观看。然正如金照所称,"彼观场者,有时发笑,一哄如雷。吾们众人,一似聋哑,不见其可笑,真自笑也"④。南履翼谓"别无意味""无足观也"者,则因语言不通,不明情节故耳。

一六 雪马 冰床

案雪马,即冰床、冰船也。明刘侗、于奕正《帝京景物略·水关》:"冬水坚冻,一人挽木小兜,驱如衢,曰冰床。"其小者为儿童玩具,大者则可乘坐多人与拖载货物。清富察敦崇《燕京岁时记·拖床》:"冬至以后,水泽腹坚,则十刹海、护城河、二闸等处皆有冰床。一人拖之,其行甚速。长约五尺,宽约三尺,以木为之,脚有铁条,可坐三四人。"

朝鲜使臣尤其冬至使团,每年待严冬鸭绿江冰封后,即乘雪马渡江,一则省人力物力,二则安全快速故也。如宣祖三十一年(万历二十六年,1598)十二月初六日,陈奏行书状官黄汝一记,"是日,鸭江冰合,用雪马渡来,故事也"⑤。又赵珩《翠屏公燕行日记》:"十一日,发安州,江干骑雪马以渡。"⑥李基敬《饮冰行程历》载,十一月十四日,"至大同江,以雪马涉冰"⑦。又光海君八年(万历四十四年,1616)岁杪,陈奏使李廷龟一行到连山关,称前江甚滑,三使醉后,"军佐用木上座,舁以曳之,为雪马戏。华人不曾见,唤谓冰舡"。即其诗所谓"吾乡称雪马,殊俗看冰舡"者也⑧。

清宫每至年节大庆,则故宫、圆明园、颐和园等处,皆有冰戏。如乾隆五十年(1785)二月,朝鲜进贺谢恩兼冬至使李徽之、副使姜世晃状启言,去年十一

---

① [朝鲜王朝]南履翼《椒蔗续编》,《燕行录续集》,128/177。
② 同上书,128/297。
③ [朝鲜王朝]任百渊《镜浯游燕日录》,《燕行录续集》,134/185。
④ [朝鲜王朝]金照《观海录》【原题未详《燕行》】,《燕行录全集》,070/093。
⑤ [朝鲜王朝]黄汝一《银槎日录》,《燕行录全集》,008/274。
⑥ [朝鲜王朝]赵珩《翠屏公燕行日记》,《燕行录全集》,020/206。
⑦ [朝鲜王朝]李基敬《木山稿》卷七《饮冰行程历上》,第267页。
⑧ [朝鲜王朝]李廷龟《丙辰朝天录·到连山关……唤谓冰舡》,《燕行录全集》,011/143。

月二十一日,乾隆帝幸瀛台。"有顷,皇帝乘冰床,状如龙舟"①。翌年三月,冬至使安春君李烨等驰启,正月初十日,乾隆帝在圆明园山高水长阁,引见使臣并赐馔。"向晦,皇帝入。德保令臣等随入,有小湖,春冰未泮。皇帝乘雪马,状如龙舟"②。又正祖十六年(乾隆五十七年,1792)正月十九日,冬至兼谢恩使金履素于初更后,自圆明园还馆中,谓金正中曰:"庆丰图观龙灯凤舞,吃酪酱鹿尾,出宫时驰雪马而来,壮观快活,胜于他日,恨不与诸君共之也。"③

案李徽之等所言"冰床",与安春君所称"雪马",皆同一物,而中国、朝鲜称名有异耳。姜世晃之行,尚绘有《瀛台奇观帖》数幅,其一即《瀛台冰戏》焉。

一七　点马

案点马有二义,一指清点检验贡马数量与毛色,一指负责沿途监理马匹之官员。如裴三益《朝天录》载,宣祖二十年(万历十五年,1587)四月辛未,"点马柳熙绪来,相话移时",乙亥,"与主牧、书状点马"④。辛未之点马,为点马官柳熙绪;乙亥之点马,则为诸人共同点验贡马焉。

朝鲜各道设有点马别监,隶司仆寺。世宗五年(永乐二十一年,1423)正月二十三日,因前此"点马别监点各官分养国马瘦损故失,皆以笞三十施行,而无差等。今更定瘦损则笞三十,故失则笞五十"⑤。其下又有理马、养马等。如中宗三年(正德三年,1508)十月初八日,朴元宗曰:

> 臣意以为咨文点马,不必遣也。臣所持进献马,置诸会同馆,十余日不饲,多致物故,无有问者。且不考数之多少,万无毛色凭考咨文之理。虽或凭考,若对以路死,代以他马,则必不审问也。⑥

又中宗三十四年(嘉靖十八年,1539)三月十六日,殷辅等启曰:

> 平安、黄海两道,前年失农,驿路雕耗已极,而今又使臣,络绎不绝。凡赴京之行,遣质正官、吏文学官者,欲其质吏文于中国,非汲汲之事也。押马官二员,欲其领贡马而归也,而有养马、理马,则押马官,可以减一也。⑦

由此可知,如有贡马贡入中国,则点马别监与押马、理马、养马,皆随马入

---

① [朝鲜王朝]《正祖实录》卷十九,正祖九年(乾隆五十年,1785)二月十四日甲午条。
② [朝鲜王朝]《正祖实录》卷二十一,正祖十年(乾隆五十一年,1786)三月二十七日辛未条。
③ [朝鲜王朝]金正中《燕行录》,《燕行录全集》,074/244。
④ [朝鲜王朝]裴三益《朝天录》,《燕行录全集》,004/018。
⑤ [朝鲜王朝]《世宗实录》卷十九,世宗五年(永乐二十一年,1423)正月二十三日乙巳条。
⑥ [朝鲜王朝]《中宗实录》卷七,中宗三年(正德三年,1508)十月初八日壬申条。
⑦ [朝鲜王朝]《中宗实录》卷八十九,中宗三十四年(嘉靖十八年,1539)三月十六日甲申条。

朝。朴元宗以中国方面不检验贡马数量毛色，故不必遣咨文点马；而殷辅等则以西路凋敝，可减质正官、押马官等，以省帑费焉。

权近曾受命至义州点马，并撰《点马行录》一卷。其《安州野点马》有"吾王进贡诚非浅，愿助皇威讨不庭"句①。许篈《荷谷先生朝天记》载其在义州时点马曰：

> 十四日丁巳。晴。朝，与使及点马、质正会于聚胜亭，查对文书。求礼部呈文不得，问于上通事宋大春，大春昏不致察，所对参差。命穷搜则挟在咨文板中，余等深咎之，遂下于大门，点阅进献马，质正不与焉。有马三匹瘦瘠，责押马官金泗、郑亨复，管理马林有聃、养马郑浑等，兼杖宋大春。②

又金中清《朝天录》亦记载在义州点马曰："余往聚胜亭，与上使及点马同查表笺，作一驮封柜。食后，坐大门点贡马二起各十匹，一匹毙，以辅数马充之。笞养、理马。"③此则因贡马瘦瘠与伤毙，理马、养马之员受笞杖之惩焉。

一八　品马　熟马　半熟马　生马　儿马　鞍马

燕行使臣一行人马总数中，正、副使与书状官之马匹优于其他成员。如李正臣《燕行录》载，行中"正使品马五匹，先生马二匹，副使品马四匹，书状官品马三匹"④。又李坤《燕行记事》亦载："上房品马五匹，副房品马四匹，海西先生马二匹，三房品马三匹。"⑤品马即壮健善行之良马，高丽时期以军马，四品官以上方可配一匹焉。

若使事顺遂，使臣返国后多有升职、加资、赐田、赐奴婢与赐物等，其中常有马匹之赐。如宣祖二十年（万历十五年，1587）九月，陈谢使裴三益、书状官元士安返国，赐裴氏"内厩马一匹，书状官元士安儿马一匹"⑥。又仁祖四年（天启六年，1626）闰六月初三日，仁祖命"赐奏请上使李德泂熟马一匹、奴婢六口、田二十结，副使吴翻熟马一匹、奴婢五口、田十五结，书状官洪雷半熟马一匹、奴婢四口、田十结"⑦。若遇臣下善政，才俊登第等，亦多赐之。如中宗三十二年（嘉靖十六年，1537）末，"庭试居首宋珣，其次金祺、尹丰亨、李洸、许沆，各加一资，洪暹、赵仁奎、黄宪、李瀣、朴忠元，各熟马一匹；黄琦、丁焕、沈达源，各半

---

① ［朝鲜王朝］权近《点马行录》，《燕行录全集》，001/127。
② ［朝鲜王朝］许篈《荷谷先生朝天记》卷上，《燕行录全集》，006/452—453。
③ ［朝鲜王朝］金中清《朝天录》，《燕行录全集》，011/420。
④ ［朝鲜王朝］李正臣《燕行录》，《燕行录全集》，034/195。
⑤ ［朝鲜王朝］李坤《燕行记事》卷上，《燕行录全集》，052/332。
⑥ ［朝鲜王朝］裴三益《朝天录》，《燕行录全集》，004/051。
⑦ ［朝鲜王朝］《仁祖实录》卷十三，仁祖四年（天启六年，1626）闰六月初三日癸卯条。

熟马一匹；吴洁、南世杰、郑础、李敬长，各儿马一匹赏赐"①。

案熟马者，即已调教驯熟且力道足能负重之驮马，半熟马即已经调驯能驮物然不能负重之马，儿马即尚未调驯不能驮物之马驹。朝鲜半岛偶有"驹马"之说，罕用"马驹"一词，而以"儿马"代之。而"生马"则为尚未调教驯熟之马，如中宗二十一年（嘉靖五年，1526），领相权钧曰："在成宗朝，牧场生马，令军士调驯，如此之事，亦当时时为之可也。"②又二十三年二月，传曰："国家如有用兵之事，则各邑牧场生马，难以卒用，预为点出，分养于各官，而使之调习则皆为有用。"③而上述所谓"先生马"者，《万机要览·财用编》五《燕使·赴燕马》："驿马，正、副使曾经两西监司，则各该道先生马二匹。"

诸家"燕行录"中，又有"鞍马"之说。中国人所谓鞍马，多指马鞍与马匹；而朝鲜人所言鞍马，则指备有马鞍之马，即熟马之配鞍在身者。如金昌业《老稼斋燕行日记》载，在沈阳过行宫，见"北边有大门，多鞍马，群胡出入，此亦似衙门也"④。又李在学《燕行日记》称，"副轿一坐驾于宝马五匹，又有鞍马八匹"。又任百渊《镜浯游燕日录》，记其在馆期间，正月初九日，"复从桥西循墙而北，将向五龙亭，路旁见有不鞍马四五匹"⑤。不鞍马，即未备马鞍之马也。使行之中，又有上骑马、中骑马、刷马、骑刷马、卜刷马、载持刷马、私持马、笼马等，则或以马品，或以用途，或以不同来源称名者焉。

一九　朝饭（早饭）　中火　夕饭　点心

燕行使长途远路，口渴饥肠，一日三餐，随带厨房。早饭多称"朝饭"，亦称"早饭""朝食""早食"等。使团往往鸡鸣即发，天亮后始稍歇早饭。如李瑛《燕山录》载，二月"十七日庚子，鸡鸣发行。行四十里，双望堡朝饭"。"十八日辛丑，鸡鸣发行，行四十里，深河驿朝饭"⑥。郑太和《己丑饮冰录》："十一日，朝饭于盘山空城外。"⑦沈之源《丁酉燕行日乘》载，十一月二十二日，"早发，朝饭于细川"⑧。李忔《雪汀先生朝天日记》："九日壬辰，晴。早发，朝食时到木村。"⑨

---

① ［朝鲜王朝］《中宗实录》卷八十六，中宗三十二年（嘉靖十六年，1537）十二月二十五日庚午条。
② ［朝鲜王朝］《中宗实录》卷五十六，中宗二十一年（嘉靖五年，1526）正月十四日丁酉条。
③ ［朝鲜王朝］《中宗实录》卷六十，中宗二十三年（嘉靖七年，1528）二月十四日丙辰条。
④ ［朝鲜王朝］金昌业《老稼斋燕行日记》卷一，《燕行录全集》，032/409。
⑤ ［朝鲜王朝］任百渊《镜浯游燕日录》，《燕行录续集》，134/199－200。
⑥ ［朝鲜王朝］李瑛《燕山录》卷上，《燕行录全集》，019/604。
⑦ ［朝鲜王朝］郑太和《己丑饮冰录》，《燕行录全集》，019/344。
⑧ ［朝鲜王朝］沈之源《丁酉燕行日乘》，《燕行录续集》，108/365。
⑨ ［朝鲜王朝］李忔《雪汀先生朝天日记》，《燕行录全集》，013/014。

李正臣《燕行录》:"十二日,早食后,进往平壤点心,仍为留宿。"①有时即同一人,而"早饭""朝饭"混用,如李喆辅《丁巳燕行日记》:"十七日,晴,鸡鸣而发。早饭于邦均店。""十八日,晴,鸡鸣而发。朝饭于蜂山店。"②

午饭多称"中火"。如赵溭《朝天录》载,十一日,"到阳新县中火,日未午矣"③。李景稷《赴沈日记》,二十一日,"未明起行,中火沙河堡周姓人家"④。又李心源《丁亥燕槎录》称,返途在永平,"一人一宿,水价为二十立,柴价三十立。中火,水价十立,柴价一戈云"⑤。又金直渊《燕槎日录》载,一行至干子铺"中火,三使同入一炕。盖有炕钱,故例于中火,则必同炕云"⑥。即此可知当时中火时所用水柴之价,及三使同炕共食之场景。又李有骏《梦游录》载,二月十四日,"行五十里,至凉水河中火,又四十里至中后所止宿"。又称"晚后始发,午饭于凉水河,暮抵中后所"。又十五日"行五十里,至沙河所中火,又三十里至宁远卫止宿"。别记"平明发行,午饭于沙河所"⑦。此亦可知,"中火"即"午饭"也。

"夕饭"即晚饭,然诸家《燕行录》几不用"晚饭""晚餐"等词语。如李商凤《北辕录》:"少顷,厨房供夕饭,时日尚高,进饭少许,遂称宿所。"⑧又姜浩溥《桑蓬录》:"往见上使,上使适进夕饭,先啖猪肉而甘之,如逢异味焉。"⑨又李俣《朗善君癸卯燕行录》称,七月初四日,行至沙河驿,"日晡之后,雨虽止歇,水势不减。故一行上下,不得夕饭,露宿于沙阜之上、驾轿之中"⑩。此则因大雨而耽误晚饭,且不得安稳宿店焉。

"点心"一词,自唐即有,或指早点,或曰零食,或谓茶点,或为正餐前之小食。诸家《燕行录》中,亦多称"点心"。如苏巡《葆真堂燕行日记》称,四月十四日,"主人已铺张于纳清亭。食后,州官偕到,点心后设酌相酬,歌管啾啾"⑪。又李忔《雪汀先生朝天日记》:"城主亦来临,小酌点心后,发宿坡州。""二十七日,书状来话,点心后发向通州,健羡可言。"⑫又金堉《朝京日录》载,"晴寒,大

---

① [朝鲜王朝]李正臣《燕行录》,《燕行录全集》,034/207。
② [朝鲜王朝]李喆辅《丁巳燕行日记》,《燕行录全集》037/518。
③ [朝鲜王朝]赵溭《朝天录》,《燕行录全集》,012/422。
④ [朝鲜王朝]李景稷《赴沈日记》,《燕行录全集》,015/426。
⑤ [朝鲜王朝]李心源《丁亥燕槎录》,《燕行录全集日本所藏编》,001/309。
⑥ [朝鲜王朝]金直渊《燕槎日录》卷上,《燕行录全集日本所藏编》,003/023。
⑦ [朝鲜王朝]李有骏《梦游录》【原题梦游燕行录】卷下,《燕行录全集》,077/104-105。
⑧ [朝鲜王朝]李商凤《北辕录》卷三,《燕行录续集》,117/287。
⑨ [朝鲜王朝]姜浩溥《桑蓬录》卷一,《燕行录续集》,112/457。
⑩ [朝鲜王朝]李俣《朗善君癸卯燕行录》,《燕行录全集》,024/412。
⑪ [朝鲜王朝]苏巡《葆真堂燕行日记》,《燕行录全集》,003/436。
⑫ [朝鲜王朝]李忔《雪汀先生朝天日记》卷二,《燕行录全集》,013/014、169。

风,到中前所点心"①。又金昌业《老稼斋燕行日记》,三月初六日,"自红花堡行,至沙河堡点心,至烂泥铺吃烹饭,至辽阳永安寺宿"②。前述李正臣《燕行录》:"十二日,早食后,进往平壤点心。"③细绎诸家之义,"点心"或在相送设酌时,或在中途歇息时,或在早餐后某一相当于午饭时段,则其义当为茶点与稍歇时垫饥之零食,有时亦指午饭。

朝鲜王朝中央各司衙门,当差时亦有点心。如世宗七年(洪熙元年,1425)十月二十六日,世宗传旨户曹:"各司员吏点心,依旧例支给。"④若遇灾年,还常减省。如世宗二十二年(正统五年,1440)四月二十八日,世宗传旨户曹:"今当旱干,虑有饥馑之忧,各司官吏点心,减省旧例,参考以闻。"⑤

二〇 真末 白面(白糆、白麪、白麫)

权时亨《石湍燕记》:"或有一二两重瓶,或有三饼(彼人以真末谓白糆也),最可堪吃。"⑥又李承五《燕槎日记》:"崔琦谭在傍试问:'典当铺许多服饰,不无鼠啮之弊,或止鼠有方耶?'对曰:'果有之。真末三合,调砒磠末三钱,作饼一块。'"⑦又李忔《雪汀先生朝天日记》:"兵备道因孙爷分付,送包米十包、漕米十石、白麪五百觔、南酒十包、猪羊各二口,稍慰在陈之叹也。"⑧

案真末、白糆、白麪、白麫,皆谓小麦面粉。《汉语方言大词典》谓"白面","用小麦面粉做成的面条或面片"⑨。今山西、陕西、甘肃一带,仍称小麦面为白面,因其面粉相对较玉米、青稞等,既白又细也。由李承五所载可知,辽东亦有"真末"之说,而朝鲜半岛实亦"白面""真末"皆用也。如《成宗实录》载,成宗二十二年(弘治四年,1491)三月初七日,"同知经筵事李琼仝遭母丧,赐赙正布十五匹,米、豆并十五硕,真末二十斗,真油、清蜜各六斗"⑩。《承政院日记》:"王军门闻之大喜,为送羊五十头、军粮五十包、白麫五十袋、烧酒五十瓶,犒赏俺军兵。"⑪又"且其他蕨菜,亦有迭贡,黍、稷、稻、粱、大小麦新真末等物种,皆自

---

① [朝鲜王朝]金堉《朝京日录》,《燕行录全集》,016/471。
② [朝鲜王朝]金昌业《老稼斋燕行日记》卷六,《燕行录全集》,033/400。
③ [朝鲜王朝]李正臣《燕行录》,《燕行录全集》,034/207。
④ [朝鲜王朝]《世宗实录》卷三十,世宗七年(洪熙元年,1425)十月二十六日辛卯条。
⑤ [朝鲜王朝]《世宗实录》卷八十九,世宗二十二年(正统五年,1440)四月二十八日庚子条。
⑥ [朝鲜王朝]权时亨《石湍燕记》天卷,《燕行录全集》,090/413—414。
⑦ [朝鲜王朝]李承五《燕槎日记》,《燕行录全集》,086/264。
⑧ [朝鲜王朝]李忔《雪汀先生朝天日记》卷1,《燕行录全集》,013/090。
⑨ [朝鲜王朝]许宝华、宫田一郎主编《汉语方言大词典》,北京:中华书局,1999年,第1387页。
⑩ [朝鲜王朝]《成宗实录》卷二百五十一,成宗二十二年(弘治四年,1491)三月初七日癸未条。
⑪ [朝鲜王朝]《承政院日记》卷十四,仁祖四年(天启六年,1626)七月二十日条。

籍田封进"①。新真末,即新打碾磨成之小麦等面粉也。

二一 唐根

金昌业《老稼斋燕行日记》:"是日值虚日,人物填咽,如米谷、菜果、酒肉及杂货,罗列道上。菜则姜、葫葱、白菜、胡萝葍最多。胡萝葍,即我国所谓唐根,而色正红,与红萝葍无别。"②又金景善《燕辕直指》:"葫葱、菘芥、萝葍、菠菱菜(俗名时根菜)、胡萝葍(俗名唐根)、东瓜、南瓜、西瓜、甜瓜之属最多。"③

燕行使称"胡萝卜"为"唐根",实则胡萝卜原产亚洲西部阿富汗一带,元代传入中国。李鼎受《游燕录》曰:"我人至今以汉、唐称中国,语曰汉语,物曰唐物,称人不曰汉人,则曰唐人,盖以汉、唐之威令久行于天下故也。中国人之高丽我,然犹是耳。"④又权时亨《石湍燕记》载,一行返国途中,在通州逛夜市,"行中人以本京宰相求请,要买杭州草。问有无,那卖草的答:'有有。'出示一包草,其作包法似我国西草,细切亦如之。其色淡黄,而无津气,得一撮试吸,其味太臊,反不如我国市草,其求请亦出于崇唐癖也。"⑤

案李鼎受以为称"汉语""唐物"者,乃汉唐威令所致。而李时亨谓朝鲜宰相欲买"杭州草"(即烟草),则为"崇唐癖"之故。崇唐者,即崇中国之物货耳。故朝鲜人称中国女性曰"唐女",妆曰"唐妆",衣曰"唐衣",又有"唐画""唐货""唐米""唐纸""唐笺""唐扇""唐钱""唐船"等。其称"胡萝卜"为"唐根"者,亦犹此耳。

二二 干酒

干酒,美酒、好酒也。佚名《中州偶录》称,在九连城,"夜有买酒三胡,到处呼'干酒'。干酒者,美酒也。余使马头呼来,容貌粗黑,衣服绽裂,凛然有寒色,及见其酒器,又仄陋不堪观。"⑥又朝鲜时代识字课本《骑着一匹马》:"咱们怎吗哈法?拿别的干酒来。"

---

① [朝鲜王朝]《承政院日记》卷一千一百九十三,英祖三十七年(乾隆二十六年,1761)五月初二日条。
② [朝鲜王朝]金昌业《老稼斋燕行日记》卷一《山川风俗总录》,《燕行录全集》,032/544。
③ [朝鲜王朝]金景善《燕辕直指》卷六《留馆别录》,《燕行录全集》,072/267。
④ [朝鲜王朝]李鼎受《游燕录》卷三《异观实闻总纪上·言语文字》,《燕行录续集》,124/129。
⑤ [朝鲜王朝]权时亨《石湍燕记》地卷,《燕行录全集》,090/506。
⑥ [朝鲜王朝]佚名《中州偶录》,《燕行录全集日本所藏编》,001/449—450。

二三　耳掩（耳撑）　挥项（风领、风遮）　吐手（套手）　套裤

燕行使冬季行于辽东大地，北风冱寒，雪蚀冰冻，则防冻衣物，必预为添置。诸家《燕行录》书中，多记有耳掩、挥项、吐手、套手、套裤等，亦皆为防寒之具也。

耳掩，或作耳撑，用皮毛缝制而成，相当于暖帽，可下拉盖住耳朵免受寒冻，有毛耳掩、狗皮耳掩、鼠皮耳掩、狐皮耳掩、貂皮耳掩等。赵宪《东还封事》论中原之"贵贱衣冠"时曰："脑包即我国之所谓耳掩也。其制虽小，而便于常着，女人则惟老病者服之，而其制尤小易备。臣愚窃念，国人耳掩，好尚侈大，常民则犹用两具之皮，女人毛冠，几用三具之皮，其所谓大耳掩者，几用五具之皮。以故皮价甚高，贫而老病者，虽欲贸着而不得。"①郑士信《梅窗先生朝天录》载，九月初五日，行至通远堡与分水岭间，"自昨夕寒风大起，浮云卷尽，达夜吹不止。晓头凄冷如剪，一行员役皆着耳掩"②。九月初已寒冻如此，所遇盖为极寒天气也。而黄汝一《银槎日录》称，十二月十一日，"自渡江日至狼子山，日气颇温，行者或脱耳掩"③。则其所遇又为暖冬之日也。哲宗时，以耳掩与凉转巾、风遮可通用④，故又有凉耳掩之说，则纯为遮阴纳凉之具也。

挥项，亦称风领、护项、围脖子，类似今日之围巾。金昌业《老稼斋燕行日记》："头则着狗皮耳掩，护项、护颊亦互用，皆鼠皮也。"⑤李田秀《入沈记》："风领（即俗称挥项）以毡及缎为之，其大上包帽顶，而下结颌下，只露半面，项腮及耳，皆入其中。所见虽不雅，御冷则胜我制矣。"⑥又金直渊《燕槎日录》："或头着围脖子，即我国所谓挥项，而上尖如兜，帽身挂皮袄子，皆狸狐之皮，而外其毛，耳与鼻皆有所掩。"⑦又李基敬《饮冰行程历》载，在凤凰城栅门外露宿，"三使臣各自假眠于所乘轿车之中，而一行员役以下，并露宿积雪之上。朝来见之，则各人形貌，殆不可认识，而所着衣帽、挥项，尽成霜雪，不但须为之冰而已，似此光景，前所未有云"⑧。金景善《赶车的例给记》："旧时我□雇车，只许贳银，人有见其光头怯寒，心怜之，适有貂皮敝风遮（制如围脖而小）赐之，后遂

---

① ［朝鲜王朝］《宣祖实录》卷八，宣祖七年（万历二年，1574）十一月初五日乙亥条。
② ［朝鲜王朝］郑士信《梅窗先生朝天录》，《燕行录全集》，009/255。
③ ［朝鲜王朝］黄汝一《银槎日录》卷上，《燕行录全集》，008/278。
④ ［朝鲜王朝］《哲宗实录》卷九，哲宗八年（咸丰七年，1857）十一月二十五日壬寅条；又参卷十二，哲宗十一年二月初七日条。
⑤ ［朝鲜王朝］金昌业《老稼斋燕行日记》卷一，《燕行录全集》，032/366。
⑥ ［朝鲜王朝］李田秀【原题李宜万】《入沈记》卷下，《燕行录全集》，030/355。
⑦ ［朝鲜王朝］金直渊《燕槎日录》卷上，《燕行录全集日本所藏编》，003/025－026。
⑧ ［朝鲜王朝］李基敬《木山稿》卷七《饮冰行程历上》，第270页。

为例。今则代以钱二缗,谓之'风遮价'。"①

吐手,亦称套手,类似袖套,有薄有厚,有皮制有布制,一则防寒,二则护衣。李田秀《入沈记》:"套手(即俗称吐手),长至于肘,亦用疏衲,而不套之。内套之外,褂袍之袖皆入套,比之我制,似有胜矣。"②金正中《燕行录》:"二月初六日,至阴堡。午炊,雪风愈壮。使家轸我薄寒,出绵子衣、貂皮吐手以衣我,竟日挟纩,少寒凛之忧,感佩何言。"③

套裤,类似护膝而兼护小腿者。余幼时所见者,仅有两裤腿,下与裤腿齐,上高过膝,以两绳提之,各自独立,系于腰间,起护膝护衣兼挡尘作用。李田秀《入沈记》称,一行至栅门,"饭后,往栅前与王姓人姓话,而其人能诵《毛诗》《中庸》。指问所履者,曰水鞋子,指裤曰套裤,指衫曰大衫子,指上着黑长衣曰袍子,指团枢曰细子"④。

二四 卜驮 私橐 私卜

卜驮,指包装已毕之物货驮子。如洪命夏《燕行录》:"书状与都事、府尹会坐客舍大门,搜检干粮卜驮。"⑤又金中清《朝天录》:"往清心亭,与都事眼同称量卜驮九十二只。"⑥又金淮《朝天日录》:"宿于江边农幕,而一行卜驮则全未渡矣。"⑦卜驮既有公物,亦有私货,故有时称"公私卜驮"。如俞拓基《燕行录》:"旧例:一行公私卜驮,入栅后私雇车载。"⑧李㑌《朗善君癸卯燕行录》:"公私卜驮,一一计数入栅。"⑨

私卜、私驮,义同私橐,指私人物货与走私品。如金中清《朝天录》:"上道私卜十二驮。"⑩又李瑛《燕山录》:"今日盘缠等物,改成件记,其中孝信私卜白绵纸七十五卷挟入,而四十三卷则译官礼房,皆未及知云。"⑪又任百渊《镜浯游燕日录》:"又打印于方物封裹,又于所谓东别堂,阅纸包搜验湾商私卜。"⑫又李祉永《庚戌闻见事件》:"六百两银子,七百束白纸,半归于领将之私橐,已成谬

---

① [朝鲜王朝]金景善《燕辕直指》卷一,《燕行录全集》,070/339-340。
② [朝鲜王朝]李田秀【原题李宜万】《入沈记》卷下,《燕行录全集》,030/355。
③ [朝鲜王朝]金正中《燕行录》,《燕行录全集》,074/283。
④ [朝鲜王朝]李田秀【原题李宜万】《入沈记》卷下,《燕行录全集》,030/082-083。
⑤ [朝鲜王朝]洪命夏《燕行录》,《燕行录全集》,020/260。
⑥ [朝鲜王朝]金中清《朝天录》,《燕行录全集》,011/423。
⑦ [朝鲜王朝]金淮《朝天日录》,《燕行录续集》,105/155。
⑧ [朝鲜王朝]俞拓基《燕行录》,《燕行录全集》,038/077。
⑨ [朝鲜王朝]李㑌《朗善君癸卯燕行录》,《燕行录全集》024/404。
⑩ [朝鲜王朝]金中清《朝天录》,《燕行录全集》,011/557。
⑪ [朝鲜王朝]李瑛《燕山录》卷上,《燕行录全集》,019/516。
⑫ [朝鲜王朝]任百渊《镜浯游燕日录》卷一,《燕行录续集》,134/057。

例，莫可禁止。"①又金万基《申翊圣墓志铭》："公乃痛括私橐，绳其犯科者。"②

二五 盘缠 盘缠银 元盘缠 别盘缠 别人情

案盘缠一词，宋人已有，指日常费用。又同盘费、路费、旅费等，今西北方言亦常用之。此类在诸家《燕行录》中，或称"路次盘缠"。如《高丽史》载，元宗十四年（元至元十年，1273），"冬十月癸丑，遣别将金镒，赍世子盘缠银二百五十斤如元。"③李民宬《壬寅朝天录》："一行久馆，盘缠为金圣男、赵玉干等私橐，员役仅免饥饿，圣男等犹诉以盘缠缺管，将所赍私银补用云。"④又权㤝《石塘公燕行录》："虽倾尽一行盘缠，不足以克其数。"⑤又《成宗实录》："予岂以盆而贯之乎？其初赍去者，非以利市汉物，要以路次盘缠也。"⑥

燕行使臣之盘缠，除携物货外，亦常带银两，称"盘缠银"。一行正常开支，称"元盘缠"；而赠送中国官私人情礼物及贿赂等费用，称"别盘缠""别人情"。如金昌业《老稼斋燕行日记》："所持盘缠银二十四两。"⑦柳思瑗《控于录》："臣等以盘缠银子及绵细米袋，准计都司求请之物，开录一纸以示。"⑧赵濈《朝天录》："大概盘缠人情，吾行甚少，而已尽于方物载运之价。"⑨又崔睍《朝天日录》："共一百九十九两四钱二分，此乃别盘缠、方物雇骡价。"⑩又《宣祖实录》："路用别人情，似当优数赍去。"⑪又《光海君日记》载，户曹启："今此冬至使，元盘缠、别盘缠雇骡价外，别人情加给之数，亦至一百五十两，今难更为加给。"⑫又"请遣天使则事体极重，别人情一千两太小，一千两加给送"⑬。

二六 大买头 买头 小买头

燕行使记北京商家，有所谓大买头、买头、小买头之说。如赵珩《翠屏公燕

---

① ［朝鲜王朝］李祉永《庚戌闻见事件》，《同文汇考补编续·使臣别单一》，004/3773—3774。
② ［朝鲜王朝］申翊全《东江遗集》卷十八金万基《墓志铭》，《韩国文集丛刊》，105/101。
③ ［朝鲜王朝］孙晓主编标点校勘本《高丽史》卷二十七《世家·元宗三》，002/867。
④ ［朝鲜王朝］李民宬《壬寅朝天录》，《燕行录全集》，015/072—073。
⑤ ［朝鲜王朝］权㤝《石塘公燕行录》，《燕行录全集》，005/016—017。
⑥ ［朝鲜王朝］《成宗实录》卷八十八，成宗九年（成化十四年，1478）正月十四日丁丑条。
⑦ ［朝鲜王朝］金昌业《老稼斋燕行日记》卷一，《燕行录全集》，032/337。
⑧ ［朝鲜王朝］柳思瑗《控于录》，《燕行录全集日本所藏编》，001/013。
⑨ ［朝鲜王朝］赵濈《朝天录》，《燕行录全集》，012/392。
⑩ ［朝鲜王朝］崔睍《朝天日录》卷一，《燕行录续集》，103/171—172。
⑪ ［朝鲜王朝］《宣祖实录》卷一百七十一，宣祖三十七年（万历三十二年，1604）二月十三日甲午条。
⑫ ［朝鲜王朝］《光海君日记》卷五十，光海十一年（万历四十七年，1619）八月二十五日乙亥条。
⑬ ［朝鲜王朝］《光海君日记》卷一百五十一，光海十二年（万历四十八年，1620）四月十一日戊午条。

行日记》:"自今日始挂告示榜,买头人等始为出入。"①又孙万雄《燕行日录》:"北京买头卞三哥,来见副使。"②俞拓基《燕行录》:"此地之人业买卖者,号为'买头'。其中郑世泰者,家赀累十万金,甲于北京,商译之属一皆取售于此人,其家无所不有,我国特产之最贵者,亦皆充牣云。此外做小小买卖者,谓之'小买头'。凡馆中交易,必待告示榜来揭后,始许为之。而商译辈私自交易,不待揭榜之故买头亦先纳赂物于提督,方许出入云。"③又李器之《一庵燕记》:"大买头郑世泰,专主我国买卖,故赂提督二百两。"④

二七　不虞银(不虞备银)

案燕行使臣在途在馆,正常食宿等开销外,常需贿赂中国官员等,以及应付不虞之事,故使行携有专门银两以备应急,称"不虞银"或"不虞备银"。所谓"不虞银者,使行之不虞也"⑤,"本国赴京使臣,给人情干粮,以备不虞也"⑥。李器之《一庵燕记》:"湾上军官禀于大人,请得不虞银。盖朝家虑使行有意外用赂事,划给平壤银五百两,义州运饷所银五百两,合千两。若无事,则回还时还纳,而其银例不用而还平监湾尹。例给相亲译官,使之还偿。"⑦俞彦镐《燕行录》记,一行所带有"管运饷不虞备银八百三十三两一钱四分"。金性箕《燕行日记》载:"不虞备银合为八百余两,而使行之带去,所以为不虞之需也。"⑧朝鲜王朝晚期,高宗十八年(1881)三月二十七日,统理机务衙门启:"领选使之行,不虞备银子一千两,依节别使例,以湾府运饷库所储中,使之带去。如不入用,则还录该库,而从今以后,视此为例事分付。"⑨

然则多数情况下,一起使行所携不虞银约八百至一千两之间。此笔费用,除贿赂中国官员及沿途打点人情外,使团行中如有人马物货损伤,以及为朝廷购买书籍等,亦皆用以充抵。正祖十六年(乾隆五十七年,1792)九月十九日,左议政蔡济恭曰:"使行不虞备银,到彼后若无费用,则事当依数还纳,而象驿辈为其徵利请贷,则使臣许之,遂不报偿,以致公货耗损,此亦不可不禁断。"⑩

---

① [朝鲜王朝]赵珩《翠屏公燕行日记》,《燕行录全集》,020/234。
② [朝鲜王朝]孙万雄《燕行日录》,《燕行录全集》,028/347。
③ [朝鲜王朝]俞拓基《燕行录》,《燕行录全集》,038/105－106。
④ [朝鲜王朝]李器之《一庵燕记》卷二,《燕行录续集》,111/148。
⑤ [朝鲜王朝]黄梓《甲寅燕行录》卷三《留馆录》,《燕行录丛刊(增补版)》网络本,第159页。
⑥ [朝鲜王朝]《成宗实录》卷一百三十四,成宗十二年(成化十七年,1481)十月初十日辛亥条。
⑦ [朝鲜王朝]李器之《一庵燕记》卷三,《燕行录续集》,111/292－293。
⑧ [朝鲜王朝]金性箕《燕行日记》,《燕行录全集日本所藏编》,001/355。
⑨ [朝鲜王朝]《高宗实录》卷十八,高宗十八年(光绪七年,1881)三月二十七日己丑条。
⑩ [朝鲜王朝]《正祖实录》卷三十五,正祖十六年(乾隆五十七年,1792)九月十九日乙卯条。

使臣与象译勾结，以不虞备银称贷营利，且私吞占用，比及返国，全数用罄，鲜有还纳者矣。

二八　拟望　三望　落点

　　朝鲜王朝遣使，若事亟时促，则临时择人打发，不拘常格。然常使如冬至使等派遣，正、副使与书状官，皆需吏曹先推荐人选，称为"拟望"，此朝鲜朝用人之规。如成宗六年（成化十一年，1475）七月十一日，成宗曰："可堪助战将者，兵曹判书已拟望。然人之贤否，非试可难知，卿等宜各举所知。"①其中每个职位，推荐三位人选，称"三望"，又按推荐次序称之为"首望""副望"与"末望"。若备选者不足敷三位，而仅有一位候选，则称"单望"，两位称"二望"。如中宗十五年（正德十五年，1520）六月三十日，司宪府启曰："凡政事，备三望，例也。而吴准以单望拟兵曹正郎，请递之。"②又如宣祖二十五年（万历二十年，1592）五月十六日，吏曹启："'以凡官职除授之际，非但扈从百官数少，可拟之人亦少，不得备三望，请备二望。'上从之。"③

　　在此过程中被选中者，则称"落点"或"受点"。如苏世让《阳谷赴京日记》称，中宗二十八年（嘉靖十二年，1533）十一月，"圣节使来启皇太子诞生，即命荐进贺使，例以正二品拟望，余以判尹受点"④。又如李景严《赴沈日记》载："八月初八日政，上使望原平君元斗构、青城君沈器成、行护军崔荷，副使望延川君李□□、右尹卞三近、行司直韩必远，书状官望行司果郭圣龟、行司果李彬、行司果权誧，俱以首望落点。"⑤又沈敦永《己酉燕行录》："吏曹判书李若愚口传政事；告讣请谥承袭奏请使判府事权敦仁、左议政金道善、判府事朴晦寿末望落点，副使李根友、洪羲锡、李经在首望落点，书状官尹行谟、小臣姓名、李承辅拟蒙点。"⑥"俱以首望落点"者，即皆以推荐之第一人元斗构、李景严、郭圣龟入选；沈敦永一行，则以朴晦寿、李根友、沈敦永入选焉。

---

　　① ［朝鲜王朝］《成宗实录》卷五十七，（成化十一年，1475）七月十一日戊午条。
　　② ［朝鲜王朝］《中宗实录》卷三十九，中宗十五年（正德十五年，1520）六月三十日丙戌条。
　　③ ［朝鲜王朝］《宣祖实录》卷二十六，宣祖二十五年（万历二十年，1592）五月十六日乙亥条。
　　④ ［朝鲜王朝］苏世让《阳谷赴京日记》，《燕行录全集》，002/394。
　　⑤ ［朝鲜王朝］李景严【原题李景稷】《赴沈日记》，《燕行录全集》，015/385。此"李□□"，即李景严本人。
　　⑥ ［朝鲜王朝］沈敦永《己酉燕行录》卷二，《燕行录续集》，139/168－169。

二九　打话　对话　稳话　暂话　鼎话　饮话
　　团话　来话　侍话　从容话

　　燕行使在途在店,议事聊天,话语不绝,而其记录对话方式,有"打话""对话""稳话""暂话""鼎话""饮话""团话""酒话""来话""侍话""从容话"等,用词不一,然颇肖形而传神焉。

　　"打话"即"对话",亦即聊天,然多用"打话"。如李民宬《朝天录》记一行水路朝天,六月初八日,因风留三山岛。遂下船,与正、副使"相慰于岸上,对吃朝饭,竟日打话,副使出示舟行诗稿,递相讽咏,共商略古今,各饮数杯"①。又李正臣《燕行录》载,一行宿凤城主人王哥之家,"秀才赵明德来谒,从容打话"②。又赵凤夏《燕蓟纪略》:"彼人以汉语对东人打话,而东人之不晓汉语者,辄以不懂答之。"③

　　对话,多同于打话。如朴齐寅《燕槎录》:"夕饭后,上使、书状俱为来访,仍与之偕往留守所对话,移时而还,夜已深矣。"④对话,亦有相对问答之义。如许筬《荷谷先生朝天记》载,五月二十三日,在平壤大同馆,"余闻唐人十八名在新馆,招二人来,令洪纯彦等对话"⑤。

　　稳话者,指无事打扰亦无时限,踏实随意闲聊也。如金鉴《朝天日记》称,在怀远馆,"入副使所馆,至昏稳话"⑥。闵镇远《燕行录》载,在北京留智化寺,"次通官金姓者,为求乞来坐诸裨所在处,移时稳话"⑦。又高时鸿《燕行录》,记正月十九日夕后,"往上副房,稳话而归"⑧。又沈履泽《燕行录》,十二月二十八日,"夕饭后,上使来稳话,可喜"⑨。

　　暂话,谓时间短暂而匆匆话别之义。如权橃《朝天录》载,十月初六日,"逢圣节使郑世虎、钦问使李清、书状官白仁英于道,下车暂话而别"⑩。又任百渊《镜浯游燕日录》载,三月十六日癸巳,"先发到弘济院,诸人多有来待使行者,

---

① ［朝鲜王朝］李民宬《朝天录》卷上,《燕行录全集》,014/308－309。
② ［朝鲜王朝］李正臣《燕行录》,《燕行录全集》,034/217。
③ ［朝鲜王朝］赵凤夏《燕蓟纪略》卷三,《燕行录全集日本所藏编》,002/181。
④ ［朝鲜王朝］朴齐寅【原题朴齐仁】《燕槎录》,076/015。
⑤ ［朝鲜王朝］许筬《荷谷先生朝天记》,《燕行录全集》,006/427。
⑥ ［朝鲜王朝］金鉴《朝天日记》,《燕行录续集》,104/413。
⑦ ［朝鲜王朝］闵镇远《燕行录》,《燕行录全集》,036/300。
⑧ ［朝鲜王朝］高时鸿《燕行录》,《燕行录全集》,092/059。
⑨ ［朝鲜王朝］沈履泽《燕行录》乾卷,《燕行录全集日本所藏编》,003/227。
⑩ ［朝鲜王朝］权橃《朝天录》,《燕行录全集》,002/283。

下马暂话"①。

鼎话者，三人聊天，若鼎足而言也。洪大容《湛轩燕记》："余曰：'当令等候，惟衙门之意未可知，或见拒，当择门外干净去处，从容鼎话，岂不便好。'彭曰：'或在庶吉士馆亦可。'又问："鼎话"何意？'余笑曰：'三人会话，俗语之鼎话。'彭与吴及周生皆大笑。彭曰：'三人曰鼎话，四人则谓何话？'又戏曰：'当谓隅话。'皆笑。"②

饮话，谓边饮酒边聊天之义。如苏巡《葆真堂燕行日记》："良久饮话，醉甚还寝，天已明矣。"③又李民宬《壬寅朝天录》："二十八日，在馆。夜，往正使房饮话。"④又李尚吉《朝天录》，十二月"十六日丁未，大雪，迎副司苏时雨，饮话前厅。仲蕃先起，苏公继出，余亦醉倒"⑤。

团话，谓数人围坐闲聊也。如金宗一《沈阳日乘》："八日，以马蹇留，主倅邀余东轩，设酒团话。"⑥又沈履泽《燕行录》："饭后进上使舍处小话，上使亦伴来。而已，书状亦来，团话而罢。"⑦

来话，谓与来访者闲聊也。如李忔《雪汀先生朝天日记》："五日甲寅，晴。书状来话吐款，少斟，星山亦来话。"⑧又朴齐寅《燕槎录》载，四月十五日，"夕饭后，书状来话，拨便见家书"⑨。

侍话，谓小辈陪侍长辈闲聊也。如苏巡《葆真堂燕行日记》："越洞仙站，过怪石院，宿黄州馆，监司尹安仁已先来待，从容侍话。"⑩从容话、从容侍话，谓无有要事而从容不迫聊天之义。如许筠《己酉西行纪》："造方伯许从容话，夜分而回。"⑪又许篈《荷谷先生朝天记》载，八月初三日，在夏店，与陕西长安县举人王之符笔谈，将别，许氏出致辞曰："陕西与海东，相距几万里，今之相遇，真天幸也。切欲从容侍话，而但恐严程将戒，必有整饬行李之事，故不得卒承诲语，无任凄黯之至。"⑫

---

① ［朝鲜王朝］任百渊《镜浯游燕日录》，《燕行录续集》，134，321。
② ［朝鲜王朝］洪大容《湛轩燕记》，《燕行录全集》，049/020—021。
③ ［朝鲜王朝］苏巡《葆真堂燕行日记》，《燕行录全集》，003/438。
④ ［朝鲜王朝］李民宬《壬寅朝天录》，《燕行录全集》，015/049。
⑤ ［朝鲜王朝］李尚吉《朝天录》，《燕行录全集》，009/209。
⑥ ［朝鲜王朝］金宗一《沈阳日乘》，《燕行录全集》，019/013。
⑦ ［朝鲜王朝］沈履泽《燕行录》乾卷，《燕行录全集日本所藏编》，003/229。
⑧ ［朝鲜王朝］李忔《雪汀先生朝天日记》，《燕行录全集》，013/165。
⑨ ［朝鲜王朝］朴齐寅【原题朴齐仁】《燕槎录》，《燕行录全集》，076/031。
⑩ ［朝鲜王朝］苏巡《葆真堂燕行日记》，《燕行录全集》，003/357。
⑪ ［朝鲜王朝］许筠《己酉西行纪》，《燕行录全集》，013/236。
⑫ ［朝鲜王朝］许篈《荷谷先生朝天记》，《燕行录全集》，007/088。

三〇　黑草

燕行使臣出使期间所擎有表、笺、奏、咨诸文,统称"事大文书"。凡此皆有正、副本与黑草,三份皆备。正本入北京后,呈送礼部鸿胪寺;副本备用,在正本遭毁或丢失时,替代正本呈递;黑草则为草稿,因用墨书写,故称黑草。《通文馆志》曰:

> 事大文书,起程前七八日启达,前二日毕写,承文院提调监进,拜表日议政府、六曹、承文院提调、使、副使更查对(在京有三次查对,承文院黑草查对,方物封裹日政府查对,拜表日慕华馆查对。发行又有黄州、平壤、义州三处查对。三使具公服侍立卓傍,择行中人读准黑草,若有误字,驰启改书)。①

黑草查对,初始是由议政府领议政与左、右议政负责。如《英祖实录》曰:

> 上引见承文院提调金始焕。始焕曰:"冬至使拜表,行期不远,黑草查对,然后可以正书。而方物封裹,虽无大臣,只政府进参,曾有前例。而至于黑草查对,必待大臣而为之。领议政李光佐,病势方剧,无行公之势;左议政洪致中,方在江郊。取考本院《謄录》,则丙戌冬至使行时,三大臣适有故,黑草查对不得为之,承文提调黄钦请对取禀,先朝下教令提调齐会领相家,相议为之,而领议政崔锡鼎陈劄,以私室查对,有妨公体,请令以提调齐会本院查对后,使本院官员来示云云,则下批从。前例虽如此,不可不裹定举行矣。"上曰:"拜表期迫,不可等待大臣病差,且有先朝前例,依此举行。"②

三大臣有故,则由承文院提调负责黑草查对。《承政院日记》载,闵镇远称:"使行时黑草查对,大臣主管。而大臣有故之时,则承文提调,备三员进参者,亦有前例。"③黑草查对后,誊录为正本,亦需查对。《承政院日记》:"使行文书,例于黑草查对单子启下后正书。"④又"表文今日始为黑草查对,明当正本查对"⑤。如发现有误,或事亟需补写,则重新写定。如仁祖二十六年(顺治五年,1648)七月十三日,承文院启:"奏文黑草,既已写完矣。但后来之报,'界限汉

---

① [朝鲜王朝]《通文馆志》卷三《事大·查对》,首尔大学校奎章阁韩国学研究院 2006 年影印本,上册第 126—127 页。
② [朝鲜王朝]《英祖实录》卷十九,英祖四年(雍正六年,1728)十月二十七日甲辰条。
③ [朝鲜王朝]《承政院日记》卷六百九,英祖二年(雍正四年,1726)正月二十二日条。
④ [朝鲜王朝]《承政院日记》卷一千七百六十八,英祖二十年(乾隆九年,1744)十月初三日条。
⑤ 《承政院日记》卷二百九十五,肃宗八年(康熙二十一年,1682)十一月十二日条。

江'等语,及沈惟敬率倭贼来探事状,俱系紧关,不可不添入于奏文中。"① 使行在黄州、平壤、义州查对时,若发现有误,则拨便飞递,启奏改写;若已渡江入中国境内,则由使行所带书员、画员等擦字改写,并画国王印信。且黑草亦一并擎往北京,以便应急时用焉。

三一 尖营

乾隆四十八年(1783)八月,清高宗自避暑山庄诣盛京谒陵,朝鲜遣右议政李福源为圣节兼问安使、吏曹判书吴载纯为副使、司仆寺正尹曔为书状官赴沈阳。问安之行,旧例仅派正使与书状官,此行因兼贺圣节,以圣节使规格遣使,故例带副使焉。时张濂为首译随行,其返国后所上《别单》曰:

> 皇帝自热河至盛京,不入官府,连住野次,日行六七十里,尖营二所,大营一所。尖营者,昼停也;大营者,宿所也。大营中设毳幕可五十余间,外设黄布方幔,幔外各部院列幕以居其外,环以幕城,军兵入处幕中,毋论大官军兵,皆官给车辆与橐驼,俾输辎重盘费,则人日给银一钱三分,贵贱无差。②

案清赵慎畛《榆巢杂识》:"'尖营'之语,不见经史。今以停跸处为尖营,遂成通称。"③又颜缉祜《汴京宫词》自注:"迥銮尖站称尖营,前站称前营,如围差例。"④吴振棫《养吉斋丛录》卷四:"两营之间有一尖营,国语谓之乌墩。"梁章钜《枢垣记略》:"此营至彼营七八十里,必半日方到,而两营之间尚有一尖营,以备圣驾中途稍憩者,国语谓之乌墩。司员欲夸捷,遂仓猝缮就,急飞驰至乌墩进奏,名曰赶乌墩。"⑤

案尖如刀尖、枪尖等,在其前端,故尖又有前头、先端之引申义,谓在前的或先行的,如尖兵、尖队等。清福格《听雨丛谈》:"今人行役于日中投店而饭,谓之打尖。"又朝鲜《华音启蒙谚解》上:"不是张家湾么?到那里打尖去罢。"今西北关陇一带,"打尖"除中途歇息用饭外,又称"打前站"。故尖营为圣驾中途憩息之所,在两大营中间,而大营则为大军扎营之所。张濂谓尖营者昼停,大营者宿所,则亦有歇息、安营之义,亦不可谓全误也。

---

① 〔朝鲜王朝〕《仁祖实录》卷四十,仁祖二十六年(顺治五年,1648)七月十三日乙丑条。
② 〔朝鲜王朝〕佚名《沈行录》,《燕行录全集日本所藏编》,001/080。
③ 〔清〕赵慎畛撰、徐怀宝点校《榆巢杂识》卷下"尖营"条,北京:中华书局,2001年,第227页。
④ 钱仲联《清诗纪事·光绪朝卷》颜缉祜《汴京宫词》自注,南京:江苏古籍出版社,1987年,第20册第14272页。
⑤ 〔清〕梁章钜、朱智撰,何英芳点校《枢垣记略》卷二十七《杂记一》,北京:中华书局,1984年,第327页。

三二　决棍

案决棍，犹决杖，执行棍罚之义，有多寡轻重之别。燕行使臣在路在馆，常有决棍之举。如李俣《朗善君癸卯燕行录》："副使军官郑梦得奴子，银揲偷窃，见捉于彼人。故书状归馆后，捉入其汉，决棍十五度。"① 又金昌业《老稼斋燕行日记》："稳城驿卒李贵，今月初一日被殴于刷马夫金洛乞者，伤左眼废明，今日始告。门闭后，三使臣出坐前阶，捉入洛乞，刑讯一次，同斗刷马夫崔可仁决棍十度。杖时诸驿卒列立，一时发声叫打，蒙古据墙而见之，有惊骇之色。"② 又金正中《燕行录》，载一行在范家庄，"是夕，使家问刷马成册，凡马死者七八，提入驱人辈四名，各决棍七度，领将又决棍十三度"③。又李宜显《庚子燕行杂识》："燕中人决罪，不过鞭打臀脚而已，见我国棍罚，极以为骇。留馆之日，有小儿辈伏一儿于地，自举木杖，高举肩上，作声而打之，为决棍之状，心常异之故也。可笑！可笑！"④

肃宗九年（康熙二十二年，1683），司宪府持平郑济先以书状官赴燕，行到关西，为推叛奴，到处乘醉，酷施刑杖，横致殒命，至于六名，其中有婢夫二人及良民一人。郑氏以为奉命杀人，曾不偿命。肃宗震怒，以为其推奴之私，不胜一朝之忿，所杀至六人之多，而良民亦在其中，国法若行，则固难免偿命之律，遂下教严惩。后特减死流三千里，配康津县焉。⑤

三三　荒唐船

荒唐船，指无常出没、形迹可疑之船，或为倭船，或为唐船，或为朝鲜船，或为西洋船。而其船员，则或为海盗，或为商船员，或为漂民，或为侵略者。如肃宗四十年（康熙五十三年，1714）三月二十七日，冬至使赵泰采等返国复命。肃宗引见时，赵氏称："近来海贼频发，关内烟台之久废者，别为修缮。且闻海贼之窟，朝廷亦不能测，故尚未剿捕，而有时乘夜劫掠，出没无常云。又问以荒唐船，前已移咨礼部请禁，而尚多往来云尔，则通官辈以为，礼部不过因咨申敕而

---

① ［朝鲜王朝］李俣《朗善君癸卯燕行录》，《燕行录全集》，024/417。
② ［朝鲜王朝］金昌业《老稼斋燕行日记》卷三，《燕行录全集》，33/154。
③ ［朝鲜王朝］金正中《燕行录》，《燕行录全集》，074/287—288。
④ ［朝鲜王朝］李宜显《庚子燕行杂识》卷下，《燕行录全集》，035/459—460。
⑤ ［朝鲜王朝］《肃宗实录》卷十五，肃宗十年（康熙二十三年，1684）八月初二日乙未条；同卷十二月十三日甲辰条；卷十六，肃宗十一年正月二十八日戊子条。

已。若直为奏闻,则必有禁断之效云矣。"①此"荒唐船"指自中国往朝鲜海面盗捕海物之船。又肃宗四十三年十月十三日,因肃宗眼疾,欲移咨礼部,请令公私药局许卖空青。提调闵镇厚以为,"医官中有曾前往来燕京,与诸王相亲者,若于荒唐船被捉人押送时,与赍咨官偕往贸来,则似为便当矣"②。此"荒唐船",又指因天气原因或盗捕海物而漂至中国海岸之朝鲜船焉。

三四 披厦

赵宪《质正录》:"披厦,即中国京外衙门及私室夹房也。今之火房,正谓此也。"③案《类篇·厂部》:"厦,旁屋也。"旧时伙房多利用房院角落空地,依其他房屋之墙斜搭而成,故赵宪如此云云。《汉语方言大词典》:"靠正屋山墙搭的小屋。"乃江淮官话,引黄侃《蕲春语》:"吾乡谓于正室旁依墙作屋,斜而下,其外更无壁者,曰披厦。"④

三五 搭连(大连、搭裢)

李田秀《入沈记》载,在沈阳见当地人马鞍上所挂之搭连。其曰:"镫不当中,而差向前。搭连挂向鞍后边,而骑者曲膝踏蹬,殆若踞坐之状。故搭连虽为厚装,而跨者亦无不便之患矣。"⑤诸家《燕行录》中,"搭连"亦作"大连",如许篈《荷谷先生朝天记》称,七月初五日,至广宁,"去年因我国通事失其大连,告于御史,累及于政,被杖三十棍,征布四十匹,故以后拒我国人而不纳"⑥。又金昌业《老稼斋燕行录》称,三月初八日,游玩之后,"遂下马坐溪边,出糜吃之。善兴于大连中出各色面果,其数夥然。盖自永安寺至大安寺收贮者也。与业立、毛疾分吃后,以其余还入大连"⑦。

案搭连,亦作搭裢,搭有搭上、搭接之义。《词源》:"一种布制的长方形口袋,中间开口,两头各有一袋,可以挂在肩上或扣在腰间。"搭裢在中国西北地区,亦多有之。忆余幼时,祖父进城赶场,因搭裢方便轻省,故最喜用之。搭裢用麻线织成两小直筒口袋,每头口袋可盛面粉十余斤,两边袋口所留麻线,则

---

① [朝鲜王朝]《肃宗实录》卷五十五,肃宗四十年(康熙五十三年,1714)三月二十七日戊辰条。
② [朝鲜王朝]《肃宗实录》卷六十,肃宗四十三年(康熙五十六年,1717)十月十三日癸巳条。
③ [朝鲜王朝]赵宪《朝天日记》卷下《质正录》,《燕行录全集》,005/388-389。
④ 许宝华、宫田一郎主编《汉语方言大词典》,北京:中华书局,1999年,第3292页。
⑤ [朝鲜王朝]李田秀【原题李宜万】《入沈记》卷下,《燕行录全集》,030/364。
⑥ [朝鲜王朝]许篈《荷谷先生朝天记》卷中,《燕行录全集》,007/021。
⑦ [朝鲜王朝]金昌业《老稼斋燕行录》卷六,《燕行录全集》,033/440。

织成两根结绳,相互缠绕结织,中间有疙瘩如花结,以连接两口袋。使用之时,搭于一侧肩膀,疲累之时,亦可换肩。口袋一在胸前,一在背后,若钱币等贵重之物,多在前袋,可防盗也。余上初高中时,祖父搭褡遂为我盛面之具,一头装小麦白面粉,一头装玉米、青稞、禾田等杂面粉。家贫少白面,故一头仅少半袋,一头满袋。今祖父鹤归,墓木已拱,搭褡亦久无踪影。常言睹物思亲,今物亦不得而睹,而余亦日向老境,念昔为祖父钟爱如珠之日,不禁怆然而泣下矣!

三六　荆笼

金昌业《老稼斋燕行日记》载,一行返国,自通州至三河,见"载新藁入城者相续,亦有以荆笼盛鸡鹅,驮驴而去者,盖趁早市也"①。又李田秀《入沈记》称,其在会宁岭,"岭上摘各样树叶,令姜同一一问主僧,至我国杻木谓之荆条,杻木之误名,固已知之。而荆条之称,似是无疑。盖箱笼之属谓之荆笼,而以我国观之,皆用杻条结成。又荆与楚同类,故楚国改号为荆,而以翘楚、平楚之文观之,楚即细身长条之木也。然则荆之转杻,其证甚明。古人称负荆请罪,为其荆之可以挞人也,若是有刺之树,则斛律明月之外,未闻以棘杖打人,今日只因荆棘之并称,指荆为有刺之木,反引不知名之杻字冒称之,甚可叹也"②。

案此荆笼,即荆条所编箱笼之属。宋周煇《清波别志》卷三:"其鱼初自澶滑河上斫造,以荆笼贮入京师。"今陕北、陕南等地亦称"荆笼"。荆条长而柔韧,故可编织为箱笼等。杻多曲少直,然亦坚硬柔韧,可为弓弩干者,故引申有鞭杻、杻镣、枷杻、杻锁、杻械等,亦可用于编织。洪氏所谓"荆之转杻"者,盖即其义近且用途相类而言。若论字音,则荆、杻相去绝远矣。

三七　望哥

清崇德四年(仁祖十七年、明崇祯十二年,1639)十二月,英额尔岱械系金尚宪入沈阳,尚宪布衣草鞋,扶杖而入。及到沈,诘之甚急,尚宪卧而不起曰:"吾守吾志,吾告吾君,何问为?"清人相顾啧啧曰:"最难老人,最难老人!"久始出置湾上③。

又佚名《沈阳日录》记,辛巳(1641)正月初八日,金尚宪、申得渊、曹汉英、蔡以恒四人,自北馆押致刑部衙门会审,尚宪辞气凛然,少无屈挫,听者缩颈。

---

① [朝鲜王朝]金昌业《老稼斋燕行日记》卷五,《燕行录全集》,033/268。
② [朝鲜王朝]李田秀【原题李宜万】《入沈记》卷上,《燕行录全集》,030/096－097。
③ [朝鲜王朝]《孝宗实录》卷八,孝宗三年(顺治九年,1652)六月二十五日乙丑条。

金人相谓曰:"金也果是望哥!望哥!"因叹啧不已。"清语望哥者,犹云极难,盖谓极难之人,故再称望哥也。"①而申得渊、曹汉英则号诉求活,金顾谓诸人曰:"即刻当死之人,虽哀乞得生乎?"微哂之,颜色不变,举止自若,金人亦啧啧称叹,称以"金判书"而不敢名焉②。

案"望哥",即满语之 Mangga,有难、强硬、刚强、刚正之义。《孝宗实录》译"最难老人",《沈阳日录》谓"极难之人",皆是也。

三八　纳清

纳清亭,在朝鲜定州。姜时永《辀轩续录》:"纳清亭即唐天使所馆,今则颓落而圮,只有敕行时递马馆。昔居民开市与此,丙子胡乱,剽掠无余,'纳清'之名,盖或符谶于是欤?东人称物之破坏者曰'纳清',亭以是故名。"③

案姜时永说非也。苏巡《葆真堂燕行日记》:"越石门岭,到纳清亭。亭临玉溪,清流琮琤,树林夹岸,幽奇成趣,低回瞻眺,颇有遗世之志。"④此可知其地清幽静和,风景如画。许篈《荷谷先生朝天记》:"朝,逾晓星岭,至纳清亭。亭在定州地,唐修撰皋、史黄门道来本国,命名而为之记。"⑤考正德十六年(中宗十六年,1521),明朝遣正使翰林院修撰唐皋、副使兵科给事中史道,出使朝鲜宣登极诏书。唐氏称"自定州午憩加麻河亭上,问其名,未有也。请予命之,予以是亭临水,且四围皆山,足以擅清趣为亭有,因名之曰'纳清'而系以诗"。唐所撰诗有"纳得满前清意足,好将新扁为亭颜"之句,而史道为之作记⑥。苏巡于中宗二十八年(嘉靖十二年,1533)冬至翌年夏间出使,在唐皋命名之后,故称"纳清亭"。此则"纳清亭"名之来由,非姜时永所谓"物之破坏者",以符"丙子胡乱"之谶也。

三九　借光　第广

权时亨《石湍燕记》:"下人辈口口皆言'借光',艰辛入门。"⑦权氏于"借光"

---

① [朝鲜王朝]未详《沈阳日录》,《燕行录续集》,107/149－150;又见未详《昭显沈阳日记》五,《燕行录全集》,025/453。
② [朝鲜王朝]未详《沈阳日录》,《燕行录续集》,107/151。
③ [朝鲜王朝]姜时永《辀轩续录》卷一,《燕行录全集》,073/029。
④ [朝鲜王朝]苏巡《葆真堂燕行日记》,《燕行录全集》,003/364。
⑤ [朝鲜王朝]许篈《荷谷先生朝天记》卷上,《燕行录全集》,006/064。
⑥ 赵季辑校《足本皇华集》卷十四唐皋《自定州……名之曰纳清而系以诗》,南京:凤凰出版社,2013年,上册第 450 页。
⑦ [朝鲜王朝]权时亨《石湍燕记》卷一,《燕行录全集》,090/364。

下注曰:"彼言쳬광,犹言借路。"又金直渊《燕槎日录》载一行在沈阳所见曰:

> 天明后城门始开,出西门,门内十字街,皆狭斜长弄,非如通衢大路,若两车相遇,则无所容旋,马头辈每到狭路,必执杖先导,至是猝遇商车数十两,马头辈遥呼"第广第广!""往后往后!"盖华音以"借"为"第",而"借广"云者,欲我之借其广也;"往后"云者,欲彼之往于后也。前呼后呼,呼声相续。而狭路不广,广不可借矣;连车在后,后不可往矣。①

案"借光",礼貌语,犹请问、请让开,辽东、济南、徐州等地皆用,现为全国通用语。权时亨之说是,金直渊说非也。"借"与"第"音义悬远,又金氏所谓"往后"为"欲彼之往于后",实不知乃"欲彼之往于前"而请他人往后让之义。误解臆猜,横通乱说,洋洋洒洒,语带讥讽,适足见其固陋耳。

四〇 上典

上典(상젼),朝鲜语,家奴或卑贱者对主人等之尊称。如赵宪《朝天日记》:"二人之奴,俱恳以上典有病,请代受而不许。"②又韩泰东《燕行日录》称,宁远卫知州王焜,辽东人。称朝鲜民之北来者,多居宁远,今则老死几尽。"主家有老婆来见,仆仆累拜,呼余以上典,盖从国俗,亲敬之称也。自言以平山人,丙子被掠入来,仍居此地"③。案此老者为"丙子胡乱"时被掳掠到广宁之朝鲜人,故以朝鲜礼尊称赵宪为"上典"焉。

四一 进赐

进赐(나으리),正祖朝李义凤《古今释林》附录《罗丽吏读》谓,堂谓通称进赐。朝鲜王朝时期佚名所编《儒胥必知》中,其"吏头汇编·二字类"有"进赐",为堂下官之敬语,相当于汉语之尊称"老爷"④。金昌业《老稼斋燕行日记》载,一行于癸巳(1713)三月二十日返程回到宁边宿。其曰:

> 去夜呼茶母之声不绝,又有鞭扑之声。朝来问之,译辈言此乃御医之事,非渠辈所为也。仍曰:"各邑畏御医之威,至呼药房书员为'书员进赐',良可笑。"余曰:"此事无怪,昨日余之庄人,称余谓'进士大监'。有进

---

① [朝鲜王朝]金直渊《燕槎日录》卷上,《燕行录全集日本所藏编》,003/030。
② [朝鲜王朝]赵宪《朝天日记》卷上,《燕行录全集》,005/179。
③ [朝鲜王朝]韩泰东《两世燕行录·燕行日录》,《燕行录全集》,029/215—216。
④ [朝鲜王朝]朴秉濠、全炅穆等整理翻译本《儒胥必知》,韩国首尔四季出版社,2006年,第298—299页。

士大监,岂无'书员进赐'乎! 众皆绝倒。"①

所谓"茶母",指负责调查案件、收集情报、搜查嫌疑犯之女捕快。"呼茶母"喻审案也。又徐庆淳《梦经堂日史》称,哲宗六年(咸丰五年,1855)十一月初八日,一在沈阳,徐氏学说满语,马头恰恰的笑曰:"壮哉进赐! 聪明也。初行能识四五转语,若三四次燕行,可识十数条件矣。"②又翌年正月初二日夜,一行返国,宿红花店。徐氏又记曰:

> 韩主簿与店主叙旧饮酒,不觉大醉,归宿其寓,即与我寓隔壁。韩醉谈淋漓,其从者曰:"进赐醉矣! 何多客谈也? 隔壁两班不能睡矣。"韩怒喝曰:"汝云两班,两班是何物也? 在朝鲜称两班可也,今到中国亦曰两班两班乎? 汝所见不过中人也,畏怯两班固其宜也,吾则在朝鲜畏之,在中国不畏,汝胡为两班恐吓我也。"如是为说,口头不绝"两班"二字,竟至天明,余不得交睫。韩早至余寓,余曰:"自今日以吾两班换君之中人,意向如何?"韩不省曰:"何谓也?"余曰:"然后可以稳寝。"韩口呆不能答,在余傍者详述前夜事,韩曰:"不知不知! 不敢不敢!"余曰:"君以为在中国不畏,今反畏之耶? 昔一宰相家贫,内门低小,辄屈首出入矣。其后高大其门,而犹屈首如前,叹曰:积屈者不可快伸,以此推之,虽当不幸之时,常汉莫可凌逼两班也。君乘醉大谈,醒来纳款,此何如大门之屈首乎?"相与大笑。③

朝鲜半岛,两班与中人,等级悬殊,泾渭分明,韩主簿夜醉而怒骂两班,酒醒之后,既愧且惧,故为徐庆淳如此讥讽焉。

四二 大监

大监(대감),亦朝鲜敬语,下级与晚辈对上级与官员等之尊称。如李海澈《燕行录》:"入玉河馆,即四方会同之馆也。上使馆于正堂之东炕,大监及书状馆于北廊之西炕。"④又姜浩溥《桑蓬录》:"余问曰:'大监进猪肉乎? 小生则俄于夕饭与之,故却而不食。'"⑤又朴来谦《沈槎日记》称,纯祖二十九年(道光九年,1829)八月十一日,问安使李相璜、书状官朴来谦一行至义州,恰逢进贺使徐能辅、书状官俞章焕等返渡鸭江亦抵义州,并顺付自中国遣返之济州漂民四

---

① [朝鲜王朝]金昌业《老稼斋燕行日记》卷六,《燕行录全集》,033/456。
② [朝鲜王朝]徐庆淳《梦经堂日史》卷一《马訾轫征纪》,《燕行录全集》,094/231—232。
③ [朝鲜王朝]徐庆淳《梦经堂日史》卷五《玉河旋轸录》,《燕行录全集》,094/497—498。
④ [朝鲜王朝]李海澈《庆尚道漆谷石田村李海澈燕行录》,《燕行录续集》,108/421。
⑤ [朝鲜王朝]姜浩溥《桑蓬录》卷一,《燕行录续集》,112/457—458。

人。两起使臣相见打话,徐氏言漂民盛道苏、杭之胜,称"观苏、杭而后观燕京,则如先观燕京而后观凤城也"。又曰:"兄之出疆,意在一遭壮观,而只观沈阳,未观燕京之盛,可叹也。"来谦曰:"大监虽嘲我之未观燕京,而漂人之视大监,必当如大监之视我矣。"仍相与大笑①。

案上述诸人中,李海澈所称"大监",为进贺兼谢恩副使李元祯,海澈为元祯带率之军官,故尊称如此。姜浩溥所言"大监",为同行谢恩兼冬至等三节年贡使洛昌君李樘,乃王室大君,故亦尊称如此。又徐能辅一行,自北京返国,而朴来谦等问安行,只到沈阳,故徐氏言其只观沈阳,而不能观北京。徐能辅(1769—1835)既为正使,年纪又较朴来谦(1780—?)为长,故朴氏亦尊之为"大监"也。

四三　内内

宪宗十五年(道光二十九年,1849),御医黄道渊随告讣请谥兼承袭奏请使朴晦寿出使。八月八日,在凤凰城。其《燕行日记》载:"偶入第五家,叙其彼此之礼。其姓王,字汇川,山东人也。闻余之知医,而曰内、外俱有病,无子,请教求嗣之方。余曰:'君试加味八味元,内内则试附益地黄元,必有庶几之望。'遂录授而归,彼合掌而谢矣。"黄氏在"内内"下注曰:"彼人之称妻曰内内。"②

案黄道渊精于医术,后著有《医方活套》。盖王汇川知其为朝鲜御医,故求以得嗣之方。此"内内"即"内人"。《礼记·檀弓下》:"今及其死也,朋友诸臣未有出涕者,而内人皆行哭失声。"郑注:"内人,妻妾。"

四四　窟脓　肢八

李敬卨《燕行录》:"言语则音释辨异,闻吾东音反若溺,人之相笑有若□也。辱曰:'尔妳的窟脓,吾的肢八当抵波。'则必大怒相斗。驿卒辈或以此十二字辱之,则辱一也,而不知我音,故亦不知其意,必喜而笑曰:'好啊好啊!'亦一绝倒也。妳,母称也;的,之也;窟脓,其牝门也;肢八,阳具也;当抵波,插也。肢音其,八音裴也,当音汤也。"③

案李氏所释,正讹参半。"尔"者,日也。"妳",同奶,皆非"母称"也。此处谓"你的""奶奶的",皆可通。又"窟脓",即"窟窿";"肢八"李氏谓"肢音其,八

---

① [朝鲜王朝]朴来谦《沈槎日记》,《燕行录全集》,069/025—026。
② [朝鲜王朝]黄道渊【原题黄惠翁】《燕行日记》,《燕行录全集日本所藏编》,002/404。
③ [朝鲜王朝]李敬卨《燕行录》,《燕行录全集日本所藏编》,001/475。

音裴",则为"鸡巴"之拟音也。"当"疑当作"荡","当抵波"即"荡的波",盖形容男女交会之感,此皆粗俗之詈语也。

四五　妈妈鸡

李麟秀《燕行日记》:"一译为食鸡膏,使其马头买来雌雄鸡一只。马头不闲汉语,但知雌雄之呼以公鹤,而不知雌雄之所称。逢卖鸡者,仓卒无以语,乃曰:'欲买妈妈鸡。'燕京人以女人称以'妈妈',马头所言'妈妈鸡',即牝鸡之谓。鸡主解听,一场大笑,几乎腰绝,仍以牝与之。"①

四六　木老爷

佚名《中州偶录》载,一行留栅时,"附栅诸民,皆尘面垢衣,群聚狎尘。或曰:'清心丸有啊?'余不答。又曰:'烟有啊?'余又不答,皆大笑曰:'初行也。'又讥之以'木老爷'而去。"②案"初行",即初趟,即首次入栅至中国也。木,有呆、楞之义,故"木老爷"即类似"木头人"也。

四七　你来来

金昌业《老稼斋燕行日记》载,一行抵凤凰城,参访新建佛寺。"金中和初学汉语,见主胡,谓曰'你来来'。其胡大怒,引下炕将殴之,诸人费辞救解,且与花峰铁一个始免。盖此地人呼其妻为'妳妳','来'与'妳'音相似,不合迭呼'来'字,彼以为呼其妻辱己,故怒也。金以此事,为一行讥笑,自是见彼人遂缄口,不复出一句语,尤可笑。"③案妳,同奶,"你妳妳"即"你奶奶"。"你奶奶的"为詈语,故主人发怒也。

四八　筛子

金昌业《老稼斋燕行日记》载,一行至通远堡。"昨到刘仲升家,善兴作菉豆粥,欲漉去其皮,求筛子于主女,主女不解其语,以他器出示,善兴见辄言非,彼此俱极泄泄,善兴乃脱其网巾作筛之状,于是主女始觉,笑而入去,取筛与

---

① 〔朝鲜王朝〕李麟秀【原题未详】《燕行日记【原题李尚书燕行日记】》,《燕行录续集》,127/231。
② 〔朝鲜王朝〕佚名《中州偶录》,《燕行录全集日本所藏编》,001/450。
③ 〔朝鲜王朝〕金昌业《老稼斋燕行日记》卷一,《燕行录全集》,032/377。

之。善兴在路上与元建言此事,相绝倒。汉语以筛为罗子,而善兴未尝知故也。"① 案筛、箩皆日常用具,圆形,其底网眼有大小之分。筛用于筛粮,柳竹等条编成,其形与网眼较大;箩则主要用于筛面粉等,网则用纱,其形与网眼皆小,有极细者。此处记善兴以网巾作筛之状,故女主人以为箩,则因使用筛、箩之法相同故也。西北方言,称筛儿、箩儿,今打碾、磨面皆用机器,即山乡鄙野,筛、箩已成罕见之古物,可发一慨焉。

四九　瓢老爷

景宗即位年(康熙五十九年,1720)冬,李器之随其父告讣兼请谥请承袭奏请使判中枢府事李颐命入北京。其《一庵燕记》载,在馆期间,十月二十七日,西洋人苏霖"以《地球图》送于朴泰重,上面书'瓢老爷收',误传于书状,书状与副使适来上房,一场大笑。盖我国方言以'瓢'为'朴',因此而此处人却以'朴'姓为'瓢',极可笑"②。案朴姓之始,或谓出于南蛮,或谓出自高丽,为高丽、朝鲜大姓,而中国以东三省为多,其中又以朝鲜族居多。中国朴姓非大姓,而西洋人更不知,故误书"瓢老爷收"耳。

五〇　笔砚与鼻烟

李器之《一庵燕记》又载,十月二十八日,于天主堂见西洋人杜德美,"使郑泰贤通话,而西洋人汉语甚龃龉,多未晓。余要笔砚,一人出鼻烟与之。盖笔砚、鼻烟,汉语同音。鼻当急笔有余韵,而余话亦口生,不能了了故也。余言写字的笔砚,其人大笑,使从者拿四具置卓上,盘龙砚,制度奇异"③。
案杜德美,字嘉平,法国人。康熙四十年(1701)来华,旋入京。曾奉康熙谕旨,测绘长城图。五十七年,集各省地图之大成,绘全国地图,称《皇舆全览图》。著有《周经密率》《求正弦正矢捷法》等。鼻烟约康熙时传入中国,时称"西蜡",雍正时已风靡朝野。王士禛《香祖笔记》卷七亦称,"近京师又有制为鼻烟者,云可明目,尤有辟疫之功"。传教士赠以礼物,亦以鼻烟与鼻烟壶为多,故在教堂以"笔砚"为"鼻烟",良有以也。

---

① ［朝鲜王朝］金昌业《老稼斋燕行日记》卷六,《燕行录全集》,033/448。
② ［朝鲜王朝］李器之《一庵燕记》卷四,《燕行录续集》,111/393。
③ ［朝鲜王朝］李器之《一庵燕记》卷四,《燕行录续集》,111/398。

【主要参考书目】

1. 林基中主编《燕行录全集》(全 100 册),韩国首尔:东国大学出版部,2001。
2. 林基中、夫马进编《燕行录全集日本所藏编》(全 3 册),韩国首尔:东国大学校韩国文学研究所,2001。
3. 林基中编《燕行录续集》(全 50 册),韩国首尔:尚书院,2008。
4. 林基中编《燕行录丛刊(增补版)》(网络本),韩国首尔:Nurimedia 出版社,2016。
5. 《朝鲜王朝实录》,http://sillok.history.go.kr/main/main.jsp。
6. 承文院编《同文汇考》,韩国首尔:国史编纂委员会,韩进印刷公社,1978。
7. 金庆门、李湛等纂《通文馆志》(上下),韩国首尔:首尔大学奎章阁韩国学研究院,2006。
8. 韩国民族文化推进会编纂《韩国文集丛刊》《韩国文集丛刊续》(影印标点本),韩国首尔:民族文化推进会,1994。
9. 《汉语大词典》,上海:上海辞书出版社,2011。
10. 许宝华、龚田一郎主编《汉语方言大词典》,北京:中华书局,1999。

《番戏杂记》:近代西洋魔术登陆中国的最早记录*

袁贝贝 李万营**

【内容提要】 学界以往以1874年英国魔术师瓦纳在上海的演出为近代西洋魔术入华的最早记录。许应骙的《番戏杂记》记录了1860年法国魔术团在广州进行的魔术表演,这是西洋魔术登陆中国的最早记录。此次演出与鸦片战争后广州的开埠通商有直接关系。表演连演三夜,虽节目普通,但表演形式新颖,令许应骙惊叹、艳羡;沈史云、郑献甫为之所作的序、跋,则透露出对西洋魔术的不屑及其天朝上国的盲目自信。这代表了当时人们对西洋魔术乃至西洋事物的不同态度。西洋魔术进入中国,吸引人们关注魔术,促使中国古"戏法"向现代魔术发展进化。

【关键词】 番戏杂记 许应骙 西洋魔术

一

作为表演艺术的魔术,中国古代很早已经出现,但一直以民间技艺的形态存在,被称作"戏法"。直到近代以来西洋魔术传入中国,中国艺人吸收西洋魔术的精华,中国古戏法才逐步实现向现代魔术的演化。而近代西洋魔术入华演出的最早时间,有同治十二年(1873)和同治十三年两种说法,《中国杂技》[①]《魔术入门》[②]《中国文化概览》[③]《中国国粹艺术通鉴·曲艺杂坛卷》[④]等持前

---

* 本文是国家社科基金后期资助项目"宋代禅宗颂古研究"(项目号:21FZWB070)、重庆市教委人文社科重点项目"魏晋士人精神互文性研究"(项目号:20SKGHZ12)阶段性成果。并受到广州市人文社会科学重点研究基地的资助。
** 袁贝贝,安徽师范大学文学院讲师。李万营,安徽师范大学文学院特任副教授。
① 傅起凤、傅腾龙《中国杂技》,天津:天津科学技术出版社,1983年,第186页。
② 傅和鸣、陈真编《魔术入门》,天津:天津科学技术出版社,1984年,第33页。
③ 张秀平、王乃庄编《中国文化概览》,北京:东方出版社,1988年,第381页。
④ 邹博主编《中国国粹艺术通鉴·曲艺杂坛卷》,北京:线装书局,2011年,第289页。

说，《中国魔术》①《魔术世界》②《中华文化通志·8·曲艺杂技志》③《中华辞海》④等持后说。然而以上诸说多不附文献依据，唯《魔术世界》说"《清稗类钞》记载此场演出情形极为详尽"⑤，《中华文化通志》说"清人葛元煦的《沪游杂记》、黄式权的《淞南梦影录》和王韬的《瀛壖杂志》都记载了这次演出的情况"⑥。《中国国粹艺术通鉴》说"著名文人王韬办的《瀛壖杂志》介绍当时情景……"⑦

按，王韬(1828—1897)《瀛壖杂志》刊于光绪元年(1875)，卷六记"西人戏术"，言及"尤以术师瓦纳所演为冠"，详细介绍所演节目⑧，然未记录演出时间。葛元煦《沪游杂记》成书于光绪二年，卷二"外国戏术"条载瓦纳演术事⑨，亦未记录演出时间。黄式权(1852—1925)《淞南梦影录》刊于光绪九年，卷四记"过白大桥半里许……西人演剧处也"，因述及瓦纳演术事，称"迄今事隔七八年"⑩，据此推算演术当在1875年左右。唯徐珂(1869—1928)《清稗类钞》记录了瓦纳演术的具体时间，"戏剧类·瓦纳演幻术"条载：

> 同治甲戌四月初一夜，上海圆明园路西人戏院演戏法，盖英术师瓦纳所奏之技也。演术八次，出神入化。继有影戏。是夕八时半，门启，园圆如籖，位置独别，燃火于楼岑，使光倒映，凡一百七十点，如莲房然。戏台障以绛帘。九时乐作，拽帘台现。台上陈设精雅，中悬一架如八卦图，黏纸牌长阔二寸许。术人出，与客为礼，以指弹之，如飞絮落花，随风飘堕。手牌盈掬，奉客抽取六具，折置手枪中，扳动枪机，振地一声，而纸牌仍贴于架，不倚不偏。座客手之舞之，足之蹈之，抚掌笑声，振聋人耳。一套既终，台上设花梨桌二具，出瓶一杯一，倾酒饮客，随各置桌中，覆以皮筒，中空无物。术人喃喃有词，揭筒，则杯瓶已易位，覆筒逾刻，还原矣。又出一鸟笼，中蓄白燕三，先悬台上，易置玻璃盒中，玻璃四面澄澈，中空可鉴，巾裹其盒，扳枪一响，而白燕数翼，依然饮啄笼中，其来无方。所演各技，均不借助于寸巾尺袱以为遮掩，惟此则以巾裹玻璃盒与鸟笼，外亦用巾幅略

---

① 曾国珍、杨晓歌《中国魔术》，天津：天津科学技术出版社，1981年，第18页。
② 傅腾龙、陈容光《魔术世界》，上海：上海文艺出版社，1990年，第57页。
③ 《中华文化通志·8·曲艺杂技志》，上海：上海人民出版社，1998年，第406页。
④ "古代的外来魔术"条，见赵志远、刘华明主编《中华辞海》第2册，北京：印刷工业出版社，2001年，第2188页。
⑤ 傅腾龙、陈容光《魔术世界》，第57页。
⑥ 《中华文化通志·8·曲艺杂技志》，第406页。
⑦ 邹博主编《中国国粹艺术通鉴·曲艺杂坛卷》，第289页。
⑧ 〔清〕王韬撰，沈恒春、杨其民标点《瀛壖杂志》，上海：上海古籍出版社，1989年，第128—130页。
⑨ 〔清〕葛元煦撰，郑祖安标点《沪游杂记》，《沪游杂记　淞南梦影录　沪游梦影》，上海：上海古籍出版社，1989年，第34—35页。
⑩ 〔清〕黄式权撰，郑祖安标点《淞南梦影录》，《沪游杂记　淞南梦影录　沪游梦影》，上海：上海古籍出版社，1989年，第138—139页。

一遮盖耳。又借客之手巾约指,以炫其奇。约指则倩客闭置于盒,琅琅有声,手巾则红白二幅,各剪一孔,如眼睛然。略一指挥,则红白互补,形如满月,又如较射之鹄,顷刻还原,略无补缀痕。约指既置盒中,摇之作响,托置台上,振地一响,而约指悬于台上之花树中。约指由客缚以碎绫以为记认,其变幻不可思议,其出没尤不可以楮墨形容。有盒一,内扁而外方,盒内表形,倩客锁闭,台供一器,形不类表,而钟数宛然,使针旋转,如台上之针一点,则盒内亦然,屡演不差累黍。最后,取客一高冠,中空无有,手纳冠中,出皮一、衣一、巾一、袴一、小洋伞两擎,又皮盒长五寸,横阔约三寸,层出不穷,至十二具,堆置于桌。使复纳入,则一盒几不能容。又向冠中取纸裹糖馈客,由十数枚至二十枚,每冠一转,则糖随手出,后至百数十枚,源源不绝,馈客几遍。将冠反置台中,人坐于傍,忽声自冠出,如枪响然,冠为之穿。术人踏火使熄,冠扁,术人作愧赧状,摺冠置一铅管中,管圆而长,形如犀角。忽又一声,枪发管中,而原冠挂于梁。梁高不可攀,再响一枪,而冠落地,固完好也,因举以还客。每演一术,座客皆兴高采烈,拍掌不已。至是演止,台复障以绛帘。逾刻乐作,灯光尽熄,则演影戏矣。[①]

同治甲戌即十三年(1874)。《清稗类钞》有作者作于中华民国五年(1916)年的序言,则知成于民国初年。此条实自《申报》摘抄而得,《申报》1874年5月17日(旧历四月初二)第3页有《西术师演术小纪》:

初一夜,圆明园路西人戏院,变演戏法,即《告白》内英术师瓦纳之奏手也,出神入化,动魄惊心。演术八套,皆空诸依傍,略无迹象可寻,空诸所有,实诸所无,自有戏法以来,允推独步。我华人鸣锣市上之手法药法,终觉沾泥带絮,此一遇目,遽叹观止。余俱尘垢视之。继有影画,五色绚烂,光怪陆离,深山大谷,密箐疏篁,变幻烟霞,缤纷雨雪,鸟兽虫鱼之飞鸣食宿,惟妙惟肖,人物则五官四体,运动如生,喜怒各形,描模尽致,与戏法并皆佳妙焉。先是八点钟许,赴该院者西人络绎于道,时双环固掩,八点半钟门启,泰西人士踵门如水归壑,九点钟许,上下三层坐客几满,西人而外,粤国钗裙蛮姬粉黛居多。院圆如繖,位置独别,火点于楼岑,使光倒映,共一百七十点,如莲房然,仰视之,令人目炫。戏台幛以绛帘。九点钟乐作,拽帘忽现,台上色色精雅。中悬一架如八卦图,粘纸牌长阔二寸许,术人出,与客为礼,以指弹之,如飞絮落花,随风飘堕。手牌盈掬奉客,抽取六具,摺置手枪中,攀动枪机,振地一声,而纸牌仍贴架上,神工鬼斧,不倚不偏。座客手之舞之,足之蹈之,抚掌笑声,振聋人耳。一套既终,台上

---

① 徐珂《清稗类钞》,北京:中华书局,1984年,第5070—5071页。

设花梨桌二具,出瓶一、杯一,倾酒饮客,随各置桌中,覆以皮筒,中空无物。术人喃喃有词,揭筒则杯瓶已易位,覆筒逾刻,已还原矣。又出一鸟笼,中蓄白燕三,中悬台上,易置玻璃盒内,玻璃四面澄澈,中空可鉴,巾裹该盒,攀枪一响,而白燕数翼,依然饮啄笼中。其来无方,神出鬼没。所演各技,均不借助于寸巾尺袱以为遮掩,此则以巾裹玻璃盒与鸟笼,外亦用巾幅略一遮盖耳。然皆灵牙利齿,非露尾藏头者所能梦见。又借客之手巾约指,以炫其奇技异能。约指则倩客闭置盒中,琅琅有声,手巾则红白二幅,各剪一洞,如眼镜然。略一指挥,则红白互补,形如满月,又如较射之鹄,顷刻还原,略无补缀痕,如天衣之无缝者。约指既置盒中,摇之作响,托置台上,振地一响,而约指挂台上之花树中。约指固由客缚以碎绫以为记认,其变幻不可思议,其出没尤不可以楮墨形容。有盒一具,内扁而外方,盒内表形,倩客锁闭,台供一器,形不类表,而钟数宛然,针使旋转,如台上之针一点,则盒内亦然,屡演不差累黍。最后,取客一高冠,中空无有,手纳冠中,出皮一、衣一、巾一、袴一、小洋伞两擎。又皮盒长五寸,横阔约三寸,层出不穷,至十二具,堆置桌上。使复纳入,则一合几不能容。其巧妙实出于言思拟议之外。又向冠中取纸裹洋糖馈客,由十数枚至二十枚,每冠一转,则糖随手出,后至百数十枚,源源不绝,馈客几遍。将冠反置台中,人坐于傍,忽声自冠出,如枪响然,冠为之穿。术人踏火使熄,冠扁,术人作愧赧状,摺冠置一铅管中,管圆而长,形如犀角。忽又一声,枪发管中,而原冠挂于梁上。梁高不可攀,再响一枪,而冠落地,举以还客。每演一术,座客必兴高定(采)烈。自是演止,笑声鼎沸,台复障以绛帘。逾刻乐作,灯光尽熄,则影画矣。①

前后比较,《清稗类钞》所记与之大部相同,唯少个别感慨之言,可见两者之相承关系。

考《申报》1874年5月12—27日每期皆有《英术师来申》的广告,称:"世界驰名之术师瓦纳今复归上海演术,定于四月初一即礼拜六、初四即礼拜二、初六即礼拜四、初八即礼拜六、十一即礼拜二,每日在英界圆明园路北首即近新六街之西商戏院内大为演术。"并在5月17日刊《西术师演术小纪》、21日刊《西术师演术再记》、27日刊《复述西师演戏略》等文记瓦纳表演事。又据《申报》5月28—30日每期皆刊《丹桂茶园改演西戏》广告,"(四月)十七日起,特请英国戏院演术之瓦纳术师演戏,并演戏法影戏"。则瓦纳自农历四月十七日起在丹桂茶园表演。《申报》6月13日刊《记瓦纳师在丹桂茶园所演新奇各剧》、6

---

① 《西术师演术小纪》,《申报》1874年5月17日,第3页。

月15日刊《记前夜西术师瓦纳复在丹桂茶园演法事》、6月16日刊《复记西术师瓦纳仍在丹桂茶园演法事》、6月18日刊《记瓦纳师携西女童开演事》、6月19日刊《记西术师瓦纳丹桂园演法事》、6月23日刊《瓦纳师演剧推陈出新》等文。又据6月27—30日每期皆刊的《瓦纳术师在西商戏院演术》广告:"瓦纳术师因奉西君特请,拟于本月十七日即礼拜二,在西商戏院为告辞之末戏。"则瓦纳于农历五月十七日曾在西商戏院演出一次。可知,前人所述瓦纳"四月初一在圆明园路演出"的"首次"演出,为1874年事。然而这并不是瓦纳在沪首演之时,前引《英术师来申》的广告首即有"复归上海"之语,末又有"前一千八百六十七年曾来上海演试云",则瓦纳于1867年即曾在上海表演魔术。

此外,生活在道光至同治年间的毛祥麟,亦曾在上海观看过西洋魔术,《墨余录》卷十一《北城观西戏记》载:"戊辰秋,友有邀观西剧者……"①所谓"西剧",实为魔术表演,毛祥麟记录了浓烟幻化和截割人首两个节目。戊辰,即1868年。如此,则1868年上海已有魔术表演。又,《上海新报》1863年9月22日刊登外国魔术师来上海表演戏法的广告:

> 启者:现到有外国有名做戏法之人,名华兴吞,于本月十三日夜间九点钟,在洋泾浜汉口路外国客寓内作戏法与中国人去看,是日将己之头取下复又装上。因请中国商人前往,每人给洋二元。此布。华兴吞谨启。②

则1863年已有名为华兴吞(华盛顿?)的外国魔术师在上海表演魔术。然而这也不是西洋魔术登陆中国的最早记录。

笔者得见同治初年刊本《番戏杂记》,因知早在咸丰十年(1860),法国魔术团就曾在广州进行魔术演出,广东人许应骙兴致勃勃地观看了魔术表演,还饶有兴味地将表演记录下来,形成了《番戏杂记》一书。这是近代西洋魔术登陆中国的最早记录。

二

《番戏杂记》有同治二年(1863)刊本,现藏杭州图书馆,索书号:107—2569—15301。《中国古籍总目》《中国古籍善本书目》皆未收录,可见该书为稀见珍本。

该本四周双栏,每半叶8行行20字。花口,单鱼尾,书口镌"番戏杂记"及页码。书名页右上镌"同治二年镌",中镌"番戏杂记",左下镌"聚珍堂藏版"。次为序言二篇,首《序》页右下端有"丽笙阅过"阴文长方朱印。正文卷端题"番

---

① 〔清〕毛祥麟撰,毕万忱点校《墨余录》,上海:上海古籍出版社,1985年,第168—169页。
② 《华兴吞》,《上海新报》1863年9月22日。

戏杂记",次行署"采庸馆主人撰"。卷末有跋。

  作者采庸馆主人,即许应骙,字伯良,一字晋笙(或作隽笙),广东番禺(今广州市)人,道光二十九年(1849)举人,官至刑部郎中。有《采庸馆诗存》存世①。他全程观看了西洋魔术为期三天的演出而有此作,沈史云的序中已有交代:

> 庚申之冬,佛兰夷人结篷庐于粤秀山之陂陀,夜施手伎,上敷青幕,下设栏楯,层台居中,篴楼三面环之。坐可千人,地广盈亩。台之上氍毹数重,金缸璧衔,几案金饰,凡交犀、贝蛤、火齐、颇黎、明玑、璎珞之属,无勿备也。台之下夷伶坐列,曼胡之缨,突何之帽,佩服一色,凡傑休、兜离、鼓铃、铙钹、鼙婆、珀思之属,无勿集也。台前鲛绡作缦,高广数丈,舒卷轻便。每奏一伎以前,则绡缦轻垂,其时人声嘈嘈,火光掩映,万颈齐引,有如灵山会上众阇黎之环侯瞿昙焉。俄而绡缦乍卷,观者拍掌,视者眩目,万炬齐列,照若白昼,一时金碧炫耀,使人见之懂也,有如铁围山说法,一刹那间而现大千世界。为凡三越夜乃撤台去,是小试其伎欤?抑伎止乎此也?许君晋笙为连夜之游,备观斯胜,归述所见,倾其座人,后苦缕述之烦也,因而笔之书,又以抄录之纷也,从而付之槧。自斯以后其得再睹斯胜未可知,然此固诸夷贸粤以来百余年所未睹者也,是乌可不记?其每一事各引一古则,又足见彼邦之绝伎皆不出我中朝之陈辙云。时同治二年六月,年愚弟沈史云拜识。

  沈史云(1823—1872),字少韩,道光二十九年(1849)举人,三十年进士,改庶吉士,曾官翰林院编修、侍讲,为越华、应元书院掌教②。与许应骙同年中举,

---

① 〔清〕梁鼎芬等修,丁仁长等纂《(宣统)番禺县续志》卷三十一《艺文·东庸馆诗存》,《中国方志丛书·第四十九号》,台北:成文出版社,1967年,第402—403页。按,东为采之误,《采庸馆诗存》,广东省立中山图书馆藏有咸丰九年刊本,《广州大典》据此本影印。

② 《同治甲子科乡试许应锵硃卷》:"沈少韩夫子,名史云,庚戌进士,侍讲衔,翰林院编修,越华书院掌教。"又,《(宣统)番禺县续志》卷十九《人物·沈怀礼》:"子史云,道光三十年进士,改庶吉士,授编修,植学砥行,宗法宋儒,在籍劝捐出力,奏保加侍讲衔,为越华应元书院掌教,先后凡九年,成就人才甚众。办理同善堂,继承先志,力行不倦,卒年五十。据《府志》、沈史云撰《行状》、《艺谭录》、《采访册》。"见〔清〕梁鼎芬等修,丁仁长等纂《(宣统)番禺县续志》,《中国方志丛书·第四十九号》,第253页。又,《(光绪)广州府志》亦将他的传记附于其父沈怀礼之后,据《采访册》,相关事实无差异,文字略简,见〔清〕瑞麟、戴肇辰等修,史澄等纂《(光绪)广州府志》卷一百三十一,《列传·柳承祖》,《中国方志丛书·第一号》,台北:成文出版社,1966年,第337页。又,丁日昌曾为沈史云撰挽联,前有序称"去冬余奉讳南归,得疾几殆,兄作书规劝恒忧余病之不起,余得书亦复强自抑制,病稍稍痊,顾书中忧时感事,一与平日淡然忘世之意不相符合,岂天君未能泰然耶?抑目击伤怀情郁于中而词露于外耶?方欲寓书询诘所由,以奔走荒山碌碌未果,讵意中秋后十日即接兄仙逝之耗耶。"(《百兰山馆诗·楹联·沈少韩太史并序》,《清代诗文集汇编》第690册,上海:上海古籍出版社,2010年,第728页。)考丁日昌以同治十年(1871)母丧回粤,据文意则沈史云卒于同治十一年,以"卒年五十"(虚岁)推算,则生年在1823年。

皆为何绍基(1799—1873)门人①。

庚申之冬,即咸丰十年(1860)冬天。佛兰夷人,即法国人(French)。粤秀山,即越秀山。根据序文的记载,1860年冬天,一队法国魔术团在广州越秀山下搭建场地表演魔术,连演三夜,一时观者甚众。由于对西洋马戏既陌生又好奇,序文详细描述了魔术团搭台的样貌、规模以及舞台装饰、演出流程等琐细之处,以及许晋笙连续追看三晚、归来还要向宾客屡屡叙述所见,口述不胜又形诸文字,抄录不胜方付之雕版等事由。又以为此乃西洋与广州通商贸易百余年来所首见②,记录下来自有其意义所在。

不过这队西洋魔术团的来华,和百余年的诸夷贸粤并没有直接的关系,而和鸦片战争的关系更密切。1840—1842年,中英爆发鸦片战争,签订《南京条约》,开放广州、厦门、福州、宁波、上海为通商口岸;1844年,法国见英国得利,亦强迫清政府签订《黄埔条约》,取得了在五个通商口岸永久居住、自由贸易、设立领事、停泊兵船等特权。这是法国魔术团登陆中国的直接背景。

此书共有22则,标题分别为寄物移形、彩树开花、纸头吐牌、空中取酒、泥孩对语、木箱难移、城楼出牌、臂中出酒、磁鹅生动、物能分合、物能自通、牌飞入镜、鼠声合乐、背知某物、使帽自动、任问时刻、中幻莫测、纸人跳舞、黑水澄清、橙中藏物、巾入馒头、布袋藏蛋。每一则大体相当于一个节目,不仅记述魔术过程,又间设问答,说明其术神妙不可臆测,又时引古书记载,使之更形神秘,如"寄物移形"则:

> 杯在桌上,以小罩盖之,手在桌下取得杯,揭罩而桌上之杯不见。将罩虚盖如前,一反手间,而手上之杯,仍回罩中。此犹云手势捷也。又罩左右边独脚机各一,相离数尺,一机盛木罂,满贮酒,一机盛黑玻璃樽,亦满贮酒也。演法人拈巾放木罂,投火燃巾罂中,盖罂息火,一揭看而罂空无物;随将玻璃樽打破,则巾实其中。又独脚机左右各一,相离数尺,一盛小木盒,一盛酒樽,各以外罩盖之,回手揭罩则盛酒樽者转而木盒,盛木盒者转而酒樽矣。其外罩以漆纸为之,底面俱无,两头空洞,既断无可藏理。或疑每机实有一盒一樽,两机皆同,即在本机上互为转移耳。然机面殊薄,更是独脚,又断无可藏理。真不知何以能移也。《太霄琅书》称帝喾诣德牧之台谒九天皇人,得灵宝秘文,传九化十变之术。又《抱朴子》:"或问

---

① 何绍基《三月二十四日长寿寺半帆亭燕集己酉秋赋门人即书曾宾谷都转长寿寺修禊图后》诗注:"门人到者何梅士仁山,沈少韩史云,游蓉震颈廷,许晋笙应骏,……凡二十四人。"见〔清〕何绍基《东洲草堂诗钞》卷二十五,《清代诗文集汇编》第604册,第244页。

② 按,清代闭关锁国,外贸口岸极少,康熙二十三年(1684)清政府宣布开海贸易,第二年在广东广州、江苏松江、浙江宁波、福建泉州分别设立海关,管理外贸事宜。

隐沦之道。曰:服大隐符十日,欲隐则左转,欲见则右回。"今倘移此变物以变人,又何不可移形易貌,坐在立亡乎?吾以问番人,皆曰,此特手戏耳。果尔,则诚巧不可思矣。

许应骙先记述了表演的过程,又自为设问,解释变换之术绝非事先藏好,又引《太霄琅书》《抱朴子》的记载,以为若将变物换成变人,则可以实现古书中移形易貌、坐在立亡的神迹,因而兴致勃勃地咨询魔术师是否可以实现。虽然被告知这只是戏法,许应骙仍然由衷称赞戏法的巧妙。虽然引了《太霄琅书》《抱朴子》的记载,但并不像沈史云《序》中所说"每一事各引一古则,又足见彼邦之绝伎,皆不出我中朝之陈辙"的结论,反而是以古证今,以见所观魔术的神妙。

由此 22 条记载来看,这些魔术节目道具较为简单常见,如酒杯、纸牌、木箱、钟表、镜子、番帽、手巾、馒头、布袋、火枪等生活常见物品,又有纸书、纸人、泥孩、纸鼠、洋磁鹅等加工制作的道具。从魔术效果来看①,这些节目涉及赋予生命类,如彩树开花、纸头吐牌、泥孩对语、城楼出牌、磁鹅生动、鼠声合乐、使帽自动、任问时刻、纸人跳舞等条;移位类,如寄物移形、物能自遁、橙中藏物、巾入馒头等条;复原类,如物能分合、中幻莫测、黑水澄清等条;制造类,如布袋藏蛋、空中取酒、臂中取酒等条;穿透类,如牌飞入镜条;吸引力类,如木箱难移条;辨识力类,如背知某物条。其中有些节目带有两种效果,如物能自遁条,魔术师将破损的表变无,又使它完好无损地出现于椅子底下,便带有位移与复原两种效果。

虽然节目较为简单,但由于道具精致,并有与观众互动、音乐伴奏等较为新颖的表演形式,常使许应骙疑无可疑、叹为观止。如空中取酒条:"其外罩亦即以薄铜为之,其中空洞无物,实众目共睹,断无可藏酒理,而罐中之米又实无去路,究不知其米何以去,而酒何以来也。"这当是道具精致所致。任问时刻条:"问众要某时,众云一点,则针指一点,钟击一声;众云十二点,则针指十二点,钟击十二声。……随呼立应,绝不一爽,斯觉奇耳。"与观众互动的形式增添了魔术的奇妙。如城楼出牌条:"旋取纸牌数十,任众拈出数张,因呼城楼开门,门即自启,演法人将拈出之数牌放入,离立数尺外,呼某牌则某牌飞出,最后一牌,飞出仅半,在罐中出入不已。众乐合作,即以作乐疾徐之节为牌出入疾徐之节,是真无迹可求矣。"既有与观众互动,又有音乐伴奏,许应骙因而叹为观止。正如前人评价清末登陆中国的西洋魔术团所指出的,他们表演的魔术虽然"都是西方魔术中的一般节目,但由于舞台表演形式新颖,服装、灯光、

---

① 魔术效果分类法由美国魔术师达里尔·费兹奇在他的著作《魔术脑》中创设。

道具精致,遂使中国观众倍感新奇"①。

三

从沈史云的序言与许应骙的记述来看,西洋魔术初入中国,人们对它的态度并不一致。

许应骙不但饶有兴味地记述魔术表演的过程,还不时表达他的惊奇与欣赏,如上文所引"寄物移形"则,他自设问答以证魔术的神妙莫测,还以为此术能用以变幻人形,并兴致勃勃地向魔术师求证,虽然得到了否定的答案,还是赞叹"巧不可思"。而他引述古书所载事迹,亦在比较中以见西洋魔术的神奇,如"彩树开花"则:

> 《拾遗记》载:宣和初,蜀道进一接花人曰刘幻,徽宗召赴苑。居数月,中使诣苑简较,则花木枝干十薙八九。惊诘之,对曰:官无忧,过旬日,奇葩当盛放,姑少待之。至期,白中使请观花,则花萼晶莹,品色迥绝。然此尚稍须时日,或有助长法也。绿树一盘,纸彩为之,随手拈放桌上,百目齐看,须臾间露出蓓蕾六七颗,渐出渐大,渐大渐真,形色如荼蘼。演法人向稠人中取得约指一枚,放入掌中,忽而撒手不见,突有假雀如拳大者,自绿树飞出,立树顶上,昂首振翮,则约指已衔口中。既取回约指,随捉雀入手,雀仍拍翼不已,则尤奇矣。

以《拾遗记》的记载做引子,意在说明古书上使花木盛开之术是需要时日的,而西洋魔术则"百目奇观,须臾间"结蕾开花。

他对西洋魔术的艳羡,从他的自序也可以看出:

> 吐火吞刀见于《汉史》,呼风咒雨载在《魏书》,他如喷饭成蜂、唾盘化鲤之类,此诚幻矣,然皆道行修成,非以手艺游戏也。公输子刻木为鹊可以翔空,殷文亮饰彩为人可以行酒,他如回丸弹雀、掷豆击蝇之类,此诚巧矣。然皆有迹可寻,未尝无理可测也。至若非用符咒而如有鬼神,欲测机关而茫无端绪,吾于番人之戏而叹观止焉。夫智者自诩能察秋毫,贤者自云能照万里,而几筵之间近在咫尺,非有隔阂也,观听之地聚会精神,非在梦寐也,乃一人弄巧,千夫可欺,时受其愚而不知,欲求其故而不得,庭院之广耳目之近,其受蔽尚如此,而又何云察秋毫、照万里哉?噫!时庚申冬月晋笙氏识于采庸吟馆。

---

① 《中华文化通志·8·曲艺杂技志》,第406页。

序中,许应骙区分了道行和手艺游戏,但认为古代木鹊翔空、彩人行酒、回丸弹雀、掷豆击蝇之类戏法还是有迹可循、有理可测的,但西洋魔术不用符咒却有如鬼神,欲测机关而毫无头绪,使人受其愚而不自知,欲求其故而不得,让自诩为察秋毫、照万里的智者贤者也汗颜无地。

然而许应骙的态度得到了沈史云的讳饰,称许应骙"每一事各引一古则,又足见彼邦之绝伎皆不出我中朝之陈辙云"(前引沈《序》),这说明沈史云还存在着天朝上国的盲目自尊。此外,郑献甫的《跋》亦隐含了对西洋魔术的不屑:

> 叙述似唐人小说,装点似元人小笔,此事故是擅场,每窃念化人之移山,神僧之咒水,仙家之作雾,术士之取月,在于天地间者皆可游戏,此真幻术,宜乎驱车瓶口两网并亡,寄身笼中一家全带矣。若所见番人诸戏,则周时偃师、汉时干人,尚有不止于此者,此乃伎俩之妙,非关变化之神也,然而目击者反嗒然骇然而不得其解,序篇收处如许感慨如许寻求,令人咏叹不置,聊缀数语以志佩服。呈采庸馆主人粲正。识字耕田夫手记。

识字耕田夫,即郑献甫(1801—1872),原名存纻,字献甫,别字小谷,避咸丰帝讳,以字行。自号识字耕田夫、草衣山人。广西象州县人,清代著名教育家、经学家,有"江南才子"和"两粤宗师"之称。著作有《补学轩文集》等。在他看来,西洋戏法终究是小伎俩,即使再神妙,也"非关变化之神",隐含着对西洋戏法的不屑。

一则艳羡,一则不屑,这代表了当时对西洋魔术乃至西洋事物持有不同意见的两类人。许应骙喜好学习、接受西洋技术,他曾以西法为人画像,方濬颐(1815—1888)有《许晋笙用西法为曹芍溪写真,戏题短句》诗:

> 云何镜象,直以水绘。惟妙惟肖,笔墨都废。傲睨风尘,狂奴故态。相视而笑,幻泡之内。①

曹登庸(1820—?),字钵堂,号芍溪,河南光山人,道光二十七年(1847)进士,曾任翰林院编修、京畿道御史②。许应骙即为此人作肖像画,由诗来看,"西法"当是西洋绘画之法,类似水彩画。可见许应骙善于学习西洋技术、艺术。此时他见到西洋魔术之妙,亦有艳羡、改造之想,正因如此,才有《番戏杂记》对西洋魔术首入中国的记录。

与此相似,清人王韬(1828—1897)观看瓦纳表演的魔术时,指出其中虽有

---

① 〔清〕方浚颐《二知轩诗续钞》卷二,《续修四库全书》第1556册,上海:上海古籍出版社,2002年,第20页。

② 参见《道光丁未科会试曹登庸硃卷》,及〔清〕黄叔璥《国朝御史题名·咸丰五年》(《续修四库全书》第751册,第371页)。

与中国戏法相仿佛者,但仍高一筹:"其他略如中国搬演戏剧,第妙手空空,绝不借助于寸巾尺袂,所以为佳。"①孙宝瑄(1874—1924)谈及西洋魔术与中国戏法的区别则称:"海西人所演戏术灵奇变化,不可思议,几疑其有鬼神之助,若我国之为此者,不过手足之轻捷而已,无他技也。"②他们对西洋的新鲜事物并不排斥,而是有一定程度的赞赏。

与沈史云、郑献甫之辈一样不看好西洋魔术的人也大有人在,比如毛祥麟看浓烟幻化节目后说"殆即中国之焰火也",看截割人首节目后说"此在江左恒有是戏,所谓易眼法者近之"③。刘岳云(1849—1917)曾说:"西人戏法中,有一种于戏台口置玻璃屏反射台里。于台下隐藏一人,用灯光施为,射入玻璃屏,反射台上,成一人影,作种种变怪。而台外观戏者不见台下,并不见台上玻璃也。<u>盖窃取中国之法为之</u>,此与东省灯影戏似同实异。彼于白屏上显影,此于空中显影故也。"④而百一居士则对西洋魔术诋毁不已:"西士之以戏得名者……要之奇技淫巧足以荡心,古圣之垂是戒也,岂偶然哉。今则以技巧为工,穷极变幻,虽曰戏耳,而浑朴无为之风不相效而渐于澌灭乎,以得见为幸,吾正以不见为幸也。呜呼,观于此可以知世变矣。"⑤他们显然是以保守的心态看待新鲜事物,以为西洋伎俩乃"中朝之陈辙""非关变化之神",抱有天朝上国的盲目自信。

无论如何,西洋魔术进入中国,一方面如前人所说,促进了技术层面的交流,促使中国现代魔术不断发展进步;另一方面,吸引人们关注魔术,关注为古人所轻视的"戏法",从而使其生长为艺术百花园中的一朵奇葩。《番戏杂记》记下了西洋魔术首次在中国表演的情形,而且书写中诱导着人们去探索西洋魔术的奥秘,而此书的传播,更扩大了西洋魔术的影响力,吸引着人们关注魔术。正如沈史云序中所言,许应骙观看节目以后,"归述所见,倾其座人,后苦缕述之烦也,因而笔之书,又以抄录之纷也,从而付之梨"。在没有影像设备的时代,口耳相传以及行诸笔端,是传播表演型新鲜事物的主要途径,由此而言,《番戏杂记》在传播西洋魔术之妙、吸引人们关注魔术方面,厥功甚伟。此后,王韬《瀛壖杂志》、葛元煦《沪游杂记》、黄式权《淞南梦影录》以及徐珂《清稗类钞》等书对西洋魔术的记录,已经说明魔术走入了知识分子的视野,同时也成为西洋魔术进入大众视野的重要途径。

此外,西洋魔术在广州的首演,也培养了欣赏魔术的观众,以至于瓦纳在

---

① 〔清〕王韬《瀛壖杂志》,第129页。
② 〔清〕孙宝瑄《忘山庐日记·辛丑正月二十八日》,《续修四库全书》第580册,第26页。
③ 〔清〕毛祥麟撰,毕万忱点校《墨余录》,第168—169页。
④ 〔清〕刘岳云《格物中法》卷三火部"移景之法",清同治氏家刻本。
⑤ 〔清〕百一居士《壶天录》卷中,《续修四库全书》第1271册,第184—185页。

上海演出时,观众"西人而外,粤国钗裙蛮姬粉黛居多"①。这启示我们,在关注中国各项事业的近现代化进程时,不只要盯紧上海这座中国最早的国际化大都市,还应该关注广州等鸦片战争以来依次开放的其他通商口岸城市。

---

① 《西术师演术小纪》,《申报》1874年5月17日第3页。

征稿启事

《北京大学中国古文献研究中心集刊》由教育部人文社会科学重点研究基地北京大学中国古文献研究中心主办。本刊从第七辑(2008年)开始,一直是中文社会科学引文索引(CSSCI)来源集刊,2022年入选"中国人文社会科学学术集刊AMI综合评价"核心集刊。本刊自2019年始,为半年刊,每年六月底左右和十二月底左右各出版一辑。举凡古文献学理论研究、传世文献整理与研究、古文字与出土文献研究、海外汉籍与汉学研究等中国古文献研究相关领域的学术论文,均所欢迎。来稿内容必须原创,不存在版权问题。

来稿格式要求如下:

一、文章请用microsoft word文档格式。

二、文章一律横排、用通行规范简化字书写和打印。

三、作者姓名置于论文题目下,居中书写。作者工作单位、职称等用"＊"号注释在文章首页下端。

四、每篇文章皆需500字以内"内容提要"以及关键词3—5个。

五、文章各章节或内容层次的序号,一般依一、(一)、1、(1)等顺序表示。

六、文章一律使用新式标点符号。凡书籍、报刊、文章篇名等,均用书名号《》;书名与篇名连用时,中间加间隔号,如《论语·学而》;书名或篇名中又含书名或篇名的,后者加单角括号〈〉,如《〈论语〉新考》。

七、正文每段第一行起空两格;文中独立段落的引文,首行另起空四格,回行空二格排齐,独立段落的引文首尾不必加引号。独立段落的引文字体变为仿宋体。

八、注释一律采用当页脚注,每页单独编号,注释号码用阿拉伯数字①、②、③……等表示。

九、注释格式与顺序为著者(含整理者、点校者)、书名(章节数)、卷数(章节名)、版本(出版社与出版年月)及页码等。如:〔清〕钱大昕撰、吕友仁校点《潜研堂文集》卷三八《惠先生士奇传》,上海:上海古籍出版社,1989年,第687页。

十、为避免重复,再次征引同一文献时可略去出版社与出版年月,只注出著者、书名、卷数、页码。

十一、每篇稿件字数原则上不超过3万字。

本集刊上半年辑的截稿日期为前一年的 11 月 30 日，下半年辑的截稿日期为当年 5 月 31 日。

本集刊实行双向匿名审稿制度，编委会根据评审意见，决定是否采用。来稿无论是否被采用，编辑部都将在统一审稿后通知作者。

本集刊每辑正式出版后，编辑部将向论文作者寄赠样刊两册，并薄致稿酬。

欢迎学界同仁积极投稿。

《北京大学中国古文献研究中心集刊》编辑部通信地址：

北京市海淀区颐和园路 5 号北京大学哲学楼三层《北京大学中国古文献研究中心集刊》编辑部

邮编：100871

E-mail：gwxzx@pku.edu.cn